현대 일본의 순례 문화

시코쿠헨로四国遍路에서 도호쿠오헨로東北お遍路까지

HY COLLECTION 038

현대 일본의 순례 문화

시코쿠헨로 四国遍路 에서 도호쿠오헨로 東北お遍路 까지

박규태 지음

한양대학교 출판부

일본인과 순례
: '종교와 관광'의 관점

언젠가 사람들은 땅을 '대지의 모신(母神)'이라고 불렀다. 어머니 대지는 우리에게 생명을 주기도 하고 그것을 죽음으로 회수하기도 한다. 상반된 두 얼굴을 가진 땅은 그러나 지금도 '치유의 길'을 통해 우리에게 살아갈 힘을 주고 있다. 순례가 그것이다. 지중과 연결된 피뢰침이 벼락의 폭력을 중화시키듯이 땅은 자신을 밟고 넘어가는 순례자의 온갖 상처를 조용히 흡수하여 치유와 재생이라는 선물을 수여해 준다. 그래서인가 특히 1990년대 이래 포르투갈의 파티마(Fátima), 스페인의 산티아고 데 콤포스텔라(Santiago de Compostela), 프랑스의 루르드(Lourdes) 등 유명한 유럽 가톨릭 성지에의 순례자수가 대폭적으로 증가하고 있다. 미국의 경우도 플로리다주의 클리어워터(Clearwater) 성모순례가 성황하고 있으며 이슬람 하지(멕카) 순례자수도 갈수록 증가하고 있다. 또한 영국의 글래스톤베리(Glastonbury)라든가 미국의 세도나(Sedona) 등 뉴에이지 성지에의 관심도 다시금 증대하고 있다.

확실히 현대사회에서 순례가 중요한 사회현상으로 다시 부각되는

추세에 있다. 순례에 대한 관심이 이처럼 글로벌한 규모에서 증가하고 있는 이유는 종교부흥이라기보다는 일차적으로 사회문화적, 정치적 환경의 변화와 관계가 있다. 즉 현대의 순례는 건강과 의료 케어의 개선, 경제발전으로 인한 장수, 금전적 여유, 관광의 확대, 교통기관의 발달 등과 같은 모더니티의 산물이자, 나아가 개인의 자율성과 자기성장이라는 관념을 강조하고 장려하는 현대사회의 산물이다(イアン·リーダー, 2005:280-300). 나아가 산티아고 순례를 '관광화된 성지순례'로 보는 관점(岡本亮輔, 2012c:127)도 순례에 대한 현대적 관심의 증대를 모더니티와 연관시켜 이해하는 입장과 상통한다.

그렇다고 해서 종교적 요인이 없는 것은 아니다. 순례의 뿌리는 원래 종교에 있으며, 현대사회에서의 순례붐은 글로벌한 차원에서 재개되고 있는 뉴에이지붐이라든가 스피리추얼리티붐과도 밀접하게 연동하는 측면이 있기 때문이다. 따라서 현대사회에서의 순례 문제는 관광학이나 관광인류학적 관점과 더불어 종교학적 시각을 필요로 한다. 성지순례는 관광과 종교적 의례행위라는 속성을 동시에 갖고 있다(송현동, 2019:65). 특히 현대일본의 사례는 '종교와 관광'의 복합적인 상호 연관성을 고려하지 않으면 그 순례붐의 의의를 제대로 평가하기 어려울 것이다.

일본 순례문화의 역사와 유형

일본인은 "순례를 좋아하는 국민성"(水谷昌義, 2013:95)을 가지고 있고, 그런 만큼 "일본은 순례문화가 매우 발달한 나라"(Reader, 2005:9)이다. 일본의 순례문화는 고래로부터 현대에 이르기까지 세계의 다른 어떤 나라와 비교하더라도 역사적으로 유례를 찾기 힘들 정도로 다채롭고 흥미로운 형태로 전개되면서 널리 대중화되어 있다. 지금도 일본에서는 1990년대 이후 시코쿠헨로(四國遍路)라 불리는 시코쿠 지역의 홍법대사(弘法大師) 구카이(空海) 관련 88개소 영장(靈場)사찰 순례 및 와카야마현 오지의 구마노고도(熊野古道) 순례 등이 붐을 이루고 있다.

일본 종교사에서 최초의 본격적인 순례문화는 현세이익적인 관음신앙[1]과 밀접한 관계가 있다. 일본 전국에는 홋카이도(北海道) 33관음영장에서 규슈시코쿠(九州四国) 33관음영장에 이르기까지 수많은 관음영장(觀音靈場)이 산재하는데, 체계화된 관음영장의 출발점은 11세기경에 발생한 사이코쿠(西國) 33관음영장부터라고 해야 할 것이다. 교토를 중심으로 긴키(近畿) 지역의 사찰들을 잇는 약 1천 킬로미터의 사이코쿠 순례로부터 일본인의 대중적인 순례 관습이 시작되었다고 말해지기도 한다. 개창자는 관음신앙을 부흥시킨 가잔(花山)법황(968-1008), 쇼쿠상인(性空上人, 917-1007), 나라 장곡사(長谷寺, 하세데라)의 개산 도쿠도상인(德道上人) 등 여러 설이 있다. 에도시대 후반에 이르러 서민들이 사이코쿠 순례에 다수 참여하면서 무수히 많은 도중기(道中記), 영장집(靈場集), 영가집(詠歌集) 등이 간행되었다.

사이코쿠 순례는 지금의 관동지방에서 오는 순례자들이 대부분이었다. 그러나 이후 원격지 순례를 할 수 없었던 사람들을 위해 각 지방에

---

1 관음보살은 『화엄경』, 『법화경』, 『아미타경』 등의 대승 경전에 등장하는데, 특히 관음신앙의 근본경전으로 『법화경』 〈관세음보살보문품〉을 보완하여 독립된 경전으로 만든 『관음경』을 들 수 있다. 『관음경』은 이른바 7난(七亂)을 피하게 해주고 3독(三毒)을 없애며 2구원(二求願)을 이루어준다는 현세이익적 내용이 주를 이룬다.

관음영장이 생겨났다. 그 대표적인 것이 관동지방에 전개된 반도(坂東) 33관음영장과 사이타마현 일대의 사찰을 도는 지치부(秩父) 34관음영장이다. 반도영장은 가잔법황이 988년에 처음 순례했다는 설화를 비롯하여 미나모토노요리토모(源頼朝)에 의해 12세기에 개창되었다는 설이 있으며, 지치부영장은 994년에 시작되었다는 설이 있다. 이밖에 12세기에는 도호쿠(東北)지방의 오슈(奥州) 33개소 순례, 13세기에는 니가타현 일대의 에치고(越後) 33개소 순례, 16세기에는 아오모리현 지역의 쓰가루(津軽) 33개소 순례 등 고대 말부터 중세에 걸쳐 전국 각지의 2백여 곳에 관음영장 사찰들을 중심으로 하는 순례지가 형성되었다.

일본불교의 순례 유형은 크게 불보살 본존 참배를 중심으로 행해지는 불보살순례와 각 교단의 창시자에 대한 신앙을 중심으로 행해지는 조사(祖師)순례로 구분할 수 있는데, 이 중 불보살순례의 반 수 이상은 관음신앙이 중심을 이루고 있다. 이에 비해 조사순례의 경우는 전술한 홍법대사 신앙과 관련된 시코쿠 88개소 영장순례의 구카이(진언종)를 비롯하여 정토종의 호넨(法然), 일련종의 니치렌(日蓮), 정토진종의 신란(親鸞) 등에 대한 조사신앙에 토대를 두고 있다. 이밖에 불교 관련 순례로 부동명왕이라든가 달마대사 혹은 비구니 사찰 등을 참배하는 코스도 있다. 그런데 메이지유신으로 인한 신불분리(신도와 불교의 분리) 이전까지만 해도 천여 년에 걸친 신불습합 시대에 불교의 순례는 통상 사찰과 신사를 함께 돌아보는 것이 일반적이었다는 점을 간과해서는 안 될 것이다.

현대에 새롭게 형성된 불교 순례코스도 많다. 가령 1993년에 시작된 간사이(關西) 하나노데라(花の寺) 25영장[2] 이라든가 1990년에 개창된 도카이(東海) 36부동존영장[3] 또는 1989년에 형성된 시코쿠(四國) 49약사영장[4]을 비롯하여 세토나이(瀨戶內) 33관음영장(1985년),[5] 홋카이도 33관음영장(1985년),[6] 일본 달마회 8명찰(1984년),[7] 한국 관음영장(1984년),[8] 주고쿠(中國) 관음영장(1981년), 기타리쿠(北陸) 33관음영장(1981년),[9] 오사카 13불영장(1978년), 18본산 순례(1977년),[10] 긴키(近畿) 36부동존영장(1975년),[11] 니사(尼寺) 36영장(1972년),[12] 신시코쿠(新四國) 영장(1931년)[13] 등이 그것이다(원영상, 2008:106-111).

이상의 불교 순례지는 오늘날 일본의 성지 가운데 가장 많은 수를

2 대부분 꽃의 명소로 알려진 사찰들이 중심을 이룬다.

3 아이치현을 중심으로 미에현과 기후현 일대의 사찰순례.

4 교토를 중심으로 한 긴키지방과 미에현 등에 걸친 사찰순례. 약사여래를 모신 진언종과 천태종 사찰이 중심이다.

5 주로 십일면관음과 천수관음 등이 중심이다.

6 원래 근대기에 홋카이도 이주자들을 위해 만들어진 순례코스로 전쟁으로 중단되었다가 복원되었다. 본존은 시코쿠33개소 관음영장과 동일하다.

7 교토에서 군마현에 이르는 지역의 달마상을 안치한 선종 사찰순례.

8 모두 조계종 사찰이며 관광을 겸한 일본인들의 해외순례코스로, 구사카 다이코(日下悌宏)가 개창했다.

9 후쿠이현, 이시카와현, 도야마현 일대의 사찰순례.

10 교토부와 나라현 중심의 진언종 본산 사찰순례.

11 오사카부, 교토부, 고베를 중심으로 하는 긴키 지역의 부동명왕 사찰순례.

12 긴키 지방에서 주부(中部) 지역에 걸친 비구니 사찰순례.

13 오사카부와 교토부를 중심으로 하는 긴키 지역의 사찰순례. 1931년 오사카 시사신보, 고베신문, 교토일일신문 등이 주최가 되어 사이코쿠 33개소 영장에 들어가지 않은 사찰 중 쇼토쿠태자신앙과 관련된 사찰들을 선정하면서 시작되었다. 관음순례는 아니고 쇼토쿠태자의 화(和)의 정신을 지향하는 순례로 유명 사찰이 다수 포함되어 있다.

차지한다. 하지만 그것보다 더 대중적인 형태의 순례로 특히 신사와 밀접한 관계가 있는 칠복신(七福神) 순례를 빼놓을 수 없다. 많은 일본인들은 새해가 되면 하쓰모우데(初詣)라 하여 신사나 사찰을 참배하여 한해의 건강과 풍요와 행복을 기원하는데, 그 하쓰모우데와 겸하여 칠복신 순례도 널리 행해진다. 무로마치시대 후기에 교토에서 시작되었다고 말해지는 칠복신 순례는 현재에도 전국적으로 인기 만점이다. 본래 중국계 복신인 운명의 신 포대(布袋, 호테이) 및 수명의 수호신 복록수(福祿壽, 후쿠로쿠주)와 수노인(壽老人, 주로진), 인도계 복신으로 악마를 퇴치하고 재보를 지켜주는 비사문천(毘沙門天, 비샤몬텐), 음악과 재복의 수호신 변재천(弁才天, 벤자이텐), 복덕의 수호신 대흑천(大黑天, 다이코쿠텐) 등에 일본의 어업과 상업의 수호신 에비스(恵比寿, 戎)가 더해진 칠복신을 참배하는 순례신앙이 15세기경부터 점차 명확한 형태를 띠게 되었다. 그 후 17세기초에도 막부를 개창한 도쿠가와 이에야스가 칠복신을 숭배한 이래 에도 중기인 8대 쇼군 요시무네(吉宗) 시대에 이르러 서민들이 행락을 겸하여 널리 칠복신 참배를 하게 됨으로써 점차 오늘날과 같은 모습을 갖추기 시작했다. 이리하여 에도 후기에 이르러 정월 1일에서 7일(혹은 15일) 사이에 칠복신을 참배하여 한 해의 행복을 기원하는 관습이 정착되었다. 이것이 오늘날과 같은 칠복신 순례의 원형이다(東京街歩き委員會, 2002:14-16).

이와 같은 칠복신 순례는 현대일본에서 가장 대중적인 신사신앙이라 할 만한 이나리(稲荷)신앙과도 이어져 있다. 가령 도쿄의 아사쿠사명소(浅草名所) 칠복신 순례코스는 총 9개의 사사(寺社)로 구성되어 있는데, 그 중 8번째 요시와라(吉原)신사와 9번째 야사키이나리(矢先稲荷)신사가 이나리신앙과 밀접한 관련이 있다. 1617년 도쿠가와막부는 에도 각지의 창녀촌을 니혼바시(日本橋) 닌교정(人形町) 부근에 집합시켰다. 이것이 요시와라(吉原) 유곽촌이고, 그 후 대화재로 인해 새롭게 조성한 것이 신(新) 요시와라 유곽촌이다. 거기에는 예로부터 5개소의 이나리신사가 있었는데, 1872년에 그것들을 합사하여 창건한 것이 바로 오늘날 이나리신 우카노미타마(宇迦之御魂神)를 모시는 8번째 코스 요시와라신사이다.

하나의 사사에 칠복신을 함께 모신 경우도 적지 않지만, 대개는 칠복신이 각각 별개의 사사에 모셔져 있다. 전국 방방곡곡에 이런 칠복신 순례코스가 무수히 많으며, 칠복신 마쓰리도 널리 행해지고 있다. 가령 도쿄의 경우만 보더라도 30여 개 이상의 칠복신 순례코스가 있고,[14] 그 중 신사와 관련된 것으로 18개의 코스가 존재한다. 이런 칠복신 순례코스는 1980년에 시작된 미야코 칠복신(都七福神)[15] 등과 같이 지금도 계속 생겨나고 있다.

하지만 신도의 순례를 대표하는 전형적인 사례로는 일본 황실의 조상신으로 말해지는 아마테라스(天照大神)가 모셔진 이세신궁(伊勢神宮)을 참배하는 이세 순례를 들 수 있다(박규태, 2017:644-646). 에도시대에 들어서면 대략 60여 년을 주기로 일반 민중들의 폭발적인 이세신궁 참배가 성행하게 된다. 이를 '이세마이리'(伊勢参り) 또는 '오카게마이리'(おかげ参り)라고 한다. 그 중 부모나 주인에게 아무런 허락도 없이 집을 뛰쳐나와 이세신궁 참배에 나서는 이른바 '누케마이리'(抜参り)가 유행하기도 했다. 가령 1705년 윤4월 9일부터 5월 29일 사이에만 3백3십만 명 이상이 이세 순례에 참여했는데, 그 중 대다수가 누케마이리였다는 기록이 남아

14 도쿄의 칠복신 순례 가이드(http://www.asahi-net.or.jp/~uy7m-ssk/) 참조.

15 교토 시내 7개소의 사사로 구성된 순례코스.

있다. 이런 이세 순례에는 비용이 많이 들었으므로 사람들은 이세강(伊勢講)이라는 일종의 계모임을 만들어 그 구성원들이 일정액을 모아 매년 추첨으로 참배자를 결정하여 선정된 사람이 일동을 대표하여 이세신궁을 참배했다. 이를 대참(代參)이라 한다. 흥미롭게도 개 목에 '이세참궁'(伊勢參宮)이라 쓰인 나무 명찰과 돈이 들어 있는 주머니를 매달아 대신 보낸 사례도 있었다.

무엇보다 특기할 만한 것은 이 자연발생적인 이세 순례 무리가 많을 때는 500여만 명에 이르는 대규모였다는 점이다. 기록에 의하면 1705년에는 300만, 1771년에는 200만, 1830년에는 457만 명가량이 이세신궁을 참배했다고 한다. 18세기 일본의 총인구가 약 2500만 명 정도였다는 점을 감안하면, 그리고 지금과 비교할 때 턱없이 불편했을 당시의 교통상황을 염두에 둔다면 이 돌발적인 집단적 이세 순례가 얼마나 기이한 현상이었는지를 쉬이 상상할 수 있다. 일종의 광적인 붐이라 할 만한 이세 순례 현상의 원인은 잘 알려져 있지 않다. 흔히 대중들의 이세신궁 참배는 절반 여흥과 여행의 성격을 수반한 것이라고 말해진다. 혹은 정치적으로 안정된 시대에 사람들이 권태를 느꼈기 때문일 수도 있겠다. 어쨌거나 이런 순례붐으로 인해 이세신궁의 존재는 '오이세상'(お伊勢さん)으로 불릴 만큼 대중들에게 친근한 존재가 될 수 있었다. 거기에는 황조신 아마테라스가 민중의 구제신으로 변모한 측면도 내포되어 있었다.

에도시대는 이런 이세마이리를 비롯하여 일본의 순례문화가 하나의 정점에 도달했던 시기이다. 가령 기록에 의하면 사이코쿠 순례는 매년 평균 1~2만 명, 시코쿠헨로도 매년 2만 명 이상의 일반인 순례자들이 찾았다고 한다(佐藤久光, 2006:22). 또한 에도시대의 수행승 사이에서는 사이코쿠 33개소, 반도 33개소, 지치부 34개소를 합쳐 100관음 순례를 행함과 아울러 거기에 시코쿠 88개소를 더하여 188개소 순례가 행해지기도 했다(佐藤久光, 2006:41).

이처럼 에도시대에 대대적인 순례붐이 일어나게 된 요인은 무엇일까? 무엇보다 참근교대(参勤交代) 제도의 확립으로 인한 전국 도로망과 숙박시설의 정비, '오시'(御師)라든가 '센다쓰'(先達)라 불린 일종의 여행 가이더들에 의한 관련 서비스업의 발달, 장기간의 평화와 안정, 경제적 성장 등을 그 배경으로 꼽을 수 있겠다. 그러나 에도시대의 봉건적 막번 체제 하에서 서민들이 자신의 거주지를 떠나 자유롭게 여행을 한다는 것은 원칙적으로 불가능한 일이었으며, 예외적으로 종교적 참배나 온천 치유를 위한 여행만이 허가되었다. 이런 연유로 서민들의 순례 여행은 공식적인 명분은 종교적 참배, 실제 목적은 '물견유산'(物見遊山) 즉 관광이라는 이중성을 띠지 않을 수 없었다. 이러한 이중성 형성의 배경에 '사사(寺社)의 명소화(名所化)'라는 역사적 요인이 있었음도 간과할 수 없다. 일반인들 사이에서 사사 참배가 증가하기 시작한 무로마치시대 이래 중세 후기부터 에도시대에 걸쳐 전국 사사의 명소화가 진행되었고, 그렇게 명소화된 사사에 대규모의 순례자들이 참배하게 되면서 사사의 관광화 경향이 두드러지게 나타났다. 이는 특히 에도시대 사사에서 널리 진행된 일반적인 동향이었다(青柳一, 2015:76-77).

근대 이후 신앙적인 동기에서의 사사참배는 이차적인 것이 되었고 대신 휴가를 즐기는 일반 서민들의 순례 습속이 널리 성행하게 되었다. 이처럼 명소로 유명한 사사 참배를 명목으로 마음에 맞는 사람들끼리 단체 여행을 하는 집단주의적 지향성은 일본인에게 본질적으로 각인되어 있다. 거기서는 관광(물견유산)과 명소 여행이 진짜 목적이고, 사사참배라는 대의명분이 남아 있기는 하지만 신앙심은 매우 희박해졌다(水谷

昌義, 2013:95-96). 그런 와중에 오늘날 일본에서는 전술한 시코쿠헨로나 구마노고도와 같은 전통적인 순례를 비롯하여 세계유산화된 나가사키 교회군, 현대예술의 성지 나오시마(直島), 파워스폿 성지, 애니메이션 성지 등에 대한 순례붐이 진행 중이다. 거기에는 종종 스피리추얼한 순례에의 관심이 새로운 형태로 나타나고 있다.

순례란 무엇인가

이상에서 일본 순례문화의 역사와 대표적인 유형에 대해 간단히 살펴보았다. 거기서 확인되는 일본 순례문화의 특징 중 하나로 일찍부터 '종교와 관광'이 동전의 양면 같은 관계를 형성했다는 점을 확인할 수 있다. 과연 순례는 종교인가 관광인가? 순례·종교·관광을 둘러싼 빅터 터너(Victor W. Turner)와 에릭 코헨(Eric Cohen)의 논의가 이런 물음에 대한 답변의 실마리를 제공해 줄 것 같다. 이들의 논의를 다루기에 앞서 먼저 순례란 무엇인가라는 일반론부터 짚고 넘어가 보자.

종교학자 엘리아데(M. Eliade)가 펴낸 『종교백과사전』은 순례를 "신자가 기적이나 신앙의 재충전을 위해 먼 곳의 유명한 성지를 여행하는 것"으로 규정하면서 비나레스, 예루살렘, 메카, 이세(伊勢), 사이코쿠(西國) 등의 성지가 순례 여행의 목적지임을 명시한다(Eliade, 1987:328). 이밖에 순례는 "종교적 신앙행위로서 성지 여행을 수행하는 순례자의 여정"(옥스퍼드 영어사전), "서약을 실천하거나 특정한 신적 은총을 얻으려고 성지나 성소를 향해 떠나는 여행"(Jewish Encyclopedia), "곳곳의 신사불각, 성지, 영장 등을 참배하며 도는 것. 신앙을 위해 여러 장소를 순배하는 것"(『日本國語大辭典』, 小學館), "영적 또는 절대자의 힘을 느낄 수 있는 장소를 찾아 떠나는 의례행위"(송현동 · 김경한, 2011:207), "종교적 신앙심의 발로로 세계적인 종교 성지나 종교적으로 의미 있는 지역을 방문하고 종교적 인물을 만나기 위해 행하는 여행"(임순록, 2013:239), "종교 창시자 및 성인의 탄생지나 묘소 혹은 신이나 정령 같은 존재와 관련된 장소에의 여행"(岡本亮輔, 2015a:6) 등과 같이 다양한 방식으로 규정된다. 이것들은 대체로 신앙이나 성지 또는 특출한 종교적 인물에 초점이 맞추어져 있다.

전술한 일본불교의 조사신앙이 그렇듯이 이 중 '종교적 인물'이 중요한 기준으로 간주되는 경우는 특히 불교의 순례에서 두드러진다. 가령 "불교의 순례는 붓다 재세시 우기를 보낸 비구들이 붓다를 친견하던 관습에서 시작되었다. 이 경우 순례는 존경하는 마음으로 붓다를 회상하는 것, 그리고 공덕을 지어 더 나은 생을 영위하는 것이라는 두 측면을 내포한다."(안양규, 2000:115-116)는 이해는 붓다라는 인물에 초점이 맞추어져 있다.

한편 빅터 터너는 순례를 "특정 장소로 갔다가 돌아오는 여행을 수반하는 과정의 네트워크"로 규정하면서 이 때의 '장소'를 "신적이거나 초자연적인 힘이 현현한 곳"으로 설명한다. (빅터 터너, 2018:245) 여기서 말하는 '장소'는 곧 성지를 가리킨다는 점에서 이 또한 앞의 일반적인 정의의 범주에 속한다고 할 수 있다. 단, 터너는 "익숙한 장소를 떠나 먼 곳으로 갔다가 익숙한 장소로 다시 되돌아오는" 분리와 귀환의 원환운동으로서의 순례를 강조한다. 이와 관련하여 터너는 이슬람의 순례인 '하지'(hadj)는 '돌아가다' 혹은 '원을 지어 가다'라는 뜻의 고대 셈어 어간 'h-dj'에서 유래한 말이며, 순례를 의미하는 산스크리트어 '프라브라주야'(pravrajya)는 '출발' 혹은 '세상에서 물러나는 것'을 뜻하는 말임을 상기시킨다(빅터 터너, 2018:226 및 236).

빅터 터너의 순례론 : 리미널리티와 실존적 커뮤니타스

그런데 여기서 더 나아가 터너는 순례를 "전이적 현상(liminal phenomena)으로서 리미널리티(liminality)의 공간적 측면과 관련된 것"(빅터 터너, 2018:217)이라고 규정하기도 한다. 이런 순례 정의는 신앙이라든가 성지 혹은 종교적 인물이라는 기준들을 포괄하는 메타적 접근이라 할 수 있다. 이 때 '전이'라든가 '리미널리티'라는 말은 반 게넵(Arnold van Gennep)의 개념인 '전이 의례'(transition rites)에서 빌려온 것이다. 주지하다시피 분리 단계, 전이(주변부, 경계) 단계, 재통합 단계로 구성된 전이 의례에는 개인의 정신상태 및 사회적 지위와 역할 등의 변화가 수반된다.[16]

통과의례의 최초 과정인 분리 단계는 개인이나 집단을 사회구조나 문화적 조건 내의 고정된 위치에서 떼어내는 상징적 행위로 구성된다. 이어서 전이 단계에서는 의례적 주체인 신참자의 상태가 모호해진다. 그는 분류 가능한 어떤 고정된 범주에도 속하지 않으며, 이것도 아니고 저것도 아닌 애매모호한 존재가 된다. 부족사회에서 이런 전이 의례에는 근친상간, 식인, 친족살해, 수간 같은 부자연스럽고 반문화적이며 반구조적

---

16 모든 사회에서 해당 문화가 규정한 방식으로 개인이나 집단이 어떤 상태나 지위의 변화를 경험할 때 통과의례가 연행된다는 점에 주목한 반 게넵은 분리, 주변부(경계), 재통합의 3단계를 종종 전이 이전(preliminal), 전이(liminal), 전이 이후(postliminal) 단계로 지칭하기도 한다(van Gennep, 1960:11).

인 사건이 매우 빈번하게 등장한다(빅터 터너, 2018:327). 그것들은 기존의 모든 경계를 전복하거나 해체시켜 버리는 역할을 한다. 이와 같은 경계성 혹은 경계 불확정성을 터너는 반 게넵의 용어를 빌어 '리미널리티'라고 부른 것이다. 리미널리티의 어원 '리멘'(limen)은 문자 그대로 '문지방'을 의미한다. 많은 시련과 고통 또는 상징적 죽음을 경험한 후 이런 문지방을 무사히 넘어선 신참자는 원래의 사회구조로 다시 진입한다. 이를 재통합 단계라 한다. 이때 신참자는 분리 단계 이전보다 더 높은 정신적 상태나 사회적 지위를 획득한다.

터너는 널리 알려진 이 전이 의례의 3단계 중 분리 단계와 재통합 단계 사이에 순례의 시간이 위치한다고 보았다. 다시 말해 순례란 일단 구조화된 사회적 삶을 벗어나는 데에서부터 시작되는 것이다. 이와 관련하여 터너는 순례란 "역사적으로 부족사회의 성인식 의례를 계승한 것"이라고 단언한다. 이처럼 통과의례적 또는 입문의례적 성격을 가진 순례는 다시 "제도화된 상징적 반(反)구조의 한 형식"으로 규정된다(빅터 터너, 2018:237).

거기서 순례 성지는 일종의 '문지방' 같은 곳으로 간주된다. 이 때 터너는 실제로 세계의 주요 성지들에서 확인되는 뚜렷한 주변부성에 주목한다. 즉 성지들은 통상 국가나 교회의 행정 중심지에서 벗어난 곳에 있다는 것이다. 그러니까 전술한 순례 정의에서 밝힌 대로 순례자는 익숙한 장소를 떠나 먼 곳으로 갔다가 익숙한 장소로 되돌아오는 '과정의 네트워크'를 수행하는 것이며, 거기에는 순례자의 정신적 변화가 수반된다(빅터 터너, 2018:253). 이런 순례 과정은 반 게넵이 말한 통과의례 구조와 상당 부분 일치한다. 단, 순례에서의 전이기는 성인식의 그것보다 훨씬 길며, 따라서 통과의례의 경우보다 '새롭고 세속적인' 리미널리티와 '커뮤니타스'(communitas)를 만들어내기에 더 적합하다는 점에 유념해야 한다.

그렇다면 커뮤니타스란 무엇인가? 커뮤니타스는 지역적, 공간적 의미만을 가지는 커뮤니티(community)와 같은 어원에서 나온 말이지만, 시간적 의미까지 포함한다는 점에서 커뮤니티와 근본적으로 다른 개념이다(김중순, 2013:348). 나아가 양자의 차이는 단순히 '성'(커뮤니타스)과 '속'(커뮤니티)의 차이도 아니고, 종교(커뮤니타스)와 정치(커뮤니티)의 차이도 아니다(Turner, 1969:96). 커뮤니타스는 커뮤니티와 달리 리미널리티 내에서 출현하는 사회적 관계성의 한 양식을 뜻하는 말이다. 커뮤니타스적 관계가 형성되는 최적의 환경이 곧 리미널리티 상태인 것이다. 더 구체적으로 말하자면, 커뮤니타스는 사회구조적인 특성이 무화된 상태에서 평등하며 전인격적이고 개인화된 주체 사이에 자발적으로 생겨난 사회적 관계성을 가리킨다(빅터 터너, 2018:261).

예컨대 리미널리티 상태에서 의례적 전이를 함께 겪은 이들은 평등하며 직접적이고 반구조적이며 반합리적인 '실존적 커뮤니타스'[17]의 관계 양식을 확립하는 경향이 있다. 비유컨대 함께 전장터의 비참함을 경험한 전우나 혁명 동지 또는 삶의 애환을 오랜 기간 함께 겪은 노부부 사이에 형성되기 마련인 끈끈하고 남다른 평등한 관계성을 상기해 본다면 이해가 쉬울 것이다. 순례자들 사이에는 그것과 유사한 커뮤니타스의 관

17 터너는 다음과 같이 커뮤니타스를 세 가지 유형으로 구분한다: ①실존적 커뮤니타스 : 인간의 직접적, 즉각적, 총체적 만남에서 생겨나는 자발적 커뮤니타스. 이것을 경험한 자들은 인류를 동질적이며 비구조화된 자유로운 공동체로 상상하는 경향이 있다. ②규범적 커뮤니타스 : 시간이 지나면서 사회체계로 조직화된 커뮤니타스. 실존적 커뮤니타스를 낳은 최초의 형제애와 우애를 종교적, 윤리적, 법적, 정치적 규범이나 법령의 형태로 보존하고 있다. ③이념적 커뮤니타스 : 실존적 커뮤니타스에 필요한 최적의 조건이라고 여겨진 다양한 유토피아적 모델이나 청사진으로 나타나는 커뮤니타스(Turner, 1973:193-194).

계성이 생겨난다. 이런 커뮤니타스는 일상생활에서 종종 발견되는 동료애의 관계는 다른 것이다. 동료애도 평등주의적이고 비공식적인 것이지만 여전히 사회구조의 일반 영역에 속해 있다. 이에 비해 커뮤니타스는 사회구조적 관계를 무시·역전·횡단하며 종종 구조적 관계 바깥에서 형성된다(빅터 터너, 2018:349). 요컨대 커뮤니타스는 본질적으로 구조에 대립한다(빅터 터너, 2018:311).

이상에서는 특별한 설명 없이 구조(structure)라든가 반구조(anti-structure)라는 용어를 사용했는데, 실은 터너의 구조와 반구조 개념은 리미널리티나 커뮤니타스 개념의 이해에 필수적이다. 터너는 구조와 사회구조를 거의 동일한 개념으로 혼용한다. 그가 말하는 구조 또는 사회구조는 레비스트로스가 말하는 무의식적 범주로서의 구조가 아니라, 특정 사회에서 의식적으로 인정되고 규범적으로 작동하는 것 즉 법적·정치적 규범이나 제재와 긴밀하게 얽힌 개념이다(빅터 터너, 2018:260). 터너에 따르면 구조는 외적 현실을 이해 가능한 것으로 만들고, 그 지식을 소통시키기 위해 세계의 연속성을 '기호'와 '지시된 것' 또는 '코드'와 '코드화된 것'이라는 이분법에 가둔다(빅터 터너, 2018:367). 결국 모든 이항대립에 근거한 것이 구조인 셈이다. 그러나 "리미널리티와 커뮤니타스가 함께 구성하는 반구조"(Turner, 1973:216)는 모든 이항대립적 구분과 차별을 폐기한다. 우리가 그 안에서 살고 있는 현실 사회는 이런 사회구조와 커뮤니타스를 모두 포함한다. 사회구조와 커뮤니타스는 역동적인 상호 의존성의 관계에 있다는 것이 터너의 생각이다.

마찬가지로 순례에 대해서도 터너는 "사회구조와 커뮤니타스의 상생적 타협이야말로 모든 순례를 설명하는 데에 적합한 사회적 양식"이라고 이해한다. 양자의 상호의존성과 상생을 통해 비로소 전체성이 모습을 드러낼 것으로 기대했기 때문일까? 이를테면 순례자는 순례라는 여정에 참여함으로써 그 자신이 전체성의 상징이 된다(Turner, 1973:221). 뒤집어 말하자면 순례와 결부된 사회관계는 커뮤니타스의 특성을 가진다는 것이다. 그리하여 순례자들은 순례를 "커뮤니타스를 경험할 수 있는 기회"이자 "치유와 재생의 근원이기도 한 커뮤니타스의 신성한 근원을 향한 여정"으로 여긴다(빅터 터너, 2018:263).

터너에게 사사받은 종교학자 호시노 에이키는 "순례는 일시적으로 거주 공간과 시간이라는 구조를 이탈하여 성지라는 커뮤니타스로 침투한 후 다시금 거주 공간과 시간이라는 구조로 복귀하는 도식을 보여준다"(星野英紀, 2001:62)라고 말한다. 여기서는 성지가 곧 커뮤니타스로 간주되고 있다. 하지만 이와 더불어 순례 또는 순례자들 사이에 형성된 유대적 관계성을 커뮤니타스로 볼 수도 있겠다. 어쨌거나 중요한 것은 터너가 통과의례의 특징을 공유하는 리미널리티 및 커뮤니타스 개념과 결부시켜 순례를 이해했다는 점이다. 순례자들은 일상에서 벗어나 비일상적 공간을 여행하고 거기서 무언가를 발견하여 다시 일상으로 돌아온다. 이러한 왕복운동을 현대적 관점에서 풀어 말하자면 '성스러운 투어리즘'이라고 해석할 수 있을 것이다. 실제로 터너는 "만일 순례자가 절반 투어리스트라면, 투어리스트도 절반은 순례자이다"(Turner, 1978:20)라고 지적한다. 순례도 관광도 모두 "일상(속)과 비일상(성)의 왕환운동"(淺川泰宏, 2007:147)이라는 말이다.

에릭 코헨의 순례론 : 실존적 투어리즘과 '정신적 중심'

오늘날 종교적 순례와 일반적 투어리즘의 경계는 갈수록 매우 애매해지고 있다. 이와 같은 현대적 상황 하에서 터너의 순례 연구로부터 많은 영향을 받은 관광인류학자 에릭 코헨은 현대사회에서의 투어리즘 자체를 '세속화된 순례'의 한 형태로 봄으로써 직접 종교학적 논의와의 접속을 가능케 해준다. 가령 코헨은 터너의 순례 정의에서와 마찬가지로 현대사회에서 순례의 중심이 전형적으로 사회적 중심에서 벗어난 '저 바깥'에 있다는 점을 지적하는데, 이는 종교학자 엘리아데가 말하는 우주축(axis mundi)을 가로지르는 '세계의 중심' 개념과 접속될 수 있다(Cohen, 1992:34). 다음과 같은 엘리아데의 말에서 잘 엿볼 수 있듯이, 순례는 세계의 중심을 향한 종교적으로 동기 지워진 여행으로 간주된다.

> 가장 습관적이고 일상적인 몸짓이라도 스피리추얼한 행위를 보여줄 수 있다. 길과 그 길을 걷는 것은 종교적 가치를 가질 수 있다. 왜냐하면 모든 길은 '삶의 길'을 상징하며, 모든 걸음은 '순례' 즉 세계의 중심으로의 편력을 상징하기 때문이다(Eliade, 1959:183).

이와 더불어 코헨은 현대인의 투어리즘에 관해 웰빙과 휴식을 즐기는 오락모드(recreational mode), 일상의 소외로부터 벗어나는 기분전환모드(diversionary mode), 타자들의 의미 있는 삶을 경험하고 싶어 하는 경험모드(experiential mode), 여행을 많은 대안 중의 하나로 간주하는 실험모드(experimental mode), 자신이 속한 일상세계 바깥에서 참된 실존을 찾고자 하는 실존모드(existential mode)의 다섯 가지 유형을 제시하면서 그 중 실존모드에 방점을 찍고 있다.

다른 네 가지 투어리즘 유형이 '탐색자'의 특성을 가진다면, 실존모드는 자신이 속한 사회와 문화의 주류에서 벗어난 어떤 '선택적인 정신적 중심'(elective spiritual center)에 스스로를 완전히 봉헌하는 여행자의 특성을 보인다. 여기서 '선택적'이란 각자가 속한 전통에 의해 처음부터 '주어진'(given) 어떤 것이 아니라는 의미이다. 가령 한국인이 이스라엘의 키부츠나 인도의 아슈람을 방문하여 거기서 자신이 추구하던 참된 인간적 교감이나 깨달음을 발견할 경우 그것은 '선택적인' 실존모드의 투어리즘에 속한다. 그렇게 자신이 속한 전통 바깥의 어떤 정신적 중심을 스스로 선택하여 수용하는 것은 거의 종교적 전향에 가깝다.

세상이 자신에게 맞지 않는다고 느끼는 사람에게 이런 정신적 중심과 멀리 떨어진 삶은 추방을 뜻한다. 그는 일상 속에서 자신이 추방당한 자라고 여긴다. 그는 오직 저 먼 곳의 정신적 중심 안에서만 의미 있고 참된 삶을 살 수 있다고 믿는다. 그래서 그는 주기적으로 자신이 태어나고 자란 익숙한 일상세계를 떠나 정신적 중심에로의 여행을 반복한다. 그래야만 자신의 일상을 견디면서 유지시킬 수 있기 때문이다. 이는 순례자가 순례를 통해 새로운 영적 힘을 얻는 것과 같다.

전통적인 종교적 순례 또한 어떤 중심을 향한 성스러운 여행이다. 가령 예루살렘, 룸비니, 메카 등과 같은 성지가 그런 중심에 해당한다. 그 중심은 지리학적으로는 탈중심적인 먼 곳에 위치하지만, 그곳은 여전히 순례자가 믿는 종교의 카리스마적 중심이자 그가 속한 사회의 영적 중심으로 간주된다. 따라서 그는 평상시에는 그 중심으로부터 멀리 떨어져 살지만, 그렇다고 해서 자신이 추방된 삶을 산다고 느끼는 일은 없다. 성지로부터 멀리 떨어져 있다 해도 그의 일상세계는 그 중심을 통해 항상 의미를 부여받는다.

그러나 실존적 투어리스트의 경우 '정신적 중심'은 그가 속한 사회와 문화의 중심이 아니다. 그것은 그가 스스로 '선택하고 전향한' 중심이다. 그의 일상세계와는 멀리 떨어져 있는 그 중심을 여행하는 것은 무의미한 혼돈의 세계에서 질서의 세계 즉 참된 실존의 세계로 들어가는 것과 같다. 그런 정신적 중심에 깊이 빠진 자는 아예 키부츠나 아슈람에 눌러 살면서 새로운 인생을 시작하기도 한다. 하지만 대개는 두 개의 세계를 왕복하며 살아간다. 현실의 일상세계는 그에게 깊은 의미가 없다. 그럼에도 그는 남들과 마찬가지로 어울리며 실용적인 삶을 영위하려 애쓴다. 그렇게 살아갈 힘을 그는 먼 곳의 '정신적 중심'을 주기적으로 여행하면서 얻는 것이다.

이와 같은 실존모드의 투어리즘은 현상학적으로 순례에 유비된다. 코헨이 실존모드를 강조한 것은 터너가 순례자의 공동체를 '실존적 커뮤니타스'라고 부른 것에서 영향을 받은 듯싶다.

여기서 더 나아가 코헨은 전통적인 종교적 순례와 실존적 투어리즘 사이에 위치한 것으로 '문화적 순례'와 '정치적 순례'를 들고 있다. 이 중 문화적 순례는 박물관 투어나 미술관 투어 등 위대한 예술적 중심을 방문한다든지 세계유산과 같은 자기 문화의 유산이나 유적지를 방문한다든지 또는 고대 유적지를 방문하는 등의 문화적·미적·예술적 순례를 가리킨다. 한편 정치적 순례란 미국의 링컨기념관 같은 시민종교의 성지를 방문한다든지 러시아의 레닌 무덤같은 공식적인 국가종교의 성지를 방문하는 유형에 해당한다(Cohen, 1979:183-191).

투어리즘의 스피리추얼리티

투어리즘과 성지순례를 연속체로 간주하는 터너와 코헨의 사례는 투어리즘과 순례 모두 종교적 차원과 세속적 차원을 동시에 내포하고 있다는 점을 보여준다. 물론 양자의 논의에는 비판의 여지가 있을 수 있다. 예컨대 양자 모두 기독교적인 서구중심적 틀에서 순례를 말한다는 지적이 가능할 것이다. 기독교적 신은 인간세계와는 전혀 차원이 다른 저 먼 곳의 '절대타자'로 간주되며, 원죄를 짊어진 인간은 그 절대타자에 대한 무조건적인 봉헌에 의해서만 구원받을 수 있다고 말해진다. 마찬가지로 터너와 코헨이 말하는 순례의 대상과 목적으로서의 성지라는 중심과 정신적 중심 또한 '절대타자'처럼 저 먼 곳에 자리매김되어 있으며, 여행자 또는 순례자는 그런 중심 안에서만 실존적인 삶을 살 수 있다고 여겨진다.

이와 같은 비판적 관점에서 보자면, 터너나 코헨의 순례론으로 동양의 순례 전통을 얼마나 잘 설명할 수 있을지 의문이 제기될 수도 있을 것이다. 하지만 양자의 순례론은 본서의 궁극적인 연구대상이 아니며, 어디까지나 '종교와 관광'이라는 큰 맥락 안에서 현대일본의 순례문화를 들여다보려는 기획을 위한 하나의 유용한 참조틀일 뿐이다. 따라서 이하에서는 양자의 개념을 제한적으로 사용할 것이며, 필요에 따라 제도로서의 종교보다는 광의의 '종교성'에 가까운 '스피리추얼리티'라는 용어를 도입하고자 한다.

스피리추얼리티란 말이 현대일본인에게 함축하는 의미는 매우 다양하다. 가령 그것은 "절대적 존재와의 합일이라는 고차원의 의식" 혹은 "인생이 어떤 불가시적인 힘이나 초자연적인 존재와 이어져 있고, 그 힘이나 존재에 의해 (내가 살아가는 것이 아니라) 살아진다는 실감"(樫尾直樹,

2010:3 ; 樫尾直樹, 2008:211), "개개인이 성스러운 것을 경험한다든지 성스러운 것과 관계를 맺고 살아가는 것", "개개인의 생활에 있어 생명의 원동력으로 느껴진다든지 살아갈 힘의 원천으로 여겨지는 경험과 능력"(島薗進, 2007:v), "초월적 의미를 추구하는 개인적 성성(聖性)"(박규태, 2015:181-182) 등 여러 방식으로 규정될 수 있다. 어쨌거나 이런 규정들은 전통적인 제도종교의 틀에 담기지 않는 다양한 스피리추얼리티를 포괄한다. 가령 죽어가는 사람들에 대한 보살핌과 관련된 '케어 스피리추얼리티'라든가 페미니즘운동에서 찾아볼 수 있는 '젠더 스피리추얼리티' 또는 자본주의적 자유경쟁 속에서의 성공을 예찬하는 '시장경제 스피리추얼리티' 등에 이르기까지 매우 광범위하다.[18]

나아가 '투어리즘의 스피리추얼리티'도 말할 수 있다. 이와 관련하여 투어리즘과 성지순례의 연속성은 "성성 추구와 무관한 세속적인 여행도 실은 스피리추얼리티를 포함할 수 있다"(Jirásek, 2014:50)라는 말로 대체될 수 있겠다. 이런 맥락에서 근래 '순례 투어리즘'(pilgrimage tourism)이나 '순례로서의 투어리즘'(tourism as pilgrimage)을 언급하는가 하면, '세속적 순례'(secular pilgrimage)나 '성스러운 투어리즘'(sacred tourism)이라는 표현도 쓰이고 있다는 점에 주목할 만하다(Collins-Kreiner, 2000 ; Singh, 2005 ; Rountree, 2002).

---

18 종교사회학자 이토 마사유키 또한 홀리스틱한 감성으로 특징지워지는 새로운 스피리추얼리티의 확장된 영역(가령 의료, 케어, 생명윤리, 임사현장, 사생관의 문제, 복지, 세라피, 교육, 에콜로지, 젠더, 경영관리 등)에 주목하면서, 더 나아가 일본예능이나 무도 등에서의 '도'(道)를 실증적 연구의 대상으로 끌어들일 필요성까지 강조하고 있다. 가령 다도, 화도(꽃꽂이), 서도, 무사도, 유도, 검도 따위의 스피리추얼리티를 말할 수 있으며, 심지어 현대일본사회의 순애붐이라든가 연애붐(네트 연애) 현상까지도 일종의 유사종교로 파악하여 거기서 '연애의 스피리추얼리티'를 찾아볼 수 있다는 것이다(伊藤雅之, 2003:131-132).

실제로 현대일본에서는 시코쿠헨로나 구마노고도와 같은 전통적인 종교적 순례의 활성화와 더불어, '파워스폿붐'과 '아니메 성지순례'를 비롯한 이른바 '콘텐츠 투어리즘' 또는 세계문화유산으로 지정되면서 더 많은 관광객들이 찾게 된 구마노고도라든가 나가사키 교회군 순례, 그리고 나오시마 같은 현대예술의 성지를 도는 문화적 순례, 혹은 2011년 동일본대지진의 기억을 위한 성지순례로 고안된 '도호쿠오헨로(東北お遍路) 프로젝트' 같은 유사 성지순례의 새로운 유형들이 계속 출현하고 있다.[19] 이에 따라 일본의 순례문화를 둘러싸고 많은 연구자들이 투어리즘(투어리스트)과 순례(순례자)의 관계에 주목하고 있다. 그것은 순례와 관광의 본질적 친연성에 주목하는 관점, 동서를 막론하고 공통된 현대적 상황에 초점을 맞추는 관점, 일본과 서양의 차이를 부각시키면서 일본의 순례문화가 가지는 고유한 특징을 강조하는 관점 등 크게 세 가지 입장으로 대별할 수 있다.

첫째, 순례와 관광의 본질적 친연성에 주목하는 관점은 무엇보다 현대 관광의 기원이 순례에 있다는 주장으로 대표된다. 전술했듯이 에도시대에 이미 개화한 관광의 대중화는 종교적 참배와 긴밀한 관련 하에서 이루어진 것이었다. 대부분의 학자들은 일본 대중관광의 발흥을 에도시대의 종교적 참배에서 찾는 데에 의견을 같이한다(권숙인, 1997:125-126).

---

19 한국에서도 근래 'BTS(방탄소년) 성지순례'나 '사이버순례'를 비롯하여 '빵지순례'(빵과 성지순례의 결합어)라든가 '덕지순례'(오타쿠에 해당하는 '덕후'와 성지순례의 결합어) 같은 새로운 개념의 성지순례 유형이 속속 출현하고 있다(신광철, 2019 ; 우혜란, 2008).

이때 대중관광의 대상지인 명소들은 주로 신사나 사원 같은 종교시설이었으며, 그곳을 찾아가는 행위, 즉 순례가 관광의 효시라는 것이다(임순록, 2013:241).

또한 문화인류학자 세키 미쓰오에 따르면, 세속화가 진행된 사회에서는 자신의 거주지를 떠나 관광지를 돌아다니는 것 자체가 해방과 불안 그리고 '새로운 충전 체험'으로 받아들어진다. 이는 일종의 '종교적 의례'와도 통하는 '성스러운 것'의 재생이라 할 수 있다. 그는 여기서 더 나아가 특히 시코쿠헨로의 사례를 근거로 들면서 순례는 본질적으로 세속자의 행위이므로 순례와 관광을 이항대립적으로 인식하는 것 자체가 불필요하다고 주장한다. 시코쿠헨로 순례는 종교가가 아닌 세속을 사는 일상 생활자들의 종교적 행위가 관행으로 굳어진 것인데, 이때 '당위'로서의 순례는 명분(다테마에)일 뿐이고 '현실'로서의 관광이 본심(혼네)이라는 것이다. 요컨대 순례는 세속의 일상을 사는 사람들의 생활원리와 사상이 농후하게 반영된 사회적 관행이라는 것이 그의 결론이다(関三雄, 2011:34-37).

둘째, 순례와 관광의 관계에 대해 동서를 막론하고 공통된 현대적 상황에 초점을 맞추는 관점이 있다. 가령 변찬복에 따르면, 산티아고와 시코쿠 순례길은 중세로부터 각각 기독교 신자들과 불교 신자들이 자발적으로 부과한 고행과 종교의식을 통해 신앙적으로 거듭나고자 하는 대표적인 순례여행 길이었다. 그러나 오늘날 산티아고와 시코쿠 순례길은 제도권 종교의 신자들이 신앙을 두텁게 하는 목적보다는 여행자 자신이 종교와 관계없이 정신수양, 마음의 상처 치유, 인생의 전환기 준비, 순례길 경험에 대한 막연한 호기심을 충족시키기 위한 장소로 활용된다. 이는 현대인들이 제도권 종교에 몸담고 있지 않으면서 자신의 고유한 정신

고양을 추구하는 경향이며, "영적이면서 종교적이지 않은"(spiritual, but not religious) 태도를 보이는 종교의 사사화(私事化) 현상에 기인한다는 것이다(변찬복, 2013:454). 이런 이해는 스피리추얼리티붐이라는 전지구적 현상에 의거하여 순례를 규정하는 입장이라 할 수 있다.

종래에는 해당 종교에서 특별한 지위를 부여받은 장소가 성지이고 그런 장소를 여행하는 것이 순례라고 간주되어 왔다. 그런데 현대에는 '신앙 없는 순례자'들이 증가하고 있다. 가령 산티아고 순례, 시코쿠헨로, 파워스폿 순례, 아니메 성지순례 등에서 그런 경향이 보인다. 이와 더불어 최근에는 순례라는 말이 어떤 신비감을 가지게 한다든지 한눈팔지 않고 일심으로 행동하는 양식을 표현하는 말로 쓰이기도 한다. 그 결과 순례자와 관광객의 구분이 애매해지고 있다(岡本亮輔, 2015a:9 ; 水谷昌義, 2013:94).

특히 2000년대 파워스폿붐의 배경에는 개개인의 종교적 기호의 다양화와 미디어의 확충에 따른 성지의 의미 변용이 있다. 파워스폿붐으로 크게 증가한 성지 방문자들은 기성종교의 입장에서 보면 '신앙 없는 순례자'와 다르지 않다. 물론 거기에는 단지 성스러운 것의 상품화라든가 즉물적인 소비가 행해지는 것만은 아니다. 기성의 신앙체계와는 상이한 방식으로 다양한 체험과 교류가 모색되는 가운데 때로 종교를 둘러싼 새로운 공동성이 생겨나기도 한다(岡本亮輔, 2015a: 180-181).

셋째, 그러나 순례와 관광을 둘러싼 담론의 주류는 일본과 서양의 차이를 부각시키면서 일본의 순례문화가 가지는 고유한 특징을 강조하는 관점이라 할 수 있다. 가령 종교학자 야마오리 데쓰오는 참예(参詣, 산케이)라 불려온 일본적 순례 양식의 특징에 주목하면서 다음과 같이 말한다.

> 대저 순례에는 회국수행(回國修行)으로서의 '유행'(遊行, pilgrimage)과 물견유산(物見遊山)으로서의 '관광'(tourism)이라는 두 가지 계기가 중층적으로 포함되어 있다 … 참예(参詣) 순례자에게 성지의 사전이나 본당 문 앞에 성행한 몬젠마치는 순례라는 수난의 길을 완성시키는 최종 장소가 된다. 그러나 성지의 중심에 도달한 이후 그곳은 곧바로 순례객의 욕망을 흡수하는 환락의 무대로 변한다(山折哲雄, 1996:4).

여기서 야마오리는 일본 순례문화의 이중성 즉 성지를 돌며 정진하는 순례과정과 순례를 마친 이후 향락적인 몬젠마치(門前町)[20]에서 '쇼진오토시'(精進落し)라 하여 매춘 등의 관광을 즐기는 에도시대 순례문화의 고유한 특징을 강조한다. 거기서 순례자는 성지(聖地, 세이치)와 성지(性地, 세이치) 모두를 체험하는 것이다. 이에 대해 종교학자 신노 도시카즈는 야마오리의 순례관이 이세 순례에는 들어맞지만, 시코쿠헨로의 경우에는 해당되지 않는다고 지적한다. 그러면서 신노는 영어의 필그리미지(pilgrimage)에 해당하는 일본의 개념 두 가지를 다음과 같이 구분한다.

> 산케이(参詣)와 준레이(巡禮)라는 일본어를 영어로 번역하면 모두 필그리미지이지만, 그 두 가지 일본어 표현에는 약간의 뉘앙스 차이가 있다 … '준레이'의 영장은 '산케이'의 영장과 달리 1천 킬로미터가 넘는 길이다 … 시코쿠헨로처럼 주회(周回)하는 '준레이'의 영장은 어디부터 시작하든 상관없으며 일주가 끝난 곳이 바로 종착점이 된다. 그 때문에 시코

---

20 일본 중세 이후 신사나 사원 앞에 형성된 번화한 시가지.

쿠헨로에서는 이세의 후루이치(古市)처럼 속(俗)으로 돌아가기 위한 기점으로서의 몬젠마치도 형성되지 않았다(眞野俊和, 1996a:326-327).

위에서 신노는 '산케이'를 대표하는 이세마이리와는 달리 '준레이'를 대표하는 시코쿠헨로에서는 몬젠마치도 없고 '쇼진오토시' 관습도 없었다는 점에 주목하면서 일본의 전통적인 순례문화를 다음 두 가지 형태로 구분해서 보아야 한다고 주장한다. 즉 이세마이리처럼 단일한 목적지에 도달하기 위해 행하는 '산케이'형과, 시코쿠헨로처럼 단일한 목적지나 순례 대상을 갖지 않고 오히려 각지에 점재하는 사원이나 신사를 주유하며 걷는 것에 중점을 두는 '준레이'형이 그것이다(眞野俊和, 1982:54-55). 이 중 일본의 순례는 대부분 공간적인 다양성을 추구하는 후자의 '준레이'형에 속한다(원영상, 2008:115).

세키 미쓰오는 이와 같은 산케이형과 준레이형의 구분을 받아들이면서 서구와는 다른 일본 순례문화의 특수성을 강조한다. 예컨대 산티아고 순례의 경우 순례증명서를 발행하는데, 거기에는 순례란 일종의 고행이며 관광은 가치가 낮다는 관념이 깔려 있다. 그러나 일본의 경우는 다르다. 관음 순례든 시코쿠헨로든 순례와 관광을 차별하는 관념은 없다는 것이다(関三雄, 2011:31). 『순례 만들기: 시코쿠헨로의 의미와 실천』을 펴낸 이안 리더 또한 일본 순례문화의 독특성을 강조한다. 그는 먼 저곳의 변경에 목적지가 있고 익숙한 일상을 벗어나 그곳을 찾아가는 순례자들의 집중된 사건으로 순례를 이해하는 터너의 커뮤니타스론에 대해 비판적이다. 그것만으로는 시코쿠헨로의 복합적 성격을 적절하게 분석할 수 없다. 터너의 순례론에는 목적지향적인 기독교적·서구중심적 선입견이 개입되어 있기 때문이라는 것이다(Reader, 2005:30 및 268).

이런 리더의 비판적 관점과 유사한 방식으로 변찬복은 기독교적 순례의 사례와 대비시켜 불교적 용어로 시코쿠헨로를 설명한다. 즉 시코쿠헨로의 순례길은 야고보 성당을 최종 목적지로 정해 놓고 가는 산티아고 순례와는 달리 시작과 끝이 따로 정해진 길이 아니라 순서와 상관없이 88개의 영장 사찰을 주유하는 윤회적인 길이라고 본다(변찬복, 2013:457).

한편 오카모토 료스케에 따르면, 기독교문화권과 비교할 때 일본에는 성지가 성립하기 쉬운 환경이 있다. 이 점과 관련하여 오카모토는 애니미즘 및 의례중심주의라는 일본종교문화의 두 가지 큰 특징을 제시한다. 무기물을 포함한 "모든 것에 영혼이 깃들어 있다"는 애니미즘적 관념은 신도(神道)를 비롯한 일본종교의 가장 근원적인 특징이다. 물론 서구 기독교 세계의 성물숭배라든가 성모숭배의 경우에도 애니미즘적 상상력을 엿볼 수 있다. 하지만 가톨릭교회처럼 그런 성스러운 것을 관리하는 종교제도가 일본에는 존재하지 않는다. 그 대신 일본에는 신도처럼 마쓰리와 각종 제사 및 연중행사 등이 잘 발달되어 있다. 이런 특징으로 인해 일본에서는 어제 어디서든 성지가 생겨나기 쉽다는 것이다(岡本亮輔, 2015a: 152-154).

이처럼 서구 기독교 세계와 차별성을 가지는 일본 순례문화의 현대적 변용을 미즈타니 마사요시는 "선으로부터 점으로의 변화"라는 말로 요약한다. 미즈타니는 "점재하는 여러 장소를 순회하는 것을 목적으로 하는 여행"이 곧 순례라고 보면서, 일본 관광여행의 기본형인 명소 순회'(名所巡り)도 이런 의미의 순례에 해당한다고 주장한다. 거기서는 종래의 선으로 이어진 순례길 대신 점으로서의 특정 장소들이 더 중시된다. 그 대표적인 사례가 바로 시코쿠헨로이다. 오늘날 시코쿠헨로의 순례 형태는 자가용헨로가 일반적이며 심지어 1998년부터는 헬리콥터헨로도 개시되었다. 또한 2004년부터는 하루 일정의 '히가에리(日帰り)헨로'라 불리는 스타일도 나타났다. 이런 형태를 미즈타니는 특정 성지와 성지를 연계하여 투어가 행해지는 '점 순례'라고 부른다(水谷昌義, 2013:94-100).

본서의 목적과 구성

근래 인문사회학계의 화두 중 하나가 '관광'이다. 관광학뿐만 아니라 일찍부터 사회학이나 인류학이 현대사회에서 관광이 차지하는 중요성을 지적해 왔으며 여기에 종교학도 가세하여 다양한 연구성과를 내고 있는 추세이다. 현대일본의 순례문화를 다루는 본서의 주제는 '종교와 관광'이라는 문제군의 관점에서 특히 '순례와 관광의 착종'(관광학), '리미널리티와 커뮤니타스 개념'(인류학), '스피리추얼리티 개념'(종교학) 등에 주목하면서 이런 연구성과를 수렴하고 있다. 이때 본서는 구체적으로 예로부터 독특한 순례문화가 잘 발달된 일본의 사례를 다루고 있다. 가령 전통적인 순례 성지를 대표하는 시코쿠헨로와 구마노고도는 근래에 다시금 새로운 형태로 순례붐이 일어난 곳이다. 이에 비해 나가사키 교회군은 세계유산으로 지정되면서 부각된 일본 최대의 기독교 성지이며, 나오시마 및 파워스폿과 아니메 성지 등은 전통적인 성지 개념의 변용을 수반한 사례이다. 거기에는 사사 등의 전통적인 성지가 새로운 문맥과 의미를 가지고 재발굴되거나 혹은 나오시마의 경우처럼 종교적 전통과 무관한 유형의 성지도 포함되어 있다.

이처럼 현대일본에 새롭게 나타난 순례붐의 다양한 양상과 그 의의를 '종교와 관광'이라는 큰 맥락 안에서 기술하는 것이 본서의 일차적 목적이다. 나아가 이를 통해 일본문화의 본질적 특징을 엿보는 것도 본서의 숨겨진 의도 중 하나이다. 이뿐 아니라 필요에 따라 필자의 현지답사 경험에 의거한 인문학적인 순례기 스타일의 기술도 곳곳에 삽입될 것이다. 이상과 같은 목적과 취지 및 관점에 입각한 본서는 총 7개의 장으로 구성되어 있다. 각 장은 독립적인 주제하에 전개되면서도 '종교와 관광'이라는 관점 안에서 상호 연결되어 있다.

약 1400킬로미터 길이의 시코쿠헨로를 다룬 제1장에서는 홍법대사 구카이의 고향인 시코쿠의 88개소 영장 사찰을 도는 순례 관행의 역사와 습속 및 구성에 대해 기술하면서 궁극적으로 현대일본인에게 시코쿠헨로가 어떤 의미를 가진 것인지를 묻고 있다. 이와 더불어 시코쿠헨로와 한국의 밀접한 연관성에 대해서도 주목하고 있다. 제2장에서는 시코쿠헨로와 마찬가지로 오랜 역사적 전통을 자랑하는 구마노고도에 대해 고찰하고 있다. 시코쿠헨로의 7분의 1 정도인 212킬로미터에 달하는 구마노고도는 수험도의 성지이자 보타락신앙의 성지이기도 하다. 본서에서는 이를 각각 '산의 구마노'와 '바다의 구마노'로 나누어 고찰하면서 구마노의 종교적 의미를 정화, 죽음, 재생의 사이클로 풀어내고 있다. 구마노고도와 마찬가지로 세계유산으로 등록된 나가사키현의 나가사키시·운젠·시마바라 지역 및 구마모토현 아마쿠사 지역의 기독교 관련 유적지를 다룬 제3장에서는 순교사를 포함한 기리시탄(근세의 기독교인)의 역사와 유물 등을 추적함과 아울러 널리 알려진 일본26성인 순교자들이 활동한 교토와 오사카의 기리시탄에 관해서도 상술하고 있다. 그러면서 궁극적으로 일본인과 일본문화에서 기독교가 가지는 독특한 위상과 의미를 반추한다.

이상 세 개의 장이 일본의 전통적인 종교적 성지가 현대사회에서 새로운 순례의 옷을 입고 나타나 일종의 관광 붐을 일으킨 대표적 사례를 다루고 있다면, 제4장에서 제6장까지의 분석대상은 기본적으로 종교와 무관한 파토스가 순례나 성지라는 전통적인 용어 안에 담기면서 새로운 문맥을 만들어낸 사례라 할 수 있다. 가령 '현대아트의 성지'라 불리는 세토내해 상의 조그만 섬 나오시마를 다룬 제4장은 '종교'가 아닌 '스피리추얼리티'라는 대안적 개념을 중심으로 베네세하우스, 지중미술관, 이우환미술관 등 안도 타다오의 건축물을 '콘크리트의 스피리추얼리티', 지중미술관의 모네 갤러리와 터렐 갤러리의 경우를 '물질의 스피리추얼리티', 그리고 가옥프로젝트를 비롯하여 지중미술관의 월터 드 마리아 갤러리 및 이우환미술관의 경우를 '여백의 스피리추얼리티'라는 파토스로 해석하면서 궁극적으로 그것들이 '리미널리티'의 예술임을 시사한다.

이에 비해 "우주의 에너지를 받을 수 있는 장소"를 뜻하는 신조어인 '파워스폿' 붐의 형성 과정과 배경 및 유형을 기술한 제4장에서는 종교와 무관한 파토스가 '뉴에이지적 스피리추얼리티'에서 '신도적 스피리추얼리티'에로 변화하는 과정에 주목하면서, "신 없는 나만의 성지"로서의 파워스폿이 '종교와 관광의 현대적 융합'을 잘 보여주는 사례임을 역설한다. 종교와 관계없이 아니메(애니메이션의 일본어 약어) 오타쿠 팬들이 작품 속의 무대 배경을 실제 현실 속에서 찾아내어 방문하는 것을 스스로 '성지순례'라 부르는 현상에 대해 상술한 제5장 또한 '종교와 관광의 현대적 융합'을 더욱 인상적인 방식으로 보여준다. 거기서는 아니메 성지순례의 정의와 역사 및 〈럭키☆스타〉의 무대인 사이타마현 와시노미야신사를 비롯하여 대표적인 아니메 성지들과 해당 작품들을 분석하는 가운데, 전통적 순례와 아니메 성지순례의 공통점과 차이점을 규명하고 있다. 그 과정에서 특히 터너가 말하는 '커뮤니타스'와 순례투어리즘, 코헨이 말하는 '정신적인 중심'으로의 여행, 가상현실의 몰적 체험 혹은 가상현실에 대한 오타쿠적 감수성 등에 초점을 맞추어 아니메 성지순례의 의미를 도출해내고 있다.

끝으로 2011년 3·11동일본대지진의 피해지인 도호쿠지방 주민들에 의해 만들어진 순례 코스 도호쿠오헨로를 다룬 종장에서는 다크투어리즘의 관점 및 터너의 개념들을 매개로 도호쿠 지역 및 도호쿠오헨로에 내포된 애매성, 이방인성, 열등성에 유념하면서 도호쿠오헨로를 순례문화의 '리미널리티'로 규정한다. 이런 문제의식과 함께 본서는 이상에서 살펴본 여러 순례붐의 배경을 이루는 일본문화의 주요 특징을 리미널리티와 커뮤니타스 및 구조와 반구조라는 터너의 개념에 비추어 상기시키는 것으로 맺음말을 대신하고 있다.

요즘처럼 한일관계가 악화된 상황일수록 일본인과 일본문화를 깊이 있게 알아야 할 필요성은 더욱 증대되고 있다. '노 재팬'(NO Japan)은 또 하나의 '노우 재팬'(KNOW Japan) 없이는 공허한 것이 될 수도 있기 때문이다. 현대일본의 순례문화를 다루면서 궁극적으로 일본문화의 본질에 다가서고자 의도하는 본서가 또 하나의 '노우 재팬'을 창출하는 데에 조금이나마 기여할 수 있기를 기대하며 이제 현대일본 속으로, 나아가 현대 일본인의 내면 속으로 들어가는 순례 여행을 시작해 보기로 하자.

차례

제1장

시코쿠헨로

: '동행이인'의 커뮤니타스

> 우리 수행자들은 인욕가사(忍辱袈裟)를 어깨에 걸치고 사물함 상자를 등에 맨 채, 옷은 늘 바닷물에 젖은 채로 시코쿠의 외진 변지(邊地)를 걷고 또 걷는다(『梁塵秘抄』, 277).

이는 헤이안(平安)시대에 고시라카와(後白河) 법황이 편찬한 가요집 『양진비초』(梁塵秘抄) 제2권에 묘사된 시코쿠헨로(四國遍路) 순례자의 모습이다. 시코쿠헨로란 일본 시코쿠(四國) 지방에 있는 88개소의 영장 사찰을 순례하는 종교적 실천으로, 원래 오늘날의 관광에 해당하는 일본어 '물견유산'(物見遊山, 모노미유산)과는 다른 성격의 것이었다. 고래 일본에서는 시코쿠헨로 순례를 시작하기에 앞서 먼저 고야산(高野山)을 참배하여 여행 중의 안전과 무사를 기원하거나 또는 순례 후에 다시 고야산을 참배하여 감사하는 신앙적 관행이 있었다. 왜 고야산인가? 그곳에 일본인들 사이에서 널리 숭앙받는 고승 홍법대사(弘法大師, 고보다이시) 구카이(空海, 773~835)의 묘소가 있기 때문이다. 일반적으로 시코쿠헨로는 홍법대사가 탄생하고 수행한 곳을 순례하는 것이라고 알려져 있다. 그렇기 때문에 고야산에서 입정한 홍법대사에게 이른바 '동행이인'(同行二人)의 가호를 기원하고 또 감사하는 것이다. 여기서 동행이인이란 순례자가 항상 홍법대사와 함께 걷는다는 것을 뜻하는 말이다.

홍법대사 구카이에 관하여

'홍법대사'는 일본밀교를 대표하는 진언종(眞言宗)의 창시자 구카이 사후에 붙여진 시호(諡號)이다. 시코쿠 지방의 사누키(讃岐, 가가와현)에서 태어난 구카이는 18세 때 교토의 명문대학에 입학하여 유학을 전공했으나, 관료 엘리트 코스에 보장된 출세의 길을 마다하고 중도 자퇴한 후 불교에 뜻을 두어 산림수행에 매진하게 된다. 구카이가 24세 때 저술한 처녀작 『삼교지귀』(三教指歸)에 의하면, 이는 어떤 승려로부터 '허공장구문지법'(虛空藏求聞持法, 이하 구문지법)이라는 밀교 수행법을 배운 것이 계기였다고 한다.

일본 불교학의 원로 쓰지 젠노스케는 구카이가 만난 사문이 승려 곤조(勤操, 754-827)였을 가능성을 시사한다(辻善之助, 1969:300). 시바 료타로 또한 구카이를 곤조의 제자로 묘사하는데(司馬遼太郎, 1994:149-150), 곤조는 야마토국 다케치군(高市郡) 출신으로 출가 전의 성씨는 하타씨(秦氏)였다(『三教指歸 · 性靈集』, 428). 주지하다시피 하타씨는 신라계 출신의 고대일본 최대의 도래씨족이다(박규태, 2009a:258-265).

재일사학자 권우근은 홍법대사의 부계인 사에키씨(佐伯氏)가 신라계이고 모계 아토씨(阿刀氏)는 백제계임을 지적한다(權又根, 1988:111). 또한 일본불교와 구카이 연구의 대가 중 한 사람인 와타나베 쇼코에 따르면, 아토씨는 학자 집안으로 천자문을 전해준 백제 왕인(王仁)의 후손이다(渡辺照宏, 1969:6). 구카이는 외숙부인 아토노오타리(阿刀大足)에게서 어릴 때 『논어』와 『효경』 등 한학을 배웠는데(『三教指帰·性靈集』, 84), 오타리는 백제계 간무(桓武)천황의 황자 이요친왕(伊予親王)의 시강(侍講)이었던 당대의 대학자였다(『續日本後紀』, 38). 구카이의 문재(文才)는 이런 모계 혈통을 이어받은 것이다. 이처럼 한반도 도래계 집안에서 자라난 구카이가 하타씨 일족과 접촉하면서 한반도 도래계 스승들로부터 불교를 접한 것은 결코 우연이 아닐 것이다.[1]

구카이가 곤조에게 배웠다고 추정되는 구문지법은 허공장보살을 본존으로 하는 수행법을 가리키며 난행 중의 난행이라 한다. 허공장은 허공에 편재하는 예지를 가르쳐주는 보살로 대일여래의 지혜를 관장하는 밀교의 보살이다. 수행자는 일정한 장소에서 허공장보살의 진언다라니를 100만 편 창해야 하며 기간은 100일간 또는 50일간 행해진다. 이 수

---

1 노성환은 구카이의 스승 세 명이 모두 한국과 관계가 깊다는 점에 주목한다. 구카이가 현 이즈미시(和泉市) 소재 천태종 마키오데라(槙尾寺)에서 출가했을 때 스승이었던 곤조는 하타씨 출신이었다. 곤조는 삼론종의 거장으로 당시 사가천황이 대극전에 초청하여 법회를 가질 정도로 황실의 두터운 신임을 얻었던 인물이었는데, 그가 73세 나이로 입적하자 구카이는 스승의 죽음을 애석해하며 〈곤조대덕영찬서〉를 지었다. 또한 구카이가 31세 때 동대사 계단원에서 득도수계를 받을 때 수계사(授戒師)였던 원흥사(元興寺, 간고지) 승려 다이신(泰信)은 당나라 승려라고도 하고 고대 한국계로 말해지기도 한다. 나아가 대안사 주지를 역임한 게이슌(慶俊)에 대해 『고사담』(古事談)은 그를 '홍법대사의 조사'라고 밝힌다. 이 게이슌에 대해 『본조고승전』(本朝高僧傳)은 가와치(河內) 다지히군(丹比郡) 출신으로 백제계 이주민 후지이씨(葛井氏=藤井氏)의 후손이자 백제 진손왕(辰孫王)의 후예라고 적고 있다. 이 밖에도 노성환은 구카이가 당나라 유학 시 스승인 혜과가 신라 승려 현초(玄超)의 제자였다는 점, 구카이와 백제계 고승 교키(行基, 668-749)의 밀접한 연관성, 『성령집』 3권의 '신라승에게 부치는 시'에서 엿볼 수 있는 신라 승려와의 절친 관계 등을 구카이와 한국의 밀접한 연관성에 대한 근거 사례로 들고 있다(노성환, 2017:255-260).

행을 마치면 불법의 8만4천 가지에 이르는 모든 가르침을 다 암기한 것과 동일한 공덕이 있다고 하며 한번 본 것과 들은 것은 절대 잊어버리지 않게 된다고 믿어졌다. 구카이는 7년 반 동안 몇 차례에 걸쳐 이 행법을 수행하던 중, 어느 날 명성(明星)이 날아와 입 속으로 들어오는 체험을 한다(『三教指歸·性靈集』, 84). 이 명성은 허공장보살의 화신으로 여겨졌다. 이러한 신비체험을 한 곳이 바로 시코쿠 남단 무로토미사키(室戸岬)에 있는 시코쿠헨로 제24번 영장인 최어기사(最御崎寺)이다.

이와 같은 신비체험을 한 구카이는 804년에 정식 승려가 된 후, 곧바로 당나라에 들어가 당시 중국 진언종의 제1인자였던 혜과(惠果)의 수제자가 된다. 이리하여 구카이는 인도에서 이미 쇠퇴하고 중국에서도 이후 발전을 멈추었던 진언밀교의 정통을 전수받아 일본에 전했다. 전술한 곤조가 구카이를 불교의 길로 인도했을 무렵 곤조는 나라 대안사(大安寺, 다이안지)의 주지승이었다. 당시 조정 직할의 관립대사였던 대안사는 지금으로 치면 일본 문부성과 도쿄대학을 합친 기관이라 할 수 있는데, 그 전신은 바로 백제대사(百濟大寺)였다.[2] 많은 입당 유학생들이 대안사로부터 파견되었는데, 구카이 또한 입당 유학 시 곤조와 대안사를 통해 하타씨의 원조를 받았을 법하다. 훗날 구카이가 829년에 대안사의 별당(別堂, 사원의 사무 총괄직)으로 임직했다는 점도 이런 추정을 뒷받침해준다. 구카이는 사비유학생으로 당나라에서 2년간 유학하면서 엄청난 밀교 문헌들과 불구를 구입했는데, 그 막대한 경비는 하타씨의 원조에 의한 것이

2 현재 대안사는 고야산 진언종에 속해 있다.

었을 가능성이 크다.[3]

입당 2년 만인 806년에 귀국한 구카이는 가지고 들어온 방대한 경전 및 밀교 법구 등의 목록을 조정에 제출했으나, 향후 4년 동안 조정에 의해 인정받지 못함으로써 교토에 들어가지 못한 채 규슈에 머물러 있어야만 했다. 하지만 곧 사가(嵯峨)천황에 의해 중용되었고 조정에서는 그에게 고야산(高野山)을 하사해 주었다. 이로써 진언종의 근본도장이 된 고야산을 중심으로 밀교의 황금시대가 도래한다.

주술적 요소가 강한 진언종은 국가와 일반 민중들에게 쉽사리 수용되었으며, 이런 국가적 및 대중적 지지를 바탕으로 구카이는 관계용수의 확보라든가 교육기관의 설립 및 문화예술의 진흥 등 활발한 사회사업을 펼치기도 했다. 궁극적으로 구카이는 현실사회와 불교의 조화를 추구함으로써 진언밀교에 의한 진호국가불교를 실현하고자 진력했다. 이와 같은 구카이에게서 무엇보다 주목할 것은 그의 이른바 '즉신성불'(卽身成佛) 사상이다. 즉 먼 미래에 성불하는 것이 아니라, 지금 살고 있는 이 세상에서 현세의 몸을 가진 채로 성불할 수 있다는 것이다. 선과 악, 깨끗한 것과 더러운 것, 영광과 오욕, 희노애락 등 모든 것이 뒤섞여 있는 이 세상이

3 구카이의 스폰서인 하타씨에 관해서는 이른바 '금속사관'이라 하여 금속(금, 은, 동, 수은 등)과 관련된 집단이었을 것이라는 설이 유력하다. 실제로 고야산에는 수은과 관련된 니우쓰히메신사가 있다. 니우쓰히메는 고야산 산록에 위치한 아마노(天野) 지역의 호족이 모시던 신인데, 아마도 수은 채굴과 관련된 사람들의 수호신이었던 것 같다. 이름에 들어가 있는 단(丹)은 수은의 원재료이며, 수은은 사원건축에 쓰는 적토(朱)에 필수적인 원재료이다. 일본의 수은 산지는 통상 니우(丹生)라 불리는 곳이 많다. 와카야마현에서 나라현과 미에현에 걸친 지역은 장대한 수은 광맥이 펼쳐진 곳이다. 구카이는 농작물 생산에 적합한 곳이 산록에 있고 수은의 산지인 고야산이야말로 사원경제에 적합한 곳이라고 판단하여 고야산에 진언밀교의 도장을 개창한 것으로 보인다(頼富本宏, 2002:134-135 ; 久保田展弘, 1985:149-150).

곧 있는 그대로 붓다의 세계라는 것이다. 이는 모든 주어진 현실을 전면적이고 절대적으로 긍정하는 사상이다. 이러한 구카이의 즉신성불 사상은 추상적이고 이념적인 것보다 구체적이고 몸적인 것을 더 선호하는 일본인들에게 매우 어울리는 사상으로 받아들여졌다. 홍법대사 구카이의 연고지인 시코쿠헨로 88개소 영장의 순례가 널리 유행하게 된 것도 이 점과 무관해 보이지 않는다.

헨로와 순례

일본어로 '헨로'라 읽는 편로(遍路)는 원래 벽지를 뜻하는 '변로'(邊路) 또는 '변지'(邊地)라든가 '변토'(邊土)에서 온 말이다. 시코쿠헨로는 해변가와 산야에 영장이 위치하므로 변지나 변토라고 불렸고 편로라는 말은 후대에 생긴 것이다. 이와 관련하여 시코쿠헨로 88개소 영장 사찰들의 연합 조직인 〈시코쿠88개소 영장회〉(四国八十八ヶ所霊場会)[4] 홈페이지는 "예전에는 '사국변지'(四国邊地, 벽지의 뜻)라 불렸으며 일본 각지의 수행승들이 깨달음을 추구하여 모였습니다. 에도시대에는 수행승뿐만 아니라 신앙과 관광(物見遊山)을 위해 민중들이 모여들면서 변지로부터 편로(遍路) 형태로 변화했다고 합니다."라고 설명한다.

---

4 1958년부터 본격적인 활동을 시작하였고 2017년 6월 1일부로 일반사단법인이 되었다. "1200년 전 홍법대사의 궤적을 따라 멋진 체험을 당신에게"라는 캐치프레이즈를 내걸고 있는 홈페이지(http://www.88shikokuhenro.jp/)는 시코쿠헨로 순례의 작법, 순례용품, 88개소 영장, 이벤트 정보, 공인 센다쓰(先達) 등에 대해 소개하고 있다.

헤이안시대 후기에 그 원형이 형성되어 중세 무로마치시대에 정착된 이래 근세에 들어와 널리 일반인들 사이에서 성행했고 현재에도 새로운 형태로 지속되고 있는 시코쿠헨로의 순례 여정은 총 1450킬로미터 정도이며 걸어서 돌면 40일 이상 걸린다. "일본에는 약 300여 개소의 종교 성지가 있지만, 이 시코쿠헨로처럼 88개소나 도는 순례코스는 드물다."(大山邦興編, 2002a:2) 오늘날 시코쿠헨로는 미디어의 주목을 많이 받는다는 점, 그리고 순례자 숫자가 많다는 점에서 근래 "일본에서 가장 현저한 순례"(Reader, Ian, 2005:24)로 말해지기도 한다.

'헨로'는 통상 영어로 '필그리미지'(pilgrimage)라고 번역된다. 그러나 헨로는 필그리미지보다 더 복합적이다. 그것은 순례길(루트)과 사원을 의미할 뿐만 아니라 순례자를 가리키기도 한다. 사람들은 시코쿠헨로 순례자들을 '오헨로상'이라고 부른다. 여기서 앞뒤에 붙은 '오'와 '상'은 존칭을 나타내는 일본어이다. 어쨌든 시코쿠헨로는 분명 순례의 일종이기는 하지만, 서구적 의미에서의 필그리미지와 반드시 일치하지는 않는다. 나아가 시코쿠헨로는 일본의 순례 형태 중에서도 특수한 위치에 있다. 일본의 순례 관행을 가리키는 가장 전통적인 일본어로 '산케이'(參詣) 또는 '마이리'(参り)를 들 수 있겠는데, 시코쿠헨로는 88개소 사찰을 순배하는 원환적 순례라는 점에서 하나의 중심점으로서의 특정 사사(寺社, 사찰 및 신사)에 대한 참배 자체가 목적인 산케이 또는 마이리와 차별성을 가진다. 그래서 시코쿠헨로 연구자인 민속학자 신노 도시카즈는 "순례의 영장은 우주의 중심이라기보다는 우주 그 자체가 아닐까?"(眞野俊和, 1996a:327)라고 반문한다.

시코쿠헨로 순례의 근거가 되는 홍법대사는 시코쿠에서 태어나고 수행했으며, 훗날 많은 시코쿠헨로 영장사찰을 개창했다고 알려져 있다. 그러나 『양진비초』에 나오는 변지(邊地)가 그대로 현재까지 이어진 헨로 순례로 성립된 것은 아니다. 또한 시코쿠헨로가 역사적으로 항상 종교적 순례였다고 단정지을 수도 없다. 오히려 문화인류학자 세키 미쓰오에 따르면, 시코쿠헨로는 본래 세속자에게 속한 종교관행이었으며 따라서 세속자의 원리를 우선시할 필요가 있다. 그가 보기에 시코쿠헨로의 '물견유산' 즉 관광화는 자연스러운 귀결이었다. '물견유산'의 동기와 행위 그 자체 안에 이미 성화되는 비일상성을 환기시키는 측면이 배태되어 있다는 것이다(関三雄, 2011:33-34). 이 점을 염두에 두면서 먼저 시코쿠헨로의 역사를 추적해 보기로 하자.

Ⅰ. 시코쿠헨로의 역사

본 장 모두의 『양진비초』 인용구에서 엿볼 수 있듯이 시코쿠헨로의 기원은 변로 또는 변지신앙에서 찾아야 할 것이다. 변로신앙이란 원래 바다 저편에 있다고 믿어진 상세국(常世國, 도코노요노쿠니)이라는 유토피아에 도달하고자 해변길을 따라 걸으면서 수행하던 신앙을 가리킨다. 이때 상세국이란 『고사기』 일본신화에 나오는 바다 저편의 유토피아를 가리키는 말이다. 구체적으로 보타락(補堕落)[5] 정토신앙과 관련된 이 상세국 관념에 대해서는 후술하기로 하고, 여기서는 상세국 관념과 습합한 헤

5 인도 남방 해상에 있다고 여겨진 관음보살의 정토를 가리킨다.

이안시대 변로신앙의 주체가 홍법대사 신앙 이전의 수행자들이었다(関三雄, 2011:33)는 점을 언급하는 데에 그치기로 하겠다. 전국(戰國)시대까지는 아직 수행자가 중심이었지만, 에도(江戸)시대 중기 이후 수행자의 모습은 거의 사라지고 재가자들이 시코쿠헨로 순례의 주류를 형성하게 되었다(白木利幸, 2000:187).

요컨대 시코쿠헨로의 역사에서 가장 큰 분기점은 에도시대이다. 에도시대 중기부터 시코쿠헨로가 종래의 수행자 중심에서 일반 서민들의 순례로 바뀌었기 때문이다. 다시 말해 오늘날과 같은 시코쿠헨로 순례의 형태는 에도시대에서 비롯된 것이다. 그 무렵 변로신앙의 무대인 시코쿠에 홍법대사에 대한 신앙이 겹쳐지면서 비로소 시코쿠의 변로신앙이 순례의 한 형태인 시코쿠헨로로 발전하게 되었다. 이처럼 에도시대 중기부터 수행자가 아닌 일반 서민들이 시코쿠헨로를 순례하게 된 가장 직접적인 요인은 유벤 신넨(宥弁真念)이라는 고야산 승려가 1687년에 간행한 『사국변로도지남』(四国徧禮道指南, 이하 『도지남』)이다. 이 저술은 시코쿠헨로에 관한 '최초의 안내서'(佐藤久光, 2006:22)로 말해진다.

종래의 시코쿠헨로는 승려의 수행에 한정되어 있었으나, 이 책이 발행되면서 서민들도 시코쿠헨로 순례를 할 수 있게 된 것이다. 물론 당시 농민층의 생활수준 향상이라든가 전국 도로망과 숙소의 정비 등과 같은 사회경제사적 요인도 간과할 수 없다. 하지만 『도지남』이라는 안내서가 없었다면 일반인이 시코쿠 88개소 영장의 험로를 순례한다는 것은 엄두도 못 낼 일이었다. 이 획기적인 안내서 발간과 함께 주요 길목마다 표지석을 세우고 전용 숙소를 세우는 등 최초로 시코쿠헨로 루트를 정비한 자가 바로 신넨이었다. 이런 의미에서 다음에는 신넨을 기준 삼아 그 이전과 이후의 시코쿠헨로 역사에 대해 상세히 조망해 보기로 하겠다.

1. 시코쿠헨로의 유래 : 신넨 이전

시코쿠헨로의 원형에 관해서는 변로신앙과의 관계에서 산림수행이 먼저냐 아니면 상세국 관념이 먼저냐에 따라 크게 두 가지 입장으로 나뉜다(白木利幸ほか, 2001:4). 하나는 나라시대부터 헤이안시대 전기에 걸쳐 산림수행이 유행했으며, 그 핵심인 구문지법의 보급과 실천이 변로신앙과 관계가 있다는 입장이다. 그러니까 산림수행이 변로신앙보다 역사적으로 먼저라는 것이다. 실제로 구카이가 구문지법을 수행한 곳은 모두 88개소 영장으로 현존한다. 가령 제12번의 소산사(燒山寺)와 제31번의 죽림사(竹林寺)도 구문지법의 전승을 가지고 있다. 하지만 헤이안시대 중후기가 되면 잡밀적 요소가 강한 구문지법의 역할이 급속히 줄어든다. 미륵신앙과 마찬가지로 과도기적 내용을 함축한 구문지법 수행은 체계적 내용을 자랑하는 순밀과, 그 이행적(易行的) 명쾌성으로 인해 많은 사람들에게 인기를 얻은 아미타신앙, 나아가 현세이익적 특성으로 널리 지지받은 관음신앙 등에 흡수되어 매몰되어갔다.

다른 하나는 민속학과 종교학의 관점에서 산림수행보다는 오히려 해상타계인 상세국에 관한 기층적 신앙이 역사적으로 먼저이며 그것이 변로신앙과 밀접한 관계가 있다는 입장이다. 이런 해상타계적 기층신앙에 토대를 두고 해변가를 회유하는 변로수행이 널리 행해졌으며, 거기에 불교의 관음을 본존으로 하는 보타락신앙이 수용되면서 시코쿠 변로의 루트가 형성되었다는 것이다. 이는 변로신앙을 시코쿠헨로 성립의 사실상의 중심요소로 보면서 이 변로신앙과 보타락신앙의 관계 및 양자를 종합한 광의의 구마노(熊野)신앙과의 관계에 주목하는 입장이라 할 수 있다. 헤이안시대의 문헌에 입각하건대, 이 중 두 번째 입장 즉 변로신앙과 상세국 관념 및 보타락신앙의 연관성이 더 설득력을 가진다고 보인다.

시코쿠헨로와 정토신앙

헤이안시대 후기가 되면 시코쿠 해안부를 돌며 수행하는 승려들에 관한 언급이 전술한 『양진비초』 외에도 『금석물어집』(今昔物語集)과 『나무아미타불 작선집』(南無阿彌陀佛作善集)을 비롯하여 『태기』(台記), 『관음강식』(觀音講式), 장문본(長文本) 『평가물어』(平家物語), 『적염위문집』(赤染衛門集), 『습유왕생전』(拾遺往生傳) 등과 같은 사료에 많이 등장한다. 가령 『금석물어집』에는 "불도를 닦는 승려 3인이 함께 시코쿠의 변지(辺地)인 이요(伊予, 에히메현), 사누키(讃岐, 가가와현), 아와(阿波, 도쿠시마현), 도사(土佐, 고치현) 지역의 해변가를 돌았다."(『今昔物語集』4, 577)는 구절이 나오는데,[6] 여기서 '변지'란 시코쿠의 해안부를 뜻한다.

이와 관련하여 민속학자 곤도 요시히로는 나라시대부터 이미 시코쿠의 해변가를 도는 수행자들이 있었고 그 배경에 보타락신앙이 존재했다고 추정하면서, 시코쿠 변로의 형성에 구마노 변로의 영향이 있었다는 점에 주목한다(近藤喜博, 1971). 수험도(修驗道) 연구자 고라이 시게루 또한 시코쿠의 해변가를 도는 변로 수행을 '바다의 수험도'라 부르면서 그 신앙대상이 보타락 혹은 봉래 즉 상세국이라고 주장한다. 그런 변로신앙이 구카이 이전부터 존재했다는 것이다(五来重, 1989). 이와 같은 변로신앙에 불교적 요소가 부가되면서 상세국이 보타락정토로 간주되고, 변로

---

6 이 구절은 시코쿠를 순례하던 승려들이 잘 곳이 없어 밤에 산중에서 3인씩 나뉘어 숙소를 찾아갔는데, 집 주인에 의해 한 사람씩 말(馬)로 바뀌었고 최후의 1인이 도망쳤다는 이야기에 나온다.

수행자는 상세국으로서의 보타락정토를 사모하면서 변로를 순례했던 것으로 보인다(白木利幸ほか, 2001:7-8).

그러니까 헤이안시대의 변로 수행 형태는 일본 고래의 해상타계(상세국) 신앙에 헤이안시대 이후 융성한 정토신앙 특히 보타락신앙이 덧붙여지면서 생겨난 것이라는 말이다. 이러한 해상타계 신앙에 영향을 받아 일본인들은 불로장생의 꿈을 키워왔고 시코쿠헨로도 그런 꿈의 연장선상에서 형성되었다. 그리하여 시코쿠헨로 88개소 영장의 절반 정도가 해안선을 따라 형성되었으며, 보타락산을 산호(山號)[7] 로 하는 영장 사찰도 제86번 지도사(志度寺)와 제87번 장미사(長尾寺) 등 두 군데나 있다.

구마노의 보타락 도해

시코쿠는 변로 수행을 수반한 보타락 도해의 장소였다. 변로 수행자는 상세국인 보타락을 사모하면서 변로를 순회했다. 헤이안시대 말기의 시코쿠는 정토에의 왕생을 추구하는 수행자들이 많이 모여든 곳이었다. 다시 말해 시코쿠는 원래 극락왕생의 땅이자 보타락 도해의 출발지였다. 여기서 보타락 도해란 남방 해상에 있다고 믿어진 관음정토인 보타락을 향해 작은 배를 타고 도해하는 일종의 사신(捨身) 왕생을 추구한 최후의 자살수행 방법을 가리킨다.

이와 같은 보타락 도해의 대표적 사례는 역시 기이반도 남단의 구마

---

7 일본 사찰명 앞에 붙이는 칭호. 이 때 해당 사원이 소재하는 산의 명칭을 쓰는 경우도 있고 그렇지 않은 경우도 있다.

노(熊野)[8] 이다. 구마노로부터의 보타락 도해가 언제 시작했는지 정확한 연도는 알 수 없지만 적어도 헤이안시대 말기에 행해졌음은 확실하다.[9] 아와시마(淡島)신사가 있는 와카야마현 와카야마시(和歌山市) 가다(加太)로부터 구마노에 이르고 나아가 이세까지 이어진 장대한 해안선의 루트는 변로로서의 기능을 충분히 갖추고 있다. 『일본서기』는 스쿠나비코나(少名毘古那)라는 의약의 신이 가다의 아와시마(淡島)로부터 상세국으로 건너갔다고 적고 있다(『日本書紀』上, 131). 그러니까 구마노로 들어가는 변로의 입구라 할 만한 가다의 아와시마는 원래 상세국과 밀접한 관계가 있는 성지였다. 현재 아와시마신사의 제신은 스쿠나비코나이다.

다나베(田辺)로부터 구마노혼구대사(熊野本宮大社)에 이르는 길을 중변로(中辺路, 나카헤치)라 부른 것은 원래 산중의 변로라는 뜻이었다. 그러다가 후대에 대중소의 중으로 해석되면서 본래의 변로인 구마노나치대사(熊野那智大社)와 구마노하야타마대사(熊野速玉大社)에 이르는 해안선의 루트는 대변로(大辺路, 오헤치), 그리고 고야산에서 혼구까지의 루트는 소변로(小辺路, 고헤치)로 불리게 되었다. 이 중 보타락신앙의 중심은 사이코쿠 관음영장 제1번 여의륜당(如意輪堂) 즉 현재의 청안도사(青岸渡寺)가 있는 나치산이다. 나치산록에는 보타락 도해의 출발점인 보타락산사(補陀洛山寺)가 있는데, 이 사찰의 본존은 삼면천수관음상이다.

---

8 구마노란 사자(死者)가 숨는 곳(隱野)을 뜻하는 말이다. 일본신화는 구마노를 이자나기가 죽어서 황천국으로 간 곳이자, 이자나기가 이자나미를 찾아 황천국에 갔다가 돌아온 곳으로 묘사한다. 본서 제2장에 언급된 하나노이와야(花の窟)는 황천국의 출입구라고 말해지며, 태내를 의미하기도 한다. 이 점에서 구마노는 사령신앙과 재생신앙이 함께 존재하는 곳이라 할 수 있다. 현재의 구마노는 '산의 수험도' 양상을 보여주지만, 본래는 '바다의 수험도'와 깊은 관계가 있었다.

9 전국시대에서 에도시대 초기까지가 보타락 도해의 최성기이다(白木利幸ほか, 2001:10).

시코쿠헨로의 기원설화

시코쿠헨로의 기원에 관한 설화로 다음 네 가지가 전해진다: ① 홍법대사의 제자인 다카오산(高雄山)의 신제이(真済, 800-860)가 스승 사후 구카이가 수행한 곳을 순례한 것에서 유래되었다는 설화. ② 홍법대사가 42세 때 88개소의 영장을 찾아 수행하면서 개창했기 때문에 그곳을 순례한다는 설화. ③ 사가천황의 자식으로 홍법대사의 제자가 된 신뇨친왕(眞如親王, 799-865)이 시작했다는 설화. ④ 에히메의 호족 에몬사부로(衛門三郎)가 자신의 잘못을 깨우치고 홍법대사를 만나기 위해 여행한 데에서 유래되었다는 설화. 이 중 가장 유명한 네 번째 에몬사부로 설화에 대해서는 후술하기로 하고, 여기서는 시코쿠헨로의 기원과 관련된 역사적 근거에 대해 잠깐 언급하고 넘어가기로 하겠다.

시코쿠헨로의 영장이 오늘날과 같이 88개소로 굳어진 시기와 관련하여 고치현 도사군 혼가와촌(本川村) 에리몬(越裡門)의 지장당(地蔵堂)에 전해져 온 악구(鰐口, 와니구치)[10]에 새겨진 "촌소팔십팔개소 문명3"(村所八十八ヶ所文明三)이라는 명문에 주목할 필요가 있다. 여기서 '문명3'은 1471년을 가리킨다. '촌소 팔십팔개소'는 일개 촌내에 설치된 88개소를 뜻하는데, 이는 당시 이미 존재했던 시코쿠 88개소 영장에서 따온 것임을 시사한다. 그렇다면 1471년 시점에서는 이미 88개소 영장이 성립되어 있었다고 보아야 할 것이다(佐藤久光, 2006:39-40). 또한 하이쿠의 명인 오요도

---

10 불당 정면 추녀에 걸어 놓고 매달린 밧줄을 잡아당겨 소리를 내는 불구의 일종. 구리나 쇠로 둥글납작하고 속이 비게 만든 방울인데, 아래쪽에 옆으로 길게 째진 입이 있다. 신사 사전에서 사용되기도 하며, 금구(金口) 혹은 금고(金鼓)라고도 한다.

미치카제(大淀三千風)가 1685년에 펴낸 『사국변로해도기』(四国邊路海道記)에도 '88개소의 사찰'이라는 표현이 등장한다. 그러니까 신넨이 『도지남』을 발간하기 전에 이미 88개소의 사찰을 도는 순례가 있었다는 말이다.

2. 신넨과 『도지남』·『영장기』·『공덕기』

에도시대 시코쿠헨로 순례기 중 가장 오래 된 것으로 진언종 승려 초젠(澄禅, 1608-1680)의 『사국편로일기』(四国遍路日記, 1653년)가 있다. 이 책에 따르면 초젠은 1653년 고야산의 홍법대사 묘소를 참배하고 도쿠시마로 건너가 7월 25일 제17번 정호사(井戸寺)부터 돌기 시작하여 제88번 대와사(大窪寺)까지 돌고 난 후 마지막으로 제1번 영산사(靈山寺)를 참배한 것이 10월 26일로 총 91일간에 걸쳐 120여 개소 사사를 순배했다. 그 중에는 사누키(가가와현)의 고토히라궁(金刀比羅宮)도 들어가 있다(佐藤久光, 2006:198).

그러나 시코쿠헨로 순례기의 정수는 역시 20여 차례나 헨로를 경험한 신넨에게서 찾아보아야 할 것이다. 신넨은 홍법대사에게 귀의하여 일본 각지를 순회한 고야히지리(高野聖)의 성격을 지닌 인물이었다. 그러면서도 고야산을 거점으로 삼지는 않았고 오사카의 데라지마(寺嶋)에 머물면서 시중을 활동의 중심무대로 삼았다. 이리하여 신넨은 시코쿠와 오사카를 오가며 시코쿠헨로의 전용 숙박소인 헨로야(辺路屋)[11]를 세우고 시

11 몇 채를 건립했는지는 알 수 없으며, 현재 확인되는 것으로는 유일하게 고치현 도사시미즈시(土佐清水市) 이치노세(市野瀬)에 남아 있는 신넨암(真念庵)뿐이다.

코쿠의 곳곳에 길안내판인 표석(標石)[12]을 건립했다. 이와 더불어 신넨은 오사카의 상인 인맥을 끌어들여 당시 왕성한 오사카의 출판문화에 힘입어 『도지남』을 비롯하여 『사국편례영장기』(四国徧禮靈場記, 이하 『영장기』)와 『사국편례공덕기』(四国徧禮功德記, 이하 『공덕기』) 등 시코쿠헨로에 관한 각종 안내서와 순례기를 간행했다.

『도지남』(1687년)

시코쿠헨로를 소개한 최초의 안내서로 말해지는 『도지남』에는 88개소 영장의 사원명, 지형, 방각, 주소, 본존 도상과 크기, 본존명, 본존 제작자, 어영가(御詠歌),[13] 다음 영장까지 통과하는 지명, 언덕과 강 이름, 숙소 제공자 40여명의 이름, 각지 당우의 이름, 연변의 풍경, 지역 전승과 유래 및 역사적 사건 등이 기술되어 있다. 이밖에 『도지남』은 시코쿠헨로 순례를 위한 사전 준비물 및 휴대할 물품 등도 자세하게 소개한다. 또한 참배 예법에 대해서는 "남녀 모두 광명진언(光明眞言)과 대사의 보호(宝号)에 회향(回向)하고 해당 영장 사찰의 노래를 세 번 창한다."(眞念, 2015:19)고 적고 있다. 여기서 '광명진언'이란 24자의 산스크리트어로 된 밀교 주문을 가리키고 '대사의 보호'에 회향한다는 것은 홍법대사의 이름(보호)에 귀의한다는 뜻의 '나무대사편조금강'(南無大師遍照金剛, 나무다

---

12 『공덕기』 발문에는 신넨이 2백여 개소의 표석을 세웠다고 나온다. 표석 우측에는 '나무대사편조금강'(南無大師遍照金剛), 좌측에는 시주자 이름이 적혀 있고 정면에는 좌우의 헨로길 방향이 표시되어 있다(白木利幸, 2000:196).

13 본존의 영험을 찬미하고 부처의 가르침을 설하는 찬가. 88개소 영장 사찰은 각각 해당 사원의 역사와 전설 등과 관련된 어영가를 가지고 있다. 순례자는 방울을 쳐서 울리면서 어영가를 창한다.

이시헨조곤고)을 창하는 것을 뜻한다. 그러나 오늘날과 같이 『반야심경』을 창한다는 말은 나오지 않는다.

이 안내서가 발간된 이후 일반 서민들은 일단 오사카에 들러 그곳의 상가 네 곳에서 판매하는 『도지남』을 구입하여 그것을 들고 다니며 시코쿠헨로를 순례했다고 한다. 오사카에서 도쿠시마 및 마루가메(丸亀)까지의 배편이 기록되어 있는 것을 볼 때, 『도지남』이 간사이(関西) 지방에서부터 출발하는 시코쿠헨로 순례자들을 대상으로 한 안내서임을 알 수 있다. 그것은 도쿠시마(徳島)의 제1번 영장 영산사로 가는 길안내부터 시작된다.

『도지남』은 마지막 부분에서 시코쿠헨로의 총 길이가 이전에는 약 480리였는데, 에도시대의 지금은 약 300리로 줄었다고 기술한다(眞念, 2015:121). 이는 신넨이 시코쿠헨로 영장 사찰을 88개소로 한정했기 때문이라고 보인다. 요컨대 신넨 이전과 비교할 때 이 책의 특징은 88개소 영장 사찰을 돌며 본존을 모신 당우와 홍법대사를 모신 대사당을 참배하는 것이 시코쿠헨로라고 주장한다는 점에 있다. 이 때 『도지남』은 시코쿠가 홍법대사의 유적지라는 점은 밝히고 있지만, 88개소를 홍법대사가 개창했다고는 언급하지 않는다(白木利幸, 2000:203).

이와 같은 『도지남』의 발간과 함께 비로소 오늘날과 같은 시코쿠헨로가 시작되었다고 말할 수 있다. 이 점이 가장 중요하다. 시코쿠헨로는 신넨 이전까지만 해도 주로 전문 승려들이 시코쿠의 벽지를 돌면서 수행하는 형태의 순례였는데, 신넨 이후부터 승려뿐만 아니라 일반 서민들이 88개소 영장 사찰을 돌면서 참배하는 순례 형태로 바뀐 것이다. 이런 중요한 의의를 가지는 『도지남』은 오늘날 가가와(香川)대학 세토우치켄 연구센터(瀬戸内圏研究センター)에서 출간된 바 있으며 현대어역도 나와

있다.[14]

『영장기』(1689년)와 『공덕기』(1690년)

『도지남』 이후 신넨은 각 영장 사찰에서 취재한 메모와 지도 등을 가지고 고야산에 올라가 보광원(宝光院)의 학승 자쿠혼(寂本, 1631-1701)에게 편집을 의뢰하여 1689년 『영장기』 7권을 간행했다. 이 안내서는 시코쿠 88개소 영장이 모두 홍법대사의 유적지라고 적고 있다. 물론 88개소 영장 사찰의 개창자는 알 수 없다고 하면서도, 홍법대사의 탄생지인 선통사를 시코쿠헨로의 발상지라고 규정함으로써 암묵적으로 홍법대사에 의한 개창임을 시사한다. 이 책의 제목에는 이전과는 다른 표기인 '편례'(徧禮)[15]가 등장한다. 이는 한편으로 변로(邊路)신앙의 개변을 의미하기도 한다(白木利幸, 2000:204-205).

변로도 편례도 모두 '헨로'라고 읽는다. 신넨의 『도지남』 초판본은 '변로'라는 표현을 썼으나, 5회째 재판본(전체 판목을 다시 판 것)부터 '편례'를 사용했다. 이때 변로는 전술했듯이 벽지를 가리키는 말이다. 이에 비해 '널리, 두루, 어디든지'를 뜻하는 '편'(徧)과 '사람이 살아가는 길'을 의미하는 '례'(禮)가 합쳐진 말인 '편례'는 "삶의 길을 모색하는 사람"을 가리킨다. 신넨의 『도지남』 재판본과 『영장기』 이래 에도시대에는 '헨로'에

14 연구센터 홈페이지(http://www.kagawa-u.ac.jp/setouchi/index.html)에서 원어 전문을 다운로드받을 수 있다. 또한 원어 전문과 함께 현대어역을 수록한 것으로 (眞念, 2015)을 참조할 것.

15 고야산 진언종 승려 자쿠혼(寂本)의 1697년 저작 『사국편례수감』(四國徧禮手鑑)에도 '편례'라는 말을 제목으로 쓰고 있다. 신넨 자신은 저술 제목과는 별개로 본문에서 거의 변로(邊路)라는 말을 많이 사용한다. 표석의 경우는 '헨로'(扁ん路)로 표기되어 나오는데, 이 표현은 변로와 통한다.

대해 편례(徧禮)라는 표기가 줄곧 사용되었다. 결국 '편'(徧)이란 '편'(遍)과 동일한 의미를 가진 글자이며, 지금은 원래대로 '례' 대신 변로(邊路)의 '로'(路) 자를 써서 편로가 되었다. 이렇게 보건대 오늘날 시코쿠헨로에서의 '헨로'(遍路)란 "두루두루 길을 가는 사람"을 뜻하는 말인 셈이다.

『도지남』과는 달리 제75번 선통사(善通寺)에서 시작하여 제65번 삼각사(三角寺)로 끝나는 『영장기』의 연기 등은 현행의 것과 별 차이가 없다. 단, 『영장기』는 이례적으로 전술한 고토히라궁에 대해 "헨로 순례자들이 반드시 참배하는 곳"이라 하여 상세히 기록하고 있다. 이 점에서 당시 고토히라궁은 별격 영장적인 존재로 자리매김되어 있었음을 알 수 있다. 오늘날에도 고토히라궁은 신사이면서도 많은 헨로 순례자들이 빼놓지 않고 참배한다(白木利幸, 2000:206-207). 필자 또한 시코쿠헨로를 돌면서 고토히라궁을 들렀다.

어쨌거나 『도지남』과 『영장기』의 출판에 의해 에도시대의 헨로 안내서가 거의 완성되었다고 말할 수 있다. 이에 비해 『공덕기』는 이 두 책과는 다소 성격을 달리 한다. 시코쿠헨로 참배를 통해 공덕, 기적, 질병치유 등의 소원을 이루고자 하는 일반대중의 기대에 부합되는 『공덕기』 2권은 24편의 공덕 이야기로 구성되어 있다. 지역 별로 보자면 아와국 5편, 도사국 7편, 이요국 4편, 사누키국 3편 외에 기이국(紀伊国, 와카야마현) 2편, 이즈미국(和泉国, 오사카부 남부) 1편, 에도(江戸) 1편, 아이즈(会津, 후쿠시마현 서부) 1편 등 시코쿠 외부 지역도 포함되어 있다. 이는 시코쿠헨로의 공덕이 시코쿠 지역에만 한정된 것이 아님을 시사한다.

이 중 질병 치유와 관련된 공덕 이야기가 8편으로 가장 많다. 당시 병자들이 많이 시코쿠를 순례했기 때문일 것이다. 예컨대 에도의 공덕기에는 시코쿠헨로 순례를 한 자가 그것을 어떤 병자에게 팔았더니 그것을 산 자는 병이 낳았고 대신 판 자가 병에 걸렸다는 이야기가 나온다. 황당무계한 이야기로 보이는 이 공덕기는 당시 대참 신앙이 널리 행해지고 있었음을 암시한다. 대참이란 어떤 장애로 인해 시코쿠 영장을 참배할 수 없는 자들을 대표하여 대신 순례하는 행위를 가리킨다.

『공덕기』에서 특히 주목할 것은 시코쿠 88개소 영장의 88이라는 숫자의 유래에 대해 "혹자는 고집멸도(苦集滅道) 사체(四諦) 중 집체에 있어 견혹(見惑)과 사혹(思惑)[16]을 말한다… 견혹에 88가지 번뇌(使)가 있는데, 이 숫자를 취하여 88개소로 정한 것이다. 88개소를 순회하면서 저 견혹의 번뇌를 끊을 수 있도록 88개소가 된 것이다."라 하여 불교사상과 연관시켜 기술한다는 점이다. 여기에 나오는 '혹자'란 이 책의 서문과 본문 해설을 담당한 승려 자쿠혼을 가리킨다. 나아가 88개소 영장 전부를 순배하지 않고 일국(一國)이나 일군(一郡) 혹은 아와 10개소, 도사 7개소, 이요 10개소, 사누키 7개소 등과 같이 지역별 순례를 권장한다는 점도 『공덕기』의 중요한 특징이라 할 수 있다(白木利幸, 2000:210-211).

이와 아울러 『공덕기』가 "오사카(大阪) 데라지마(寺嶋)의 두타(頭陀) 신넨"이라 하여 저자 신넨의 출신 성분을 밝히고 있다는 점에도 유념할 필요가 있다. 여기서 '두타'란 의식주에 구애받지 않는 산림수행 방법을 가리키는 말이다. 이는 오사카 데라지마에 거주했던 신넨이 본질적으로는 초기 구카이와 마찬가지로 산림수행자 또는 대사신앙[17]에 입각한 고

---

16 견혹이란 활동을 하지 않는 수동적 상태에서 사물을 보거나 듣거나 할 때 사상적 또는 관념적으로 일어나는 미혹을 가리키고, 사혹이란 세상 속에서 일하고 활동할 때 마음속에 솟아나는 미혹을 뜻한다.

17 대사신앙이란 홍법대사 구카이의 대사묘가 있는 고야산에 납골하거나 구카이의 영험에 의지하는 등 홍법대사와 인연을 맺으면 현세의 행복과 내세의 구제가 이루어질 거라고 믿는 민간신앙을

야히지리(高野聖)[18] 였음을 시사한다.

3. 신넨 이후 근대기까지의 시코쿠헨로

이상과 같은 신넨의 『도지남』, 『영장기』, 『공덕기』 등 3부작이 간행됨으로써 간사이 지역의 서민들에게 시코쿠헨로가 매우 친근한 것이 되었고 그 결과 다수의 서민들이 시코쿠 88개소 영장을 방문하게 되면서 이제 시코쿠는 헤이안시대 이래 수행의 장으로부터 명실공히 순례의 장으로 성격이 크게 바뀌었다. 이리하여 에도시대 중후기 이후 시코쿠헨로가 융성기를 맞이하게 되었다. 그 "정점은 신넨 시대보다 더 후대인 18세기 후반"(関三雄, 2011:35)이지만, 이와 같은 시코쿠헨로의 발전은 신넨으로부터 비롯된 것이었다.

거기에는 대사신앙이 크게 작용했다. 홍법대사를 모신 대사당 수의 증가는 이 점을 잘 보여준다. 신넨보다 20여년 앞서 초젠이 시코쿠헨로를 걸었던 당시는 대사당이 없는 영장이 꽤 있었다. 즉 1653년 초젠의 『사국편로일기』에는 대사당이 있는 영장이 불과 12개소밖에 나오지 않는다. 그러다가 『영장기』에 이르면 35개소로 증가하고, 1800년에 시코쿠헨로를 걸은 규코슈진(九皋主人)의 일기 『사국편례명소도회』(四國遍禮名所圖會, 1800년. 총5권)[19] 에 이르면 대사당이 없는 영장은 제27번 신봉사(神峰

가리킨다.(박규태, 2020:제6장 참조)

18 중세 이래 고야산을 본거지로 삼아 전국을 편력한 유행승.

19 이 책에 관해 시라키 도시유키는 "일기이긴 하지만 영장 사찰과 도중의 명소 유적에 관한 소개

寺), 제56번 태산사(泰山寺), 제68번 고토히키하치만궁(琴彈八幡宮)의 3개 소뿐이고, 나머지 85개소는 모두 홍법대사의 영장으로 화했다(白木利幸, 2000:212). 이는 19세기초 무렵에 홍법대사 신앙이 고양되었음을 시사한다. 그때부터 "홍법대사에게 소원을 빌면 다 이루어진다."는 대사신앙이 시코쿠헨로와 관련하여 일본 전국에 널리 퍼졌던 것으로 보인다. 현재는 88개소 영장 전체에 대사당이 존재한다.

신넨의 『도지남』(1687)이 나온 후 80년 뒤인 1767년에 『사국편례도지남증보대성』(四国徧礼道指南增補大成)이 간행되었는데, 내용은 『도지남』과 거의 동일하다. 이후 1815년과 1836년에도 동일한 제목의 안내서가 간행되었고 메이지시대까지 판본을 거듭했다. 한편 1814년에 발간된 『사국편로어영가도중기전』(四国編路御詠歌道中記全)이라는 안내서에는 이전과는 달리 처음으로 영장에서의 『반야심경』 독송에 대한 언급이 등장한다. 이 점과 관련하여 향토사학자 우치다 구스오는 에도시대에 시코쿠헨로에서의 불전근행(佛前勤行)[20]에 있어 크게 두 가지 흐름이 있었다고 지적한다. 신넨 이래의 전통적 스타일인 어영가 중심의 불전근행과, 에도시대 후기에 나온 『사국편로어영가도중기전』에서처럼 『반야심경』을 불전근행의 중핵에 놓는 흐름이 그것이다(内田九州男, 2006:7-12).

와 함께 상세한 경내 조감도를 묘사하고 있다. 그 그림들에는 엄격함은 느껴지지 않으며 오히려 시코쿠헨로를 즐기는 듯이 활기에 가득 차 있다. 사생을 할 정도의 여유가 있는 헨로는 이미 수행이 아니라 물견유산(物見遊山, 관광)의 색채가 농후하다."(白木利幸, 2001:257)고 적고 있으며, 세키 미쓰오 또한 이 책에서 "이미 서민 가운데 시코쿠헨로가 깊이 침투했고, 수행이라 말하기 어려운 투어리즘적 형태를 엿볼 수 있다."(関三雄, 2011:33)고 평가한다.

20 시코쿠헨로 순례자가 영장 사찰의 본당 및 대사당 앞에서 행하는 납경(納經) 작법.

근대 이후의 시코쿠헨로

1854년 안세이(安政)대지진 후 도사번(土佐藩)과 우와지마번(宇和島藩, 에히메현 우와지마시)이 시코쿠헨로 순례자에 대한 입국 금지령을 발포. 이것이 1872년까지 20년간 지속되었고, 그 사이에 시코쿠헨로의 루트가 변경되었다. 이런 조치는 기본적으로 지진으로 인해 파괴된 시코쿠헨로의 수복을 위한 것이었지만 다른 이유도 있었다. 예컨대 시코쿠 중 가장 가난한 지역이었던 도사번의 경우 주민들은 시코쿠헨로 순례자를 만나면 정작 자기 먹을 것이 없는 데도 불구하고 음식을 나누어주었는데, 이를 못마땅하게 여긴 번 당국이 시코쿠헨로 자체를 금지시킨 것이다.

그러나 더욱 심각한 변경은 메이지유신 직후 발포된 신불분리 정책과 그에 따른 폐불훼석(과격한 불교배격운동) 움직임이 전국적으로 번지면서 일어났다. 탁발 행위를 금지한 유신정부는 탁발하는 헨로 순례자들을 부랑자나 거지로 간주하여 단속했다. 원래 탁발을 '수행'이라고 부르면서 행해왔던 시코쿠헨로의 각 영장 사찰들은 이에 큰 타격을 입었다. 이로 인해 위기를 맞이한 시코쿠헨로가 일시적으로 금지되었다가 이후 다시 융성하게 되었지만, 88개소 영장 자체의 변경에서 불전근행 습속의 변경에 이르기까지 근본적인 변화가 생겼다. 이 점을 이해하기 위해 먼저 다음과 같은 신넨의 『도지남』에 나오는 구절을 검토해 볼 필요가 있다.

> 찰소(札所, 후다쇼)의 본존, 대사당, 대신궁, 진수신, 일본의 모든 대소 신기를 참배한다. 천자, 쇼군, 국주, 주군, 부모, 사장(師長), 육친(六親), 권속, 법계에 이르기까지 모두 영험을 받도록 기원한다. 항상 동행의 은혜를 받고 있음을 느끼면서 숙찰(宿札)과 다례(茶礼)에 유념할 것. 남녀 모

두 광명진언과 대사의 보호에 회향(回向)할 것. 찰소의 노래 세 편을 창할 것.

여기서 찰소란 영장 사찰이나 신사를 가리키며, 사장이란 상전, 육친과 권속은 친족, 법계는 우주만물을 뜻하는 말이다. 또한 숙찰이란 순례자의 명찰을 뜻하며,[21] 회향이란 수행에 의해 축적한 선근과 공덕을 자신을 위해서가 아니라 타인과 모든 생물의 행복을 기원하는 데로 돌리는 것 즉 타자의 구제를 의미한다. 광명진언과 홍법대사 구카이의 다른 호칭인 '편조금강'을 창하는 것(奉南無大使遍照金剛, 나무다이시헨조곤고)이 그 방법이다. 마지막으로 '찰소의 노래'란 어영가(御永歌)를 가리킨다. 에도시대는 신불습합 시대였으므로 시코쿠헨로 순례자는 각 영장의 본존 및 홍법대사에게 기원함과 동시에 사원 내 신사에 모셔진 아마테라스(대신궁)와 사원의 수호신(진수신)을 비롯한 신도의 대소 신들에게도 기원을 올렸다. 그러면서 밀교의 주문인 광명진언과 '봉나무대사편조금강'(奉南無大使遍照金剛) 및 어영가를 창했던 것이다.

그러나 1868년 신불분리령의 발포 이후 88개소 영장 중에 존재했던 신사들은 〈표1〉에서 보듯이 모두 불교 사원이 되었고, 영장 사찰 안의 신사들은 모두 폐사되거나 영장 바깥으로 퇴출되는 등 불교 사찰과 신도 신사의 분리가 철저하게 시행되었다. 그 과정에서 기존의 영장 사찰이 폐사되거나 사령이 축소된 사례도 있었다.

---

21 원래 숙찰이란 대명과 하시모토 및 막부 관료 등이 본진에 숙박한다든지 휴식을 취할 경우, 본진의 몬젠(門前)과 숙소 입구에 비치하는 명찰을 뜻한다.

표 1 신불분리·폐불훼석에 따른 신불습합적 영장의 변경 사례

번호	변경전	변경후
13번	이치노미야(一宮)신사	대일사(大日寺)
27번	고노미네(神峯)신사 내 관음당(觀音堂)	신봉사(神峯寺)
30번	도사 일궁 다카카모(高賀茂)신사	선락사(善樂寺)
37번	다카오카(高岡)신사	암본사(岩本寺)
41번	용광사(龍光寺)	본당은 이나리사(稲荷社)가 됨
55번	오야마즈미(大山祇)신사 별당사	독립적인 사원이 됨
57번	영복사(榮福寺)	가쓰오카하치만궁(勝岡八幡宮)으로 분리 독립
68번	고토히키하치만궁(琴彈八幡宮)	신혜원(神惠院)으로 변경되어 관음사 경내로 이전

이 중 제27번 영장의 경우는 일단 폐사되어 사격이 없는 찰소가 되었다가, 1912년 이바라키현 지쿠린산(竹林山) 지장원(地藏院)을 이전하여 신봉사(神峯寺)로 재흥된 사례이다. 또한 현재의 도사(土佐)신사에 해당하는 제30번 영장 다카카모신사의 경우, 원래 납경은 이 신사의 신궁사(神宮寺)에서 행해졌는데, 탑두사원인 선락사(善樂寺)와 함께 폐사되었다. 그 후 안락사(安樂寺)로 바뀌었다가 1929년 선락사가 재흥되어 찰소 영장이 되면서 제30번 찰소가 두 군데 존재하게 되었다. 그러다가 1993년 새해 원단부터 선락사가 제30번 영장 찰소로 지정되어 오늘에 이르고 있다. 한편 제41번 용광사의 경우는 창건 당초부터 신불습합 사원이었는데, 신불분리에 의해 (구)본당이 이나리신사가 된 특이한 사례이다. 이밖에 제28번 대일사(大日寺), 제33번 설혜사(雪蹊寺), 제60번 횡봉사(橫峰寺), 제62번 보수사(宝壽寺), 제64번 전신사(前神寺) 등은 폐불훼석의 영향으로 폐사 혹은 쇠퇴했다가 다시 재흥되었다.

이와 아울러 시코쿠헨로의 불전근행에도 변화가 생겼다. 앞에서 에도시대의 불전근행 흐름을 크게 두 가지로 정리한 우치다 구스오의 지적을 언급한 바 있는데, 그는 다시 메이지시대 이후의 시코쿠헨로 안내서를 중심으로 불전근행 방식의 세 가지 큰 흐름을 다음과 같이 제시한다(内田九州男, 2006:10-12).

① 신넨 이래의 전통적 방식에다 여러 가지 경전과 게송을 추가하여 불교색을 강화했지만 반야심경은 채용하지 않는 흐름 : 전전까지는 이런 흐름이 주류였다. 가령 『사국영장약연기도중대성』(四国靈場略緣起道中大成, 1883년), 『사국영장안내기』(四国靈場案內記, 1911년), 『사국편로동행이인』(四国遍路同行二人, 1926년), 『사국영장예찬』(四国靈場禮讚, 1927년), 『쇼와판 사국편로동행이인』(昭和版 四国遍路同行二人, 1939년), 『사국팔십팔개소 오헨로안내』(四国八十八箇所お遍路案內, 1940년) 등의 안내서를 들 수 있다.

② 오체투지의 채용을 제안하는 등 불교수행의 강화를 한층 강조하는 흐름 : 이런 흐름을 보여주는 안내서는 단 한 권 『사국영장기』(四国靈場記, 1892년)뿐이다.

③ 불전근행의 핵심에 '반야심경'을 채용할 것을 주장하는 흐름 : 전술했듯이 1814년에 간행된 『사국편로어영가도중기전』(四国編路御詠歌道中記全)에서 비롯된 이런 흐름에 속한 안내서가 1880년과 1902년에 간행되었지만, 결국 이 제안은 메이지시대에는 채용되지 않았다.

이 후 다이쇼기부터 쇼와 초기에 걸쳐 철도와 택시 등의 교통기관의 발달과 여행 붐을 배경으로 시코쿠헨로 체험기와 안내서가 많이 출판

되었다. 패전 후 최초의 시코쿠헨로 안내서는 1964년에 간행된 니시바타 사카에(西端さかえ)의 『사국팔십팔찰소편로기』(四国八十八札所遍路記)인데, 여기에 『반야심경』이 다시 등장한다. 다시 말해 현재 행해지는 시코쿠 헨로의 불전근행 방식은 1945년 패전 후부터 확정된 것이다(内田九州男, 2006:12-13).

이상에서 살펴 본 시코쿠헨로의 역사에는 두 차례의 큰 개변이 있었다. 말할 것도 없이 첫 번째 개변은 신넨의 안내서 『도지남』을 기점으로 하여 종래의 전문 승려의 수행 중심의 헨로가 일반서민 중심의 순례로 바뀌면서 일어났다. 거기서는 일반서민들의 대사신앙에 입각한 본존과 홍법대사 참배가 순례의 중심이 되었다. 또 하나는 방금 언급했듯이 메이지유신의 신불분리와 폐불훼석에 따른 개변이다. 그 결과 시코쿠헨로 88개소 영장은 신사가 모두 배격되고 오늘날처럼 불교 사원으로만 이루어지게 되었다.

Ⅱ. 시코쿠헨로의 습속과 구성

1. 시코쿠헨로의 습속

흔히 '오헨로상'이라 불리는 전통적인 시코쿠헨로 순례자들은 백의에 삿갓을 쓰고 등에는 사물함을 진 채 지팡이를 짚고 다닌다. 금강장이라 불리는 백목(白木) 지팡이는 상부 네 곳에 홈을 파서 오층탑 모양을 한 것으로, 상단에는 지수화풍공(地水火風空)에 해당하는 범어 문자가 적혀 있다. 순례자는 이 지팡이를 홍법대사(弘法大師)의 분신으로 간주하여 소중히 다룬다. 그래서 오헨로상은 숙소에서 잘 때도 그것을 바깥에 두지 않고 깨끗하게 씻어 방안 머리맡에 세워두며, 순례가 다 끝나면 마지막 제88번 영장인 대와사(大窪寺)에 봉납한다. 백의는 저승길로의 여행을 상징하며 삿갓은 매장용 관, 지팡이는 묘비를 표상한다고 말해진다. 이밖에 '즈타부쿠로'(頭陀袋)라 불리는 주머니를 목에 걸고 그 안에 납경장과 경문을 사경한 책이나 지도 등을 넣고 다니기도 하며, 혹은 후술할 '오사메후다'를 넣고 다니는 이타바사미(板挟み)를 휴대하기도 한다.

나아가 순례자들은 백의 위에다 소매 없는 얇은 옷을 걸친다. 이것을 '오이즈루'(笈摺)라 하는데, 이때 '오이'란 원래 수행자들이 불구, 의류, 식기, 책 등을 넣어 등에 짊어지고 다니던 궤짝을 가리킨다. 이런 '오이'를 짊어질 때 옷이 헤지는 것을 막기 위해 입었던 오이즈루는 원래 양친의 유무에 따라 색깔을 달리 했다. 양친이 있는 자는 가운데가 흰색에 좌우가 적색이고, 양친이 없는 자는 모두 백색이다(佐藤久光, 2006:52). 시코쿠 헨로에서 오이즈루를 입기 시작한 것은 메이지시대 이후부터이다. 거기에는 등 쪽 한가운데에 '봉나무대사편조금강'이라고 적혀 있다.

순례자의 삿갓과 오이즈루 및 이타바사미에는 '동행이인'(同行二人)이라는 문구가 적혀 있다. 이 말은 "홍법대사와 함께 걷는다." 혹은 "홍법대사와 함께 걸으며 수행한다."(佐藤孝子, 2002:210)는 것을 뜻한다. 이처럼 홍법대사와 함께 걷는다는 가장 널리 알려져 있는 뜻 외에도, 동행이인은 소속감이나 공동체 감각을 함축하기도 한다(Reader, 2005:12). 나아가 그것은 홍법대사와의 동행에 앞서 시코쿠 영장의 근본에 깔려 있는 조상령 및 곡물령과의 동행이라고 볼 수도 있다(久保田展弘, 2004:234).

오늘날 사이코쿠 순례에서는 동행이인의 관념이 희박해져 있지만, 에도시대 사이코쿠 순례자들이 납찰한 현존 오사메후다에는 동행2인, 동행5인, 동행50인 등이 적혀 있다. 여기서 '동행'이란 본래 천태종의 『마하지관』(摩訶止觀)에서 설하는 삼선지식(三善知識. 外護, 同行, 教授) 중 하나로, 관음보살 또는 센다쓰(先達)나 부모처럼 일심동체가 되어 선도해주는 사우(師友)를 가리키는 말이었다. 이런 사이코쿠 순례의 관행이 시코쿠헨로 습속에 영향을 끼쳐 관음보살 대신 홍법대사와의 동행이인으로 변화한 것이다(佐藤久光, 2006:59-61).

일본의 다른 순례 루트에서는 찾아보기 어려운 시코쿠헨로의 고유한 습속으로 '오셋타이'(お接待) 관행을 들 수 있다. 일종의 보시 행위인 오셋타이는 시코쿠 주민들이 순례자들에게 음료, 음식, 쌀, 금전 등을 제공함으로써 공덕을 쌓는 행위를 가리킨다. 거기에는 안마, 이발, 숙소 제공 등의 서비스도 포함된다(이은경, 2012:378). 이때 특히 오셋타이로서 순례자들에게 숙박을 제공하는 것을 '선근숙'(善根宿, 젠코야도)이라 한다. 에도시대 초기부터 순례자를 무료로 재워주는 선근숙이 시작되었다고 한다(大山邦興編, 2002a:24).

현재 사이코쿠 순례에서는 이런 오셋타이 습속을 찾아보기 어렵다. 그러나 중세에서 근세에 걸쳐 사이코쿠 33개소 순례와 반도 33개소 순례에도 오셋타이 습속이 있었다. 하지만 시코쿠헨로의 경우는 '접대강'(接待講)[22] 이라 하여 조직적으로 접대하는 습속이 있었다. 순례 중에 사망

---

22 시코쿠 88개소 영장은 사원 사이의 거리가 멀고 숙박시설이 불충분했으므로, 하층민이 다수를 차지하는 순례자들은 오셋타이가 없으면 순례하기가 어려웠다. 지역주민들 사이에서는 순례자들을 홍법대사로 간주하여 희사를 통해 공덕을 쌓고자 하는 대사신앙이 뿌리 깊었다. 대표적으로

한 자를 지역 주민들이 장례지내는 헨로묘(遍路墓) 습속과 더불어 오셋타이는 시코쿠헨로에만 있는 독자적인 관습이라 할 수 있다.

오사메후다와 납경장

영장 사찰에 도착한 순례자는 먼저 물로 입을 가시고 두 손을 씻어 몸을 정화한 후 종을 친다. 그런 다음 본당에 양초와 향과 금전 등을 봉납하고 염주를 굴리며 본존을 향해 합장하는 한편, 불경(반야심경, 다라니 등)을 독송하거나 진언(주문)을 외운다. 대사당 앞에서도 이와 동일한 절차에 따라 참배하는데, 다만 홍법대사를 향해 '나무대사편조금강'(南無大師遍照金剛)을 3회 이상 창한다는 점이 다를 뿐이다. 여기서 '편조금강'은 홍법대사가 당나라 유학 시 스승인 혜과(746-805)로부터 관정(灌頂, 진언종에서 법을 수여받는 의식)을 받을 때 얻은 호이다. 이 밖에 경내의 다른 불당과 부처를 참배할 경우는 해당 부처의 공덕을 받기 위해 각각 정해진 진언을 창한다.

이렇게 하여 참배를 마치면 지정된 장소에 '후다'(札) 또는 '오후다'(お札)라 불리는 일종의 부적 같은 명찰을 바친다. 이것을 '오사메후다'(納札)라고 한다. 원래 오사메후다의 재료는 구리나 목재였는데, 후대에는 종이 후다가 널리 보급되었다. 일본어로 '후다우치'(札打ち)라는 말이 있다. 이는 순례자가 자신이 참배한 영장 사찰의 기둥이나 건물에 못을 쳐서(打ち) 후다를 부착시킨 습속에서 비롯된 말이다. 그래서 순례를 '후다우치'라고 했

와카야마에서 배를 타고 건너와 접대하는 아리타(有田) 접대강, 노가미(野上) 접대강, 기슈(紀州) 접대강 등을 들 수 있다(노성환, 2017:239).

고 참배하는 사원이나 신사를 '후다쇼', 즉 찰소(札所)라 부르게 된 것이다. 에도시대 이후에는 종이 후다를 기둥이나 천정 같은 데에 붙였다. 에도시대에 사이코쿠 순례에서 성행한 '후다우치' 습속은 메이지시대 이후에는 사원 측이 이를 금지하면서 쇠퇴했으나, 시코쿠헨로의 경우는 지금도 행해진다.

현재 널리 사용되는 종이로 된 오사메후다에는 한가운데에 홍법대사를 상기시키는 그림이 그려져 있다. 그것은 시코쿠헨로 순례 횟수에 따라 흰색(1~4번), 초록색(5~7번), 적색(8~24번), 은색(24~49번), 금색(50번 이상) 등으로 색깔이 다르다. 또한 100번 이상 순례한 자는 비단 후다를 사용한다.[23] 순례자는 각 영장 사찰에서 판매하는[24] 이 오사메후다에 주소와 이름(앞면) 및 기원문(뒷면) 등을 적어 그것을 참배한 영장 사찰에 봉납한다. 이밖에 오사메후다는 다른 순례자에게 자신을 소개하는 명함 역할도 한다. 또한 '오셋타이'를 베푼 자에게도 보답으로 오사메후다를 건네준다. 잠자리를 제공한 집에서는 순례자에게 받은 오사메후다를 주술력이 있다고 여겨 소중하게 보존하곤 한다(佐藤久光, 2006:57-59).

이와 같은 오사메후다의 봉납과 함께 순례자는 각 영장 사찰에서 참배의 증거로 납경장(納經帳)에 붉은 도장(朱印)을 받는다. 순례자가 필히 갖추어야 할 소도구 중 하나가 납경장이다. 원래 납경장이란 영장 사원이나 신사를 참배한 후 경내의 납경소에 들러 사경을 봉납하고 그 수

23 이는 시코쿠헨로를 반복적으로 순례하는 사람들이 많다는 점, 그리고 이를 통해 획득되는 순례자의 위상에 위계성이 부여되어 있다는 점을 보여준다(Reader, 2005:21).

24 인터넷 사이트를 통해 구입할 수도 있다. 라쿠텐 사이트에 들어가 보니 흰색 오사메후다 100장 묶음에 가장 싼 것은 42엔 정도였다.

령증으로서 붉은 도장을 받는 관행에서 비롯된 날인 장부이다. 이처럼 불경을 필사하여 영장에 봉납함으로써 공덕을 쌓는 풍습은 이미 인도에서 매경(埋經)의 형태로 존재했었다. 일본에서는 헤이안시대 무렵부터 귀족들 사이에서 행해졌고,[25] 에도시대에는 일반인들 사이에서도 납경 풍습이 널리 유행했다.

오늘날 시코쿠헨로의 순례자들은 특별히 사경을 봉납하지는 않으며, 납경장 대신 족자나 오이즈루 등에 도장을 받기도 한다.[26] 각 영장 사찰의 날인 도장으로 가득 찬 납경장이나 족자 및 오이즈루 등은 사후 정토에의 패스포트 같은 것으로 간주된다. 특히 날인으로 가득 찬 멋진 족자를 집에 걸어두고 싶다는 동기로 시코쿠헨로 순례를 행하는 사람도 있다고 한다. 어쨌거나 이처럼 일반인들이 날인을 받는 납경 관습의 유래는 방금 언급했듯이 에도시대에까지 거슬러 올라간다. 당시 일반서민들은 사사참배의 경우에만 번을 벗어나는 것이 허락되었다. 그래서 사사를 참배한 증거로 날인을 받았던 것이다(Reader, 2005:22-23).

홍법대사 설화

시코쿠헨로의 중요한 특징 중 하나로 홍법대사 관련 설화가 매우 풍

25 대규모적인 납경의 사례로는 1164년 다이라씨 일가가 전32권의 화려한 장정본 경서를 이쓰쿠시마(嚴島)신사에 봉납한 '헤이케납경'(平家納經, 국보)이 있다. 다이라노기요모리(平清盛)는 납경에 부친 기원문에서 "금생의 소원이 이미 이루어지고, 내세의 좋은 묘과(妙果)가 있기를 기대한다."고 적었다(大山邦興編, 2002b:41).

26 납경장이나 오이즈루에 날인받는 경우는 보통 300엔에서 500엔, 족자의 경우는 2000엔 정도 한다.

부하다는 점을 꼽지 않을 수 없다. 가령 십야의 다리(十夜ヶ橋) 설화라든가 고등어대사 설화 등을 들 수 있다. 홍법대사가 이요의 대주(大洲)에 갔을 때 머물 숙소가 없어 다리 밑에서 한밤을 보냈는데 추워서 열흘이 지난 것처럼 느꼈다고 하여 '십야의 다리' 설화라고 불린다. 그래서 오늘날 순례자들은 다리에서는 지팡이를 짚지 않는다고 한다. 또한 홍법대사가 도쿠시마의 야사카야하마(八坂八浜)라는 해변의 험로에서 노숙하면서 불경을 읽고 있을 때 말 등에 소금절인 고등어를 실은 마부가 지나갔다. 대사는 고등어 꼬리 하나만 떼어달라고 했으나 마부는 거지꼴을 한 대사를 상대도 하지 않았다. 그런데 마부가 언덕을 넘고 있을 때 말이 복통을 일으켰다. 이에 마부는 다시 대사에게 돌아와 손을 써 달라고 부탁했다. 그러자 대사는 철로 된 바라의 물을 말에게 먹여 복통을 없애 주었다. 이에 마부가 답례로 소금에 절인 고등어를 주자, 대사는 그것을 바다에 던졌다. 그랬더니 고등어가 다시 살아났다. 그 후 지역 주민들은 홍법대사를 '고등어 대사'라고 부르며 제사지냈다고 한다.

그러나 가장 널리 알려져 있는 설화는 고노 에몬사부로(河野衛門三郎) 전설이다. 천장(天長) 연간(824-834) 이요국의 호족이었던 에몬사부로는 고노씨 일족의 연공을 관장하는 직책에 있었다. 그러나 그의 성격은 탐욕무도하고 신불을 무시하여 사람들이 싫어했다. 하루는 수행승이 탁발하러 왔는데 그는 가래를 휘두르며 승려를 쫓아내려 했다. 그 때 그의 가래와 부딪친 탁우가 여덟 조각으로 깨졌다. 그 후 매년 에몬사부로의 자식들 8명이 차례차례 죽어나갔다. 자식을 잃은 그가 비탄에 잠겨 있을 때 꿈속에 홍법대사가 나타나 가르침을 주었고, 이에 참회한 에몬사부로는 자식의 보리를 위해 시코쿠헨로 순례를 시작했다. 어느 날 홍법대사의 순례 루트와 역방향으로 돌다가 마침내 대사를 만났지만, 그 때 에몬사부로는 이미 깊은 병이 들어 죽기 직전이었다. 이리하여 "다음 생에는 이요의 태수로 태어나고 싶다."고 말하고 그가 숨을 거두자 대사는 길가의 작은 돌을 주워 '에몬사부로 재래'(衛門三郎再來)라고 적은 후 그것을 사자의 손에 쥐어 주었다. 이듬 해 이요국 영주에게 장남이 태어났는데, 아이는 왼손을 굳게 쥐고 있었다. 이에 부모는 안양사(安養寺)의 승려를 찾아가 기도를 받아 겨우 손을 폈는데, 거기서 에몬사부로라고 적힌 돌이 나왔다고 한다(佐藤久光, 2006:38쪽 및 83-84쪽).

오늘날 에히메현 마쓰야마시(松山市) 이시테(石手)에 있는 진언종 풍산파(豊山派) 사원으로 제51번 영장인 석수사(石手寺)의 전신이 바로 안양사이다. 석수사에는 설화적 인물인 에몬사부로의 자식 8명의 위패가 모셔져 있으며, 설화 속에 나오는 돌은 현재 석수사의 보물로 대강당에 보관되어 있다. 또한 절 입구에는 에몬사부로의 순례상이 세워져 있다. 시코쿠 88개소 영장은 해안가를 따라 원형으로 배치되어 있는데, 제1번 영산사부터 시계방향 순서대로 도는 전통적인 방식을 준우치(順打ち)라 하고 그 반대로 도는 것을 사카우치(逆打ち)라 한다. 근래는 사카우치의 순례가 효험이 세 배나 높다 하여 역방향으로 도는 순례자들이 늘고 있는데, 그런 역방향의 최초 순례자가 바로 에몬사부로라고 말해지기도 한다.

2. 시코쿠헨로의 구성 : 88개소 영장 사찰

시코쿠헨로 88개소 영장 사찰의 이름과 본존 및 종파는 〈표2〉와 같다. 그런데 왜 88인가? 사이코쿠 33관음영장 순례의 경우 33이란 숫자는 관음보살이 고통받는 중생을 구제하겠다는 사명을 선언하면서 그 목적을 이루기 위해 중생의 근기에 따라 몸을 바꾸어 33가지 다른 형태를 띠고 나타나겠다고 서약한 데에서 비롯되었다고 말해진다. 가령『법화경』〈보문품〉(普門品)은 관음보살의 33응신(應身)을 언급한다.[27] 이런 33신(身)과는 별도로 백의(白衣)관음을 비롯한 33관음[28]도 널리 알려져 있는데, 거기서 33이라는 숫자가 유래했을 가능성도 있다. 이에 비해 시코쿠헨로의 경우 88이란 숫자에는 그런 경전적 근거는 찾기 어렵다. 다만 불교에서의 88번뇌를 뜻한다든가, 전술했듯이 고집멸도 사체 중 집체와 관계가 있다는 등 불교사상을 끌어들인 해석이 가능할 따름이다.

88이라는 숫자를 불교보다는 민간습속과 관련된 것으로 이해하는 입장도 있다. 가령 88이란 42세(남), 33세(여), 13세(아이)의 액년 또는 길년의 연령을 합친 숫자라는 것이다. 이와 관련하여 흥미롭게도 제23번 약왕사(藥王寺)는 특히 액막이를 위한 영장으로 유명하다. 또한 88은 곡령신앙을 낳는 쌀 미(米)자를 분해시킨 것 혹은 88세를 가리키는 미수(米壽)의 미(米)자를 상하로 나눈 숫자라는 설이라든가, 나아가 일본 고대로부터 성수로 말해진 8을 두 개 겹친 것이라는 설도 존재한다(Reader, 2005:10 ; 이은경, 2012:375 ; 久保田展弘, 2004:234 ; 佐藤孝子, 2002:187 ; 眞野俊和, 1996b:379).

27 중국과 일본은 33응신이지만, 한국의 경우는 다음 32응신이다: 불신(佛身), 벽지불신(辟支佛身), 성문신(聲聞身), 범왕신(梵王身), 제석신(帝釋身), 자재천신(自在天身), 대자재천신(大自在天身), 천대장군신(天大將軍身), 비사문신(毗沙門身), 소왕신(小王身), 장자신(長者身), 거사신(居士身), 재관신(宰官身), 바라문신(婆羅門身), 비구신(比丘身), 비구니신(比丘尼身), 우바이신(優婆塞身), 우바새신(優婆夷身), 장자부녀신(長者婦女身), 거사부녀신(居士婦女身), 재관부녀신(宰官婦女身), 바라문부녀신(婆羅門婦女身), 동남동녀신(童男童女身), 천신(天身), 용신(龍身), 야차신(夜叉身), 건달바신(乾闥婆身), 아수라신(阿修羅身), 가루라신(迦樓羅身), 긴나라신(緊那羅身), 마후라가신(摩睺羅伽身), 집금강신(執金剛神) 등.

28 그 중 수월(水月)관음, 원광(圓光)관음, 유희(遊戲)관음, 농견(瀧見)관음, 시약(施藥)관음, 일엽(一葉)관음, 연명(延命)관음, 중보(衆寶)관음, 암호(岩戶)관음, 아뇩(阿耨)관음, 일여(一如)관음, 쇄수(灑水)관음 등은『법화경』에 등장한다. 33관음의 대다수는 33응신과 겹쳐진다.

표 2 시코쿠 88개소 영장 리스트

구분	번호	사원	본존	종파
발심의 도량 : 도쿠시마현 (德島県)	1	영산사(靈山寺, 료젠지)	석가여래	고야산진언종
	2	극락사(極樂寺, 고쿠라쿠지)	아미타여래	고야산진언종
	3	금천사(金泉寺, 곤센지)	석가여래	고야산진언종
	4	대일사(大日寺, 다이니치지)	대일여래	동사진언종
	5	지장사(地藏寺, 지조지)	지장보살	진언종어실파
	6	안락사(安樂寺, 안라쿠지)	약사여래	고야산진언종
	7	십악사(十樂寺, 쥬라쿠지)	아미타여래	진언종단립
	8	웅곡사(熊谷寺, 구마다니지)	천수관음보살	고야산진언종
	9	법륜사(法輪寺, 호린지)	석가여래	고야산진언종
	10	절번사(切幡寺, 기리하타지)	천수관음보살	고야산진언종
	11	등정사(藤井寺, 후지이데라)	약사여래	임제종묘심사파
	12	소산사(燒山寺, 쇼산지)	허공장보살	고야산진언종
	13	대일사(大日寺, 다이니치지)	십일면관음보살	진언종대각사파
	14	상락사(常樂寺, 죠라쿠지)	미륵보살	고야산진언종
	15	국분사(國分寺, 고쿠분지)	약사여래	조동종
	16	관음사(觀音寺, 간농지)	천수관음보살	고야산진언종
	17	정호사(井戶寺, 이도지)	약사여래	진언종선통사파
	18	은산사(恩山寺, 온잔지)	약사여래	고야산진언종
	19	입강사(立江寺, 다쓰에지)	지장보살	고야산진언종
	20	학림사(鶴林寺, 가쿠린지)	지장보살	고야산진언종
	21	태룡사(太龍寺, 다이류지)	허공장보살	고야산진언종
	22	평등사(平等寺, 뵤도지)	약사여래	고야산진언종
	23	약왕사(藥王寺, 야쿠오지)	약사여래	고야산진언종
수행의 도량 : 고치현 (高知県)	24	최어기사(最御崎寺, 호쓰미사키지)	허공장보살	진언종풍산파
	25	진조사(津照寺, 신쇼지)	지장보살	진언종풍산파
	26	금강정사(金剛頂寺, 곤고초지)	약사여래	진언종풍산파
	27	신봉사(神峯寺, 고노미네지)	십일면관음보살	진언종풍산파
	28	대일사(大日寺, 다이니치지)	대일여래	진언종지산파
	29	국분사(國分寺, 고쿠분지)	천수관음보살	진언종지산파
	30	선락사(善樂寺, 젠라쿠지)	아미타여래	진언종풍산파
	31	죽림사(竹林寺, 지쿠린지)	문수보살	진언종지산파
	32	선사봉사(禪師峰寺, 젠지부지)	십일면관음보살	진언종풍산파
	33	설혜사(雪蹊寺, 셋케이지)	약사여래	임제종묘심사파
	34	종간사(種間寺, 다네마지)	약사여래	진언종풍산파
	35	청롱사(淸滝寺, 기요타키지)	약사여래	진언종풍산파
	36	청룡사(青龍寺, 쇼류지)	부동명왕	진언종풍산파
	37	암본사(岩本寺, 이와모토지)	부동명왕	진언종지산파
	38	금강복사(金剛福寺, 곤고후쿠지)	삼면천수관음보살	진언종풍산파
	39	연광사(延光寺, 엔코지)	약사여래	진언종지산파

	40	관자재지(觀自在寺, 간지자이지)	약사여래	진언종대각사파
	41	용광사(龍光寺, 류코지)	십일면관음보살	진언종어실파
	42	불목사(佛木寺, 부쓰모쿠지)	대일여래	진언종어실파
	43	명석사(明石寺, 메이세키지)	천수관음보살	천태사문종
	44	대보사(大寶寺, 다이호지)	십일면관음보살	진언종풍산파
	45	암옥사(岩屋寺, 이와야지)	부동명왕	진언종풍산파
	46	정유리사(淨瑠璃寺, 죠루리지)	약사여래	진언종풍산파
	47	팔판사(八坂寺, 야사카지)	아미타여래	진언종제호파
	48	서림사(西林寺, 사이린지)	십일면관음보살	진언종풍산파
	49	정토사(淨土寺, 죠도지)	석가여래	진언종풍산파
	50	번다사((繁多寺, 한타지)	약사여래	진언종풍산파
	51	석수사(石手寺, 이시테지)	약사여래	진언종풍산파
보리의 도량 : 에히메현 (愛媛県)	52	태산사(太山寺, 다이산지)	십일면관음보살	진언종지산파
	53	원명사(圓明寺, 엔묘지)	아미타여래	진언종지산파
	54	연명사(延命寺, 엔메이지)	부동명왕	진언종풍산파
	55	남광방(南光坊, 난코보)	대통지승여래	진언종어실파
	56	태산사(泰山寺, 다이산지)	지장보살	진언종제호파
	57	영복사(榮福寺, 에이후쿠지)	아미타여래	고야산진언종
	58	선유사(仙遊寺, 센유지)	천수관음보살	고야산진언종
	59	국분사(國分寺, 고쿠분지)	약사여래	진언율종
	60	횡봉사(橫峰寺, 요코미네지)	대일여래	진언종어실파
	61	향원사(香園寺, 고온지)	대일여래	진언종어실파
	62	보수사(寶壽寺, 호쥬지)	십일면관음보살	진언종선통사파
	63	길상사(吉祥寺, 기치죠지)	비사문천(毘沙聞天)	진언종동사파
	64	전신사(前神寺, 마에카미지)	아미타여래	진언종석부파
	65	삼각사(三角寺, 산기쿠지)	십일면관음보살	고야산진언종
	66	운변사(雲邊寺, 운벤지)	천수관음보살	진언종어실파
	67	대흥사(大興寺, 다이코지)	약사여래	진언종선통사파
	68	신혜원(神惠院, 진네인)	아미타여래	진언종대각사파
	69	관음사(觀音寺, 간온지)	관음보살	진언종대각사파
	70	본산사(本山寺, 모토야마지)	마두(馬頭)관음보살	고야산진언종
	71	미곡사(彌谷寺, 이야다니지)	천수관음보살	진언종선통사파
열반의 도량 : 가가와현 (香川県)	72	만다라사(曼荼羅寺, 만다라지)	대일여래	진언종선통사파
	73	출석가사(出釋迦寺, 슈쓰샤카지)	석가여래	진언종어실파
	74	갑산사(甲山寺, 고야마지)	약사여래	진언종선통사파
	75	선통사(善通寺, 젠쓰지)	약사여래	진언종선통사파
	76	금창사(金倉寺, 곤조지)	약사여래	천태사문종
	77	도륭사(道隆寺, 도류지)	약사여래	진언종제호파
	78	향조사(鄕照寺, 고쇼지)	아미타여래	시종
	79	천황사(天皇寺, 덴노지)	십일면관음보살	진언종어실파
	80	국분사(國分寺, 고쿠분지)	천수관음보살	진언종어실파

열반의 도량 : 가가와현 (香川県)	81	백봉사(白峯寺, 시로미네지)	천수관음보살	진언종어실파
	82	근향사(根香寺, 네고로지)	천수관음보살	천태종단립
	83	일궁사(一宮寺, 이치노미야지)	관음보살	진언종어실파
	84	옥도사(屋島寺, 야시마지)	십일면관음보살	진언종어실파
	85	팔율사(八栗寺, 야구리지)	관음보살	진언종대각사파
	86	지도사(志度寺, 시도지)	십일면관음보살	진언종선통사파
	87	장미사(長尾寺, 나가오지)	관음보살	천태종
	88	대와사(大窪寺, 오쿠보지)	약사여래	진언종단립

위 〈표2〉에서 알 수 있듯이 88개소 사찰은 홍법대사 구카이가 창시한 진언종(眞言宗) 계열 80사 외에 천태종(天台宗) 계열 4사, 임제종(臨濟宗) 계열 2사, 조동종(曹洞宗) 1사, 시종(時宗) 1사도 포함되어 있다. 한 조사에 의하면 불교적 배경을 가진 시코쿠헨로 순례자들의 절반 정도는 진언종 신자이고, 나머지 절반은 정토진종, 선종(임제종, 조동종), 일련종 등 다양한 종파에 소속되어 있다. 이 중 특히 선종은 자파의 승려들에게 시코쿠헨로 순례를 수행의 수단으로 장려하기까지 한다(佐藤久光, 2006:19). 이런 의미에서 시코쿠헨로는 진언종을 넘어선 초종파적인 불교 성지라 할 수 있다.

한편 본존은 관음보살 29곳, 약사여래 23곳, 아미타여래 9곳, 대일여래 6곳, 석가여래 5곳, 지장보살 5곳, 부동명왕 4곳, 허공장보살 3곳, 미륵보살 1곳, 문수보살 1곳, 대통지승여래 1곳, 비사문천 1곳으로 나온다. 진언밀교의 창시자 구카이에 대한 대사신앙이 중심이라는 점을 고려하자면 진언밀교의 주존불인 대일여래 및 그 사자로 간주되는 부동명왕 또는 구카이가 중시했던 허공장보살이 제일 많을 것이라고 예상되지만 실상은 그렇지 않다. 대일여래가 본존으로 모셔진 사찰은 기껏해야 6개소에 불과하며 허공장보살과 부동명왕을 포함한다 해도 총 13개소에 그친다. 이에 비해 본존 중 가장 많은 수를 차지하는 것은 관음보살 29개소이고 그 다음이 약사여래 23개소이다. 양자를 합치면 전체의 5분의 3 정도에 해당한다. 이는 대사신앙이 기존 신앙에 편입된 것임을 추정케 한다. 가령 중생구제와 관련된 관음신앙이나 치유와 관련된 약사여래 신앙이 먼저 있었고 훗날 거기에 대사신앙이 겹쳐진 것이라고 볼 수 있다.

제75번 선통사 근방에서 태어나 유소년기를 보낸 홍법대사는 젊은 날에 실제로 시코쿠헨로를 편력했다. 그는 첫 번째 저서 『삼교지귀』에서 아와(阿波)의 다이료노타케(大瀧嶽) 즉 현재의 제21번 태룡사(太龍寺)와 도사(土佐)의 무로토미사키(室戶崎) 즉 현재의 제24번 최어기사(最御崎寺)에서 목숨을 걸고 구도수행을 했다고 적고 있다(『三教指歸·性靈集』, 84). 이밖에 이시즈치산(石鎚山)의 제64번 전신사(前神寺) 및 제60번 횡봉사(橫峰寺)도 실제로 청년기의 홍법대사가 수행을 했던 곳이라는 기록이 남아 있다. 나아가 88개소 영장 사찰 중에는 홍법대사보다 백여 년 정도 앞선 시기에 활동한 백제계 고승 교키(行基, 668-749)가 개창했다고 전해지는 사찰도 14개소나 된다. 이밖에 헤이안시대에는 구야(空也)와 사이교(西行)도 시코쿠헨로를 편력했다. 구야는 제49번 정토사(淨土寺)에서 3년간 머물면서 염불신앙을 전파했다고 하며, 사이교는 홍법대사가 태어난 곳 근처에 암자를 짓고 제75번 선통사(善通寺) 및 제72번 만다라사(曼荼羅寺)를 참배했다. 또한 시종의 개조 잇펜이 엄동설한에 제45번 암옥사(岩屋寺)에 반년동안 머물면서 전수염불과 수행에 전념했다는 이야기도 유명하다(大山邦興編, 2002b:19).

시코쿠헨로와 한국의 인연

일본 순례문화를 대표하는 시코쿠헨로는 알고 보면 한국과 밀접한 관계가 있다. 무엇보다 시코쿠헨로 신앙의 중심에 있는 홍법대사 구카이의 출신부터가 한국 이주민계라는 설이 유력하며, 전술한 교키 또한 백제계 이주민의 후손임이 명백하다(權又根, 1988:111 ; 渡辺照宏, 1969:6 ; 노성환, 2017:255-260). 이런 맥락에서 보자면 시코쿠헨로 88개소 영장은 모두 한국과 인연이 깊다고 할 수 있다. 이 점에 착목한 노성환(2017)은 "일본 시코쿠 순례 속의 한국문화"라는 논문에서 고대로부터 현대에 이르기까지 한국과 특별한 인연을 가진 시코쿠 영장 사찰에 관해 상술한 바 있다. 그 내용을 간략하게 정리하고 거기에 교키가 창건했다고 전해지는 사찰을 추가한 것이 아래 〈표3〉이다.

표 3 시코쿠헨로 88개소 영장 중 한국과 인연이 깊은 사찰

번호	사찰명	한국과의 인연
3	금천사	교키 창건(전승)
13	대일사	2008년 한국고전무용가 김묘선(金昴先)이 최초의 외국인 주지승으로 취임[29]
19	입강사	교키 창건(전승)
23	약왕사	교키 창건(전승)
31	죽림사	교키 창건(전승)
34	종간사	본존 약사여래상은 백제인이 만든 불상(전승)
44	대보사	본존 십일면관음보살상은 백제인이 만든 불상(전승)
46	정유리사	교키 창건(전승)
48	서림사	교키 창건(전승)

29 김묘선은 1995년 도쿠시마시에서 한국고전무용을 공연한 것이 인연이 되어 1996년 당시 대일사 주지였던 오구리 고에이(大栗弘榮)와 결혼했는데, 2007년 남편의 병사 후 장남에게 가업을 잇도록 하기 위해 스스로 비구니가 되어 대일사 주지로 취임한 것이라고 한다.

49	정토사	교키 창건(전승)
50	번다사	교키 창건(전승)
51	석수사	조선의 불화 지장시왕도(地藏十王圖) 소장
52	태산사	본존 십일면관음보살을 교키가 안치(전승)
53	원명사	교키 창건(전승)
54	연명사	교키 창건
55	남광방	교키 창건(전승)
63	길상사	조선도공이 만든 도자기로 된 관음불상 소장
65	삼각사	교키 창건(전승)
69	관음사	조선의 불화 지장시왕도 소장
71	미곡사	조선의 불화 지장시왕도 소장
75	선통사	조선의 불화 진광대왕도(秦廣大王圖) 소장
76	금창사	신라명신이 사원 수호신
79	천황사	교키 창건
84	옥도사	조선의 불화 수월관음보살도 소장
87	장미사	교키 창건(전승)

노성환은 위 〈표3〉의 영장 사찰들이 소장하고 있는 조선 불화의 대부분이 임진왜란 때 약탈당한 것일 가능성이 높다는 점을 지적하는 한편(노성환, 2017:265), 식민지시대에 일본 진언종 사찰들이 부산, 창원, 인천, 목포, 주을, 청진 등 총 6곳에 시코쿠 88개소 영장을 만들었다는 사실에도 주목한다.[30]

30 이처럼 식민지에 88개소를 만든 이유에 대해 노성환은 일본의 정신문화를 이식하기 위한 목적뿐만이 아니라 실은 후술할 '모래밟기'라는 일본인의 독특한 순례 신앙관에서 비롯된 것이었다고

Ⅲ. 시코쿠헨로의 만다라적 구조 : 발심·수행·보리·열반의 땅

오늘날 시코쿠헨로의 88개소 영장은 지역별 및 순례자의 마음가짐에 따라 흔히 다음 네 가지로 구분되기도 한다.

① 발심(發心)의 도량 : 아와(阿波) 즉 현재의 도쿠시마현(德島縣) 소재 23개소. 제1번 영산사(靈山寺)부터 제23번 약왕사(藥王寺)까지.
② 수행(修行)의 도량 : 도사(土佐) 즉 현재의 고치현(高知縣) 소재 16개소. 제24번 최어기사(最御崎寺)부터 제39번 연광사(延光寺)까지.
③ 보리(菩提)의 도량 : 이요(伊予) 즉 현재의 에히메현(愛媛縣) 소재 26개소. 제40번 관자재사(觀自在寺)부터 제65번 삼각사(三角寺)까지.
④ 열반(涅槃)의 도량 : 사누키(讃岐) 즉 현재의 가가와현(香川縣) 소재 23개소. 제66번 운변사(雲邊寺)부터 제88번 대와사(大窪寺)까지.

88개소 영장을 이렇게 순번에 준하여 네 가지 도량으로 나누는 발상은 밀교 특유의 만다라 특히 태장계 만다라 사상에 입각한 것으로 패전 후에 새롭게 생겨난 것이다(大山邦興編, 2002a:28 ; 星野英紀, 2001:329-331). 다시 말해 제1번 영산사부터 순서대로 돌고 마지막으로 제88번 대와사에서 마치는(結願) 도식에 입각한 만다라설은 최근에 생긴 것이며, 에도시대에는 반드시 제1번부터 순서대로 돈 것은 아니었다. 현재는 번

본다(노성환, 2017:267-270). 인천과 목포에 조성된 88영장에 관해서는 (손장원, 2016 ; 이경화, 2015)를 참조할 것.

외 찰소도 있지만 에도시대 문헌에는 번외 찰소가 나오지 않는다. 번외 찰소는 쇼와시대 이후에 만들어진 것이이다(佐藤久光, 2006:18). 그럼에도 만다라 영장설에 더 끌린 필자는 10여 년 전 이 네 가지 키워드를 마음에 새기며 시코쿠의 주요 영장들을 돌아본 적이 있었다.

마음이 흔들리다 : 발심의 순례

이 중 발심의 도량이 위치한 아와 지방은 기스이도(紀伊水道) 해협을 끼고 고야산을 마주보고 있으며, 남해도(南海道, 교토와 기이 및 시코쿠를 연결하는 고대의 길)에 있어 시코쿠로 들어가는 입구였다. 이 점에서 발심의 도량은 시코쿠헨로의 입구라 할 수 있겠다. 그러나 이국의 여행자는 그 입구 앞에서 다만 서성거릴 따름이다. 나이가 들수록 발심의 본래 의미가 희미해져 가는 자신의 모습을 보았기 때문일까? 언제부터인가 깨달음을 얻겠노라는 발심의 순수성을 의심하면서, 그건 다만 구원을 향한 비대한 욕망일 뿐이라고 자조하는 여행자의 마음속에는 끊임없는 흔들림만이 부유하고 있었다.

하지만 모든 흔들림은 모든 흐름과 이어진다. 그리고 모든 흔들림과 흐름을 상징하는 것이 바로 물이다. 일본 각지에 남아 있는 팽대한 수의 홍법대사 전설 중 가장 많은 것은 용수(湧水)나 청수와 관련된 이야기이다. 물이 별로 없는 마을에서 홍법대사가 지팡이를 쳐서 물이 솟아나왔다는 식이다. 혹은 홍법대사가 우물을 팠다든가, 비를 내려 주었다든가 하는 전설이 압도적으로 많다. 시코쿠헨로 88개소 모두 홍법대사의 족적이 있는 것은 아니지만, 거기에는 항상 홍법대사 전승이 따라다닌다. 그런데 그 전승들은 실은 각 영장이 가지고 있는 불교 이전의 민간신앙적 요소를 내포하고 있다. 다시 말해 물과 관련된 많은 전승과 홍법대사 관련 전승은 서로 밀접한 관계가 있다. 가령 제3번 금천사(金泉寺)의 절 이름은 경내에서 황금우물의 영수(靈水)가 용출한 데에서 유래했으며, 제22번 평등사(平等寺)에는 우유빛 영수가 솟아나왔다는 전승이 있고 지금도 물이 마르지 않는다고 한다. 또한 제35번 청롱사(清滝寺)는 산중에서 용출한 청수가 거울 같은 연못이 되었다는 데에서 붙여진 이름이다(久保田展弘, 2004:219).

이와 같은 물의 전승을 회고하며 여행자는 이윽고 상상 속에서 마음의 흔들림과 물의 흐름이 만나는 제17번 영장 정호사(井戸寺)로 들어선다. 정호사는 덴무(天武)천황의 칙원에 따라 674년에 세워졌다는 사찰이다. 그 후 815년에 이곳 사람들이 물 부족으로 고통받는 것을 본 홍법대사가 하룻밤 사이에 지팡이로 우물을 파주었다고 한다. 지금도 경내의 수대사당(水大師堂) 안에 있는 일명 '그림자의 우물'에는 순례자들의 축복받은 그림자가 드리워져 있다. 그러나 지치도록 마음이 흔들리는 자는 항상 물그림자를 좇지만 번번이 놓치고 만다. 잡을 수 없는 그림자를 찾아다니는 여행자에게 수행이란 도대체 무엇일까?

마음을 붙잡다 : 수행의 순례

고치시(高知市)는 1940년대 말 패전 후의 황폐한 도시에 활기를 북돋기 위해 새롭게 창안된 축제인 '요사코이 마쓰리'(よさこい祭)의 원조로 유명하다. 이처럼 고치시에서 시작된 요사코이 마쓰리는 그 후 홋카이도 유학생이 와서 보고 홋카이도에 퍼뜨려 삿포로(札幌)의 명물이 되면서 전국적으로 퍼져 나갔다. 일본 하면 일 년 내내 어디선가 마쓰리가 열리는 '마쓰리의 나라'로 정평이 나 있지만, 이 요사코이 마쓰리는 종래 신사 등을 중심으로 행해져온 전통적인 마쓰리와는 달리 종교색이 배제된 현대적 마쓰리라는 점이 특징이다. 나루코(鳴子)라는 짝짝이를 치면서 수백 명의 젊은 남녀들이 '요사코이부시'(よさこい節)에 맞추어 춤을 추는 '나루코춤'이 특히 일품이다. 여기서 '요사코이부시'란 도사 지방의 대표적 민요로 노래 끝에 '요사코이 요사코이'라는 후렴구가 붙는다. '요사코이'는 "밤이여 오라"(夜さ来い)를 뜻하는 말이라고 한다. 요즘은 이런 '요사코이부시' 외에도 록큰롤, 삼바, 디스코, 일본 엔카 등에 맞추어 춤을 추는 경우도 많다.

여행자는 나루코춤의 행렬 속에 끼어 "밤이여 오라, 나의 밤은 당신들의 낮보다 아름다우니!" 라고 소리높이 외치는 자신을 상상해 본다. 일요장으로도 유명한 오테스지(追手筋) 거리는 매년 8월 9일에서 12일까지 나흘 동안 고치시에서 열리는 요사코이 마쓰리의 센터 가운데 하나이다. 때마침 일요장이 열리고 있는 오테스지 거리에 들어서면서 여행자의 마음은 갑자기 밝아진다. 1955년부터 시작되었다는 또 하나의 고치시 명물인 일요장에는 650여 점포들이 거리를 빽빽이 채우고 있었다. 도시 외곽의 시골에서 직접 재배한 야채나 과일 등을 비롯한 각종 일용품과 진귀한 매물들이 그득하여 지나가는 이국 행인의 눈길을 잡는다. 문득 이런 시장터에서라면 기꺼이 수행이라도 할 수 있을 것만 같은 기분이 들었다. 시장 한복판은 분주하고 시끄럽지만 왠지 마음속은 더욱 차분해진다.

하지만 홍법대사는 산림과 동굴 속에서 수행을 했다. 전술했듯이 구카이가 24세 때 쓴 처녀작 『삼교지귀』 상권 서문에 "도사(土州)의 무로토미사키(室戸岬)에서 수행할 때 계곡이 흔들리는 소리가 나면서 명성이 내려왔다."(『三教指歸·性靈集』, 84)고 기록된 고치현 무로토미사키에는 '미쿠로도'(御藏洞)라 불리는 동굴이 있다. 입구는 높이가 약 3.5미터 정도이지만 동굴 안에 들어가면 18미터 정도로 제법 넓다. 구카이는 입당하기 전인 792년(19세)에 이 동굴에 은거하면서 기억력을 증강하고 집중력을 늘리기 위한 '허공장구문지법'을 수행했다고 한다. 바로 눈앞에는 흑조(黑潮)의 파도가 출렁이는 태평양이 펼쳐져 있다. 순간 여행자는 바다가 너무 청명해서 모든 것이 정지해 있는 것만 같다고 느꼈다.

구카이는 동굴이라는 태내 안에서 명상하면서 원시적 생명의 태동을 느꼈을 법하다. 통상 이 신비체험에 등장하는 명성은 허공장보살의 현현이라고 말해지지만, 생명력의 자리에서 보자면 그 명성의 환상은 우주에 가득 찬 생명력에 대한 실감을 가리킨 것이리라. 그러니까 허공장보살의 진언을 백만 번 창한다는 '허공장구문지법'의 수행장이기에 앞서, 이 미쿠로도 동굴은 생명의 원초성을 체현한 것이라고도 볼 수 있겠다. 시코쿠 영장에는 이런 동굴들이 많이 있다. 그것은 시코쿠헨로 순례자들에게 모태의 자궁이자 생명의 재생장치로 여겨졌을 성싶다. 구카이는 제21번 영장 태룡사(太龍寺)가 있는 다이류악(太龍嶽) 남쪽 산록의 동굴에서도 수행했다.

그런데 이 미쿠로도 동굴에는 현재 일본신화에서 황천국의 주재신으로 나오는 오쿠니누시(大國主神)가 모셔져 있다. 미쿠로도는 "황천국 혹은 근국에 접해 있으면서 모태의 역할을 수행"(久保田展弘, 2004:230)했던 것이다. 구카이가 개창한 제24번 영장 최어기사(最御崎寺)는 바로 이 미쿠로도 동굴 암벽위에 서 있다. 제23번 약왕사에서 이 최어기사까지의 82킬로미터는 좌측에 태평양과 암벽들이 한없이 늘어서 있다. 찬란한 빛에 가득한 세계이다. 최어기사의 일본명 '호쓰미사키지'에서 '호'는 고대 일본어로 '불'을 뜻하고 '쓰'는 소유격 '의'에 해당되므로 최어기사는 곧

'불의 곶(岬, 미사키)'을 가리킨다. 구카이가 이곳에서 성화를 피우고 진언을 외우며 수행한 장소라서 그런 이름이 붙은 것일까? 본존은 구카이의 신비체험과 관련된 허공장보살이다.

미쿠로도와 최어기사가 위치한 해안가 근처에는 큰 동상이 있다. 그것은 저 유명한 사카모토 료마(坂本龍馬, 1835-1867)와 함께 유신의 격동기를 살다 비운의 죽음을 맞이한 막말 지사 나카오카 신타로(中岡慎太郎, 1838~1867)의 동상이다. 둘 다 시코쿠의 도사 출신이다. 사카모토 료마와 나카오카 신타로는 막부를 타도할 조직을 짜기 위해 당시 대립상태에 있던 유력한 번인 사쓰마번과 조슈번의 화해를 도모했고 마침내 1866년 1월 22일에 삿초동맹 체결에 성공함으로써 메이지유신의 결정적인 계기를 마련하는 데에 일등공신이 된다. 그러나 2년 후인 1868년 11월 15일에 이 두 사람은 교토에서 자객의 습격을 받아 암살당하고 말았다.

어울릴 것 같지 않은 막말 지사의 동상과 미쿠로도 동굴을 등 뒤로 한 채 여행자는 고치시 근방에 있는 사카모토 료마 기념관으로 발길을 옮긴다. 고치시는 33세의 젊은 나이로 비운의 죽음을 맞이한 료마의 탄생지이다. 눈앞에 태평양이 펼쳐진 가쓰라하마(桂浜) 공원 내의 고치현립 사카모토 료마 기념관은 근대식 디자인을 자랑하는 건물로 1991년에 개관했다. 안내 팜플렛은 료마의 편지를 비롯한 많은 사료들이 전시되어 있는 이 기념관의 건립 취지가 "료마의 '유연한 발상'과 '세계에로 시선을 돌린 견식', '풍부한 인간관계'와 '과감한 행동력' 등을 새로운 세대에게 넘겨주고자 하는 데에 있다."고 적고 있다. 전시된 많은 자료 중에 료마가 탈번(脫藩)한 후 처음으로 자기 소식을 가족에게 알린 1862년 3월 20일자 편지글(현재 중요문화재 지정)이 특히 눈에 띄었다.

무릇 인간의 일생이란 알 수 없는 것이라서, 운이 나쁜 사람은 목욕탕에서 나오면서 불알이 목욕통 모서리에 끼어 죽기도 합니다. 그에 비하면 저는 운이 좋아서 사지에 가더라도 죽지 않았고, 스스로 죽으려고 생각해도 다시 살지 않으면 안 되게 상황이 돌아갔으며, 지금은 일본 제일의 인물인 가쓰 가이슈(勝海舟)라는 분의 제자가 되어 매일매일 이전부터 마음에 그리고 있던 일(해군 조련소의 창설)이 가능하게 되어 성심을 다하여 분발하고 있습니다. 그러므로 40세가 되기까지는 집에 돌아가지 않고 일만 하고자 생각하고 있습니다. 형님과도 상의 드린 바, 최근에는 제게 매우 호의적이 되시어 제 일에 관하여 허락을 하셨습니다. 나라를 위해, 천하를 위해 진력하겠습니다. 모쪼록 기꺼워해 주십시요. 안녕히 계십시요.

이 편지글을 읽으면서 사카모토 료마가 누구인가를 다시 한 번 생각해 보았다. 막말기의 존왕양이파 지사, 막부의 신하였던 가쓰 가이슈와 함께 고베에 해군 조련소(국립 해군대학)를 설립한 자, 나가사키에서 해운 무역을 위한 결사대인 '해원대'(海援隊)를 창설한 자, 사쓰마번과 죠슈번의 연합을 중재한 자, 1867년 막부로부터 정권을 돌려받아 조정 중심의 다이묘 회의가 권력을 가지는 통일국가 구상인 이른바 '선중팔책'(船中八策)을 기초함으로써 일본의 새로운 국가체제를 모색한 자… 그리고 무엇보다 그는 수행의 땅 도사 출신이었다. 자신의 개인적인 욕망에 매달리는 대신 자기보다 더 큰 대자아(신 혹은 국가 등)를 위해 모든 것을 바치는 사람이 있다. 그러고 보니 구카이와 료마가 이 점에서 일치한다는 점에 새삼 눈이 떠졌다. 수행이란 욕망을 버리고 욕망을 죽이는 것이 아니라, 대자아를 향한 더 큰 욕망에 자신을 던짐으로써 어디론가 자꾸만 달아

나려고 하는 자신의 마음을 붙잡으려는 시도가 아닐까?

마음을 놓아 주다 : 보리의 순례

하지만 보통 사람들의 마음이란 원래 어느 한 곳에 말뚝처럼 붙박혀 있기를 싫어하는 놈이다. 어쩔 수 없는 미망의 촘촘한 그물망에 얽히고설킨 채 삼계(욕계, 색계, 무색계)를 돌고 도는 것이 우리 같은 보통 사람들의 운명이라면 운명이다. 그래서인가 여로에서 만난 한 순례자의 삿갓에는 '동행이인'이라는 글자와 함께 다음과 같은 구절이 적혀 있었다.

미망에서 벗어나지 못하는 까닭에 삼계에 머물러 있으나(迷故三界域)
깨달음의 자리에서 보면 모든 것이 공이라(悟故十方空)
본래 동서도 없고(本來無東西)
어디든 남북도 없다(何處有南北)

보리(깨달음)의 땅 이요에서 이국의 여행자는 깨달음이란 무엇인가에 대해 이전에 막연하게만 품고 있었던 연상 가운데 한 오라기를 뽑아내어 응시하고 있다. "깨달음이란 자기를 놓아주는 것"이라는 연상. 그리하여 여행자는 영장들을 제키고 곧바로 온천물에 몸을 담근다. 마쓰야마시(松山市)의 도고(道後)온천은 3천 년의 역사를 지닌 온천이라고 에히메현이 자랑하는 일본 유수의 명소이다. 이 도고온천의 상징이라 할 만한 '도고온천 본관'이라는 곳에 들어가 보았더니, 두 종류의 온천탕이 있는데 하나는 '영(靈)의 물'이고 다른 하나는 '신(神)의 물'이라는 이름이 붙어 있다. 과연 시코쿠 보리의 땅 다운 이름이구나 싶었다.

나쓰메 소세키(夏目漱石)를 비롯하여 예로부터 많은 문인들의 사랑을 듬뿍 받아온 도고온천은 이 지방 풍토기인 『이요국 풍토기』(伊予國風土記)에도 관련 기록이 나온다. 그 풍토기에 의하면, 오나무치가 중병에 걸려 다 죽게 된 스쿠나히코나(宿奈毗古奈命)를 구하고자 도고온천에서 온천욕을 시켰더니 깨끗이 치유 받은 스쿠나히코나가 벌떡 일어나 밟은 돌에 족적이 남았다고 한다(『風土記』, 493). '옥석'(玉の石, 다마노이시)이라 불리는 이 설화적 돌이 지금도 도고온천 본관 건물 옆에 놓여 있다. 일본에서는 신들도 온천을 엄청 좋아하는가 보다. 어쨌거나 일본신화에서 오쿠니누시(大國主神, 오나무치)와 함께 일본 최초의 국가를 세웠으며 의약과 주술 관련의 법을 창제했다고 말해지는 이 위대한 신 스쿠나히코나조차 죽을병이 들고 또 온천욕을 통해 그 병이 나았다는 신화적 상상력은 과연 일본인답다.

일본에서 가장 오래된 온천수에 몸을 담그고 있노라니 지나간 모든 시간들이 희뿌연 증기처럼 아물거린다. 시간의 기억들도 저 의약의 신 스쿠나히코나처럼 치유 받을 수 있을까? 시간은 모든 상처를 아물게 해 준다고 하지만, 시간의 기억들은 시간이 치유할 수 없을 것만 같다. 중이 제 머리 못 깎는다는 말과 같은 이치다. 그러니 시간을 그냥 놓아주고, 시간 속에 갇혀 있는 나 자신도 그냥 놓아주는 수밖에 없지 않겠는가? 이렇게 해서 깨달음에 대한 여행자의 상상은 묵은 때를 씻어낸 듯 가벼워졌다.

자유를 추구했던 무애의 고승 잇펜(一遍, 1239~1289)의 출생지가 도고온천 근방이라는 사실도 여행자에게는 결코 우연으로 비쳐지지만은 않았다. 일본 정토교의 일파인 시종(時宗)을 개창한 잇펜은 어딘가 모르게 원효대사와 닮았다. 원효대사처럼 잇펜 또한 '춤추는 붓다(깨달은 자)'가 되어 삼계를 벗어나지 못하는 중생들과 함께 미혹을 나누었다. "도라고 말하는 도는 영원한 도가 아니다. 이름 지을 수 있는 이름은 영원한 이름이 아니다."(道可道非常道 名可名非常名)라는 『도덕경』 구절처럼, 깨달음을 얻었다고 말하는 자는 아직 깨닫지 못한 자이며 깨달음 자체를 손에서 놓아버리는 자는 이미 깨달음을 얻은 자임을 체득했기 때문일까? 시간의 비의도 그러하다. 우리가 시간은 이런 것이라고 말하는 순간 우리는 시간에 대해 아무 것도 모르게 된다. '시종'(時宗, 지슈)이라는 이름은 원래 잇펜이 문하의 승려들을 당나라 선도(善導)를 따라 '시중'(時衆, 지슈)이라고 부른 데에서 비롯되었다고 한다. 여기서 '시중'이란 일종의 승가공동체 같은 것이지만 사찰이 따로 있다거나 하지는 않았다. 잇펜은 사찰이라든가 성직자 위계 등을 비롯한 모든 종교조직이 부패의 원인이라고 생각하여 부정했기 때문이다.

'시종'이든 '시중'이든 거기서의 '시'가 정확히 어떤 의미인지는 잘 모르겠다. 그럼에도 여행자는 '시간의 무리가 빚어내는 시간의 종교'를 연상하며, 88개소 영장은 아니지만 잇펜이 태어난 곳에 세워진 보엄사(宝厳寺, 호곤지)를 돌아보았다. 경내에는 일본인에게 많은 사랑을 받는 불교시인 사카무라 신민(坂村真民)의 시 〈마음을 다 하여 기도하면 꽃이 핀다〉(念ずれば花ひらく)[31] 시비가 세워져 있다. 김춘수 시인의 〈꽃〉을 연상시키는 이 시제는 집착하는 마음을 놓아줄 때 비로소 삶의 꽃이 피어난다는 진실을 말해주는 듯싶다.

사자(死者)공양의 영지에 홍법대사 전승이 관련된 사례가 많은데, 제45번 암옥사(岩屋寺)는 그 사자공양과 수행도장이라는 두 가지 측면을

31 "마음을 다하여 기도하면/꽃이 핀다/괴로울 때마다/어머니가 항상 말씀하신/이 말을/나도 언제부터인가/창하게 되었다/그럴 때마다/신기하게도 나의 꽃이/하나씩 하나씩/피어났다."

가지고 있다. 산상을 향해 뻗어 있는 돌계단을 오르면 동굴이 있는데, 그 동굴 안에는 물이 용출하고 있다. 이곳은 사자와 만날 수 있는 곳 또는 타계와의 접점으로 믿어져서, 참배자들은 사자에 대한 수(水)공양을 행한다. 또한 거의 수직에 가까운 암벽의 절반에 판 구멍의 흔적이 있는데, 이는 이전에 유골을 납골한 곳이라 한다. 본당은 높이 200미터 정도의 암벽에 건물 절반 정도가 덮여 있다. 여기서 부동명왕의 진언을 외우면 모든 재난을 피할 수 있고 소원이 이루어진다고 한다. 사원 뒷산을 오르면 구카이와 잇펜이 수행했다는 암장이 나온다.

마음을 열다 : 열반의 순례

제71번 영장 미곡사(彌谷寺, 이야다니지)는 8세기에 교키(行基, 668~749)가 개창한 절이다. 백제계 이주민의 후손인 교키는 나라 동대사(東大寺) 대불건립 때 총지휘를 했던 인물로 유명하다. 교키는 이즈미(和泉, 오사카부) 지방에서 백제계 씨족인 고시씨(高志氏)의 아들로 태어났다. 수천 명의 제자가 있었고 745년에는 일본 최초의 대승정이 되었다. 시코쿠 88개소 영장 중 교키가 개창했다고 전해지는 사찰이 무려 14개소에 이르는 것을 보면, 교키야말로 시코쿠헨로의 실질적인 개창자였을 지도 모른다. 그러니까 평생을 사회사업에 바쳐 문수보살의 화신으로 말해지기도 했던 교키가 홍법대사보다 앞서 시코쿠헨로의 길을 닦아놓았으리라는 설은 충분히 설득력 있게 들린다.

이런 생각에 잠긴 채 미곡사의 인왕문을 돌아 올라가노라니 길게 뻗어 있는 참배로 곳곳에 석불들이 즐비하다. 돌계단을 다 올랐을 즈음에 나타난 암벽 위에는 헤이안시대의 것으로 보이는 아미타 삼존마애불이

고색창연한 분위기를 뿜어내고 있다. 홍법대사가 만든 것이라고 말해진다. 한국에서 흔히 만날 수 있는 마애불과 너무도 흡사하여 여행자는 잠시 이곳이 시코쿠의 영장이라는 사실을 잊을 뻔했다. 마애불 옆의 본당에 모셔져 있는 본존은 천수관음보살이다. 807년 홍법대사가 이곳에서 수행하던 중 다섯 자루의 검이 하늘에서 내려왔으며 금강장왕권현(金剛藏王權現)이 출현했다고 한다. 그리하여 대사는 그 보검과 당나라에서 가져온 방울 및 직접 조각한 천수관음보살상을 안치했다는 것이다.

예로부터 사자(死者)의 영이 돌아오는 곳이라 하여 사자공양의 성지로 널리 알려져 있는 이 미곡사는 『고사기』(古事記) 및 『일본서기』(日本書紀) 등에 나오는 사자의 나라 '근국'(根國, 네노쿠니) 혹은 '황천국'(黃泉國, 요미노쿠니)으로 통해 있는 절이며, 뒤편의 이야다니산(彌谷山)은 사령이 깃드는 산이라고 여겨져 왔다. 또한 '이야다니 참배'라 하여 사람이 죽었을 때 그 혼을 등에 지고 이야다니산에 오르는 습속이 있었는데, 지금도 망자가 남긴 의류 등을 이 절에 봉납하는 유족들이 많다(久保田展弘, 2004:224). 산중에는 사령공양을 위한 미즈바(水場)가 있고, 지장보살 석상을 안치한 불당이 동굴로 둘러싸여져 있다. 원래 인도에서 '대지의 덕'을 의인화한 지장은 흔히 사후세계의 구제자로서 일본불교 신앙에 중요한 역할을 담지해 왔다.

역시 열반은 삶보다 죽음에 더 가까운 것일까? 열반의 땅 사누키에서 만난 사자공양의 성지이자 황천국과 근국에의 입구로 말해지는 미곡사는 여행자에게 이런 화두를 던져 주었다. 그러고 보니 일본 영화나 문학작품 속에서 종종 시코쿠(四國)를 '죽음의 나라'(死國, 시코쿠)로 부르기도 한다는 사실이 생각났다. 열반과 죽음의 근접성에 대해 명상하면서 미곡사를 나와 절 아래에 있는 고즈넉한 찻집에 들어섰다. 그런데 '하이쿠 찻집'(俳句茶屋)이라는 찻집 이름이 좀 특이하다. 아니나 다를까 너댓 명 들어가면 꽉 찰 듯한 조그만 찻집 안에는 천정과 벽이 온통 단자쿠(短冊) 투성이다. 단자쿠란 와카(和歌)나 하이쿠(俳句)를 적는 데 쓰는 폭이 좁고 긴 종이를 가리킨다. 주인에게 물어보니 대대로 이 찻집을 운영하면서 미곡사를 순례한 손님들에게 하이쿠를 지어 받아 찻집 안에 늘어뜨려 놓았다는 것이다. 겨울바람에 꽁꽁 언 몸도 녹일 겸 따뜻한 한 잔 술을 청하여 마시던 중 눈앞에 걸린 단자쿠 한 장이 여행자의 시선에 들어온다.

> 구름을 벗 삼아 멀리 떠나온 겨울날의 시코쿠헨로
>
> (雲連れて はるかに去りぬ 冬遍路)

열반을 꿈꾸며 먼 시코쿠까지 찾아온 어느 일본인의 시정(詩情)이 절절하기만 하다. '겨울날'은 욕망에 시달리면 시달릴수록 싸늘하게 식어가는 시인의 시간을 은밀하게 드러내 보여주는 듯싶다. 그런데 열반은 멀리 떠나야만 얻을 수 있는 그런 것일까? 슬그머니 이런 의문이 들긴 했지만, 한편으로는 어딘가 모르게 열반과 하이쿠가 잘 어울리는 듯한 느낌도 지울 수 없었다. 세계에서 가장 짧은 시로서 일본인들이 자랑하는 5·7·5 17음절의 하이쿠는 그 소략한 단순성과 풍부한 함축성이 특징적이다.

어쩌면 열반이란 이런 하이쿠처럼 지극히 단순한 것일지도 모른다. 밥 먹고 숨 쉬고 잠자고 배설하는 것까지 일상적인 모든 영위가 다 열반의 세계와 무관하지 않을 것이다. 열반이라는 두 글자에 내포된 의미망은 실로 함축적이다. 그 그물망은 너무도 촘촘해서 걸리지 않는 것이 없을 정도다. 탄생과 죽음, 욕망과 절제, 사랑과 증오, 있음과 없음의 모든 것들이 다 열반과 무관하지 않다. 이런 빛깔의 단순성과 함축성을 좋아하는 일본인들이 적지 않은 것 같다.

주지하다시피 약사여래를 본존으로 모신 제75번 선통사(善通寺)는 홍법대사의 탄생지이자 진언종선통사파 본산으로, 고야산 및 교토의 동사(東寺, 도지)와 함께 홍법대사 관련 3대영장의 하나이다. 중국 유학을 마치고 돌아온 구카이가 밀교를 전수받은 당나라 청룡사(青龍寺)를 모델로 하여 807년부터 6년간에 걸쳐 건립한 사찰로, 광대한 경내는 금당과 오중탑 등이 있는 동원(東院)과 어영탑 및 지장당 등이 있는 서원(西院)으로 구분된다. 이 영장은 일본 순례문화 특유의 관습을 보여준다. 시코쿠헨로는 험로가 많아 다 돌아보기가 쉽지 않다. 그래서 각 영장 사찰 경내의 모래를 모아 봉지에 넣어 한 곳에 모아놓고 그곳을 돌면서 '남무대사편조금강'이라고 창하면서 그 모래를 밟아 대참을 하는 관습이 생겨났다. 이것을 '모래밟기'(お砂踏み, 오스나부미)라 한다. 이 모래밟기를 행하면 실제로 시코쿠헨로 전체를 다 돈 것과 동일한 공덕이 있다고 여겨졌다. 우주를 압축한 가레산스이(枯山水)식 일본 석정(石庭)처럼 시코쿠헨로를 압축해 놓은 것이 모래밟기 헨로인 것이다. 일반적으로 사원 본당 등 옥내에서 행해지는 경우가 많지만, 옥외의 경우는 참배로를 사용한다든지 족형의 판자대기에 모든 영장의 모래를 묻어 놓고 그곳을 밟고 지나가는 형식도 행해진다. 선통사에서는 매년 정월의 7일간과 3월 및 9월 중에 이런 모래밟기 행사를 거행한다(大山邦興編, 2002b:41).

이와 같은 열반의 단순성과 함축성 또는 압축성을 확인하고자 사람들은 영장을 찾아 순례의 길을 떠난다. 이리하여 마침내 시코쿠헨로의 마지막 코스인 제88번 대와사(大窪寺)에 도착한 순례자는 인간과 세계에 대해 마음을 열게 될 것이다. 그는 더 이상 자기 자신을 괴롭히지 말고 세상을 원망하지도 말자고 다짐한다. 다만 주어진 삶을 누릴 따름이라고, 그것이 자신이 걸어가야 할 길이라고 되새긴다. 그는 이제 진언이나 주문을 외우지 않더라도 하이쿠만으로 족하다. 더 이상 필요가 없게 된 지팡이는 대와사에 봉납한다. 그 자신이 이미 지팡이가 되어 있기 때문이며 혹은 "걷는 일은 삶을 단순하게 살아내는 연습"(김남희, 2011:236)이기 때문일 것이다.

Ⅳ. 현대일본인과 시코쿠헨로

패전 후 일본에서는 고도경제성장과 함께 시코쿠헨로 순례자 수가 급증했다. 그러나 1955년을 경계로 도보헨로는 급격히 감소하고, 대신 가족 단위의 자동차헨로와 단체버스헨로[32]가 주종을 이루는 한편 헨로전용택시에서 헬기헨로에 이르기까지 다양한 형태의 맞춤형 헨로 투어상품이 등장했다.[33] 이러한 경향은 시코쿠헨로의 세속화를 수반하지 않을

---

32 1950년대에 상품화되기 시작한 순례버스투어는 헨로 순례자의 수적 활성화에 공헌했다. 이에 따라 각 영장 사찰에서는 주차장과 숙방 정비가 이루어지는 등 '성스러운 공간'의 재편이 촉진되어 오늘날 시코쿠헨로와 관광의 융합에 가장 큰 영향을 미쳤다. 그것은 한마디로 '관광화된 순례'라 할 수 있다. (淺川泰宏, 2007:148) 이런 버스헨로에 대해 현지인들은 대체로 부정적이다. 그들은 그냥 관광객이라는 것이다(Reader, 2005:27).

33 여행사 또한 오래 전부터 이런 시코쿠헨로를 테마로 한 패키지 여행을 다양하게 개발해 왔다. 대표적인 사례로 이요테츠 에히메신문 관광사(伊予鉄愛媛新聞観光社)가 관장하는 '도지(東寺) 시코쿠 88개소 영장순례' 패키지 상품을 들 수 있다. 이는 구카이 3대 영장 중의 하나인 교토의 명찰 도지(東

수 없다. 이미 메이지시대 말기에서 쇼와시대 초기에 걸쳐 철도와 노선버스 등의 교통기관이 보급되면서 시코쿠헨로 순례에는 행락적 요소가 두드러지게 나타났고, 영장 주변과 주차장에는 무단 투기된 쓰레기들이 산더미처럼 쌓여 악취를 풍겼다고 한다(佐藤久光, 2006:243). 이리하여 시코쿠헨로에 있어 종종 고행성의 저하, 종교적 동기의 상실, 오셋타이와 같은 독특한 관습에 대한 이해의 결여, 매너의 문제 등이 관광의 폐해로 지적되어 왔다(淺川泰宏, 2007:148).

그런데 1990년대 이후부터 다시금 '아루키헨로'(歩き遍路)[34]라 불리는 도보 헨로가 유행하게 된다. 이와 동시에 시코쿠헨로 관련 출판물도 급증하기 시작했다. 이에 비해 일본 불교순례의 원형이자 가장 오래 된 사이코쿠 순례에 관한 출판물은 별로 없다. 역사적으로 보자면 시코쿠헨로 관련 출판물은 에도시대에는 87건 정도인데 비해 사이코쿠 순례는 그 세 배에 달했다. 헨로 체험기는 에도시대에는 별로 많지 않았는데, 다이쇼 말기에서 쇼와 초기에 증가하기 시작하다가 헤이세이기에 들어와 대폭으로 증가하게 된 것이다. 가령 1995년에서 2004년까지의 10년간 헨로 관련 출판물은 231건에 245책으로 연간 20건 꼴로 발간되었다(佐

寺)를 출발하여 관광버스 및 페리 등을 이동수단으로 시코쿠 영장 24개소 및 고야산과 온천지를 낀 4박 5일 일정의 순례여행 패키지 상품이다. 일인당 소요비용은 납경장과 납경료 및 백의(白衣) 등의 옵션을 포함하여 약 10만엔 이상 든다.

34 건강 붐, 자기찾기 혹은 자기실현 붐, 이야시 붐, 파워스폿붐 등의 사회현상을 배경으로 등장한 '아루키헨로'는 자동차나 투어버스 등으로 순례하는 것이 당연해진 시대에 나온 말이다. 하지만 그것은 여행의 이동수단이 도보밖에 없었던 시대의 순례와는 다소 상이한 것이다. 예전에는 자택으로부터 시코쿠까지의 왕복이 배를 타는 노정 외에는 모두 도보로 이루어졌다. 그러나 아루키헨로는 단지 시코쿠 내에서만 행해진다. 저서 제목에 아루키헨로라는 말이 등장한 최초의 사례로 (小林淳宏, 1990) 및 (喜久本朝正, 1994) 등을 들 수 있다.

藤久光, 2006:102-103 및 148).

이와 함께 헨로 연구도 활성화되고 헨로 순례자 수도 계속 증가하여 2002년에는 연간 8만 명을 넘었다. 이들은 지금도 삿갓과 백의 및 금강장이라는 전통적인 복장을 하고 88영장을 돈다. 이에 비해 사이코쿠(西國) 33관음영장, 반도(坂東) 33관음영장, 지치부(秩父) 34관음영장 순례의 경우는 백의를 입은 순례자를 찾아보기가 쉽지 않다. 이처럼 전통적인 순례 복장의 형태가 시코쿠헨로에서 계속 유지되고 있는 이유는 무엇일까? 그 순례 목적이 신앙과 관계가 깊기 때문일까? 아니면 형식과 정식화를 중시하는 이른바 '가타'(型)의 문화와 관계가 있는 것일까?

> 시코쿠 88개소 영장은 지금으로부터 약 1200년 전에 홍법대사 구카이께서 수행하신 유서 깊은 영장으로, 오늘날에도 많은 사람들의 돈독한 신앙에 의해 그 법등(法燈)이 지켜지고 있습니다. 전체 1450킬로미터로 발심(아와=도쿠시마현), 수행(도사=고치현), 보리(이요=에히메현), 열반(사누키=가가와현)의 네 개 지방(四國)을 일주하는 시코쿠 순례는, '동행이인' 즉 홍법대사와 함께 심신을 닦으면서 88가지 번뇌를 하나하나 제거하는 한편 대자연의 은혜를 입고 사는 자기 자신을 되돌아보는 수행의 여행입니다. 또한 종파를 불문하고 참배자들의 기도가 성취되는 신앙의 도장이기도 합니다. 태평양의 거친 파도, 온화한 세토내해, 험준한 시코쿠의 영산들, 평화로운 전원, 다채로운 변화, 속진(俗塵)으로부터의 자유, 대자연과의 만남, 사람과 사람 사이의 따뜻한 만남 등에 감사하면서 살아 있음의 환희를 느끼고 몸도 마음도 다시 태어나게 하는 헨로의 여행입니다.

이것은 시코쿠헨로 팜플렛에 적혀 있는 소개글이다. 지극히 상투적이기는 하지만 시코쿠헨로의 내용과 의의를 알기 쉽게 잘 요약하고 있다. 여기에 나오는 '살아 있음의 환희를 느끼고 몸도 마음도 다시 태어나게 하는 헨로의 여행'이라는 표현은 시코쿠헨로가 죽음과 재생의 종교적 장치를 내장하고 있음을 시사한다. 앞에서 시코쿠 영장은 죽음의 나라인 황천국 혹은 근국으로의 입구로 상정된다는 점을 언급한 바 있다. 이와 더불어 시코쿠 영장은 진언밀교적 신앙보다 관음신앙이 더 두드러지는데, 일본 관음신앙에 따라다니는 '물'이 상징하는 것도 다름 아닌 '죽음과 재생'이다. 또한 구카이를 비롯하여 일본의 수많은 고승들이 수행장으로 선택한 '동굴'은 생명의 모태인 어머니 자궁 혹은 모든 형태 있는 것들을 부정하고 파괴하는 카오스로의 회귀를 상징한다. 나아가 일본의 성지 중에서는 드물게 원래부터 '여인금제'와 같은 여성에 대한 터부가 없었던 곳이 바로 시코쿠 영장이었다. 아니, "시코쿠 영장은 그 자체가 여체이자 모태였다"(久保田展弘, 2004:237)고 말해지기도 한다. 실제로 제88번 영장 대와사는 여성 참배가 허용되어 널리 '여인고야'로 불려졌다. 시코쿠헨로의 저변에는 이와 같은 여성적 종교성이 짙게 깔려 있다.

시코쿠헨로의 관광화

하지만 시대가 바뀌면 종교성에도 변화가 생기게 마련이다. 고래부터 엄격한 수행의 도량으로 말해져온 시코쿠헨로 또한 예외가 아니다. 요즘에는 과거의 도보 순례처럼 '아루키헨로'가 유행한다고는 하지만, 현대의 순례자들은 대체로 버스, 승용차, 오토바이, 자전거 등을 이용하는 경우가 더 많다. 필자도 시코쿠헨로를 돌 때 일주일 동안 렌트카를 이용했다. 숙박도 예전과는 달리 요즘은 대개 관광상품화되어 있다. 가령 에도시대에만 해도 시코쿠헨로 길가에 차당(茶堂, 챠도)이라는 접대소를 세우고 그곳에서 지역 주민들이 순례자들을 대접하거나 혹은 자기 집에서 무료로 재워주고 먹여주기도 하는 이른바 '선근숙'(善根宿)의 관습이 일반적이었다고 하나, 오늘날 그런 관습은 점점 사라지고 있다. 그리하여 시코쿠에는 자기수행 절반, 관광 절반의 순례자들을 위한 민박이나 여관업 등이 성행하고 있다. 심지어 영장 사찰까지도 이런 영업에 가세하고 있다. 현재 시코쿠에는 약 30여 개 영장 사찰에서 순례자들을 대상으로 숙박 영업 중에 있다. 1박 2식에 대략 7천 엔 정도 하며 술도 부탁하면 가져다준다고 한다.

어쨌든 '관광'에 대한 착목은 현대 시코쿠헨로의 성성(聖性)을 규명하는 데에 중요한 한 요소임에 분명하다. 게다가 아루키헨로를 행하는 사람들의 공통점 중 하나는 "시코쿠헨로 순례의 동기가 신앙이 아님을 분명히 단언"한다는 점에 있다(水谷昌義, 2013:98). 다른 한편으로는 여전히 선조공양이라든가 신앙과 수행 등의 순례 동기가 다수를 점하며, 관광을 목적으로 하는 순례자는 소수에 지나지 않는다는 조사보고도 있다(淺川泰宏, 2007:148). 이처럼 순례를 둘러싼 종교적 신앙과 관광의 양면성은 사실 현대의 시코쿠헨로에서만 찾아볼 수 있는 현상은 아니다. 그것은 이세 순례가 전형적으로 잘 보여주듯이 이미 에도시대에 정착된 일본 순례문화의 한 특징이라고 말할 수 있겠다.

이 점과 관련하여 이안 리더는 『순례 만들기 : 시코쿠헨로의 의미와 실천』에서 시코쿠헨로의 양가성(ambivalence)에 주목한다. 이때의 양가성은 다양한 측면에서 관찰된다. 예컨대 시코쿠헨로 신앙의 중심점인 홍법대사 자체가 진언종이라는 제도종교 교단의 창립자이면서 동시에 민간

종교전통과 밀접하게 연관된 양가적 인물이다(Reader, 2005:12). 또한 시코쿠헨로 순례자인 '오헨로상'은 이방인 혹은 관리가 필요한 위험한 존재로 여겨지는가 하면 동시에 거룩한 존재로 간주되기도 한다. 이때의 거룩한 존재는 다시 '성스러운 도둑'이자 '전염성이 강한 성자'라는 양가성을 보여준다.[35] 시코쿠 주민들이 볼 때 오헨로상은 시코쿠헨로의 전통 안에 있는 친근한 존재이자 동시에 죽음의 복장(백의, 삿갓, 지팡이)을 한 이방인이기도 하다. 이뿐이 아니다. 누구나 다 홍법대사와 함께 걷는 '동행이인'의 평등성에 입각한 시코쿠헨로는 동시에 오사메후다의 색깔 구분이라든가 센다쓰 시스템에 있어서의 위계성을 내포하고 있다. 나아가 근대 이래 시코쿠헨로는 문화적 전통의 상징이자 동시에 경제적 혜택을 가져다주는 것으로 간주되었다. 오늘날 시코쿠헨로는 아루키헨로와 자동차헨로·버스헨로·헬기헨로의 양가성을 함께 보여준다. 크게 볼 때 시코쿠헨로는 시코쿠라는 지역적 특성(local)과 일본의 전통적인 순례문화를 대표하는 국민적 특성(national)을 동시에 함축하고 있다.

흥미로운 것은 이와 같은 양가적 이미지와 경향이 단순히 이항대립적인 것(binary oppositions)이 아니라는 점이다. 그냥 이 모든 것들이 함께 존재할 뿐이다. 이는 모든 다양한 것들이 "모순 없이 공존하는"(coexist without contradiction)(Reader, 2005:269) 시코쿠헨로의 포용적 성격을 보여준다. 이것이 이안 리더의 결론이다. 하지만 이런 결론은 일본인 혹은 일본문화의 애매성을 드러낼 뿐이다. 그것은 "신도란 그때 그때의 신도"라

35 시코쿠 주민들은 순례자 중 예법에 맞는 복장을 하고 규칙에 따라 순례하는 자를 '오헨로상'이라 하며, 반대로 옷차림도 더럽고 음식을 남에게 빌어먹거나 대접해주기를 강요하는 순례자를 '헨도'라 하며 업신여기기도 한다(이은경, 2012:377).

는 모토오리 노리나가(本居宣長)의 신도 정의와 동일한 애매성이다. 많은 일본 학자들은 신도를 가장 포용적인 종교라고 설명하지만, 더 정확히 말하자면 포용적이라기보다는 모순되는 것들의 병존을 허용하는 일본인 또는 일본문화의 애매한 정신구조적 특성으로 보아야 마땅할 것이다. 거기서는 모든 모순들이 모순으로 인식되지 않는다. 이런 맥락에서 일본문화는 하나의 블랙홀 같은 것이라고 말할 수 있겠다.

'동행이인'의 커뮤니타스

그러나 그 블랙홀에 대해 "겉으로 보기에는 혼돈스럽고 불협화음 같은 것으로 보이지만 실은 여러 다양한 측면들을 포용하고 있으며, 거기서 새로운 의미들이 생겨난다."(Reader, 2005:270-271)는 이안 리더의 진단은 일면 수긍되는 바가 없지 않다. 적어도 '새로운 의미'의 생성이라는 측면에서 그러하다. 새로운 의미의 생성과 그런 변화에도 불구하고 변하지 않는 요소도 여전히 남아 있다는 것, 이것이야말로 시코쿠헨로를 비롯한 일본의 순례문화 및 일본문화 일반에 대해 말할 수 있는 양가성의 도달점일 것이다.

오늘날에도 많은 일본인들은 여전히 백의를 입고 시코쿠헨로를 걷는다. 특히 직장을 은퇴한 자들이 많이 시코쿠헨로를 찾는다고 하며, 한번 시코쿠헨로를 경험한 자는 평생 계속 시코쿠를 찾는다는 이른바 '시코쿠병'(四国病)이라는 말까지 나오고 있다(Wolfe, 2010:45). '동행이인'의 슬로건을 공유하는 시코쿠헨로의 순례자들은 어쩌면 빅터 터너가 말한 '커뮤니타스'에 속해 있어 서로 동병상린(同病相憐)의 감정을 느낄지도 모른다. 터너는 "리미널리티에서 의례적 전이를 함께 겪은 이들은 직접적이고 반구조적이며 반합리적이고 실존적인 평등한 커뮤니타스의 관계 양식을 확립하는 경향이 있다"(빅터 터너, 2018:349)고 했는데, 과연 '동행이인의 커뮤니타스'가 국가주의적 성향이 강한 일본의 견고한 사회구조에 어떤 균열을 초래할지 궁금해진다.

2010년 3월 시코쿠 4개현으로 구성된 세계유산등록 추진협의회인 〈시코쿠88개소 영장과 헨로미치〉(四国八十八箇所霊場と遍路道)[36] 가 발족되어 시코쿠헨로의 세계유산 등록운동을 활발하게 전개하고 있다. 시코쿠헨로는 2018년 정부에 의해 '일본유산'으로 인정받았다. 요즘은 서양인들뿐만 아니라 시코쿠헨로를 걷는 한국인들도 조금씩 늘고 있다. 특히 젊은 여성들이 시코쿠헨로를 걷고 출간한 체험기도 몇 권 나와 있다. 대표적으로 시코쿠헨로를 수차례 순례하고 2013년 외국인 최초로 〈시코쿠88개소 영장회〉(四国八十八ヶ所霊場会)가 공식적으로 인정하는 '센다쓰'(先達)[37] 자격을 취득한 최상희(2016)의 『시코쿠를 걷는 여자』를 들 수 있다. 마치 끝나지 않을 것처럼 보이는 길고 긴 갈등의 한일관계를 생각해 볼 때, 한국인이 걷는 시코쿠헨로 길은 "길이 끝났다고 정해놓은 그곳에서 나는 침묵과 더불어 길을 잃었다."는 경민선(2009:250)의 실존적인 경구가 암시하듯, 분명 일본인의 그것과는 다른 특별한 의미가 더 각인되어 있음직하다.

---

36 https://88sekaiisan.org/

37 시코쿠헨로 안내자. 『센다쓰 교전』(先達教典)에 따르면, 공인 센다쓰가 되려는 자는 시코쿠 88개소 영장을 4회 이상 순례하고 1개소 영장 사찰 주직의 추천을 받아 영장회에 신청하도록 되어 있다. 현재 공인 센다쓰 숫자는 9천명이 넘는다.

제2장

구마노고도

: 현대적 '성성'의 전략

오늘날 일본에서는 앞 장에서 다룬 시코쿠헨로와 함께 구마노고도(熊野古道) 순례가 하나의 붐을 이루고 있다. 일본의 성지 하면 역시 '일본 제일의 영장'이라고 말해지기도 하는 구마노(熊野)를 빼놓을 수 없다. 와카야마현의 깊은 산속 오지에 위치한 영장 구마노는 구마노강(熊野川)을 내륙으로 거슬러 올라가 만나게 되는 구마노혼구대사(熊野本宮大社=本宮, 이하 혼구), 구마노강 하구 근처의 구마노하야타마대사(熊野速玉大社=新宮, 이하 신구), 나치 앞바다에 면한 구마노나치대사(熊野那智大社=那智, 이하 나치) 및 청안도사(青岸渡寺)와 보타락산사(補陀洛山寺) 등의 삼사이사(三社二寺)로 구성되어 있다. 이중 앞의 세 신사를 총칭하여 흔히 구마노삼산(熊野三山) 또는 삼소권현(三所權現)이라 한다.[1]

1 여기서 삼산이란 세 신사가 산에 위치하는 것을 뜻하는 것이 아니라, 사원에 붙여진 산호(山號)가 그렇듯이 신사에 붙여진 산호를 가리킨다. 또한 권현은 불보살이 중생구제를 위해 임시로 신의 모습으로 나타난 것을 뜻하는 신불습합적인 불교용어이다. 이때 권(權)이란 임시(仮)를 뜻한다.

구마노삼산은 헤이안시대 이래 당시 말법(末法)사상의 영향으로 상황과 법황 및 권문세가의 신앙을 모았고 그것이 무가와 서민들 사이에까지 널리 퍼져 '이세에 일곱 번, 구마노에 세 번'이라든가 '개미떼의 구마노 참배'라는 말이 나올 정도로 중세에서 근세에 걸쳐 서민들 사이에 구마노 순례(熊野詣)가 널리 유행했다. 또한 근세에는 구마노삼산 참배가 사이코쿠(西國) 33관음영장 순례의 중요한 루트로 포함되기에 이른다. 예컨대 사이코쿠 순례의 제1번 찰소(札所)는 바로 나치의 청안도사이다.

Ⅰ. 세계유산 구마노고도

이런 구마노의 순례길인 구마노고도(총 212.2킬로미터)가 2004년 7월 '기이산지의 영장과 참배로'(紀伊山地の靈場と參詣道)라는 타이틀로 세계유산에 등록되었다. 그 등록 내용은 아래 〈표4〉와 같다.

표 4 '기이산지의 영장과 참배로' 등록자산 목록

구분	자산	종별	연대	개요	소재지
구마노삼산(熊野三山)	구마노혼구대사(熊野本宮大社)	유적	유사 이전	구마노삼산의 하나	와카야마현
	구마노하야타마대사(熊野速玉大社)	유적 경관	유사 이전	구마노삼산의 하나 / 거석 숭배에서 기원	상동

구마노 삼산(熊野三山)	구마노나치대사(熊野那智大社)	유적 경관	유사 이전	구마노삼산의 하나 / 폭포 숭배에서 기원	상동
	나치산 청안도사(那智山青岸渡寺)	유적	5세기 전반	폭포에서 출현했다는 관음을 본존으로 하는 사원	상동
	나치대폭포(那智大滝)	경관	유사 이전	일본 제일의 폭포	상동
	나치 원시림(那智原始林)	경관	유사 이전	신역으로 보호되어 온 숲	상동
	보타락산사(補陀洛山寺)	유적	5세기 전반	관음정토인 보타락산으로의 도해 거점 사원	상동
고야산(高野山)	니우쓰히메(丹生都比賣)신사	유적	유사 이전	금강봉사의 진수사	상동
	금강봉사(金剛峯寺)	유적 경관	816년	진언밀교의 수행도장	상동
	자존원(慈尊院)	유적	9세기 전반	금강봉사 영지 사무소(政所)에 창건된 사원	상동
	니우칸쇼후(丹生官省符)신사	유적	9세기 전반	금강봉사 영지 사무소(政所)의 진수사	상동
요시노·오미네(吉野·大峰)	요시노산(吉野山)	유적 경관	유사 이전	산악신앙과 수험도의 성지	나라현
	요시노미쿠마리(吉野水分)신사	유적	유사 이전	요시노산의 지주신을 모신 신사	상동
	긴푸(金峯)신사	유적	유사 이전	요시노산의 지주신을 모신 신사	상동
	금봉산사(金峯山寺)	유적	12세기	수험도의 중심 사원	상동
	요시미즈(吉水)신사	유적	12세기	금봉산사의 부속사원	상동
	대봉산사(大峰山寺)	유적	8세기초	수험도의 근본수행도장	상동
참예도(參詣道)	오헤치(大辺路)	유적 경관	8세기	기이반도 서해안 참배로 (총 14.1킬로미터)	와카야마현
	나카헤치(中辺路)	유적 경관	유사 이전	교토와 구마노삼산을 잇는 가장 중요한 참배로 (총 100.2킬로미터)	와카야마현 미에현

참예도(參詣道)	고헤치(小辺路)	유적 경관	1573년 이전	고야산과 구마노삼산을 잇는 참배로 (총 43.7킬로미터)	와카야마현 나라현
	이세지(伊勢路)	유적 경관	10세기 후반이전	이세신궁과 구마노삼산을 잇는 기이반도 동해안 참배로 (총54.2킬로미터)	와카야마현 미에현
	고야산케이미치(高野參詣道)	유적 경관	9세기 전반	고야산에 이르는 주 참배로 (총 48.6킬로미터)	와카야마현
	오미네오쿠가케미치(大峰奧駈道)	유적 경관	8세기초	요시노·오미네와 구마노삼산을 잇는 수험자의 수행의 길 (총 86.9킬로미터)	와카야마현 나라현

위 〈표4〉의 '기이산지의 영장과 참배로' 중 순례길(참예도)은 와카야마현 다나베(田辺)시로부터 해안선을 따라 나치 및 신구에 이르는 고도인 오헤치, 다나베에서 산길로 들어가 혼구에 이르는 나카헤치, 고야산에서 하테나시(果無)산맥을 넘어 혼구에 이르고 거기서 다시 구마노강을 따라 뱃길 또는 도보로 신구에 이르는 고헤치, 이세신궁에서부터 기이반도 동쪽을 남하하는 이세지, 고야산 순례길인 고야산케이미치(高野山町石道 포함), 수험도(修驗道)의 근본도장인 대봉산사가 있는 오미네산의 가장 험한 루트로서 요시노와 구마노를 잇는 '수행의 길' 오미네오쿠가케미치 등 여섯 개의 고도가 있다.[2]

신불분리 이전의 혼구는 극락왕생을 약속하는 아미타여래상이 안치된 증성전(證誠殿)에 신앙이 집중되었으나, 지금은 거기에 스사노오와

2 이중 오헤치와 이세지는 기이반도 해변을 낀 길이다. 특히 비가 많은 이세지에는 석단길이 잘 발달되었고, 지금도 3백 년 전, 8백 년 전의 석단이 그대로 남아 있다. 이세지는 사이코쿠 순례의 관음신앙의 길이므로 관음지장과 석불들 및 순례묘비가 많다. 중세에는 주로 나카헤치가, 근세 이후에는 오헤치와 고헤치가 많이 이용되었다.

동일시되는 수목신 게쓰미미코(家津美御子大神)가 모셔져 있다. 한편 이자나기가 황천국 방문 이후 그 부정(穢れ, 게가레)을 씻어내기 위해 침을 뱉었을 때 생겨났다는 하야타마(速玉大神)를 모신 신구에는 이전에는 병고를 치유해주는 약사여래상이 안치되어 있었다. 나아가 오늘날 이자나미를 모시고 있는 나치에는 모든 위험으로부터 구제해준다고 믿어진 관세음보살이 모셔져 있다. 이 중 구마노고도의 모든 길이 통하는 혼구가 산의 신과 산중타계를 표상한다면 바다에 접해 있는 신구는 바다의 신과 해상타계를 대표한다고 말할 수 있다. 이에 비해 산과 바다의 경계에 속한 폭포의 신으로서의 나치는 산중타계와 해상타계 모두를 포괄하는 상징적 공간이라 할 만하다. 이처럼 산중타계와 해상타계가 현저한 구마노에 대해 다음에는 '산의 구마노'와 '바다의 구마노'로 대별해서 살펴보기로 하겠다.

Ⅱ. 산의 구마노

필자가 구마노고도를 걸으며 만났던 많은 산길 가운데 특히 인상에 남는 것이 다이니치고에(大日越)와 다이몬자카(大門坂)이다. 다이니치고에는 혼구의 옛 터인 '오유노하라'(大齋原)를 거쳐 후술할 유노미네(湯の峰) 온천에 이르는 약 2킬로미터의 산길이고, 나치역 근방의 보타락산사에서 도보로 약 1시간 반 정도 거리에서 시작되는 다이몬자카는 나치와 청안도사로 이어지는 구마노고도의 대표적인 석단길이다. 다이니치고에의 산길은 대낮에도 햇빛이 거의 들어오지 않았다. 그럼에도 '큰 빛'(大日)을 넘어가는(越) 산길이라고 명명한 것은 왜일까? 걸으면서 마음의 어두운 그림자와 직접 대면하다 보면 언젠가는 내면의 큰 빛과 조우할 거라는 메시지일까? 이에 비해 가을비 내리던 다이몬자카의 이끼 낀 돌길은 무상(無常)한 슬픔과 아름다움도 아랑곳 않는 무상무념(無想無念)이야말로 빛의 원천이라는 깨달음의 길로 내 마음 한구석에 각인되어 있다.

타계의 이미지가 강렬한 구마노는 근대까지 세계의 '구석'(隈, 구마)이었고 사령들이 사는 '은국'(隱國, 구모리쿠) 또는 사자가 은닉하는 '은야'(隱野, 고모리노)였다. 그곳은 신(神, 구마)[3] 의 거처로서 죽음과 관련된 전승과 사적이 많은 '죽음의 나라'이자 숲이 울창하고 비가 많은 '나무들의 나라'(木の国, 기노쿠니)로 칭해져왔다(町田宗鳳, 1995:72). 이런 구마노가 고래 일본의 산악신앙을 대표하는 수험도의 센터였다는 사실은 지극히 자연스러워 보인다.

천태계의 수험도는 본산방(本山方)이라 하여 역사적으로 원성사(園城寺. 천태사문종[天台寺門宗] 총본산) 배하의 문적사원이었던 성호원(聖護院. 본산수험종[本山修験宗] 총본산)을 중심으로 전개되었고, 진언계는 당산방(當山方)이라 하여 제호사(醍醐寺. 진언종제호파[眞言宗醍醐派] 총본산)를 본거지로 했다. 이 수험도의 메카는 오미네산맥(大峰山脈)이다. 그곳은 수험도의 개조인 엔노오즈누(役小角)가 개창했다는 요시노(吉野)로부터 구마노에 걸쳐 있는 광범위한 산줄기로, 고래 이 산들에 들어가 하는 수행을 '오쿠가케'(奥駈)라 했다. 수험자들은 거기서 독경을 하거나 은거하여 호마(護摩)를 태우는 등의 수행을 했다. 수험도의 산악수행은 남쪽 구마

3 일본의 지명 중에는 구마(熊)가 들어간 지명이 많은데, 이 구마는 한국계통의 지명으로 신을 의미하는 말이다(久保田展弘, 1985:141). 가령 공주의 원 지명은 구마나루(熊津)이다.

노로부터 입산하는 본산방의 순봉(順峰)과, 역으로 북쪽 요시노로부터 입산하는 당산방의 역봉(逆峰)으로 대별된다. 구마노는 본산방 수험도의 성지이다.[4]

본산방이 구마노를 중시하는 이유 중 하나는 본산방 수험도의 시조인 지증(智証)대사 엔친(圓珍)이 나치대폭포(那智大滝)에서 천 일간 수행했다는 설화와 관계가 있다. 높이 133미터로 일본 제일의 폭포라 말해지는 나치폭포 수행은 산악수행의 하나로서 일찍이 나라시대부터 성행했다. 엔친 외에도 나치산을 개창한 라교상인(裸形上人),[5] 엔노오즈누, 사이초, 구카이 등도 나치폭포 수행을 했다는 설화가 전해진다. 혼구의 참배로에는 '구마노대권현'이라 적힌 깃발이 많이 서 있다. 권현은 명신(明神)과 함께 신불습합적인 신의 호칭이었는데, 메이지정부에 의해 폐지되었다. 이에 따라 오늘날 전국 각지의 구마노신사에서는 대개 구마노권현이라는 호칭을 쓰지 않고 있는데, 혼구의 경우는 매우 희귀하게도 권현 호칭을 그대로 사용하고 있다. 근래에는 수험도 영장에서 신불분리 이전의 습합시대로 회귀하려는 움직임이 조금씩 보인다. 현재 천태종 청안도사가 중심이 되어 '나치수험도'라는 이름하에 구마노 순봉이 성행하고 있는 것은 그 대표적인 사례라 할 수 있다(加藤隆久監修, 2008:138).

고야산과 오미네산을 차치한다면, 구마노고도에서 특히 주목할 만한 두 개의 산이 있다. 오미네오쿠가케미치의 곁길에 위치한 다마키산(玉置山, 표고 1076미터)과 나카헤치 신구의 원천이라고 말해지는 가미쿠라산

4 구마노고도와 수험도의 밀접한 관계에 대해서는 저자가 직접 오미네오쿠가케미치를 걸으며 집중적으로 조명한 저술(藤田庄市, 2005) 참조.

5 닌토쿠(仁德)천황 시대(약 1600년 전)에 구마노에 표착했다고 전해지는 인도승.

(神倉山)이 그것이다. 다마키산 정상에는 구마노삼산의 오쿠노미야(奥の宮)라 불리는 다마키(玉置)신사가 있다. 이 신사에는 진무천황 동정설화에서 구마노에 상륙한 후 병사를 쉬게 하고 승리를 기원했다는 설화가 전해진다. 지금은 구니도코타치(国常立尊)를 주신으로 하지만, 예전에는 다마오키산 삼소권현이라 하여 지장보살, 천수관음, 비사문천이 본지인 신불습합의 성지로 번창했던 신사이다. 경내에는 수령 3천 년의 삼나무(神代杉)가 있으며, 섭사 미하시라(三柱)신사의 제신 우가노미타마(倉稲魂神)는 이나리신의 원형이라고 말해지기도 한다. 또한 오나무치(大巳貴命)를 모신 말사 다마이시사(玉石社)는 사전은 없고 대부분이 땅속에 묻힌 돌 다마이시(玉石)가 바로 신체이다. 그것은 지진을 일으킨다고 믿어진 땅속의 거대한 메기를 제어하는 가나메이시(要石) 혹은 대지의 신의 현현처럼 보인다. 이때의 다마(玉)는 미타마(御靈, 영혼)와 통한다. 돌의 영혼이란 어떤 것일까?

한편 가미쿠라산은 진무천황의 동정(東征) 전승으로 유명하다. 『일본서기』 신화에 의하면 히무카(日向)의 다카치호궁(高天穗宮)에 있던 진무천황 일행이 세토내해를 경유하여 가와치에 상륙한 후 야마토에 들어가려 했지만, 이코마산(生駒山) 기슭 토호 세력의 강한 저항에 직면하여 기이반도를 남하하게 되었다. 이윽고 구마노의 미와노무라(熊野神邑)에 도착하여 아마노이와다테(天磐盾)에 올랐다고 한다(『日本書紀』上, 194). 이 아마노이와다테는 바로 현재의 가미쿠라산에 있는 신체 고토비키암(琴引岩)을 가리킨다. 가미쿠라산은 신구의 원래 장소라고 말해진다. 고토비키암은 신사의 원형인 이와사카(磐境) 그 자체로 에도시대에는 간노쿠라히지리(神倉聖)라 불리는 수험자들이 모여든 성지였다(久保田展弘, 1985:132).

Ⅲ. 바다의 구마노

구마노 산길의 합류점인 혼구와 가미쿠라산 아래의 신구를 연결하는 것이 구마노강인데, 여기에 전술한 나치폭포와 후술할 보타락도해(補陀落渡海) 신앙까지 합치면 강, 폭포, 바다라는 '물의 수험도'로서의 구마노 신앙이 보인다. 이는 다른 수험도 영산에서는 찾아볼 수 없는 구마노의 특징이 아닐 수 없다. 특히 구마노는 흑조(黑潮, 구로시오)의 성지이다.[6] 멕시코만류와 함께 세계 2대 해류로 말해지는 흑조는 바다의 실크로드라 할 수 있다. 고래 이 흑조의 거대한 흐름이 기이반도 동쪽의 구마노 해안가를 지나면서 많은 물자와 사람과 사상을 운반했다. 가령 관음은 흑조를 타고 일본에 들어와 토착 신들과 습합했다. 나치 청안도사의 전승에 의하면, 닌토쿠(仁德)천황 무렵 인도에서 라교상인이 나치해안에 표착하여 대폭포를 발견하고 거기서의 폭포 수행 끝에 관음보살을 감득하여 청안도사를 개창했다고 한다. 실제로 구마노에는 표착신과 표착불이 많이 모셔져 있다.[7] 일본 민간신앙에서는 이런 신불을 '마레비토'(客人)라고

---

6 구마노삼산과 흑조의 관계는 상상 이상으로 밀접하다. 흑조는 리아리스식 해안을 따라 나치와 신구의 형성에 영향을 끼쳤고, 혼구의 원래 장소인 오유노하라는 신구를 하구로 하는 구마노강과 도쓰강(十津川) 및 오토나시강(音無川)이 내륙에서 합류하는 지점에 위치함으로써 흑조의 영향권 하에 있었다.

7 구마노 해안의 아름다운 리아시스식 포구와 시치리미하마(七里御浜) 해안에는 귀인 표착설화가 많다. 예컨대 금은보화를 실은 보물선과 함께 표착한 공주가 죽은 뒤 미인의 신으로 모셔진 치고총(稚児塚), 큰 나무 한그루를 타고 표착한 신을 신체로 모시는 요리키(寄り木)신사, 해중에서 끌어올린 관음을 모신 이다(井田)관음 등을 들 수 있다. 그러나 무엇보다 구마노는 진시황의 명을 받아 불로불사의 선약을 찾아 봉래의 나라 일본에 왔다는 방사(方士) 서복(徐福)의 표착지로 유명하다. 서복 전승지는 이 구마노의 하다스정(波田須町)과 신구시 아스카정((阿須賀町)을 비롯하여 사가시(佐賀市), 가

부른다. 구마노 성지의 정신세계는 수험도, 밀교, 정토신앙과 함께 바다와 밀접한 관계가 있는 마레비토 신앙, 해상타계인 상세(常世, 도코요)[8] 신앙, 에비스 신앙, 보타락 신앙 등이 복잡하게 얽혀 형성된 것이다. 비단 구마노삼산뿐만 아니라 고야산, 요시노산, 오미네산 등의 영산 확립도 바다와 밀접한 관계가 있다(加藤隆久監修, 2008:128). 여기서 특히 보타락 신앙에 주목하지 않으면 안 된다.

나치대사 소장의 〈구마노나치사참만다라〉(熊野那智社參曼茶羅)에는 나치대폭포와 나치권현을 중심으로 묘호산(妙法山) 주변까지 포함하는 전경 속에서 이런 보타락도해의 모습을 상세하게 전하고 있다. 만다라 하단에는 사방에 도리이가 세워져 있고 중앙에 돛을 단 상자 모양의 배가 마치 당시의 유람선처럼 묘사되어 있다. 이 배야말로 관음정토인 보타락으로 향하는 도해선이었다. 그것은 우쓰보부네(空舟, 虛舟) 또는 도리부네(鳥舟)라고 불리기도 했다. 나치에 전해지는 『구마노연대기』(熊野年代記)는 868년의 게이류(慶龍)상인을 비롯하여 1722년의 유쇼(宥照)상인에 이르기까지 헤이안시대부터 무로마치시대와 에도시대를 통해 보타락산사의 승려 20인을 도해상인으로 기록하고 있다. 나치 하마노미야(浜の宮)의

고시마현 이치키구시키노시(いちき串木野市), 야마나시현 후지요시다시(富士吉田市), 하치죠섬(八丈島), 교토부 이네정(伊根町) 등 전국 20여 개소에 이른다. 이 중 구마노가 서복 상륙지로서 유력시되는 까닭은 흑조의 존재 때문이다. 어쨌든 서복 전승지에서는 모두 서복을 침략자가 아닌 문명을 전해준 에비스(戎)신으로 모시고 있다. 구마노시 하다스정에는 서복의 흔적이 많다. 원래 이곳은 하타스촌(秦栖村)이라 하여 신라계 도래인 하타씨(秦氏) 일족이 모여 살던 곳이었다. 현재 아스카정에는 구마노강 하구에 봉래산이라 불리는 산이 있으며, 신구역 옆에는 서복공원이 조성되어 있다.

8 바다 저편의 '저세상'이자 '내세'로 관념된 상세는 불로불사 신앙에 입각한 중국 봉래산과 유사한 유토피아이다. 일본인의 관음신앙 수용에는 이런 상세와 오키나와의 '니라이카나이'(바다 저편의 근국)과 같은 해상타계 관념이 깔려 있다. 구마노에는 스쿠나비코나(少彦名命)가 상세로 갔다는 전승도 있다.

보타락산사를 기지로 하여 창이 없는 배가 남쪽 바다의 관음정토인 보타락을 향해 많은 도해승들이 출항했던 것이다. 이들은 모두 보타락산사의 주지승이었다.

포르투갈 출신의 예수회 선교사 빌레라(Gaspar Vilela)는 1562년의 서간문에서 도해자가 오랜 기간 동안 선 채로 고행을 계속한 다음 배 밑에 큰 구멍을 뚫고 거기에 뚜껑을 덮어 놓은 배에 타고 해상으로 나가 그 뚜껑을 열어 배와 함께 바다로 가라앉는다고 전하면서 "일본인들의 말에 따르면 바다 밑에 천국이 있다고 한다. 그곳에 가고 싶어 하는 자들은 그 천국의 성인을 간농(觀音)이라 부른다."고 적고 있다. 또한 포르투갈 선교사 루이스 프로이스(Luís Fróis)도 1565년의 서간문에서 보타락도해의 집단자살에 대해 "한 사람씩 깊은 바다, 아니 지옥에 몸을 던졌다. (이들을 송별하러) 따라온 친지들은 곧바로 텅 빈 도해선에 불을 질렀다."고 묘사한다(根井淨, 2008:165-169). 이밖에 16세기 초의 도해승 닛슈(日秀)상인은 오키나와에 표착하여 보타락원관음사(補陀落院觀音寺)를 세우고 나미노우에궁(波上宮)의 재흥에 진력했다. 한편 도해승의 고뇌를 묘사한 이노우에 야스시(井上靖)의 소설 『보타락도해기』(補陀落渡海記)의 승려 곤코(金光坊)처럼 살기위해 도해선을 탈출하려다가 발각되어 강제로 수장된 승려도 있었을 것이다. 실제로 나치만에는 곤코보섬(金光坊島)이 존재한다.[9]

---

9 관음정토를 찾아 출항한 자에 관한 기록은 이밖에도 더 있다. 『오처경』 1233년(天福1) 5월 27일의 기록에는 미나모토노요리토모(源頼朝)의 가신 시모코베 유키히데(下河辺行秀)의 도해 모습이 나온다. 그는 구마노에서 법화경 행자가 되었고 후에 보타락도해를 수행한 것이다. 이 기록은 도해자가 30일분의 식량과 기름을 실은 집모양의 배를 타고 나갔는데, 그 배는 바깥에서 못으로 밀폐되었다고 적고 있다(『吾妻鏡』3, 130). 또한 『발심집』(發心集)도 처자를 버리고 고치현 도사(土佐)로부터 도해한 인물의 이야기를 전하고 있다(鴨長明편, 2002:115-116). 보타락도해는 대개 전란이나 천재가 빈발하고 기근과 역병이 유행한 중세 후기에서 근세에 걸친 시기에 많았다(久保田展弘, 1985: 137-140).

그렇다면 보타락이란 무엇인가? 『화엄경』〈입법계품〉(入法界品)에는 선재(善財)동자가 53명의 선(善)지식을 추구하는 구법 여행에서 제28번째로 방문한 것이 관음의 설법처이자 정토인 보타락산이라고 나온다. 이 보타락은 산스크리트어의 '포타라카'를 보타락가(普陀洛迦) 또는 보타락(補陀落)으로 음차한 것으로 남쪽 바다 저편에 있다고 간주되었다. 혹은 인도 최남단 고모린곶 근처 마라야산 동쪽의 포타라카산, 스리랑카의 포타라, 티벳 랏사 북부의 포타라산, 한반도의 낙산(洛山)[10], 중국 저우산(舟山) 군도(郡島)의 보타산(普陀山, 푸퉈산) 등이 보타락정토로 비정되기도 한다.

한편 일본에도 보타락도해의 최대 출항 거점인 나치 외에 시코쿠의 무로토미사키(室戶岬)와 아시즈리미사키(足摺岬), 구마모토현 다마나시(玉名市), 닛코(日光)라는 명칭의 원천이 된 후타라산(二荒山)과 주젠지코(中禪寺湖)를 포함하는 지역 등 보타락과 연관성을 가진 곳이 전국에 점재한다. 보타락 도해담 중에는 임종이 가까워진 승려를 배에 태워 바다로 떠내려 보냈다는 전승도 있다. 이는 아마도 고대 일본에 존재했던 수장(水葬) 관습과 관계가 있어 보인다. 수장 관습이 아니더라도 보타락도해에 종교적 자살의 의미가 함축되어 있음은 쉬이 상상할 수 있다.

10 "옛날에 의상법사가 당나라에서 돌아와 관음보살의 진신사리가 이 해변의 굴 속에 있다고 들었기에 이름을 낙산(洛山)이라고 지었다. 이는 서역에 보타락가산(寶陁洛伽山)이 있기 때문이다."(『삼국유사』 권제3, 제4탑상, 낙산이대성 관음정취조신) 현재 강원도 양양의 오봉산(낙산)에 의상대사가 창건한 낙산사(洛山寺)가 있다.

Ⅳ. 구마노의 종교적 의미 : 정화·죽음·재생의 사이클

정화와 리미널리티 : 잇펜과 이즈미 시키부

보타락산사 경내에 재현되어 있는 보타락도해선을 보면서 문득 "정화란 무엇일까?", "종교적 자살은 궁극적인 정화의 몸짓이었을까?", "온천의 나라 일본은 과연 정화의 나라일까?" 라는 물음들이 두서없이 떠올랐다. 마쓰리의 종교 신도(神道)가 가장 중시하는 종교적 가치는 바로 부정(穢れ)의 정화에 있다. 그런데 구마노삼산만은 이런 정화의 가치를 다른 데에서 찾고 있는 듯하다.

필자는 일본에서 가장 오래된 온천 중 하나라는 유노미네(湯の峰) 온천에 두 번 묵은 적이 있다. 다이니치고에를 넘어 찾아간 두 번째 방문 때 묵었던 온천 여관의 내 방 입구에는 '잇펜상인'(一遍上人)이라 적힌 문패가 붙어 있었다. 여관 주인에게 그 이유를 물었더니 내 방 창문을 사이에 두고 여관 바로 앞에 시종(時宗)의 개조인 잇펜(一遍, 1239-1289)이 썼다고 전해지는 '나무아미타불'이라는 글자가 새겨진 〈잇펜상인 명호비〉(一遍上人名號碑)가 있기 때문이라는 것이다.

『잇펜성회』(一遍聖繪) 에마키(絵巻)에 기록된 이야기에 의하면, '후칸'(賦算)이라 불리는 시종의 융통염불 부적을 지나가는 사람들에게 춤추며 배포하면서 중생 구제에 힘쓰던 잇펜의 구마노 여행 중에 한 승려가 그 부적을 거부했다. 이에 충격을 받은 잇펜은 그날 밤 혼구 증성전에서 철야하던 중 백발에 수험도 행자인 산복(山伏, 야마부시) 차림의 구마노권현으로부터 "신·불신(信·不信)과 상관없이, 정·부정(淨·不淨)과 상관없이 부적을 나누어주라."는 탁선을 받았다고 한다(鈴木景二, 2007:89). 이후 시종 신자들에 의한 구마노신앙의 유포와 함께 이 탁선이 널리 퍼지게 되면서, 정·부정을 가리지 않는 신앙이 시종의 정토신앙을 전국에 퍼뜨리는 원동력이 되었다. 예로부터 시종 계통의 사원에 흔히 구마노권현이 모셔져 있는 것은 이 때문이다.

필자의 구마노고도 순례는 홋신몬오지(發心門王子)[11] 로부터 시작되었다. 왠지 그래야 할 것 같았다. 발심문은 굳이 불자(佛者)가 아니더라도 문자 그대로 마음이 발하는 하나의 출발점을 의미하기 때문이다. 홋신몬오지를 출발하여 1시간 정도 걸으면 후시오가미오지(伏拝王子) 터에 이르러 비로소 구마노강과 구마노 성지가 시야에 들어온다. 이 오지사의 명칭은 그 감격에 엎드려 예배했다는 데에서 비롯된 것이다. 거기에는 구마노 순례 전설에 인상 깊은 일화를 남긴 헤이안시대 여류 가인 이즈미 시키부(和泉式部, 978-?)[12] 의 공양탑이 세워져 있다. 그녀가 혼구를 목전에 둔 이곳에 이르렀을 때 신도에서 가장 금기시하는 적부정(赤不淨)인 월경이 시작되었다. 그런데 그 날 밤 월경의 게가레로 인해 참배할 수 없겠구나 하고 탄식하던 그녀의 꿈에 구마노권현이 나타나 "월경과 상관없이 나를 참배해도 좋다."고 말했다고 한다. 구마노권현은 부정을 개의치 않고 그녀를 받아들인 것이다. 그래서 혼구 경내에는 〈이즈미 시키부 기원탑〉이 세워져 있다. 여인구제를 주창한 이런 이즈미의 참배 설화는 무로

11 여기서 오지(王子)란 구마노권현의 어자신(御子神)을 뜻하는 말이다. 구마노고도 길가에는 '99오지'라 하여 곳곳에 순례자를 수호해주는 오지사(王子社)가 점재한다.

12 그녀는 분방한 연애편력의 생애를 보내다가 말년에 자신의 죄장을 참회하면서 전국의 성지를 순례했다고 한다. 여류 일기문학의 대표적 작품인 『이즈미시키부 일기』(和泉式部日記) 등을 남겼다.

마치시대 이후 각지를 순행한 구마노계 산복과 비구니들에 의해 전국으로 퍼졌다. 이와 함께 구마노 비구니가 퍼뜨린 우왕보인(牛王寶印)은 이윽고 에도의 요시와라에서 유녀와 손님이 주고받은 기청문(起請文)으로 크게 유행하기도 했다.[13]

잇펜과 이즈미 시키부의 이와 같은 경험세계에서는 깨끗한 것(정)과 더러운 것(부정)의 리미널리티(경계)에 틈새와 균열이 나타나 점차 확장된다. 거기서는 눈을 씻고 보아도 더러운 것은 보이지 않는다. 더럽다는 말은 자기 그림자를 애써 외면한 채 타자의 그림자만 배제하려는 이들의 오염된 상투어일 뿐이다. 리미널리티는 위험한 어떤 것이면서도 오히려 새로운 세계로 들어가는 삼투압적 입구가 된다. 그리하여 구마노삼산은 이제 현세와 내세 모두를 구제해주는 성지로 자리매김된다. 실제로 혼구·신구·나치의 본지불은 각각 임종시에 극락으로 맞이해주며 내세의 안락을 보장해준다고 여겨지는 아미타여래 및 치병과 장수를 가져다준다고 믿어지는 약사여래와 천수관음이며, 그것들은 다시 각각 서방 극락정토·동방 조루리(浄瑠璃)정토·보타락정토를 표상한다. 그러니까 구마노는 현세의 정토세계이자 동시에 보타락 상세와의 경계를 이루는 곳이라는 말이다. 예컨대 나치대폭포는 현세와 내세의 접점, 산중타계와 해상타계가 이어지는 곳, 산과 바다, 생자와 사자, 인간세계와 신의 세계가 함께 접해 있는 리미널리티의 공간으로 관념된다.

---

13 구마노삼산은 여인구제의 성지로서 특별한 의미를 지닌다. 이에 관해서는 대표적으로 (Moerman, 2005)의 제5장 참조.

리미널리티와 죽음 : 하나노이와야

나치대사에서 왼쪽 위로 언덕을 올라가면 흔히 '여인고야'라 불리기도 하는 묘호산(妙法山) 산정에 아미타사(阿彌陀寺)가 나온다. 이 진언종 사찰은 여인금제의 고야산과는 달리 여자들도 납골할 수 있는데 죽음의 이미지가 농후하다. '사자의 구마노참배'라 하여 죽은 이들의 영혼이 반드시 이 아미타사를 참배하여 한번 종을 울린다고 하는 이야기는 지금도 유명하다. 다시 말해 묘호산은 망자들의 구마노 순례지인 셈이다. 현지 사람들은 "밥 짓는 사이에 사자가 침향(櫁)꽃 한 송이로 구마노를 참배한다."고 하여 사자가 그 꽃 한 송이로 아미타사의 종을 울린다고 믿는다. 사자의 영혼이 묘호산을 참배하여 자기 후손들의 행복과 정토왕생을 기원한다는 이런 발상은 '리미널리티의 상상력'이라 불러 마땅하다.

거기서 죽음은 어떤 경계를 넘어선다기보다는 오히려 경계 그 자체를 나의 삶 안에 받아들이는 것을 뜻한다. 일본에는 동네 한 가운데에도 묘지가 있다. 일상 가까이에 죽음이 자리잡고 있는 것이다. 심지어 집안에도 죽음이 산자와 함께 공존한다. 집집마다 안치한 신단과 불단은 이 점을 상징적으로 잘 말해준다. 거기서는 먼 조상과 가까운 조상들이 날마다 후손들과 무언의 대화를 나누고 있다.

『일본서기』는 "이자나미가 불의 신을 낳을 때 화상으로 죽고 말았다. 때문에 기이국 구마노의 아리마촌(有馬村)에 장사지냈다. 그곳 풍습에서는 이 신의 혼을 제사지낼 때 꽃이 피는 계절에는 꽃으로 제사지낸다. 또한 북을 치고 피리를 불고 깃발을 세워(鼓吹幡旗) 노래하고 춤추며 제사를 지낸다."(『日本書紀』上, 90)고 적고 있다. 이 아리마촌의 묘지가 현재

미에현 구마노시 해변가에 있는 하나노이와야(花の窟)라고 말해진다.[14] 그러니까 하나노이와야는 이자나미의 혼을 진무하기 위한 묘지(御陵)인 것이다. 이 일대는 리아시스식 해안으로 곳곳에 크고 작은 동굴들이 있다. 그것을 해인들이 풍장(風葬)의 장소로 이용했을 가능성이 많다(町田宗鳳, 1995:77).

나무의 나라 구마노는 평야가 거의 없는 바위의 나라로 원초적인 이와쿠라(磐座)신앙이 뿌리깊다. 진무 동정신화의 '아마노이와다테'라 말해지는 가미쿠라산의 고토비키암, 나치폭포, 수험자의 수행 장소인 오니구라(大丹倉), 기암동굴군인 오니성(鬼ヶ城), 일본제일의 거대한 천연 고마이누(狛犬)인 사자암(獅子岩) 등을 둘러싼 거석신앙이 그것이다. 그 중에서도 특히 이세지 순례길 도중의 경승지인 시치리미하마(七里御浜) 해안에 돌출한 하나노이와야는 조몬시대의 토우와 지모신상을 연상시키는 거석이다. 높이 45미터의 이 거석을 신체로 삼는 하나노이와야(花窟)신사는 일본에서 가장 오래된 신사로 본전은 없고 배전만 있으며, 구마노삼산의 어버이신으로 말해지기도 한다. 이 신사에서 매년 2월 2일과 10월 2일에 거행하는 마쓰리는 일본에서 가장 오래된 하나마쓰리(花祭)로 유명하다. 이때는 약 170미터의 큰 밧줄을 신체인 거석 위로부터 시치리미하마 해안까지 늘어뜨린다. 요컨대 하나노이와야는 일본 건국의 신화적 지모신인 이자나미의 죽음과 그 이자나미가 지배하는 죽음의 세계 곧 황천국과의 경계를 나타내는 공간표상이라 할 수 있다. 구마노가 '죽음의 나라'로

---

14 한편 『고사기』는 "이자나미를 이즈모국과 하하키노국(伯伎國)의 경계에 있는 히바산(比婆山)에 장례지냈다."(『古事記』, 30)고 적고 있다. 그러니까 신화 속에서 이자나미의 묘지는 구마노와 이즈모 두 곳인 셈이다.

불리는 것은 이 때문이다.

구마노와 삼족오

구마노삼산의 상징인 까마귀도 이 점을 뒷받침해 준다. 이 까마귀는 흔히 야타가라스(八咫烏)라 불린다. 혼구 참배로 입구에는 도리이 앞에 붉은 태양 모양의 원 안에 검은 까마귀가 묘사된 '어신기'(御神旗)들이 석단 양쪽으로 즐비하게 늘어서 있다. 〈구마노나치사참만다라〉에도 나치대사 지붕에 두 마리의 까마귀가 그려져 있다. 나치대사 예대제에서는 신관이 까마귀모자(烏帽)를 쓰고 구마노권현의 사자(使者)인 까마귀 역을 연출한다. 고래부터 까마귀모자는 구마노 산복의 상징이었다. 현재 〈일본축구협회〉도 까마귀 상징을 로고로 사용하고 있다. 『고사기』 신화에서 야타가라스라는 까마귀는 진무천황을 구마노로부터 야마토(大和)까지 길안내를 해준 신조(神鳥)로 나온다. 진무천황 일행이 야마토를 향해 가던 중 험한 산속에서 길을 잃었다. 그 때 구마노에 사는 다카쿠라지(고창하)라는 자의 꿈에 다카기대신(高木大神=다카미무스비)이 나타나 "지금 하늘에서 야타가라스를 파견할 터이니 그 까마귀가 안내하는 대로 뒤를 쫓아가도록 하여라."(『古事記』, 121)고 고했다. 이 말을 전해들은 진무천황이 야타가라스의 안내로 무사히 요시노산을 넘어 야마토를 평정하여 천황으로 즉위하게 되었다는 것이다. 또한 본산방 수험도의 시조 엔친을 오미네산으로 인도한 것도 야타가라스였다고 한다.

이 야타가라스는 본래 '큰 새'라는 의미인데, 무슨 까닭에서인지 구마노삼산에서는 이를 삼족오(三足烏)로 표현하고 있다. 하지만 『고사기』

와 『일본서기』 원문에 삼족오라는 표기나 내용은 나오지 않는다. 원래 삼족오는 태양 안에 삼족오(흑점)가 산다는 고대 중국설화에서 유래한 것인데, 이것이 삼족오를 국가의 상징으로 삼았던 고구려를 통해 일본에 전해진 것으로 추정된다. 하여튼 진무동정신화에서는 길안내를 마친 야타가라스가 구마노로 돌아가 돌이 되었다고 전한다. 그래서 나치 본전 안에는 '가라스이시'(烏石)가 모셔져 있다.

구마노삼산에서는 고래 우왕보인(牛王寶印)이라는 유명한 부적을 배포해왔는데, 거기에는 까마귀를 도안한 그림문자가 묘사되어 있다. 우왕보인은 대략 헤이안시대 말기부터 생긴 것으로 추정되는데, 그 뒷면에 기청문을 적는 관행이 널리 퍼지기도 했다. 어쨌든 우왕보인 부적에는 신의 사자인 까마귀를 조합한 디자인을 중심으로 '일본제일'이라는 문자가 적혀 있다. 전체적으로 난해하고 추상적인 문양이어서 의미를 알기 어렵지만, 실은 특정 문자를 나타내고 있다. 시대에 따라 변화가 있지만 현재 혼구의 우왕보인은 88마리의 까마귀로 '구마노삼보인'(熊野三寶印)이라 적혀 있고, 신구의 경우도 48마리의 까마귀로 '구마노삼보인'이라 적혀 있다. 즉 양자 모두 우측에 '구마노', 좌측에 '삼보', 중앙에는 '일본제일'이라는 문자가 들어간 '인' 모양이 묘사되어 있다. 한편 나치의 우왕보인은 72마리의 까마귀로 '나치다키보인'(那智瀧寶印)이라 적혀 있다. 역시 우측에 '나치', 좌측에 '다키보'(瀧寶), 중앙에 '인'자가 도안되어 있다. 특히 이 나치 우왕보인의 제작은 매년 1월1일 오전 3시에 신직이 나치폭포수를 본전에 바치고 이튿날 그 물을 사용하여 묵을 갈아 보인을 인쇄하는 등 고대식 그대로 행해진다. 이런 우왕보인이 구마노 수험자와 비구니들에 의해 전국으로 배포되었다. 이와 함께 우왕보인 뒷면에 적은 기청문이 유행했는데, 만일 그 기청문의 서약을 어기면 구마노의 까마귀가 세 마리

죽을 것이며 그 자신도 피를 토하고 죽는다고 여겨졌다.

이와 같은 까마귀 상징은 일면 구마노의 장례풍습과 관계가 있어보인다. 혼구의 발생은 원래 구마노강 상류에서 수장(水葬)되어 내려온 시체를 모신 것이 그 원형이라는 설도 있다. 구마노에는 수장과 풍장뿐만 아니라 까마귀에 의한 조장도 행해졌다고 추측된다. 즉 유기된 사체가 자연에 풍화되는 것을 기다리는 것이 아니라 까마귀가 그것을 쪼아서 혼이 빨리 사체를 벗어나 저세상에 갈 수 있다고 믿었던 것이다. 어쨌든 구마노에서 까마귀는 죽음과 매우 가깝다. 하지만 까마귀가 죽음과 관련된 흉조라는 속신과는 반대로 구마노에서는 성조로 관념되고 있다. 왜일까? 구마노에서 죽음은 재생을 위한 전단계로 여겨지기 때문이 아닐까?

죽음과 재생 : 유노미네 온천

『고사기』 신화에 의하면, 진무천황 일행이 현재의 와카야마현 신구시 근방에 상륙한 후 해로를 통해 이동했는데 폭풍우를 만나 구마노의 아라키사카노쓰(荒坂津)에 표착한다. 그런데 상륙 후 구마노촌 토지신의 화신인 곰이 토해낸 독기에 맞아 모두 정신을 잃고 쓰러졌다. 이때 구마노의 다카쿠라지(高倉下)가 하늘에서 내려준 검을 헌상하자 다시 정신을 차렸다고 한다(『古事記』, 118). 이 신화는 구마노가 '죽음의 나라'이자 동시에 '재생의 나라'로 여겨졌음을 시사한다.

음양도의 관점에서 보자면, 자시(子時) 방향(정북)에 있는 헤이안경으로부터 오시(午時) 방향(정남)에 위치한 구마노에 왕래하는 것은 북쪽의 태(胎)로부터 남쪽의 여음에 다시 태어나는 것을 의미한다. 즉 구마노는 재생의 모티브를 내장한 '어머니의 나라'(妣國)로 관념된 것이다. 또한 전술한 하나노이와야는 풍요다산의 제장으로, 여음처럼 생긴 동굴은 황천국의 입구이자 동시에 새로운 생명을 낳는 재생의 장소로 간주되었을 성싶다. 가마쿠라시대에서 무로마치시대에 걸쳐 '개미떼의 구마노'라 불릴 만큼 수많은 순례자들이 구마노에 몰려든 것은 이런 모성을 추구하는 충동에 의한 것이지 않았을까? 이와 같은 구마노의 '재생의 메커니즘'에 사상적 통일성을 부여한 것은 나라시대 이래 퍼진 신불습합사상과 거기서 파생된 본지수적설(本地垂迹說)이다. 이때 사령을 정화하여 저세상으로 보내는 것이 종래 불교의 전통적인 역할이었다면, 그렇게 정화된 조령을 수호신으로서 다시금 일상적 삶의 공간으로 불러들이는 것은 특히 근세말 또는 근대에 이르러 새롭게 부여된 신도의 역할이었다고 할 수 있다(町田宗鳳, 1995:80-81).

특히 혼구에서는 '재생'이 보다 설득력 있게 설해졌다. 이유는 분명하다. 후술할 오구리한칸(小栗判官) 설화의 무대가 바로 혼구 옆의 유노미네(湯の峰) 온천이기 때문이다. 혼구에서 약 3킬로미터 거리에 있는 이 온천은 혼구로부터 다이니치고에라 불리는 구마노고도 산길을 넘으면 나온다. 예나 지금이나 혼구와 유노미네온천은 떼려야 뗄 수 없는 관계에 있다. 예전에는 순례자들이 혼구 참배를 하기 전에 이 온천에서 몸을 깨끗이 한 다음 원래의 혼구가 있던 오유노하라(大齋原)로 갔다고 한다. 현재의 혼구 예대제는 유노미네 온천에서 온천물로 정화한 동자를 신이 내리는 영매(依代)로 삼는 데에서 일련의 의례가 시작된다.

온천은 구마노신앙이 전국으로 전파되는 데에 중요한 요인 중 하나였다. 혼구의 원래 장소였던 오유노하라는 온천의 들판을 뜻하는 '대탕원'(大湯原)으로 표기되기도 했다. 또한 '웅야'(熊野)라 적고 그것을 '유야'(湯野)라고 읽기도 했다. 온천(湯) 자체가 곧 신(熊, 곰>감>가미)으로 관념되었던 것이다. 에히메현의 도고(道後)온천, 시마네현의 다마쓰쿠리(玉造)온천, 효고현의 아리마(有馬)온천 등과 함께 일본에서 가장 오래된 온천 중 하나로 꼽히는 유노미네 온천은 4세기경 국조(國造) 오아토노토지(大阿刀足尼)가 처음 발견했다고 하는데, 탕화(湯花)로 생겨난 약사여래의 가슴에서 온천물이 솟아나왔다 하여 '유노무네'(湯の胸)에서 '유노미네'가 되었다는 것이다.[15]

오구리한칸 설화

어쨌든 이런 유노미네 온천이 구마노의 재생 신앙과 결부되어진 것은 무엇보다 오구리한칸 설화 때문이다. 중세의 대표적인 설교절(說教節)[16] 중 하나인 이 설화는 오구리한칸과 데루테히메(照手姬)의 로맨틱한 사랑 이야기로 중세 구마노참배의 처절한 일면을 잘 보여준다. 대납언(大納言)의 적자 오구리는 구라마(鞍馬)의 비사문천이 점지해준 아이로 태어났다. 그는 72명의 첩을 취했지만 성에 차지 않아 대사(大蛇)의 화신과 성교한 탓에 히타치국(常陸國, 이바라키현)으로 유배당한다. 그런데 사가미

---

15 하코네유모토(箱根湯本)의 구마노신사 사전 입구에서 용출하는 하코네(箱根)온천도 구마노신앙과 밀접한 관계가 있다. 이 구마노신사는 기이국의 구마노권현을 권청한 것인데, 거기서는 구마노권현을 '유야권현'이라고 부르면서 온천의 수호신으로 숭배하고 있다. 아리마온천의 재흥에도 구마노신앙이 관련되어 있다(加藤隆久監修, 2008:168-169). 한편 유노미네 온천에는 그 유래가 된 약사여래상이 안치된 동광사(東光寺, 도코지)가 있다.

16 일본 중세에서 근세에 걸쳐 널리 행해진 이야기 예능 및 문예.

국(相模國, 가나가와현) 요코야마가(橫山家)의 아름다운 딸 데루테히메를 유혹하여 부부의 인연을 약속하게 되었다. 이에 화가 난 요코야마가는 오구리를 독살하고 데루테히메도 강물에 던져버린다. 지옥에 떨어진 오구리는 염라대왕의 관대한 처분에 의해 사바세계로 돌아와 후지사와(藤沢)의 승려에게 맡겨졌다. 그런데 지상에 소생한 오구리의 모습은 지독한 문둥병 환자였다. 승려는 오구리의 가슴에 "이 자를 한번 끌어주면 천승(千僧)공양, 두 번 끌어주면 만승(萬僧)공양"이라고 적은 패를 걸어주었다. 이리하여 작은 마차(土車)에 태워진 오구리는 공덕을 쌓고자 하는 많은 이들의 릴레이에 의해 길에서 길로 이끌어졌다. 도중에 데루테히메는 남편인 줄도 모른 채 그의 마차를 끌어주었다. 이윽고 구마노의 유노미네에 도달한 오구리는 수험도 산복의 도움을 받아 온천욕을 하게 되었는데, 7일이 지나자 두 눈이 열렸고, 다음 7일이 지나자 귀가 열렸으며, 그 다음 7일이 지나자 눈이 보였다. 그렇게 49일이 지나자 오구리는 원래의 몸 상태로 치유되었고, 그 후 다시금 데루테히메와 맺어져 83세로 왕생했다고 한다.

이때 오구리가 입욕했다는 온천 '쓰보유'(つぼ湯)가 지금도 남아 있다. 주변에는 마차를 묻었다는 '구루마즈카'(車塚)라든가 치유받은 오구리가 체력을 시험했다는 '역석'(力石) 등의 유적도 산재한다. 이 이야기는 "신·불신(信·不信)을 막론하고 정·부정(淨·不淨)과 상관없이" 모든 이를 평등하고 따뜻하게 받아들이는 구마노권현에 대한 신앙을 반영하고 있다. 생전에 수많은 죄를 범한 오구리가 한번 죽은 후 소생한 다음 문둥병이라는 부정을 짊어진 채 완전히 재생했다는 이 설화는 실로 죽음과 재생 그리고 정화의 부단한 원환을 유감없이 보여준다.

구마노고도의 현대적 변용 : 전략적 '성성'

필자에게 쓰보유는 770엔 내면 누구나 들어갈 수 있는 공중욕탕을 넘어서서 하나의 무덤 같은 암자였다. 거기서 이방의 여행자는 태아처럼 웅크린 채 정화와 죽음과 재생의 의미를 몽상했던 것 같다. 쓰보유 문을 나서니 다음 순서로 젊은 서양인 커플이 기다리고 있었다. 구마노고도를 걷다보면 서양인들을 많이 만나게 된다. 세계유산의 효과일 것이다. 순례길이 세계유산으로 등록된 사례는 이 구마노 참배로와 산티아고 데 콤포스텔라의 순례길뿐이다. 거기에 순례와 관광이 결합된 소지가 존재하는 것이 사실이다. 하지만 구마노삼산과 구마노고도에는 근래 활발히 논의되고 있는 관광인류학이나 순례관광학의 관점에서 다 설명하기 어려운 종교적 내음이 아직도 강렬하게 남아 있다. 근세에 폭발적·주기적으로 발생한 이세마이리(伊勢参り)의 경우는 흔히 지적되듯이 관광과 유흥의 측면도 강했으나 고래 구마노에는 이세와 달리 유곽 등의 환락가는 없었다(島田裕巳, 2013:197).[17] 원래 구마노 순례의 주목적은 정화·죽음·재생의 사이클 안에서 현세와 내세의 복락을 추구하는 종교적 실천에 있었기 때문일 것이다.[18]

---

17 17세기말 이세마이리 풍조가 고양되면서 이세신궁을 참배한 이들은 구마노삼산 자체보다는 사이코쿠 순례의 출발점(청안도사)으로서 구마노를 참배하게 되었다(笠原正夫, 2004:100).

18 이세와 구마노의 차이는 역사성을 가진다. 지리적 인접성 때문일지도 모르겠으나 원래 고대에 이세와 구마노는 하나였다. 그러다가 1090년 시라카와상황의 첫 번째 구마노행차 때 최초의 구마노삼산 검교(檢校)로 원성사(園城寺) 승려 조요(増誉)가 임명된 이래 수험도가 구마노삼산을 총괄하게 되었다. 이로써 구마노는 불교화한 독자적인 교단을 조직하게 되어 이세와 구마노의 일체성에 결정적인 균열이 생겨났다. 이세지로부터 기이지(紀伊路)에로 구마노고도의 공식적인 순례길이 바뀌게 된 것은 이런 전환을 상징적으로 잘 보여준다(五来重, 2004:24-25).

구마노삼산은 중세 일본인의 순례를 대표하는 영장이었다. 그러다가 전국시대 이후부터 점차 대중성이 약해지다가[19] 메이지기 신불분리령 이후 수험도가 금지되면서 결정적으로 쇠퇴하게 되었다. 그 후 구마노 지역은 경승지로서의 가치를 부각시키면서 관광산업에 주력해왔다. 하지만 2004년의 세계유산 등록을 계기로 또 하나의 전환이 이루어지고 있다. 오늘날 구마노의 관광전략을 특징짓는 것은 영장과 관련된 '성성'(聖性)과 '정신성'의 강조에 있다. 그리하여 구마노 지역의 각 현과 지자체는 관광팜플렛 및 각종 미디어를 통해 '기도의 땅'이라든가 '성지'로서의 구마노 이미지를 부각시키고 있다.

구마노 순례를 둘러싼 '성성'의 이와 같은 전략적 차용과 관련하여 오카모토 료스케는 구마노가 세계유산에 등록되기 전까지는 '고도'라는 명칭조차 존재하지 않았다는 점에 주목하면서 "현대 지역사회 및 문화의 변화와 규제 위에 상상적으로 복원된 것이 치유와 자기실현의 구마노고도"(岡本亮輔, 2017:77)임을 지적하고 있다. 이런 관점에서의 치유와 자기실현은 더 이상 종교적인 의미를 가지지 않는 것처럼 보인다. 그러나 2000년대 이후 일본사회의 스피리추얼리티붐이나 또는 그 연장선상에서 특히 3·11동일본대지진 이후 현저해진 파워스폿붐의 관점에서 보자면 그것은 종교적인 것의 현대적 변용일 수 있다. 혹은 서구의 유일신적 종교관념과는 상이한 일본인의 현세중심적인 '무종교적 종교관념'의 발

19　전국시대 이후 구마노 참배의 쇠퇴 요인과 그 사회적 배경에 관해서는 구마노 오시(御師)와 참배자(檀那)의 중개 역할을 했던 구마노 센다쓰(先達)에 초점을 맞추어 분석한 논문 (近藤祐介, 2015) 참조.

로라고 말할 수도 있겠다.[20]

20 현대일본의 스피리추얼리티붐에 대해서는 (박규태, 2015), 파워스폿붐에 대해서는 본서 제5장, 그리고 일본인의 무종교적 종교관념에 대해서는 (아마 도시마로, 2000)를 각각 참조할 것.

제3장

세계유산이 된 일본기독교의 최대 성지

: 나가사키·운젠·시마바라·아마쿠사

나가사키현에는 1549년 가고시마에 상륙한 프란치스코 하비에르(Francisco Xavier, 1506-1552)가 1550년 히라도(平戸)에서 포교를 개시한 이래 470여 년의 역사를 배경으로 많은 기독교 교회와 성지가 존재한다(박규태, 2020:제4부 참조). 그곳은 하비에르의 후임자인 톨레스(Cosme de Torrcs) 신부를 비롯하여 빌레라(Gaspar Vilela) 신부, 알메이다(Luis de Almeida) 수도사, 프로이스(Luís Fróis) 신부 등의 활동으로 교세가 확대되면서 근세 초기 일본 기독교포교의 중심지가 되었다. 1570년 일본 최초의 기독교 다이묘인 오무라 스미타다(大村純忠, 1533-1587)와 톨레스 신부 사이에 새로운 무역항의 개설에 관한 계약이 성사되었고, 다음 해인 1571년 봄 마침내 나가사키항이 탄생했다. 놀랍게도 오무라 스미타다는 1580년 이 새로운 항구마을 나가사키를 예수회에 통째로 기진했다.

지금으로부터 4백5십여 년 전만 해도 나가사키는 주민의 90% 정도가 기독교 신자인 하나의 기독교 왕국이었다. 그곳은 이름 없는 소박한 어촌으로부터 포르투갈 배가 입항하는 국제무역항으로 변신하여 번영을 누렸고, 예수회 본부와 신학교(세미나리오)가 세워졌으며 가톨릭교회의 종소리가 여기저기서 울려 퍼졌다. 그런 만큼 훗날 나가사키가 '일본의 작은 로마'라 불리게 되었다고 해도 전혀 이상할 것이 없다. 오다 노부나가(織田信長)의 기독교 보호정책에 힘입어 1579년 일본에 온 예수회 순찰사 발리냐뇨(Alexandro Valignano)의 인솔 하에 4명의 일본 소년들로 구성된 덴쇼견구소년사절단(天正遣歐少年使節)이 나가사키 항구에서 출발한 1582년(天正10)경, 지금의 사가현, 나가사키현, 구마모토현의 기독교 신자수는 11만2천여 명에 달했다고 한다. 따라서 그곳에는 포교 및 순교와 관련된 장소나 옛 교회터, 수도원, 세미나리오, 콜레지오 등의 기독교 유적지가 곳곳에 남아 있다.

덴쇼견구소년사절단이 유럽 각국의 열렬한 환영을 받으면서 장차 일본 기독교의 지도자가 될 만한 소양과 견문을 쌓은 후 1587년 귀국할 무렵, 일본에서는 도요토미 히데요시(豊臣秀吉)가 '선교사(伴天連, 바테렝) 추방령'을 발포함과 동시에 예수회에 기진된 나가사키를 다시 빼앗아 천령(天領)으로 삼는 등 바야흐로 기독교에 대한 견제와 탄압이 시작되고 있었다. 이로 인해 덴쇼견구소년사절단의 말로가 비참하게 되었음은 말할 나위 없다. 히데요시는 일본 기독교 탄압의 효시를 이룬 이 선교사 추방령에서 일본은 신국(神國) 즉 신도(神道)의 나라이므로 기독교를 받아들일 수 없다고 명시한다. 물론 선교사 추방령의 배후에는 이런 종교적 이유만 있었던 것은 아니다. 실은 기독교가 통일정권의 안정에 위협적인 요소가 될지도 모른다는 우려가 있었고, 나아가 서양제국이 "우선 선교사를 이교국에 보내 기독교로 개종시킨 다음 군대를 보내 정복하려 한다."는 우려도 없지 않았다. 그 후 10년 뒤인 1597년 히데요시는 정유재란을 일으킨 그 해에 나가사키에서 프란치스코회 성직자 6명과 일본인 신자 20명을 책형에 처했다. 이른바 저 유명한 일본26성인 순교사건이다.

그런데 히데요시 시대의 기독교 탄압은 아직 전면적인 것은 아니었고, 기독교를 묵인하는 경우도 적지 않았다. 하지만 일본26성인 순교사건이 일어난 다음 해인 1598년에 히데요시가 사망하고 이어서 에도 막부를 연 도쿠가와 이에야스(徳川家康)에 의해 1614년 1월(慶長 18년 12월) 기독교 금교령이 발포되면서 이제 전면적이고 철저한 기독교 탄압이 시작되었다. 1611년 나가사키 사쿠라마치(桜町)에서는 프란치스코 하비에르의 이름을 딴 성프란치스코 교회 건립이 시작되었다. 그러나 이것은 채 완성되기도 전에 금교령이 내려진 1614년에 파괴되고 그 자리에 사쿠라마치 감옥(桜町牢)이 들어섰다. 그 후 30여 년간 일본의 기독교사는 유례없는 처절한 박해와 순교의 피로 점철되었다. 가령 '겐나(元和, 1615-1624년까지의 연호)대순교'라 불리는 1619년 교토의 박해(52명 순교)·1622년 나가사키의 박해(55명 순교)·1623년 에도의 박해(50명 순교) 및 1627년 운젠의 박해(16명 순교) 등을 대표적으로 들 수 있는데, 그 무렵 문헌상으로 확인 가능한 순교자 수는 총 4천45명에 달한다. 혹자는 기록에 남지 않은 다수의 순교자까지 합치면 많게는 4만여 명에 이르는 것으로 추정하기도 한다.

이와 같은 혹독한 순교의 시대를 거치면서 에도시대 나가사키의 기독교 신자들은 산간부와 외딴 섬으로 이주한다든지, 표면상 불교도나 신도 신자로 위장하면서 몰래 기독교 신앙을 지켰다. 일본에서는 이들을 통상 '숨은 기독교인'을 의미하는 '가쿠레기리시탄'(隠れキリシタン) 또는 '잠복한 기독교인'을 뜻하는 말인 '잠복기리시탄'(潜伏キリシタン)이라고 부른다.[1]

---

1 가타오카 야키치나 미야자키 겐타로 등의 연구자는 기독교 금교령 이후 몰래 기독교 신앙을 지킨 신자들을 '잠복기리시탄'으로, 그리고 1873년 금교령 철폐 이후에도 잠복시대와 다름없이 불교

여기서 '기리시탄'이란 기독교 신자를 뜻하는 포르투갈어이다. 이하에서는 특히 에도시대의 기독교 신자들에 대해 이 용어를 사용할 것이다.

잠복기리시탄은 에도시대뿐만 아니라 근대 이후까지도 존속했는데, 그 과정에서 재래의 민간신앙과 혼합되는 한편 검거망의 눈을 피하기 위해 성화와 의례 등을 불교나 신도의 그것으로 대체함으로써 원래의 기독교 신앙과는 상이한 형태의 일본적 기독교가 형성되었다. 가령 성모 마리아상이 불교의 관음보살상이나 민간신앙의 귀자모신(鬼子母神)상의 형태로 변한 것은 그 전형적인 사례라 할 수 있다. 세계 기독교사에 유례를 찾아보기 힘든 이 일본 특유의 기독교 신자들은 표면상으로는 불교사원의 단가(檀家)이므로 장례식 때는 승려를 부를 수밖에 없었다. 그러나 불교식 장례가 끝난 후에는 관에서 불구를 제거하고 기독교식 장례를 재차 거행했다고 한다. 뒤에서 다시 상술하겠지만, 도쿠가와 막부가 붕괴되기 직전인 1865년 나가사키 오우라(大浦)천주당의 프랑스 신부에게 이런 잠복기리시탄들이 찾아와 신앙을 고백한 이른바 '신도발견' 사건이 일어나 세상을 깜짝 놀라게 했다. 이어서 메이지유신 이후 5년만인 1873년 기독교 금교령 팻말이 철폐되면서 각지에 다시금 많은 교회가 세워지게 되었다. 현재에도 나가사키현 내에는 약 130여 개소의 교회가 점재한다.

나 신도 또는 민간신앙과 습합된 기독교 신앙을 고수하는 신자들을 '가쿠레기리시탄'으로 구별하기도 한다(片岡彌吉, 1967 ; 宮崎賢太郎, 1967).

Ⅰ. 나가사키현의 기독교와 세계문화유산

나가사키현은 일본에서 교회 및 기독교 관련 유적지가 제일 많은 곳이다. 근래에는 나가사키 교회군을 순례하는 붐이 일고 있는데, 이에 따라 '교회순례 투어리즘'이라는 새로운 여행패키지 상품이 속속 등장하고 있다. 이와 같은 추세를 반영하듯 '가톨릭 나가사키 대교구'는 2007년 4월에 '나가사키 순례센터'를 개설했고, 같은 해 11월에는 나가사키 시내 야구장에서 188명의 순교자들을 '복자'(the Blessed)로 추인하는 시복(諡福) 행사가 성대하게 개최되었다. 이와 더불어 로마 바티칸은 일찍이 1950년 나가사키시 니시자카(西坂)공원 내 '일본26성인순교지'를 '바티칸 공식순례지'로 지정한 바 있다. 그 후 바티칸 공식순례지는 다음 〈표 5〉와 같이 나가사키현과 구마모토현 내의 순교지와 감옥터 등을 중심으로 계속 확장되어 왔다(木村勝彦, 2012:267-268).

표 5 나가사키현·구마모토현 내 바티칸 공식순례지

순례지	소재지	비고
일본26성인 순교지	나가사키시 니시자카정	1597년 교토와 오사카에서 체포된 26명의 일본인 신자 및 서양 선교사들이 참수당한 장소.
수총(首塚)	나가사키현 오무라시(大村市) 및 소토메(外海)	1657년 603명의 잠복기리시탄이 발각되었을 때 처형당한 131명의 목을 묻은 무덤.
고쿠몬쇼터(獄門所跡)	나가사키현 오무라시	1657년 603명의 잠복기리시탄이 발각되었을 때 처형당한 131명의 목이 소금에 절여져 20일간 효수된 장소. 현재는 이곳에 백색 성모상이 세워져 있다.

스즈타감옥터 (鈴田牢跡)	나가사키현 오무라시	1617년 스즈타촌(현재의 오무라시)에 세워진 감옥으로 1622년까지 선교사와 기리시탄들이 수용되었다.
동총(胴塚)	나가사키현 오무라시 및 소토메	1657년 603명의 잠복기리시탄이 발각되었을 때 처형당한 131명의 목 없는 시신을 묻은 장소. 수총에서 약 5백 미터 떨어져 있는데, 이는 기리시탄의 요술로 목과 동체가 다시 붙을 것을 두려워했기 때문이라고 한다. 현재 근방의 대나무숲에 기도하는 형상의 순교현창비가 세워져 있다.
호코바루 (放虎原) 순교지	나가사키현 오무라시 및 소토메	1657년 603명의 잠복기리시탄이 발각되었을 때 131명을 참수한 장소. 현재 순교 현창비가 세워져 있다.
운젠지고쿠 (雲仙地獄) 순교지	나가사키현 시마바라(島原)반도	1627년부터 1631년까지 이곳에서 기리시탄들에게 배교를 강요하는 고문과 처형이 행해졌다는 기록이 남아 있다. 아리마 하루노부(有馬晴信)의 가신 우치보리(内堀) 파울로 등 16인이 순교한 장소로 현재 십자가와 비석이 세워져 있다.
아리마가와 (有馬川) 순교지	나가사키현 미나미시마바라시(南島市) 기타아리마정(北有馬町)	아리마 하루노부의 아들인 대명 아리마 나오즈미(有馬直純)의 중신 3인과 그 가족들이 배교를 거부하여 1613년 화형당한 장소. 그 중에는 11세 소년도 있었다.
시마바라 (島原) 순교지	나가사키현 시마바라반도	1627년 15인의 기리시탄이 손가락을 잘린 채 배에 태워져 엄동설한의 아리아케해(有明海)에 익사하여 순교한 곳.
구로세노쓰지 (黒瀬の辻) 순교지	나가사키현 히라도섬(平戶島) 및 이키쓰키섬(生月島)	이키쓰키 섬 최초의 순교자인 니시(西) 가스팔이 1609년 처형당한 곳. 십자가가 서 있는 묘지 또는 십자로를 뜻하는 '쿠루스의 쓰지'에서 '쿠루스'가 '구로세'로 된 것 같다.
야이자(焼罪)공원	나가사키현 히라도시	금교령에 의해 마카오로 추방당했던 카밀로 콘스탄초 신부가 1621년 다시 일본에 잠입하여 활동하다가 익년 히라도 영내에서 체포되어 화형당한 곳. 현재 순교비가 세워져 있다.
구스하라 감옥터 (楠原牢屋跡)	나가사키현 고토(五島) 열도	1868년 말에 체포당한 신자들을 수감했던 곳. 현재 기도자의 동상이 세워져 있다.
십자가산 (十字架山)	나가사키시 쓰지정(辻町)	우라가미(浦上)의 잠복기리시탄들이 후미에(踏み絵)를 밟은 죄를 참회하면서 1881년 당지의 언덕을 구입하여 십자가를 세운 곳.
혼고우치 루르드 (本河内ルルド)	나가사키시 혼고우치(本河内)	아우슈비츠수용소에서 다른 사람을 대신하여 죽은 성 프란치스코회의 콜베 신부가 나가사키 체재 중 프랑스의 루르드와 유사한 동굴로 지목한 곳. 밑에는 콜베 신부의 공적을 소개하는 성 콜베 기념관이 있다.

구로시마(黑島)천주당	나가사키현 사세보(佐世保)시	에도시대에 이키쓰키와 소토메에서 이주해온 기리시탄들에게서 시작된 교회로, 마르만신부가 1902년에 재건.
아라카와(荒川) 아담 순교지	구마모토현 아마쿠사(天草)	아리마가(有馬家)를 섬긴 아라카와 아담이 도미오카성(富岡城)에서 배교를 강요당하여 고문받다가 1614년 순교한 곳.

감옥터와 순교지 및 무덤 등을 중심으로 한 이런 바티칸 공식순례지 중 다수는 2018년 7월 '나가사키와 아마쿠사 지방의 잠복기리시탄 관련유산'(長崎と天草地方の潜伏キリシタン関連遺産)이라는 타이틀로 등록된 세계문화유산 내역에 포함되어 있다. 당초 나가사키현과 구마모토현 측에서 작성한 잠정 리스트에는 교회군이 강조되어 있었다. 하지만 유네스코의 고문기관인 '이코모스'의 조언을 받아 새롭게 제출하여 승인받은 이 세계문화유산은 다음 〈표6〉과 같이 오우라천주당을 비롯한 교회군을 포함하면서도 주로 기리시탄 집락 유적지에 초점을 맞춘 총 12개의 구성자산으로 이루어져 있다.

표 6 '나가사키와 아마쿠사 지방의 잠복기리시탄 관련유산' 구성자산

	구성자산명	소재지	비고
1	하라성터(原城跡)	구마모토현 미나미시마바라시(南島原市)	시마바라 · 아마쿠사의 난의 주전장이 된 성터. 기리시탄 농민군 총대장 아마쿠사 시로 동상이 세워져 있다.
2	히라도의 성지와 집락 · 가스가(春日) 집락과 야스만악(安満岳)	나가사키현 히라도시(平戸市)	금교시대 잠복기리시탄의 집락.
3	히라도의 성지와 집락 · 나카에노시마(中江ノ島)	나가사키현 히라도시(平戸市)	잠복기리시탄들이 순교지로 숭경하는 성지.

4	아마쿠사의 사키쓰(﨑津) 집락	구마모토현 아마쿠사시	금교시대에 잠복기리시탄이 조직적으로 신앙을 유지했던 마을. 해금 후 사키쓰스와(﨑津諏訪)신사 옆에 사키쓰천주당 건립.
5	소토메의 시쓰(出津) 집락	나가사키시 소토메(外海)	성화, 교리서, 교회력 등을 몰래 전승하여 숭경한 곳. 해금 후 시쓰(出津)교회당 건립.
6	소토메의 오노(大野) 집락	나가사키시 소토메(外海)	신도(神道)신앙으로 위장하여 기독교신앙을 유지한 곳. 오라쇼(기도)를 창하는 등 재래종교와 신앙의 장을 공유한 집락. 금교시대 신앙의 장이었던 신사 근방에 오노(大野)교회당이 세워져 있다.
7	노자키시마(野崎島)의 집락터	나가사키현 오지카정(小値賀町)	표면상으로는 해상교통의 수호신인 오키노코지마(沖ノ神嶋)신사의 씨자(氏子)를 위장하여 재래종교와 병존하면서 조직적으로 신앙을 유지. 해금 후 금교시대의 여성 지도자 가택 옆에 규노쿠비(旧野首)교회를 세웠다.
8	가시라가시마(頭ヶ島) 집락	나가사키현 신가미고토정(新上五島町)	금교시대에 소토메의 잠복기리시탄이 불교도의 개척 지도자에 의해 쫓겨나 무인도로 이주하여 생겨난 집락. 이들은 조직적으로 신앙을 유지했으며, 해금 후 가시라가시마(頭ヶ島) 천주당을 건립했다.
9	나루시마(奈留島)의 에가미(江上) 집락	나가사키현 고토시(五島市) 나루시마(奈留島)	금교시대에 소토메의 잠복기리시탄이 이주하여 신앙을 유지한 곳. 에가미(江上) 천주당이 있다.
10	히사가지마(久賀島) 집락	나가사키현 고토시 히사가지마(久賀島)	금교시대에 소토메에서 이주한 잠복기리시탄이 불교도 마을과 상호관계를 쌓으면서 자신들의 신앙을 유지한 곳. '신도발견' 후의 탄압을 극복하고 가톨릭에 복귀. 규고린(旧五輪)교회당이 있다.
11	구로시마(黒島)의 집락	나가사키현 사세보시(佐世保市) 구로시마(黒島)	금교시대에 소토메에서 이주한 잠복기리시탄이 불교사원의 묵인 하에 신앙을 유지한 곳. 구로시마(黒島) 천주당이 있다.
12	오우라(大浦)천주당	나가사키시	거류지 외국인들을 위해 1864년에 건립된 고딕풍의 현존하는 일본 최고(最古) 교회당. 1865년 헌당 직후 우라가미의 잠복기리시탄이 방문하여 자신들의 신앙을 고백한 '신도발견'의 무대.

Ⅱ. 나가사키와 순교

나가사키는 일본 최대의 순교지이다. 거기에는 후술하듯이 일본26성인 순교자에게 봉헌된 오우라천주당이 세워져 있다. 하비에르가 일본에 최초로 가톨릭을 전한 1549년부터 도쿠가와 막부의 쇄국체제가 정비되기까지 약 1세기의 기간은 '기리시탄(切支丹)의 세기'라고 불리는데, 크게 보자면 그 기간 동안 권력자들은 가톨릭에 대해 공인 → 묵인 → 부정의 태도를 보였다. 이에야스의 기독교 금교령(1614년) 이래 1630년 전후에는 신자 검거를 위한 후미에(踏絵)[2]가 시작되었고 시마바라·아마쿠사의 난(1637-1638년)도 진압되었다. 이로써 기리시탄의 세기는 끝났고 신자들은 배교하여 불교도가 되거나, 불교도 또는 신도(神道) 신자를 위장한 잠복기리시탄이 되었다. 이후 기독교 금교령이 철폐된 1873년까지의 '잠복기리시탄 시대'에 배교하지 않고 순교한 신자수는 약 2천~4천 명 정도로 추정된다.

나가사키의 대표적인 순교 사건은 두 가지이다. 하나는 일본의 기리시탄 박해사 중에서도 가장 많은 신도들이 동시에 처형당한 1622년의 겐나(元和)대순교이다. 이는 오무라번의 스즈다 감옥에 투옥되었던 5세나 3세 유아를 포함한 55명의 선교사와 신도들이 나가사키의 니시자카(西坂) 언덕에서 화형과 참형을 당한 사건을 가리킨다. 이 사건은 네덜란드 상관원과 예수회 선교사들에 의해 해외에 상세하게 알려졌으며, 향후 막부의 탄압은 더욱 가속화되었다. 다른 하나는 이보다 25년 전인

---

2 그리스도나 마리아의 성화가 새겨진 판으로, 신자들에게 그것을 밟고 거기다 침을 뱉게 함으로써 배교시켰다.

1597년에 오사카와 교토에서 체포된 외국인 선교사와 일본인 신자 26명이 멀리 나가사키까지 호송되어 마찬가지로 니시자카 언덕에서 십자가 책형을 당한 사건이다. 전술했듯이 이를 일본26성인 순교 사건이라 한다. 그때 처형당한 순교자의 명단은 아래 〈표7〉과 같다.

표 7 일본26성인 리스트

국적	이름	체포장소(나이)	비고
일본	기치 프란치스코	호송 도중(미상)	목수. 부인은 이세 거주. 호송 중인 프란치스코회 회원의 시중을 들다가 체포됨.
	다케야 코스메	오사카(38세)	도공(刀工). 오와리(尾張) 출신. 오사카의 프란치스코 수도원에서 전도사로 활동.
	스케시로 페드로	호송 도중(미상)	교토 출신. 오르간티노 신부가 파견하여 호송 중인 예수회 회원의 시중을 들다가 체포됨.
	고자키 미카엘	교토(46세)	활 직인. 이세 출신. 고자키 토마스의 부친.
	기사이 디에고	오사카(64세)	상인. 26성인 중 최연장자. 오카야마 출신. 예수회 회원. 전도사.
	미키 파울로	오사카(33세)	예수회 수도사. 셋쓰국 출신. 4세 때 세례받음. 아즈치(安土) 세미나리오 제1기생. 명설교자.
	이바라키 파울로	교토(54세)	무사 출신의 통 직인. 오와리 출신. 가라스마루 레오의 형.
	고토 요하네	오사카(19세)	예수회 회원. 고토(五島) 출신.
	이바라키 루드비코	교토(12세)	최연소자. 오와리 출신. 이바라키 파울로와 가라스마루 레오의 조카. 수도원에 기거하다 처형 10개월 전 세례를 받음.
	안토니오	교토(13세)	나가사키 출신. 부친은 중국인이고 모친은 일본인. 프란치스코 수도원에서 교육을 받다가 체포당함.
	마티아스	교토(미상)	원래는 체포자 명단에 없었으나, 세례명이 같아서 체포됨.
	가라스마루 레오	교토(48세)	오와리 출신. 젊을 때는 승려였음. 이바라키 파울로의 동생. 이바라키 루드비코의 삼촌.

	보나벤투라	교토(미상)	교토의 오래된 신자. 절에서 20년 이상 지낸 후 프란치스코 수도원에 들어감.
	고자키 토마스	오사카(14세)	이세 출신. 고자키 미카엘의 장남. 호송 도중 모친에게 쓴 편지가 널리 알려져 있음.
	사카키바라 요아킴	오사카(40세)	요리사. 오사카 출신. 중병에 걸렸을 때 세례를 받고 회복 후 오사카 베렌 수도원 건설을 도움.
	의사 프란치스코	교토(46세)	성 요셉 병원 의사. 교토 출신. 예전에는 오토모 소린의 시의(侍醫)였음.
	설교자 토마스	교토(36세)	이세 출신. 수도원 근처에 살면서 설교자로 활동.
	옷장수 요하네	교토(28세)	비단직물 직인. 교토 출신.
	가브리엘	교토(19세)	이세 출신. 그의 세례를 반대한 부친도 후에 세례를 받고 수도원 문지기가 됨.
	스즈키 파울로	교토(49세)	오와리 출신. 교토 수도원 근처에 살면서 성 요셉 병원 관리인으로 근무. 전도사.
스페인	페드로 바우티스타	교토(48세)	프란치스코회 사제. 1593년 도일. 교토에 '천사들의 원후(元后, 성모마리아)교회', 성 안나 병원, 성 요셉 병원 건립.
	마르티노 데 라 아센시온	오사카(30세)	프란치스코회 사제. 신학자. 1598년 프란치스코 브랑코와 함께 도일. 오사카의 수도원장.
	프란치스코 브랑코	교토(28세)	프란치스코회 사제. 멕시코에서 서품을 받고 마닐라 경유로 도일.
	프란치스코 데 산 미겔	교토(53세)	프란치스코회 수도사. 2년간 멕시코 체재후 마닐라 경유로 도일.
포르투갈	곤잘로 가르시아	교토(40세)	처음에는 예수회 전도사로 8년간 일본에서 활동하다가 후에 마카오 상인으로 지낸 후 프란치스코회 수도사가 됨.
멕시코	펠리페 데 헤수스	교토(24세)	프란치스코회 수도사. 멕시코 최초의 성인.

위 〈표7〉에서 알 수 있듯이, 이들은 모두 교토와 오사카에서 활동하다 체포되었다. 교토와 오사카의 기리시탄에 관해서는 후술하기로 하고 먼저 일본26성인 순교지에 관해 살펴보기로 하자.

일본26성인 순교지

일본26성인 순교지는 JR나가사키역에서 도보로 5분도 채 걸리지 않는 니시자카(西坂)공원 안에 있다. 〈표7〉에서 보듯 26성인 가운데 20인의 일본인 중에는 형제 및 부자가 함께 들어가 있으며 세 명의 어린 소년도 포함되어 있었다. 6인의 외국인 선교사는 스페인, 포르투갈, 멕시코 출신의 프란치스코회 사제와 수도사였다. 이들은 1627년 9월 14일 교황 우르바노 8세에 의해 시복(諡福)되었고, 1862년 6월 8일 성령강림축일에 교황 피오 9세에 의해 시성(諡聖)되었다. 이 중 미키 파울로와 고토 요하네 및 기사이 디에고의 유해가 니시자카공원 내 '일본26성인 기념성당' 일명 성 펠리페 데 헤수스교회 또는 니시자카성당에 안치되어 있다.

성당 옆에는 '일본26성인 기념비'가 세워져 있다. 순교자의 고향인 멕시코와 스페인으로부터도 기부금을 받아 1962년에 제작된 기념비는 길이 17미터, 높이 5.58미터의 화강암 대좌 중앙에 등신대의 26성인 청동상 부조가 늘어서 있다. 그 중 페드로 바우티스타 신부와 일본인 미키 파울로 수도사만 두 손을 벌리고 있고 나머지는 모두 기도하듯이 양손을 모은 형상이다. 작가는 왜 두 사람만 다르게 묘사한 것일까? 그들이 순교한 외국인과 일본인을 대표하는 인물이기 때문일까? 필자는 이런 생각을 하며 '일본 26성인 기념관'으로 들어섰다. 기념관 안에는 26성인 관련 자료 외에도 일본 기리시탄자료실이 따로 마련되어 있어 각종 후미에, 지도, 동전, 회화, 기리시탄 금제 팻말, 마리아관음상, 관련 사료 등을 전시하고 있다. 그 중 17세기 독일에서 제작된 '순례자 하비에르 목상'이 특히 인상적이었다. 그 목상의 표정은 필자 안에서 일본 구야(空也) 성인 목상의 표정이나 또는 교토 광륭사(廣隆寺, 고류지)의 한국인이 만든 일본 국보 제1호 목조 미륵보살반가사유상의 신비로운 표정과 교차하고 있었다.

그런데 기념관에서 나오는 길에 도록을 사서 보니 목조미륵보살반가사유상 및 한국 국립박물관에 소장된 국보 83호 금동미륵보살반가사유상과 꼭 닮은 7세기 조선의 금동미륵보살반가사유상도 기념관 소장 목록에 들어가 있었다. 비록 사진이라 해도 미륵보살반가사유상의 표정은 늘 불가해한 삶 앞에서 인간이 도달할 수 있는 가장 고차원적이고 평화로운 사유의 깊이를 전해준다. 무슨 연유로 이 기념관에 소장된 것인지 알 길이 없지만, 그것은 어딘가 모르게 순교자들이 겪었을 법한 깊은 상념, 피에타상의 고뇌하는 얼굴, 하비에르 목상의 눈빛과도 통하는 구석이 있어 보인다. 1961년에 제작된 기념관 외벽의 눈부시도록 아름다운 〈불사조 모자이크〉의 작가 이마이 겐지(今井兼次)가 던지고 싶어 한 메시지도 어쩌면 미륵보살반가사유상의 화두와 일치하는 지향성을 내포하는 것만 같다. 두 개의 모자이크 작품 제목인 〈신앙〉과 〈희망〉은 그 지향성에 잘 어울려 보인다.

일본26성인을 기념하는 성당과 기념비 및 기념관이 있는 니시자카 공원에서 '성모의 기사 수도원'이 위치한 혼고우치(本河內)까지의 도상에는 산 조안 팝티스타 교회터인 본련사(本蓮寺, 혼렌지), 나카마치(中町)교회, 산 프란치스코 교회터, 산타 도밍고 교회터 자료관, 서승사(西勝寺, 사이쇼지), 나가사키 역사문화박물관, 스와(諏訪)신사, 토도스 오스 산토스 교회터인 춘덕사(春德寺, 슌토쿠지), 루이스 데 알메이다 도래기념비, 성 막시밀리노 콜베 기념관 등 기리시탄을 둘러싼 탄압과 배교와 순교와 파괴와 고통의 흔적을 엿볼 수 있는 장소가 많이 있다. 이 가운데 춘덕사와 알메이다 도래기념비에 관해서는 후술하기로 하고, 여기서는 특히 나카마치 교회와 서승사 및 스와신사에 대해 더 살펴보고 넘어가기로 하자.

니시자카 공원에서 도보로 15분 정도 걸리는 '가톨릭 나카마치 교회'는 나가사키에서 몇 안 남은 피폭 건조물 중 하나이다. 이 교회는 1896년 오무라번(大村藩, 나가사키현)의 연공미 및 영내 특산물을 판매하기 위해 설치한 창고(蔵屋敷) 터에 일본인 신자들을 위해 세워졌는데, 원폭으로 인해 파괴되고 남은 탑과 외벽 잔해를 이용하여 1951년 복원시켜 오늘에 이르고 있다. 이곳에는 '일본26성인 3인의 소년상'이 서 있다. 이처럼 어린 소년 순교자들만 따로 특화시켜 기념한 것은 특별한 의미를 담고 있다. 그것은 도요토미 히데요시의 무자비한 폭력을 상기시킬 뿐만 아니라, 비극을 넘어서는 일본 기독교의 초월성을 드러내 보여주는 듯하다. 나카마치 교회에는 이밖에 1629년에서 1637년에 걸쳐 각종 고문으로 희생당한 도미니코회 일본인 사제 니시(西) 토마스와 15인의 순교자를 기념하는 '나가사키16성인(長崎十六聖人) 순교비'도 세워져 있다. 이들 중에는 일본인뿐만 아니라 스페인인, 이탈리아인, 필리핀인도 들어 있었다.

나카마치교회에서 도보로 15분 정도 거리에 위치한 우와마치(上町) 소재 서승사는 엔도 슈사쿠의 소설 『침묵』(沈默)에 등장하는 페레이라 신부와 관련된 흥미로운 장소이다. 페레이라 신부는 소설의 주인공 로드리고 신부가 스승으로 존경했던 인물로, 실존했던 예수회 신부 크리스토반 페레이라(Cristóvão Ferreira, 1580-1650)를 모델로 삼은 캐릭터이다. 실제로 그는 1609년 나가사키에 잠입 중 체포되어 고문 끝에 배교했다고 한다. 소설은 페레이라 신부가 고문 때문에 배교할 인물이 아니라는 점을 시사한다. 그렇다면 도대체 그는 무엇 때문에 배교한 것일까? 이런 의문을 품은 채 서승사에서 도보 5분 거리에 있는 '나가사키 역사문화박물관'에 들어섰다. 옛 '나가사키 봉행소'(長崎奉行所) 자리에 세워진 그 박물

관에는 삼일운동 당시 일제의 고문방식을 재현한 서대문 형무소처럼 『침묵』에 묘사된 다양한 고문 방식이 재현되어 있다. 실제로 당시에는 수인을 정좌시킨 후 돌판을 다리 위에 올리고 자백할 때까지 돌판 수를 늘리는 석판 고문, 톱을 이용한 고문, 팔과 다리를 함께 밧줄로 묶어 매다는 스루가도이(駿河問い) 고문, 얼굴만 남기고 자루에 사람을 넣어 몽둥이로 패는 자루 고문, 구멍 매달기(穴吊り) 고문 등이 기리시탄을 배교시키기 위해 행해졌다고 한다.

잠복기리시탄 시대 일본에서는 기리시탄에 대한 고문방법이 다양하게 고안되었다. 초기에는 비교적 단순한 참수형, 책형(찢어죽임), 화형 등이었는데, 이것이 공포심을 불러일으키기보다는 오히려 보는 자로 하여금 감동을 받게 하고 또한 기독교 신자들의 신앙의 불을 더욱 뜨겁게 타오르게 하는 결과를 낳음에 따라, 고문방식도 단시간에 죽이기보다는 장시간에 걸쳐 고통을 가하면서 배교시키는 데에 중점이 놓이게 되었다. 그 중 가장 무서운 것은 구덩이에 거꾸로 매다는 고문이었다. 이때 머리에 피가 모여 단시간에 죽지 않도록 관자놀이에 작은 구멍을 뚫어 피가 한방울씩 떨어지게 했으며, 내장이 뒤집어지지 않도록 온몸을 밧줄로 꽁꽁 묶었다고 한다. 1633년 나가사키에서 페레이라 신부가 이런 고문을 받고 배교했다. 그는 당시 일본 예수회의 최고 책임자였는데, 배교한 후에는 일본 여자를 처로 맞아들였으며 사와노 추안(沢野忠庵)이라는 일본식 이름을 부여받고 기독교 신자의 검거에 협력하기도 했다고 한다. 다시 소설 속 구멍 매달기 고문 장면으로 돌아가 보자.

> 어느 날 밤 감옥 안에서 로드리고 신부는 이상한 소리에 잠이 깼다. 처음에는 누군가 코고는 소리라고 생각했으나, 실은 그것은 구덩이에 매

다는 고문을 당하던 일본인 기리시탄의 신음소리였다. 페레이라 신부가 배교한 것은 바로 이 고문 때문이었다. 하지만 실은 페레이라 신부 자신은 고문의 끔찍한 고통을 견뎌 냈다. 그가 견딜 수 없었던 것은 자신이 순교의 영광을 꿈꾸며 모든 고통을 참고 있는 동안, 무고한 일본인 기리시탄들이 거꾸로 매달려 신음하며 죽어가는 소리였다. 페레이라 신부는 로드리고 신부에게 자신이 배교하게 된 이유를 이렇게 고백한다. "내가 배교한 것은, 이곳에 갇혀서 들은 저 소리에도 하느님께서 아무 것도 하시지 않았기 때문이다. 나는 필사적으로 기도했지만 하느님은 아무 일도 하시지 않았기 때문이다." 페레이라는 마치 하느님이 태평스런 오후의 매미소리처럼 무심한 얼굴로 침묵하는 동안, 그러나 "우리는 우리에게 가능한 일을 해야만 하지 않겠는가?" 라고 외치는 듯했다. 만일 로드리고 신부가 배교한다면, 저 불쌍한 농부들의 목숨을 구할 수 있을 것이다. 로드리고 신부가 자신의 순교를 고집하는 동안 이미 한 사람이 목숨을 잃었고 관리들은 로드리고 신부를 죽이는 대신 계속해서 농민들의 목숨을 하나하나 서서히 앗아갈 것이다. 그것은 로드리고 신부에게 주어진 가장 무서운 함정이었다. 페레이라 신부가 "분명히 그리스도는 그들을 위해, 사랑을 위해 배교했을 것"이라는 결론을 얻고 마침내 배교했듯이, 그리하여 배교자라는 오명을 안고 끝내 그늘 안에서 살아갔듯이, 로드리고 신부 또한 가장 괴로운 사랑의 행위 곧 배교를 하지 않으면 안 되었다. 가장 길고 어두웠던 밤이 끝나갈 무렵, 로드리고 신부는 후미에 앞에 선다. 그는 이제 그가 생애에 걸쳐 가장 아름답고 가장 성스럽다고 여겨 온 것, 인간의 가장 높은 이상과 꿈으로 가득 차 있는 것을 밟아야만 했다. 아팠다. 그때 목판 속의 그리스도는 "나를 밟아도 좋다. 네 발의 아픔은 바로 내가 가장 잘 알고 있다. 나는 너희들에게 밝히기 위해 이 세상에 태어났고 너희들의 아픔을 나누어 갖기 위해 십자가를 짊어진 것이다."라고 신부를 향해 말하는 듯싶었다.

배반의 이면에 감추어진 또 다른 진실을 보여주는 이 인상깊은 장면에서 로드리고 신부는 역사 속 페레이라 신부와 마찬가지로 구멍 매달기 고문을 받는 일본인 기리시탄들을 구하기 위해 배교했고, 사와노 추안이라는 일본식 이름으로 개명하여 결과적으로 신자 색출에 협력했다. 이는 지독한 역설이 아닐 수 없다. 쇄국시대 일본의 유일한 창구였던 나가사키를 상징하는 인공섬 데지마(出島) 또한 이런 페레이라의 역설과 관련된 곳이다. 데지마에 상주하던 네덜란드 상관원들의 일기에는 만년의 페레이라에 관한 약간의 기록이 남아 있다. 그 기록에 의하면 페레이라는 네덜란드 통역사를 대신하여 가끔 데지마 상관에 불려갔던 모양이다. 이는 데지마에 기항한 네덜란드 선박에 선교사나 기리시탄이 있는지 없는지를 확인 심문하기 위한 것이었다.

이쯤 해서 다시 서승사 장면으로 되돌아가야겠다. 엔도 슈사쿠는 『침묵』에서 로드리고가 페레이라와 극적으로 재회하는 장소를 이 서승사로 설정했다. 그런데 서승사에는 페레이라 신부의 배교와 관련된 증거문서(転び証文)가 보관되어 있다고 한다. 하지만 실은 이 문서는 말년의 페레이라가 배교한 신부의 자격으로 어떤 일본인 부부의 배교와 관련하여 증인으로 서명한 문서의 복사본에 지나지 않는다. 그럼에도 사와노 추안이라는 이름이 서명된 유일한 문서라는 점에서 나름대로 사료적 가치가 없지는 않다. 나가사키역에서 그리 멀지 않은 데라마치(寺町) 일대에는 예전에 13개소의 사원이 빽빽하게 들어서 있었다. 그 중 하나가 호태사(皓

台寺, 고다이지)인데, 페레이라 신부의 유해는 처음에 이 호태사에 묻혔지만 후대에 동해사(東海寺, 도카이지)로 이장되었다가, 오늘날에는 도쿄 다이토구(台東区) 야나카(谷中) 소재의 일련종 본산 서륜사(瑞輪寺, 즈이린지) 경내에 있는 데릴사위 스기모토가(杉本家) 묘소에 합장되어 있다.

나가사키 시내를 떠나기 전에 끝으로 하나 더 보아야 할 곳이 남았다. 서승사에서 10분 정도 걸으면 나오는 스와(諏訪)신사가 그곳이다. 1625년 창건된 (구)국폐중사로 원폭 피해를 입지 않은 신사이며, 매년 10월 7일에서 사흘간 열리는 나가사키를 대표하는 화려한 나가사키군치(長崎くんち) 마쓰리를 주관하는 신사로 유명하다. 이 나가사키군치는 기독교를 몰아내기 위한 이벤트였다는 주장도 있다. 이에 반해 마쓰리에 등장하는 세 개의 신여 중 모리사키(森崎) 신여는 기리시탄 신여라는 설도 있다. 스와신사의 제신에 기리시탄의 명복을 비는 모리사키(森崎)신사의 신이 포함되어 있으며, 스와신사의 보물 중에 마리아관음(マリヤ観音)이 들어가 있다는 점은 이 설을 뒷받침해준다. 여기서 모리사키신사는 포르투갈인 예수회 신부 피게이레도(Melchior de Figueiredo)가 1571년에 세운 미사키(岬)교회 일명 피승천의 성모(被昇天の聖母)교회가 파괴된 후 그 터에 기리시탄의 명복을 빌기 위해 세워진 신사이다. 창건 초기인 1634년 당시까지만 해도 스와신사의 제신은 2좌 즉 스와신사의 신과 스미요시(住吉)신사의 신이었는데, 그 후 1690년부터 모리사키신사의 신이 합사되었다.

나가사키의 기독교 전래사

이쯤에서 나가사키를 둘러싼 일본의 기독교 전래사를 한 번 되돌아보자. 1549년 하비에르가 가고시마에 상륙하여 히라도, 야마구치, 분고(오이타현) 등지에 포교한 이래, 그의 후계자인 톨레스 신부의 지도하에 선교사들의 활동 거점이 서일본 쪽으로 옮겨졌고, 이들의 포교는 1562년 요코세우라(横瀨浦)의 개항과 함께 더욱 박차를 가하게 된다. 규슈 북서부 니시소노기(西彼杵) 반도 북단에 위치한 요코세우라는 전국시대에 현재의 오무라시(大村市)를 중심으로 나가사키에서 이 반도 일대를 지배했던 영주 오무라 스미타다(大村純忠)가 1563년 톨레스 신부에게 세례를 받은 곳이다. 그는 향후 1582년 공식적으로 파견된 일본 최초의 유학생이라 할 만한 4명의 소년을 덴쇼견구소년사절(天正遣歐少年使節)로 유럽에 파견하는가 하면, 이에 앞선 1580년에는 나가사키의 통치권을 예수회에 넘긴 장본인이기도 했다. 거기에는 나가사키를 예수회 전용 항구로 삼게 함으로써 포르투갈선이 가져다줄 막대한 무역 이익을 독점하려는 오무라 영주의 속셈이 깔려 있었다. 어쨌든 일본 제1호 기리시탄 대명이라 할 만한 오무라 스미타다에 의해 기독교가 나가사키현 지역에 뿌리를 내리게 되었다.

오무라 영주가 세례를 받은 곳인 요코세우라는 지금은 쇠퇴한 항구이지만, 포르투갈인에게 개항한 이후 스미타다의 의형제가 반란을 일으켜 불타버리기 전까지의 2년간 그곳은 일본과 서구의 최대 교류항이었다. 오늘날 요코세우라의 풍광은 당시의 모습을 어느 정도 그대로 보존하고 있으며, 개항 450주년 기념비, 포르투갈범선 내항 기념비, 사적자료관, 루이스 프로이스 동상 등이 요코세우라 공원 내에 자리잡고 있다. 유

대인으로서 가톨릭으로 개종한 후 하비에르보다 약간 늦게 일본에 들어와 이색적인 포교활동을 펼친 알메이다(Luis de Almeida) 수사의 서간에 따르면, 당시 요코세우라는 포르투갈 사람들 사이에서는 '구제자 성모의 항구'라고 불렸다. 항구 앞에 있는 높고 둥근 섬의 정상에 매우 아름다운 십자가가 서 있어 멀리서도 볼 수 있었다고 한다. 그 섬은 현재 요코세우라에서 약 3백 미터 떨어진 곳에 위치한 하치노코섬(八ノ子島)을 가리키는데, 지금도 대형 십자가가 세워져 있다.

알메이다 수사가 1567년 나가사키의 성하마을에 들어간 다음 해인 1568년 지금의 후쿠가와정(夫婦川町)에 나가사키 최초의 가톨릭 성당인 토도스 오스 산토스(Todos os Santos) 교회가 세워졌다. 이어서 나가사키 항구가 성립된 다음 해인 1571년 포르투갈선이 나가사키에 최초로 입항하여 피게이레스가 현재의 나가사키현청 장소에 훗날 '산타마리아 교회'(被昇天の聖母教会堂)라 불리게 된 일본풍의 미사키교회(岬の教会)가 세워져 성모 마리아에게 봉헌되었다(遠藤周作, 2006:46 및 62). 그 후 이 두 교회의 운명은 당대의 시대적 조류를 그대로 보여준다. 도쿠가와 막부의 기독교 금교령(1614년) 이후 토도스 오스 산토스 교회는 파괴되고 대신 춘덕사(春德寺, 슌토쿠지)라는 불교 사원이 들어섰다. 오늘날 춘덕사 경내에는 교회 시대의 우물이 아직도 남아 있으며, 돌담 한쪽에는 '루이스 데 알메이다 도래기념비'가 세워져 있다. 이 절이 있는 언덕은 '외국(唐, 가라) 선교사가 도래한 산'을 의미하는 토도산(唐渡山)이라 불린다. 현재 나가사키에는 교회뿐만 아니라 절도 많다. 금교령 공표 후 교회는 모두 파괴되고 그 자리에 불교 사원이 세워졌기 때문이다. 막부는 교회 자리에 사원을 세우면 토지세 등을 면제해 주는 방식으로 사원 건축을 장려했던 것이다.

토도스 오스 산토스 교회가 세워진 뒤 30여 년이 지난 1597년 나가사키에서는 일본 기독교의 순교사를 상징하는 일본26성인 순교사건이 일어났다. 도요토미 히데요시의 '선교사 추방령'(1587년)에도 불구하고 끝까지 일본에 남은 선교사들이 적지 않았고 포르투갈 무역을 이유로 나가사키에는 교회 건립도 허용되었다. 일본26성인의 순교 사건은 이런 가톨릭교회의 발전을 저지하기 위한 조처로서 행해진 측면이 있다. 다음 해인 1598년 히데요시가 죽음으로써 나가사키의 교회는 자유를 되찾고 새로운 시대를 맞이했으며, 이어진 16년 동안 기리시탄 문화가 꽃피었다. 1592년 히데요시의 명에 따라 파괴되었다가 1년 후 재건축된 미사키교회를 순찰사 발리냐뇨 신부가 주축이 되어 개축한 것도 이 시기에 해당하는 1601년의 일이었다. 사교 세르케이라에 의해 헌당식이 행해진 이 교회는 당시의 나가사키에서 가장 큰 '산타마리아 교회'로 불렸으며, 일본 예수회 본부가 설치됨으로써 나가사키뿐만 아니라 전체 일본교회의 중심이 되었다. 또한 같은 장소에 있던 '성 파울로 학원'은 기리시탄문화 발전에 크게 공헌했다. 이리하여 철학, 신학, 이학, 활판인쇄사업, 니콜라오 신부의 미술학교, 성가대 등 서양문화가 전해져 나가사키 특유의 문화가 형성되기에 이른다. 나아가 최초의 돌다다미와 수도 및 순례지와 병원 등도 생기고 성체 축일 및 기타 기독교 축제가 성대하게 열렸다. 포르투갈인과 중국인들이 활보하는 나가사키 마을은 이제 국제적이 되었다.

하지만 1614년 도쿠가와 이에야스의 기독교 금교령은 이런 종교적, 문화적 발전을 저지하고 순교의 시대를 열었다. 1614년 11월 3일에 산타마리아 교회도 파괴되고 그 자리에 나가사키 봉행소가 들어섰다. 오늘날 이곳에는 '봉행소 니시야쿠쇼(西役所) 터'가 남아 있다. 이어진 2대 쇼군 히데타다와 3대 쇼군 이에미쓰 막부는 나가사키의 자유를 박탈하고 점차 쇄국정책을 강화했다. 1636년 포르투갈인들은 나가사키의 인공섬 데지마(出島)에 갇혔고 급기야 3년 뒤인 1639년 일본에서 모두 추방당하고 만다.

하비에르를 비롯하여 톨레스, 알메이다, 프로이스, 발리냐뇨 등의 신부와 선교사들은 모두 예수회 회원이었다. 이들은 포교뿐만 아니라 나가사키 개항과 서양문화 전래에도 깊이 관여했다. 특히 세미나리오와 콜레지오의 교육은 국제적인 나가사키 문화의 한 원천이 되었고, 거기서 육성된 일본인 예수회 회원들은 향후 일본 기독교에 큰 영향을 미쳤다. 나가사키 출신인 미키 파울로, 1601년에 서품을 받은 최초의 일본인 사제 기무라(木村) 세바스찬,[3] 덴쇼견구소년사절단으로 유럽을 견문한 뒤 돌아온 하라(原) 마르티노 등도 큰 활약을 펼쳤다. 하지만 결국 이들은 모두 추방당하든지 순교했다. 마지막으로 기록에 남은 일본인 예수회 회원은 1647년 이후에 순교한 고니시(小西) 만쇼이다. 근세 일본에서 순교한 예수회 회원은 사제 37인, 선교사 41명에 이른다. 근대 이후 일본에서 예수회는 교황 피우스 10세의 명에 따라 하비에르의 유산을 잇고자 1908년 10월 18일 재도래하여, 도쿄의 조치(上智大學, 1911), 고베의 롯코가쿠인(六甲学院, 1937), 가마쿠라의 에이코가쿠엔(栄光学園, 1947), 히로시마의 엘리자벳 음악대학(1948)과 히로시마가쿠인(広島学院, 1956) 등을 창립하고 후쿠오카의 다이세이가쿠엔(泰星学園, 1982)을 운영하는 등 활동을 계속하고 있다. 이 중 중등교육기관인 롯코가쿠인, 에이코가쿠엔, 히로시마가쿠인, 다이세이가쿠엔의 4개 학교법인과 조치대학을 비롯한 조치계의

---

3 이후 기리시탄 시대에 사제(신부)로 서품받은 일본인은 총 19명이며, 수사는 109명이었다. 한편 일본의 마지막 신부가 순교한 1643년까지의 기리시탄 시대에 기독교를 전하기 위해 일본에 온 선교사는 예수회 소속 144명을 비롯하여 총 290명(신부 237명, 수사53명) 정도이다(五野井隆史, 1990:2-3).

7개 학교법인이 합병하여 2016년 새로운 학교법인 조치가쿠인(上智学院)이 탄생했다(結城了悟 監修, 2004:4-5).

오우라천주당 : '신도발견'의 성지

1863년 다시금 나가사키에 가톨릭 사제가 모습을 드러냈다. 그는 예수회 회원이 아니라 파리외방선교회 사제인 프티장(B.T. Petitjean) 신부로, 나가사키의 거류지에 사는 외국인을 위해 통칭 '프랑스 절'이라 불린 성당을 세웠다. 이것이 바로 오우라(大浦)천주당이다. 그곳에서 '신도발견'(信徒發見)이라는 감동적인 사건이 일어났다. 1865년 3월 17일 성패트릭 축일, 건립된 지 겨우 1개월밖에 안 된 '프랑스 절'에 십 수 명의 일본인이 찾아왔다. 당내의 성모자상을 본 그들은 프티장 신부에게 기독교 신앙을 고백했다. 이들은 7대에 걸쳐 우라가미(浦上)에서 신앙을 지켜온 잠복기리시탄이었다.

아직 기독교 금교령이 유효했던 시대에 이들은 향후 5년간(1868-1873)에 걸쳐 다시금 가혹한 박해와 고난의 시간을 보내야 했지만, 오우라천주당을 둘러싼 획기적인 '신도발견' 사건은 근세 기리시탄의 역사를 고스란히 복원시키는 폭발적인 기억의 힘으로 나타난 것이었다. 이 '신도발견'을 계기로 우라가미를 비롯하여 주변의 소토메(外海), 고토(五島)열도, 히라도, 아마쿠사 등지에 1만여 명 정도에 이르는 기리시탄의 존재가 알려지게 되었다. 원래 프랑스 거류민들을 위해 세워졌던 오우라천주당이 오늘날 세계유산으로 지정된 가장 큰 이유는 바로 그곳이 '신도발견'의 현장이기 때문이었다.

나가사키시 미나미야마테정(南山手町)에 위치한 오우라천주당은 '신도발견'의 무대일 뿐만 아니라 역사적으로 현존하는 일본 최고(最古)의 교회건축이자 1597년에 처형당한 일본26성인 순교자에게 바쳐진 성당(八木谷涼子編, 2004:5-6)이라는 점에서 나가사키의 기독교를 상징한다. 1863년 일본에 온 파리외방선교회의 퓌레(L.T. Furet) 신부가 설계하고 프티장 신부가 완성시켜 1865년에 헌당한 이 천주당은 현재 국보로 지정되어 있다. 입구의 계단을 올라가면 '신도발견'을 기념하여 프랑스로부터 공수된 '일본의 성모'상이 서 있고, 경내에는 프티장 신부의 묘소와 동상 및 '신도발견'의 부조도 설치되어 있다. 현재 이 천주당에서는 특정 축일에만 미사가 행해지고, 통상적인 교회활동은 1975년 진입로에 세운 근대풍의 오우라교회에서 행해진다.

오우라천주당 아래에는 프티장 신부가 계획하고 드 로(M.M. De Rotz) 신부가 설계하여 1875년에 완성된 라텐신학교 터가 있다. 지금은 잠복기리시탄들이 은밀히 소장했던 마리아관음, 납호신(納戸神), 기도문(오라쇼), 고행용 채찍(디시피리오) 등을 전시하는 기리시탄 자료실이 되어 있다. 내가 방문했을 때는 마침 휴관일이라 들어가 보지는 못했다.

한편 천주당 위쪽으로는 나가사키의 명소 구라바엔(グラバー園, Glover House)이 보인다. 이곳은 1859년 나가사키 개항 직후 도일한 21세의 영국인 무역(무기)상인 글로버(T.B. Glover, 1838-1911) 부부가 살던 집으로, 일본에서 현존하는 최고(最古)의 서양식 목조건축물이라고 한다. 1861년 '글로버 상사'를 설립하여 막부와 제번에 선박, 군수품, 기계류 등을 팔아 큰 부를 축적하고, 나아가 일본 최초의 철도, 조선소, 기린맥주 등을 창업한 글로버는 사카모토 료마, 이토 히로부미, 미쓰비시 창업자인 이와사키 야타로(岩崎弥太郎) 등과 밀접한 관계를 유지하면서 메이지유신에 결

정적인 역할을 수행한 대표적인 서양인으로 말해진다. 그는 1866년 오사카 출신 야마무라 쓰루(山村鶴)와 국제결혼을 했다. 이 부부는 푸치니의 오페라 〈나비부인〉의 주인공 핀커튼과 초초의 모델로도 널리 알려져 있다. 어쨌든 이런 구라바엔과 오우라천주당이 한 자리에 모여 있는 풍경은 내게 우연으로만 비치지 않는다. 일본 근세 기리시탄사의 화룡점정이라 할 만한 오우라천주당과 일본 근대화에 깊숙이 관여한 글로버의 만남은 종교, 문화, 산업, 군사 사이의 떼려야 뗄 수 없는 이종교배(異種交配)적 관계를 상기시켜 주기 때문이다.

우라가미천주당과 우라가미 마을

후술할 17세기 초엽의 기리시탄 소녀 구와히메(桑姬)와도 기이한 인연을 가진 우라가미(浦上)로 향하는 이방인의 발걸음은 무겁기만 하다. 그곳은 실은 엄청난 수난과 비극의 현장이기 때문이다. 이 마을은 1584년 기리시탄 대명인 아리마 하루노부(有馬晴信)에 의해 예수회에 기진되었으나, 1587년 선교사 추방령을 내린 도요토미 히데요시의 직할지가 되고 말았다. 그 후 마을 사람들은 도쿠가와 막부시대부터 메이지 시대에 걸쳐 네 차례나 잠복기리시탄임이 발각되어 박해받았다. 하지만 이들에게 더 큰 비극이 2차대전 말기에 찾아왔다. 규슈 북부 기타규슈시(北九州市) 고쿠라(小倉)로 향하던 미국의 B29 폭격기가 날씨를 이유로 방향을 바꾸어 나가사키에 원폭을 떨어뜨렸다. 그 낙하 지점이 나가사키 시내 중심부 번화가로부터 북쪽으로 약 2킬로미터에서 5킬로미터 정도 사이의 구역을 차지하는 우라가미 마을 바로 위였다. '원자폭탄 낙하 중심지 비'가 있는 마쓰야마정(松山町)은 우라가미의 중심부에 해당한다. 거기서 동북쪽으로 500미터 정도 떨어진 곳에 우라가미(浦上)천주당이 위치한다. 피폭 당시 우라가미천주당은 산산조각이 나고, 신도 1만 2000명 중 8500명이 죽었다고 한다.

우라가미천주당은 엔도 슈사쿠의 소설 『여자의 일생』(女の一生)에도 등장하는 우라가미 촌장의 집터에 세워진 것으로, 그 촌장집의 돌담이 지금도 남아 있다. 그곳이 잠복기리시탄 시대에 매년 독신(瀆神)과 배교를 강요당한 후미에(踏み絵)가 행해졌던 장소라는 점을 돌이켜 보자니 새삼 신앙이란 참으로 역설적이구나 하는 생각이 들었다. 오늘날과 같은 연와벽돌 및 로마네스크 양식의 성당이 처음으로 완성된 것은 1914년 3월 17일이었다. 이 날은 49년 전 오우라천주당의 '신도발견'이 이루어진 바로 그 날이었다. 그 후 1945년 원폭으로 파괴된 것을 1959년에 철근 콘크리트로 재건했다가 1980년 다시 연와벽돌 양식으로 개축하여 지금에 이르고 있다. 현재 정식 명칭은 '가톨릭 우라가미교회'이며, 소속 신도수는 약 7천명으로 일본 최대 규모이다. 원래는 성당 규모도 오우라천주당보다 더 크고 당당했다고 한다.

천주당 앞의 무너진 벽돌담 잔해와 두부가 없는 성인 석상 등이 피폭의 현장성을 상기시켜 준다. 천주당 경내의 신도회관 안에 있는 원폭자료실을 둘러보면서 일전에 몇 차례 가보았던 나가사키 시내 '나가사키 원폭자료관'에서의 기억을 떠올리지 않을 수 없었다. '핵병기가 없는 세상을 향하여' 등의 테마로 전시되어 있는 각종 피폭 유물들과 자료, 사진해설, 판넬, 원폭 기록영상, 피폭자의 증언 비디오 가운데 가장 인상적인 것은 원폭이 투하된 시간(오전 11시 2분) 그대로 정지된 시계였다. 정지된 시간은 언제나 인간의 어리석음과 취약성을 드러내 보여준다. 폴란드 아우슈비츠 비르케나우 박물관의 거대한 유리방 안에 산처럼 가득 쌓인 어린 아이들의 앙증맞은 구두더미에서도 정지된 시간을 보는 듯했다. 그런데 순교자들의 정지된 시간은 인간의 취약성과 함께 그것을 초월하는 어떤 가능성도 함께 일깨워준다. 우라가미천주당에는 이 모든 것들이 한자리에 모여 있다.

우라가미 마을에는 우라가미천주당 외에도 잠복기리시탄 시대의 흔적을 말해주는 유적지가 많이 있다. 대표적으로 1603년에 세워질 당시 우라가미 마을 유일의 교회였던 산타클라라 교회 자리에 세워진 '산타클라라 교회 기념비'를 들 수 있다. 산타클라라의 축일이 일본의 전통적인 오봉(お盆, 우리나라의 추석에 해당하는 최대 축일)과 같은 시기였기 때문에, 기독교 금교령(1614년)으로 인해 교회가 파괴된 후에도 우라가미 사람들은 교회 터의 초석 위에서 매년 여름마다 오봉춤(봉오도리)을 가장하여 기도집회를 가졌다고 한다. 당시 이런 집회를 이끌며 잠복기리시탄의 비밀조직을 지도한 '초가타'(帳方, 지도자의 한 직위) 마고에몬(孫右衛門)의 집터인 '초가타 저택터'(帳方屋敷跡)도 남아 있다. 또한 도쿠가와 이에미쓰 시대에 이곳에서 화형당해 순교한 베아토스 3인 가족의 매장지를 기념하여 1936년에 세워진 '베아토스님의 묘비'는 원폭 투하에도 무너지지 않은 채 남아 옷깃을 여밀게 한다.

나아가 1950년 교황 피오 12세에 의해 바티칸 공식순례지로 지정된 '우라가미 십자가산'을 빼놓을 수 없다. '프란치스코병원 앞' 버스정류장 옆 골목길을 따라 쓰지정(辻町)의 가파른 언덕길을 오르면 주택가를 낀 공터에 줄지어 서 있는 십자가 석비가 나온다. 이 석비들은 금교령 팻말이 철거되어 신앙의 자유를 얻게 된 데에 대한 감사 및 후미에를 행한 것에 대한 사죄의 표시로 1881년 전국 각지의 유배지에서 돌아온 우라가미 마을의 잠복기리시탄 신자들이 세운 것이다. 이 언덕이 예루살렘의 골고다 언덕과 유사하다고 하여 '십자가산'이라 불리게 되었다. 이곳에서 멀지 않은 곳에는 비밀예배당 터인 '성 마리아 교회터'와 '성 요셉 교회터'가 있다. 잠복기리시탄 시대 우라가미 마을의 비밀예배당터는 이 두 곳 외에 '성 프란치스코 하비에르 성당터' 및 전술한 '산타클라라 교회터'를 더하여 현재 총 네 군데가 알려져 있다.

그밖에 프란치스코회 수도원과 루르드샘이 있는 모토하라(本原)교회의 뒤편에는 잠복기리시탄들이 몰래 모여 기도하던 '성 마리아의 산'이 잘 정비되어 있다. 또한 다카오(高尾)초등학교와 야마사토(山里)중학교 사이의 고지대에 잠복기리시탄의 공동묘지인 '아카기(赤城) 기리시탄 묘지'가 있다. 이곳에서 우라가미 마을의 풍광을 조망하며 문득 한 가지 의문이 떠올랐다. "이렇게 잠복기리시탄 시대의 역사와 흔적이 짙게 배어 있는 곳이 왜 '나가사키와 아마쿠사 지방의 잠복기리시탄 관련유산' 자산목록에서 누락된 것일까?" 지나친 상상이겠지만, 어쩌면 원폭 투하에 대한 서구인의 무의식적인 죄의식이 관여된 결과일지도 모르겠다는 생각까지 들었다. 혹은 우라가미 출신의 순교자를 특정할 수 없었기 때문일까? 원폭의 직격탄을 맞아 숨진 8천 5백여 명의 신자들도 우라가미 잠복기리시탄의 역사를 돌이켜 본다면 어떤 의미에서는 순교자의 이름을 부여받을 수 있지 않을까?

끝으로 극적인 삶을 살았던 기리시탄 소녀 구와히메와 우라가미 마을의 인연에 대해 언급하지 않을 수 없다. 나가사키 시내에 위치한 후치(淵)신사에는 경내 섭사로 '기리시탄 이나리신'을 모신 구와히메(桑姬)신사가 있다. 친절하게 한글로도 표기되어 있는 경내의 안내문은 다음과 같이 신사의 유래를 전한다.

본사는 기리시탄 대명 오토모 소린의 손녀인 구와히메를 모신 신사이다. 구와히메는 사랑의 인연을 맺어주는 신으로 유명하다. 그녀는 오토모 가문의 몰락 이후 나가사키로 망명하여 숨어사는 동안 뽕나무를 재배하고 누에를 키우면서 마을 소녀들에게 실 잣는 방법을 가르쳐 주었다고 한다. 1627년 사망 후 그녀의 묘소에 뽕나무가 자라났다고 해서 '구와히메'라 불리게 되었다. 현재 신사 본전의 격자 사이로 그녀의 묘석을 볼 수 있다.

분고(豊後, 오이타현)의 유명한 기리시탄 영주 오토모 소린(大友宗麟)의 손녀 오니시 고젠(阿西御前)이라는 기리시탄 소녀가 다케타(竹田)에 살고 있었는데, 그녀가 바로 훗날 구와히메로 불리게 된 인물로 세례명은 '마키시마'였다. 구와히메는 오토모 가문이 멸망한 후 나가사키로 근거지를 옮겼다. 그녀는 현 우라카미야마자토(浦上山里)의 후치(淵) 마을 촌장 집에 숨어살면서 마을 소녀들에게 예의작법을 가르치고 양잠을 장려하여 산업을 진흥시켰다. 그래서 그녀를 '구와히메'라고 부르게 된 것이다. 일본어 '구와'(桑)는 뽕나무를 뜻하는 말이다. 그런데 18세의 어린 나이로 구와히메가 병에 걸려 사망하자, 이를 슬퍼한 마을 사람들이 그녀를 위해 이나리(稲荷)신사를 세워 주었다. 이 신사에는 기리시탄과 관련된 비밀이 숨겨져 있었다. 즉 구와히메신사 경내의 묘비에 새겨진 오토모 가문의 문장(紋章) 밑에는 X자형의 십자가가 좌우에 묘사되어 있는데, 원래는 그 외에도 밑 대좌 가운데에 '구와히메 고젠'(桑姫御前)이라고 새겨진 둥근 돌과 마리아상이 숨겨져 있었다. 그 돌은 현재 구와히메신사 본전 격자 안에 이나리신의 신체(神體)로 모셔져 있다. 이는 오늘날 일본인들 사이에 가장 인기가 많은 신도(神道)신앙 대상인 이나리신사 안에 기리시탄 묘지가 있는 독특한 사례라 할 수 있다. 우라가미 일대의 잠복 기리시탄들은 1614년의 기독교 금교령 이후 이나리신을 섬기는 척하면서 실제로는 기리시탄 구와히메와 마리아상을 숭경했던 것이다.

소토메 마을

나가사키역에서 소토메(外海) 지역까지는 버스와 도보로 약 2시간 정도 소요된다. 첫 번째 목적지는 나가사키의 (구)소토메정(外海町)에 있는 가레마쓰(枯松)신사이다. 소토메 마을은 소설 『침묵』에서 로드리고 일행이 상륙한 도모기 마을의 모델이라고 말해진다. 아쿠타가와 류노스케의 단편소설 『신들의 미소』는 일본에 기독교가 뿌리내릴 수 없게 만드는 가장 핵심적인 장벽이 바로 신도와 신사임을 암시한다. 하지만 앞의 스와신사와 모리사키신사의 사례에서 엿볼 수 있듯이, 흥미롭게도 신사는 기독교의 신까지도 받아들이는 유연성을 보여주기도 한다. 가레마쓰신사도 마찬가지이다. 신사 안내판을 보니 일본인 전도사 바스티안에게 교회력 사용법을 알려주고 바다 위를 걸어 사라졌다는 전설적인 인물 산쥬완을 제신으로 모시고 있다. 2000년부터 매년 11월 3일마다 산쥬완과 기리시탄 신앙을 지켜온 선조들의 영을 위령하는 가레마쓰신사 마쓰리가 개최되어 왔는데, 그때는 가톨릭신자와 불교도 및 지금도 남아 있는 가쿠레기리시탄 등이 모두 함께 모인다고 한다.

사람들은 이 특이한 가레마쓰신사를 기리시탄신사(キリシタン神社)라고 부른다. 일본 전국에서 기리시탄신사라고 불리는 신사는 가레마쓰신사 외에 두 군데가 더 있다. 하나는 방금 언급한 나가사키의 구와히메신사이다. 그러니까 나가사키에만 기리시탄신사가 두 곳(가레마쓰신사와 구와히메신사)이나 존재하는 것이다. 서구 정신을 대표하는 기독교와 일본 정신을 표방하는 신사의 결혼은 참으로 인상적이다. 과연 나가사키는 서구적인 것과 전통적인 것이 기묘하게 조합되어 있는 도시이다. 다른 하나는 도쿄도 이즈오시마(伊豆大島) 소재의 오타이네다이묘진(オタイネ大明神)이다. 이 신사에는 임진왜란 때 일본에 잡혀와 기리시탄 대명 고니시 유키나가 밑에서 기독교 신앙을 가지게 되었고 후에 슨푸성(駿府城)에서 도쿠가와 이에야스의 시녀가 된 오타 쥬리안이 제신으로 모셔져 있다.

에도시대에 소토메 마을 일대는 잠복기리시탄들이 많이 모여 살던 곳이었다. 물론 소토메와 가톨릭의 인연은 에도시대보다 더 거슬러 올라간다. 즉 전국시대 말기인 1571년 예수회 신부가 구로사키(黒崎)와 시쓰(出津) 등의 집락을 방문하여 포교하면서 가톨릭이 소토메 지역에 전해지기 시작했다(遠藤周作, 2006:17). 그 중 구로사키에는 프랑스인 드 로(M.M. De Rotz) 신부의 지도로 건설이 계획된 이래 신도들의 노력으로 23년만인 1920년에 준공한 구로사키(黒崎)교회가 있어 잠복기리시탄 시대에 대한 기억을 환기시켜준다.

이 교회에서 멀지 않은 곳에 위치한 '드 로 신부 기념관'을 그냥 지나칠 수는 없는 노릇이다. 노르망디 지방의 부유한 귀족의 아들로 태어난 드 로 신부는 신학교를 졸업한 뒤 28세 때 당시 금교령이 내려진 일본에 선교사로 부임하여 프티장 신부 밑에 있다가 소토메 포교를 맡게 되었다. 기념관에 전시된 그의 유품을 보면 드 로 신부는 만능이었음을 알 수 있다. 소토메의 열악한 삶에 충격을 받은 그는 복음 전도뿐만 아니라 복지 향상을 위해 프랑스식 농법을 가르치고 멸치 어업을 추진했으며 고아원을 만들고 진료소도 열었다. 이 진료소가 바로 오늘날 드 로 신부 기념관 근방에 위치한 시쓰구조원(出津救助院) 유적이다. 또한 드 로 신부는 마을 사람들에게 제분, 메리야스 직기, 빵, 마카로니, 소면 제조법 등 다수의 기술을 전수했으며, 이를 위해 필요한 기계는 사재를 털어 구입했다. 이뿐 아니라 그는 생애에 50개소 이상의 교회를 설계 시공한 건축가 데쓰가와 요스케(鉄川与助, 1879-1976)에게 성당 건축의 기초를 가르쳐 주기까지 했다. 참으로 다재다능한 인물이다.

기념관 옆에는 그가 시무했던 정갈한 하얀색 건물의 시쓰(出津)교회가 지금도 남아 있다. 이 교회는 드 로 신부가 직접 설계하고 시공한 것으로 메이지10년에 헌당식이 이루어졌다. 그는 사후에 자신이 조성한 '노미치(野道) 기리시탄묘지'에 묻혔다. 구약성서 〈전도서〉의 저자는 "헛되고 헛되고 헛되니 해 아래 모든 것이 헛되다."라고 탄식했지만, 드 로 신부의 묘비명에는 "헛된 수고는 없다."고 새겨져 있다. 여행자에게는 누구 말이 맞고 틀린지는 더 이상 큰 의미가 없다. 모든 것에 때가 있듯이, 언제 어디서 누구 말이 마음에 파고드는가 하는 문제가 더 중요해졌기 때문이다. 소토메 마을의 한 식당에서 '드로님 소면'이라는 메뉴를 시켜 먹을 때의 여행자에게는 후자의 말이 더 파고들었던 것 같다.

소토메에서의 마지막 여정은 '엔도 슈사쿠 문학관'과 '소토메 역사민속자료관'이다. 소토메 해안가에 위치한 엔도 슈사쿠 문학관에는 일본인과 기독교의 관계를 상상케 해 주는 기념비적인 소설 『침묵』의 집필 초고를 비롯하여 작가의 생애를 알 수 있는 사진과 판넬 등이 전시되어 있다. 하지만 무엇보다 여행자의 눈길을 끈 것은 '침묵의 비'에 새겨진 다음과 같은 비문 구절이다. "인간은 이처럼 슬픈데, 주님, 바다는 너무나도 푸르기만 합니다." 맑은 가을 하늘만큼이나 너무나도 푸른 바다는 슬픈 인간이 지옥을 안고 살아야만 하는 삶을 더욱 진한 숙명으로 만든다. 한편 소토메 역사민속자료관에 전시되어 있는 드 로 신부의 판화 그림 10장면은 가톨릭 교리를 알기 쉽게 그림으로 설명하기 위해 제작한 것인데, 선한 자의 최후 임종 장면 그림에는 천사 미카엘이 내려와 지옥의 오니(鬼)를 발로 누른 채 임종하려는 자 머리 곁에 서서 한 손으로 하늘을 가리키고 있다. 거기서 드 로 신부는 뿔이 나 있는 오니(鬼) 이미지로 사탄을 표현함으로써 일본인에게 더 가까이 다가서고자 했던 것 같다.

Ⅲ.교토와 오사카의 기독교

앞에서 일본26성인의 순교에 대해 살펴보았는데, 그들은 모두 교토와 오사카 지역에서 활동하던 신자들이었다. 이런 맥락에서 나가사키의 기독교사를 이해하기 위해서는 교토와 오사카의 기리시탄에 대해 더 알아볼 필요가 있다. 각각 일본적인 전통문화와 상업문화를 상징하는 교토와 오사카에는 지금 우리가 상상하는 이상으로 기리시탄들의 활동이 왕성했던 곳이다.

교토의 기리시탄

1549년 8월 15일 가고시마에 상륙한 프란치스코 하비에르는 히라도와 야마구치 등을 경유하여 일본의 중심지인 교토에서 포교 허가를 얻고자 노력했지만 결국 실패한 후 1551년 11월 20일 일본을 떠났다(김상근, 2010). 그 후 하비에르에게 세례를 받은 일본인 로렌조와 포르투갈인 예수회 신부 빌레라(Gaspar Vilela)도 교토 포교를 시작했지만 처음에는 별 성과가 없었다. 프로이스(Luís Fróis)의 『일본사』에 의하면, 그러다가 마침내 빌레라 신부가 1561년 무로마치막부 제13대 쇼군 아시카가 요시테루(足利義輝)에게서 포교 허가를 얻고 현 나카교구(中京區) 우바야나기정(姥柳町)에 작은 예배당을 지었다(柳谷武夫譯, 1965:68). 이것이 훗날 '남만사'(南蠻寺, 난반지)라 불린 가톨릭교회의 원형이다. 이어서 빌레라의 교토 포교를 돕기 위해 온 포르투갈인 예수회 선교사 프로이스는 새로운 권력자 오다 노부나가의 비호 하에 많은 신자를 얻었다. 1570년 프로이스의 보좌역으로 오르간티노(G. Organtino) 신부가 파견되어 1576년 상기 우바야나기정 교회터에 교토 최초의 본격적 교회인 남만사를 세웠다. 가톨릭교회인데 불교사원 명칭을 붙인 것이 신기하다. 이윽고 남만사는 교토의 명소가 되고 신자도 더 늘어났다. 본능사(本能寺, 혼노지)의 변 이후 도요토미 히데요시의 시대가 되었지만, 노부나가의 기리시탄 정책은 그대로 답습되었다. 히데요시는 오르간티노에게 호의적이었는데, 시마즈씨(島津氏) 토벌 이후 1587년 갑자기 선교사 추방령을 발했다. 그러나 이 추방령은 철저한 것은 아니었다.

그렇다면 프란치스코회의 경우는 어떠했을까? 프란치스코회의 포교 방침은 주로 병원과 요양원 건립에서 알 수 있듯이 가난한 계층에 파고들어 그들을 돕는 방식이었다. 이것은 대명(大名)에게 세례를 베풂으로써 그 신하들까지도 함께 신자로 확보하는 예수회의 방침과는 전혀 다른 것이었다. 스페인령 루손의 사절인 프란치스코회 선교사 페드로 바우티스타(Pedro Bautista, 1546-1597)가 히데요시를 알현하여 시조호리카와정(四條堀川町)에 토지를 수여받아 성당을 건립했다. 이처럼 프란치스코회의 포교 활동은 히데요시의 비호하에 순조롭게 진행된 듯이 보였지만, 1596년 히데요시의 기리시탄 탄압이 시작되었다. 그 계기가 된 것은 1596년 9월 28일 스페인 상선 산페리페호가 도사(土佐) 해안에 표착한 사건이었다. 그때 항해장이 심문을 받았는데, 그 항해장은 화물을 몰수당한 것에 대한 화풀이로 "스페인은 먼저 선교사를 보내어 종교를 설한 다음, 이어서 군대가 들어가 영토를 정복한다."고 고자질했다. 이런 발상의 근저에는 스페인의 일본 진출을 막으려는 포르투갈계 예수회의 정치공작이 배후에 깔려 있다는 음모설도 있다. 하비에르의 전도 이래 순조롭게 포교를 계속해 온 예수회는 히데요시의 묵인과 비호를 받았던 경쟁자 프란치스코회와의 사이에서 불화와 대립의 관계를 갖게 되었다는 점을 감안할 때 이런 음모설도 나름대로의 근거가 있어 보인다. 어쨌든 이에 격노한 히데요시는 기리시탄 탄압을 재개했고, 그간 암묵적으로 행해져온 교토와 오사카의 프란치스코회 포교가 탄압을 받게 되었다. 곧바로 교토와 오사카의 프란치스코회 교회가 직격탄을 맞았다. 일본26성인 순교사건에서 처형당한 선교사 6인도 모두 프란치스코회 소속이었고, 일본인 20인 가운데 3인만 예수회 회원이고 나머지는 프란치스코회와 관련되어 있었다.

그 후 에도시대의 교토는 어땠을까? 세키가하라 전투에서 승리한 도쿠가와 이에야스는 기리시탄들에게 교토, 오사카, 나가사키에서 거주하는 것을 허가한다는 주인장(朱印狀)을 수여했다. 이는 히데요시의 기리시탄 정책을 기리시탄의 거주 허가라는 형태로 이어받은 것이었는데, 기리시탄 신자들은 금교령이 철회된 것이라고 오해했다. 〈예수회 일본보고서〉에 의하면 그런 가운데 1600년 한 해에만 교토에서 무려 3천4백 명

이상의 개종자가 나왔다(松田毅一監譯, 1988:228, 232).

기독교에 대한 이에야스의 완화정책은 당분간 계속되었지만, 1612년 3월 오카모토 다이하치(岡本大八) 사건을 계기로 기독교 금지령이 발포되었다. 오무라 스미타다의 조카인 히젠(肥前, 사가현 및 나가사키현 일부)의 기리시탄 대명 아리마 하루노부(有馬晴信)의 주인선(朱印船) 선원이 마카오에서 1609년 2월 포르투갈선 마드레 데 데우스(Madre de Deus)호의 선원과 교역을 하다 싸움이 벌어졌고 이에 마카오 총사령관 페소아(A. Pessoa)가 진압하는 과정에서 하루노부의 선원 60명이 사망했다. 이에 대한 보복으로 1609년 12월 나가사키에서 데우스호를 격침시킨 하루노부는 그 보답으로 구 영지의 회복을 원했다. 이를 위해 하루노부는 이에야스의 측근인 유력자 혼다 마사즈미(本多正純)의 기리시탄 가신 오카모토 다이하치에게 접근하여 뇌물을 수수했다. 이것이 탄로 나면서 다이하치는 역으로 하루노부의 나가사키 봉행 암살 미수를 폭로했다. 그 결과 1612년 다이하치는 화형에 처해졌고 하루노부도 참수당했다.

기리시탄 대명과 가신이 연루된 이 사건은 1614년 1월에 내려진 기독교 금교령 발포의 도화선이 되었다. 취지는 "일본은 신국, 불국, 유교의 나라이고, 기리시탄 종문은 일본의 국법에 어긋나는 사법(邪法)이므로 추방한다."는 것이다. 발포 다음날 즉시 교토와 후시미에 있던 예수회 소속 3개소 교회와 프란치스코회의 성당 및 병원이 모두 불태워졌다. 이와 함께 기리시탄 신자를 색출하기 위한 명부가 작성되어 당시 교토의 신자 7천여 명 중 4천여 명의 리스트가 만들어졌다. 이들은 체포당해 개종하도록 고문당했다. 이런 박해가 다소 가라앉을 무렵인 1616년 8월 8일 2대 쇼군 도쿠가와 히데타다(德川秀忠)에 의해 서양 기독교국의 선박 입항을 금지하는 법령이 발해졌다. 이와 함께 이에야스의 금교령 때보다 한

층 더 강화된 탄압이 시작되었다.

1619년 1월 교토의 다이우스정이 폐쇄되고 36명의 신자가 체포되었다. 다른 체포자를 합쳐 투옥자는 총 63명이었다. 그 중 배교하지 않은 52명이 1619년 10월 6일 로쿠조가와라(六條河原) 형장에 세워진 27개의 십자가에 매달렸다. 그때 십자가 하나에 두 명씩 등을 대고 묶인 채 화형에 처해졌다고 한다. 남자 26명에 여자 26명이 화형당했는데, 그 중 11명은 15세 이하의 아이들이었다. 이후 에도에서 51명, 나가사키에서 55명의 순교자가 나온다. 이를 '겐나대순교'라 한다. 1620년대 말부터 후미에가 시행되면서 기리시탄 탄압은 이제 체제 유지의 문제와도 연관된 것으로 인식되기에 이른다.

이로써 교토의 기리시탄은 말살되었는데, 그 유적은 지금도 교토 곳곳에 점재한다. 이에 대해서는 프로이스의 『일본사』를 비롯하여 선교사들에 의한 『야소회사일본통신』(耶蘇會士日本通信)과 『일본서교사』(日本西敎史) 및 에도시대의 지지(地志)와 지도 등에서 관련 기록과 장소를 확인할 수 있다. 가령 시조호리카와의 묘만사(妙滿寺) 터가 26성인 발상지임을 확인할 수 있는데, 이 점은 의외로 잘 알려져 있지 않다. 현재 시모교구(下京區) 이와가미도오리(岩上通) 아야노코지(綾小路) 거리의 묘만사터(妙滿寺跡)에 '26성인 발상지'(二十六聖人發祥之地) 비석이 세워져 있다. 교토에는 국가나 지방자치체에 의해 지정된 기리시탄 사적(史跡)은 남아 있지 않다. 그만큼 철저하게 파괴되었지만 다음 〈표8〉과 같이 기리시탄과 관련된 역사적 사건 장소, 교회, 주거지, 병원 등의 터가 여러 곳에 남아 있다(明川忠夫, 2016:335-336).

표 8 교토 시내의 주요 기리시탄 유적

유적	현위치	비고
빌레라 주거지터	시모교구(下京区) 가쓰쿄야마정(郭巨山町)	1559년 11월 하비에르의 뜻을 이어 교토로 들어간 예수회 신부 가스팔 빌레라가 최초로 거주한 곳
빌레라 주거지터	나카교구(中京区) 다마쿠라정(玉蔵町)	빌레라 신부가 1559년 12월 중순경부터 익년 1월 25일까지 거주한 곳
	시모교구 시죠 가라스마루(四条烏丸)	빌레라 신부가 1560년 1월 25일부터 4월 하순까지 거주한 곳. 집주인은 술집을 운영했음
남만사(南蠻寺)터	나카교구 우바야나기정(姥柳町)	빌레라 신부가 1560년 6월경부터 15년간 포교의 근거지로 삼은 곳. 1576년 오르간티노가 건립. 1587년 히데요시의 선교사 추방령에 의해 파괴됨. 초석은 도시샤(同志社)대학 도서관 앞에 이전되고 그 자리에 작은 비석이 세워져 있다.
로스안젤루스(諸天使の元后) 교회터	시모교구 시죠호리카와(四條堀川) 남서부 일대	프란치스코회 선교사들이 1594년 히데요시로부터 묘만사(妙滿寺)터 부지를 수여받아 세운 수도원과 성당터. 1595년에는 성 안나 병원, 성 요셉 병원도 세워졌다. 고지도에는 이곳이 '다이우스정'(大宇須町)이라고 표기되어 나온다.
(구)묘만사(妙滿寺) 터	시모교구 이와카미 거리(岩上通)와 아야노코지 거리(綾小路通) 교차점	'묘만사터 26성인 발상지'라고 새겨진 석비가 세워져 있다.
일본26성인 귀 절단 형장터	가미교구(上京区) 이치죠모도리교(一条戻橋)	고래 일본에서 대죄인은 시내 조림을 당한 뒤 처형되었는데, 이치죠모도리교는 이에 앞서 죄인의 얼굴에 상처를 입힌 곳. 1597년 1월 3일 페드로 바우티스타 신부를 비롯한 24명이 이곳에서 왼쪽 귀를 잘렸다.
가미교(上京) 교회터	가미교구 아부라노코지 거리(油小路通)옛 서원사(誓願寺, 세이간지) 남서쪽	1600년 시모교 교회의 분교회로 세워진 예수회 성당 자리. 이 일대는 공가와 무사계급의 거주지로 매년 백여 명의 세례자가 나올 만큼 교토 포교에서 중요한 역할을 한 교회였으나, 1612년 막부의 기독교 금교령으로 폐쇄되었다. 현재 '게이초천주당터'(慶長天主堂跡)라고 새겨진 비석이 세워져 있다.

다이우스 즈시 (だいうすの辻子)[4]	가미교구 아부라노코지 거리 옛 서원사 주변	기리시탄들이 모여 살던 마을의 지명. 고지도에 '다이우스 사거리'(大宇須辻)라고 표기되어 나온다. '다이우스'는 '데우스'(하느님)에서 온 말로 기리시탄 신자를 가리키기도 했다.
시모교(下京) 교회터	시모교구 와카미야거리(若宮通) 기쿠야정(菊屋町)	1605년에 건립된 약 2천명을 수용할 수 있는 서양식 목조 성당 자리. 부속 아카데미아에서는 천문학 등 강의가 행해졌다. 성당 주변에는 신자들이 많이 살았고 '다이우스정'이라는 지명이 남아 있다. 성당의 위치는 확실치 않지만 현재의 간다이진덴만궁(管大臣天満宮) 주변으로 추정된다.
다이우스정 (大宇須町)	시모교구 니시노토인 마쓰하라 (西洞院松原) 부근	시모교교회 근방의 기리시탄들이 모여 살던 마을의 지명.
남만사 종	우쿄구(右京区) 하나조노묘신지정 (花園妙心寺町)	묘심사(妙心寺, 묘신지)의 탑두사원인 춘광원(春光院, 슌코인)에 소장된 높이 60cm, 구경 45cm의 청동제 종. 표면에는 십자가와 IHS 문자의 예수회 문장 및 1577년의 연호가 새겨져 있으므로, 1576년에 완성된 남만사의 종으로 추정된다.
겐나(元和) 순교지(로쿠죠가와라 형장)	로쿠죠가와라 (六條河原)	1619년 10월 6일 52명의 신자가 순교한 장소. '겐나 기리시탄 순교지'라 적힌 석비가 세워져 있다.
기리시탄 가옥터	나카교구 기야정(木屋町)	기리시탄들이 모여 살던 곳
오가와(小川) 감옥터	나카교구 시모후로시로정 (下古城町)	일본26성인이 나가사키로 이송되기 전에 수용되었던 감옥. 1619년 겐나대순교 때에는 63명의 신자가 수용되었는데, 그 중에는 2세 유아 미게르를 비롯한 8명이 옥중에서 순교. 1708년 화재로 불타 롯카쿠(六角) 감옥으로 이전되기 전까지 백여 년간 존재.
기리시탄 묘비	교토 시내 각처	진교사(眞敎寺), 춘사(椿寺), 성원사(成願寺), 정광사(淨光寺), 송림사(松林寺), 연명사(延命寺), 안양사(安養寺), 서복사(西福寺), 교토대학 종합박물관, 교토국립박물관 등에 소재
후시미(伏見) 교회터	교토부 단고정(丹後町)	후시미미나미하마(伏見南浜) 초등학교 교정 주변에 있던 예수회 교회터

4 '즈시'란 대로(大路, 오지)나 소로(小路, 코지)도 아니고, 또한 다른 거리와 연결되지 않는 소로인 로지(路地)와도 구별되는 거리. 통상 다른 거리와 연결되는 도로를 지칭하던 말.

프로이스와 노부나가의 회견장	가미교구(구) 니죠성터	1569년 4월 19일 프로이스가 니조성(二条城) 공사를 현장 지휘하던 노부나가와 만나 포교 허가를 요청한 장소
마나세 도산(曲直瀬 道三) 묘소	가미교구 쓰루야마정(鶴山町) 십념사(十念寺, 주넨지) 경내	당대 교토에서 가장 저명한 학자이자 천하의 명의였던 마나세 도산(1507-1594)의 묘소. 그는 1584년 12월 오르간티노에게 세례를 받고 베르숄이라는 세례명을 얻었으며, 그의 문하생 8백명도 함께 세례를 받았다.
주스타 묘소	가미교구 기타노베정(北之辺町)	기리시탄 대명 아리마 하루노부(有馬晴信)의 처 주스타의 묘소. 노산사(廬山寺, 로잔지) 경내에 위치.
포르투갈 인도 부왕(副王) 친서	히가시야마구(東山区) 묘호인마에카와정(妙法院前側町)	묘법원(妙法院, 묘호인)에 소장된 국보. 1590년 7월 덴쇼견구소년사절단과 함께 귀국한 발리냐뇨 신부가 1591년 3월 3일 히데요시에게 전달한 포르투갈 인도 부왕 돈 두아르테 데 메네제즈로부터의 친서.
미야코의 성모(都の聖母) 매장지	히가시야마구 아와타구치(粟田口) 쇼군즈카(将軍塚)	1865년 프랑스인 로반 신부가 교토 포교가 재개되기를 기원하면서 만든 청동 성모상을 발각되지 않도록 일본인 신자 하라다 루이스가 1873년 매장한 곳. 1879년 로반 신부가 교토에 부임하면서 파내어 현재는 가와라초(河原町)교회에 보관되어 있다.

오사카의 기리시탄

한편 오사카의 기리시탄을 말할 때 먼저 떠오르는 이름이 있다. 도요토미 히데요시의 제2인자로 현 오사카부 이바라키시(茨木市) 소재 (구) 아이성(安威城) 성주(1586년부터 1594년까지 통치)였던 아이 료사(安威了佐, 연대 미상)가 그것이다. 그는 1584년 기독교로 개종했으며 세례명은 시몬이었다. 1586년 일본 예수회 부관구장 가스팔 코에료(Gaspar Coelho)를 오사카성에서 접대하는 역을 수행했던 그가 1587년 하카타에서의 선교사 추방령 발포 전야에 코에료를 심문한 장본인이었다는 사실은 아이러니컬하다. 아이 료사에 대해 프로이스는 이렇게 기록하고 있다.

관백의 비서로, 예전에는 다카야마 우콘의 영지였지만 지금은 관백의 직할령이 된 다카쓰키(高槻, 현 오사카부 북부의 다카쓰키시)령의 대부분을 관리하는 인물이다. 세례명이 시몬인 기리시탄이다. 그의 청에 의해 오르간티노는 다미앙 마린에게 다카쓰키 산간부의 기리시탄들을 돌보도록 명했다… 그 결과 그들은 강한 신앙을 되찾고 다시 기리시탄들이 증가했다. 그들은 오랜 동안 대망했던 사제가 온 것에 대해 크게 기뻐하고 만족했다… 그러나 누구보다도 더 기뻐한 자는 로케라 불리는 연로하고 선량한 기리시탄이었다. 그는 예전에는 청수사(清水寺, 기요미즈데라)의 주지승이었다.

여기서 알 수 있듯이 아이 료사는 직할지 다카쓰키령의 관리인(봉행)이었을 때, 1583년 내일한 스페인 선교사 마린(D. Marin)의 파견을 희구하여 청수사의 승려였던 로케에 의한 목양의 강화를 꾀하는 등 현지 기리시탄의 비호에 진력했다. 히데요시에 이어 히데요리를 섬긴 아이 료사가 그 후 어찌 되었는지는 분명치 않다. 1614년 우콘 등과 함께 국외로 추방당했든지, 혹은 은의를 입은 히데요시가를 따라 순직했든지, 아니면 기독교 신앙인으로서 여생을 보냈는지는 알려져 있지 않다. 어쨌든 다음 〈표9〉가 보여주듯, 선교사 추방령 이후에도 오사카 지역에는 가령 『도치리이나 기리시탄』 등의 일역 교리서, 『에볼라 병풍문서』에 보이는 『라틴어 우르가타역 성서』 대역, 회화와 동판화 등 미술공예의 분야와 음악 영역에까지 많은 기리시탄 유품과 유물이 계승되어 남아 있다(久米雅雄, 2008:57-66).

표 9 오사카의 기리시탄 유물

유물	연대	소재 및 소장	비고
다리오(Dario)의 인장	1563년 이후	오사카시	기리시탄 대명 다카야마 우콘(高山右近)의 부친 다카야마 히다노카미(高山飛驒守)의 인장. 세례명 다리오가 로마자로 표기되어 있다.
아이고자에몬노죠료사(安威五左衛門尉了佐) 에보라 병풍문서	1583년경	포르투갈 에보라시 에보라 도서관	도요토미 히데요시의 제2인자 아이 료사 자필문서, 라틴어 성서의 대역, 히데요시의 교토 일정 문서 등이 포함되어 있다.
교황 그레고리오 14세의 메달	1591년	히가시가(東藤次郎家)	그레고리오 14세의 초상이 새겨진 수입품 메달. 나가사키의 오우라천주당도 동일한 형태의 메달 소장.
『도치리이나 기리시탄』	1591년 이후	도쿄대학 종합도서관	'기독교의 교의'(Doctrina Christiana)를 뜻하는 제목의 서책.[5]
동판 유채 그리스도상	1597년	도쿄대학 종합도서관	나카타니 센노스케가(中谷仙之助家)에서 발견된 회화로 별명은 '구세주상'.[6]
『기야도페카도루』	1599년 이후	도쿄대학 종합도서관	나카타니 센노스케가에서 발견된 사본. 표제 밑에 '죄인을 선으로 인도한다는 뜻'이라고 적혀 있다.[7]
교황 클레멘스 8세의 메달	1600년	나카타니가(中谷榮次郎家)	'교황 클레멘스 8세. 재위 제7년 서력 1600년'(표면), '의(義)의 문' 도상과 명문(이면)이 새겨져 있다.
천사찬앙도(天使讚仰圖)	1602년 이후	히가시가·오미와가(大神金十郎家)	가톨릭교회의 여덟 가지 성사를 묘사한 총 8장 세트의 동판화인데, 그 중 6장만 발견되었다.[8]

5 1591년경 아마쿠사(天草)에서 출판된 국자체 사본. 주기도문(3장), 아베마리아(4장), 십계명(7장), 교회법(9장) 등에 관해 사제간의 문답 형식으로 쓰인 총 12장의 일본어 교리서이다. 10계명 중 제4계명인 '부모에 대한 효행'을 '주군과 영주에 대한 충성과 복종'으로 번역하고 있다. 이밖에 번역에는 당시 통용되던 불교용어도 많이 차용되었다.

6 이면에 사캄 라코부스(Sacam Iacobus)라고 적혀 있는데, 이는 '사카모토의 야콥스'라는 일본인 기리시탄 화가의 서명으로 추정된다.

7 "겸손은 사람을 편안하게 하고, 오만은 사람을 탱구로 만든다.", "다른 사람 머리 위에 오르려고 하지 말라. 그것은 참으로 위험천만한 것임을 알라.", "빛나는 것이라고 다 옥은 아니다. 선해 보이는 것이 모두 선한 것은 아니다." 등 주옥같은 명구가 많이 나온다.

8 팔성사 중 고해(告解)와 종유(終油)를 제외한 나머지, 즉 세례, 주도(主禱), 견진(堅振), 품급(品

〈호로힌시아〉 등의 문서 조각	1608년 이후	나카타니가 (中谷源之助家)	동판유채화 '성모자상' 이면에서 발견된 4장의 문서 조각. 그 중 하나에는 '관구'를 뜻하는 '호로힌시아'라는 말이 적혀 있다.[9]
복자 프란치스코 하비에르의 메달	1619년	히가시가 (東藤次郎家)	1619년 10월 21일 하비에르의 시복(諡福) 기념메달. 하비에르 초상과 B. FRANC. XAVIERIVS 명문(표면) 및 신과 두 인물상(이면)이 새겨져 있다. B는 '시복되었다'(beatus)는 뜻.
성 프란치스코 하비에르 화상	1622년 이후	고베시립 박물관	역사교과서에 항상 등장하는 중요문화재. 1920년 히가시가(東藤次郎家)에서 발견된 유명한 회화.[10]
마리아15현의도 (マリア十五玄義圖)	1622년 이후	히가시가 (東藤次郎家)	일본인이 그린 귀중한 초기 서양풍의 종교화로 오사카부 지정 유형문화재.[11]
마리아15현의도 (マリア十五玄義圖)	1622년 이후	교토대학 총합박물관	히가시가(東藤次郎家) 소장 도상과 매우 유사한 또 하나의 서양풍 종교화.[12]
상아 그리스도책형상 (象牙彫キリスト磔刑像)	16세기 후반	개인 소장	중요미술품. 높이 38.6센티미터 궤 안에 담긴 길이 13.3센티미터의 십자가에 매달린 상아제 그리스도상.[13]

級), 성체(聖體), 혼인 등의 6개 장이 발견되었다. 이와 함께 『마태복음』 6장에 나오는 주기도문 중 일련의 성구가 라틴어로 적혀 있다.

9 일본이 준관구에서 관구로 승격한 것이 1608년이므로 이 문서 조각은 그 이후에 나온 것이며, 성 유물 또는 호신용 부적이었을 것으로 추정된다.

10 중앙에는 예수회의 검은 수도자복을 입은 하비에르가 그려져 있고 그 밑에는 '성 프란치스코 하비에르 사크라멘토 어부환인(漁父環人)'이라고 적혀 있다. 여기서 '어부환인'은 화가명이거나 혹은 초대 교황 베드로의 권위를 계승한 자를 의미하는 말일 수도 있다.

11 상단에는 오른손으로 아기 예수를 안고 있는 마리아상, 하단에는 예수회 창시자인 이냐시오 데 로욜라와 프란치스코 하비에르, 그 사이에는 성찬 떡과 성배, 그리고 그 밑에는 둥근 예수회 문장(십자가, IHS, 세발 못)이 그려져 있다. 그 주변에는 각 5칸씩 총 15칸에 걸쳐 '기쁨의 현의(玄義)'(상) '슬픔의 현의'(좌) '영복(榮福)의 현의'(우)를 나타낸 그림들을 통해 마리아와 그리스도 이야기를 묘사한다.

12 1930년 오사카부 이바라키시 시모오토와(下音羽)의 하라다가(原田辰次郎家)에서 발견되었다. 히가시가의 소장판과 달리 '영복의 현의' 중 일부 칸 순서가 전도되어 있다. 무엇보다 큰 차이는 로욜라와 하비에르 두상에 광륜이 묘사되어 있지 않으며, 그 뒤에 순교자 성 마티아스와 성 루치아가 묘사되어 있다는 점이다.

13 십자가 위에는 '유대인의 왕 나자렛 예수'를 뜻하는 이니셜 'INRI'가 새겨져 있다. 골고다산을

<table>
<tr><td colspan="2">성찬용나전반합
(イエズス會紋章入蔦蒔絵螺鈿聖餅箱)</td><td>16세기말
~17세기
초</td><td>오사카시 북구
남만문화관</td><td>성찬용 떡(오스챠)을 담는 국내용의 원통형 성구. 프란치스코 하비에르가 족적을 남긴 야마구치현 하기시(萩市)에서 패전 전에 발견되었다.[14]</td></tr>
<tr><td colspan="2">성찬용나전반합
(イエズス會紋章入七寶繋ぎ蒔絵螺鈿聖餅箱)</td><td>16세기말
~17세기
초</td><td>오사카시 북구
남만문화관</td><td>그릇 전체가 나전 기법으로 제작된 외국 수출용 성구. 1966년 포르투갈의 리스본에서 역수입한 기리시탄 공예품.</td></tr>
<tr><td rowspan="6">기리
시탄
묘비</td><td>레이만(禮幡)
묘비</td><td>1581년</td><td>시조나와테시
(四條畷市)
교육위원회</td><td>오사카부 지정 유형문화재. 일본 최고(最古)의 기리시탄 묘비. 프로이스의 서간에도 등장하는 레이만의 이름과 사망 연월일, 십자가와 H자가 새겨져 있다.</td></tr>
<tr><td>만쇼(滿所)
묘비</td><td>1582년</td><td>개인 소장</td><td>유력 기리시탄 이토 만쇼의 이름과 사망 연월일 및 십자가와 HIS(예수회 문장)가 새겨져 있다.</td></tr>
<tr><td>사호(佐保)의
가라라 묘비</td><td>1601년</td><td>나카타니가
(中谷榮次郎家)</td><td>센다이지(千提寺) 쿠루스산에서 발견된 판형의 묘비. 이름, 사망 연월일, 이지(二支)십자와 함께 연꽃 문양이 새겨져 있어 불교를 위장한 묘비로 추정된다.</td></tr>
<tr><td>우에노(上野)
마리아 묘비</td><td>1603년</td><td>히가시가
(東藤次郎家)</td><td>센다이지 지역의 산에서 발견된 판형 묘비. 이름과 사망 연월일 및 이지(二支) 십자가 묘사되어 있다.</td></tr>
<tr><td>제니하라의
마루타 묘비</td><td>1610년</td><td>시모오토와
(下音羽)의 고운
사(高雲寺) 경내</td><td>반원통형 묘비. 이름과 사망 연월일 및 그리스 십자가 새겨져 있다. 제니하라(錢原)는 고운사 북방 1.5킬로미터에 위치.</td></tr>
<tr><td>고이즈미(小泉) 묘비</td><td>1613년</td><td>고운사 경내</td><td>반원통형 묘비. 이름과 사망 연월일 및 그리스 십자가 새겨져 있다.</td></tr>
</table>

위 〈표9〉는 아이 료사나 승려 출신의 로케뿐만 아니라 사호(佐保)의 가라라, 우에노(上野) 마리아, 제니하라(銭原)의 마루타, 그리고 이들의 묘

연상케 하는 십자가 하단부에 작은 구멍이 나 있고 그 안에는 상아제 두개골과 지골(肢骨) 두 개가 담겨 있다. 다카야마 우콘이 다카쓰키성 성주였을 무렵(1573-1785년) 외국 선교사가 가지고 들어온 것으로 추정된다.

14 뚜껑에 예수회의 상징(십자가, IHS, 세 개의 못)이, 그리고 반합 주위에는 담쟁이덩굴이 묘사되어 있다.

석을 만든 무명의 석공들을 비롯하여 기독교 신앙을 가진 남녀들이 오사카 지역에 면면히 존재했음을 잘 보여준다. 예수회의 경우 발리냐뇨를 비롯한 지도자층은 교토와 오사카에 세미나리오(초등 신학교), 노비시아드(신부 양성을 위한 수련원), 콜레지오(신학대학) 등을 세워 전인교육에 힘썼다. 이는 1579년부터 1614년까지의 한정된 35년간이었지만, 당시 서구 최고의 학문, 사상, 문학 등을 일본에 소개하고 나아가 많은 일본인 기리시탄을 배출하는 데에 선구자적인 역할을 했던 것으로 보인다.

오사카의 기리시탄과 관련된 중요한 장소로 '이바라키시립 기리시탄 유물사료관'과 '남만문화관'(南蛮文化館)을 빼놓을 수 없다. 이 중 기리시탄 유물사료관은 오사카시 북부에 위치한 이바라키시 다이우(大字) 센다이지(千提寺)에 있는데, 그 부근은 예전에 기리시탄 대명으로 유명한 다카쓰키성 성주 다카야마 우콘의 영지였던 관계로 오늘날 잠복 기리시탄의 마을로 널리 알려져 있다. 〈표9〉에서 확인할 수 있듯이 이 지역에서 기리시탄 유물이 많이 발견되었다. 센다이지 지역에서 토지를 제공받아 이바라키시가 건설하여 1987년에 개관한 이 기리시탄 유물사료관은 일반 민가 기와집풍의 아담한 분위기로 전혀 위압적이지 않아 정이 많이 가는 곳이다. 전시품 수는 그리 많지 않지만 이 지역이 가지는 상징성에 비추어볼 때 한번쯤 꼭 들러볼 만한 곳이다. 사료관 바로 맞은편에는 1919년 유명한 〈성 프란치스코 하비에르 화상〉이 발견된 동가(東家)가 있다. 일본 역사교과서에 반드시 등장하는 이 그림은 현재 고베시립박물관에 소장되어 있다. 동가에서는 이것 외에 중요 미술품인 〈성 마리아 15현의도〉가 전해진다. 이 그림은 현재 년 1회 2주간 정도 특별 공개시 당 사료관에서 원본이 전시되며 평소에는 사본이 전시되어 있다. 주변에는 기리시탄 묘비도 점재한다.

한편 오사카시 북구에 위치한 남만문화관은 우메다(梅田)역에서 전철로 한 정거장이면 갈 수 있지만, 주변은 온통 고가도로와 대교뿐이라 다소 살풍경하다. 근세 초기의 남만미술과 기리시탄 유품 등 250여 점을 소장한 사설 미술관으로, 관장 기타무라 요시로(北村芳郎)가 1960년경부터 남만미술품 수집을 시작하여 1968년 개관했다. 소장품 관리를 위해 1년 중 기후가 적절한 5월과 11월의 2개월만 공개한다. 소장품 가운데 가장 널리 알려져 있는 것은 전술한 하비에르 화상 못지않게 유명한 〈만인도래도(蛮人渡来図) 병풍〉이다. 중요문화재로 지정되어 있는 이 병풍도는 남만선이 도착하여 상륙한 사람들을 선교사가 맞이하는 광경을 묘사하고 있다. 그 장면 맞은편에는 사람들이 모여 미사 드리는 남만사 모습도 그려져 있다. 이밖에도 남만문화관은 〈성 베드로 화상〉이라든가 예수회 문장이 새겨진 성찬용 반합 등의 희귀한 유품들을 다수 소장하고 있다.

Ⅳ. 시마바라·아마쿠사 지역의 기독교

운젠(雲仙)을 포함한 시마바라(島原) 반도와 아마쿠사(天草) 지역 또한 나가사키 못지않게 기리시탄의 극적인 장면들을 많이 보여준다. 나가사키역에서 출발해서 운젠을 포함한 시마바라 지역을 둘러보고 그 다음 아마쿠사로 이동하는 코스가 일반적인데, 필자는 규슈 남단의 가고시마로부터 아마쿠사 지역으로 이동한 후 시마바라 반도로 들어가는 코스를 택했다. 이것은 버스나 페리 등의 교통편과 이동 시간 등을 고려한 선택이었다. 현재 운젠과 시마바라는 나가사키현에 그리고 아마쿠사는 구마모토현에 속해 있지만, 여기서는 시마바라와 아마쿠사부터 다룬 후 마지막으로 운젠에 관해 언급할 것이다. 먼저 '시마바라·아마쿠사의 난'이라는 희대의 기리시탄 농민반란부터 살펴보자.

시마바라·아마쿠사의 난

시마바라·아마쿠사의 난이란 기독교에 대한 탄압과 폭정이 가중되면서 시마바라 및 아마쿠사 지방의 기리시탄들이 일으킨 농민전쟁(1637년 12월 11일~1638년 4월 12일)을 가리킨다. 원래 시마바라와 아마쿠사 지방의 농민들이 기독교와 만나게 된 것은 시마바라의 영주였던 아리마 하루노부(有馬晴信)와 아마쿠사의 영주였던 아마쿠사 다네모토(天草種元)가 기리시탄이 되면서 이들이 가신과 영내 백성들에게도 기독교로 개종하도록 강권한 데에서 비롯되었다. 그 결과 바다로 둘러싸인 아마쿠사와 시마바라 지역은 일찍부터 서양문화의 영향을 강하게 받았다. 아마쿠사에서는 다네모토에 이어서 훗날 임진왜란에 참전했던 고니시 유키나가(小西行長)가 영주가 되었는데 그 또한 기리시탄 대명이었다. 그러나 도요토미 히데요시 사후 1600년의 세키가하라(関が原) 전투에서 패한 유키나가 대신 데라사와 히로타카(寺沢広高)가 영주로 부임하고 시마바라에서도 하루노부 대신 마쓰쿠라 시게마사(松倉重政)가 통치하게 되면서 영내 백성들은 가혹한 연공에 고통받게 되었다. 그런 가운데 1614년에는 기독교 금교령이 발포되어 가혹한 탄압이 가해졌고, 거기에 더하여 1636년에서 익년에 걸친 대흉작으로 인해 기아자가 속출했다.

그 무렵 시마바라 반도의 아리마(有馬) 마을에서 배교한 기리시탄들에게 신앙의 복귀를 외친 농민 두 사람이 처형당하고, 또한 반도 남단의 구치노쓰(口之津)에서 연공을 내지 못한 집의 임산부가 꽁꽁 얼어붙은 강에서 살해당하는 잔혹한 사건이 일어났다. 이를 계기로 민중의 분노가 폭발하기 시작했다. 특히 동학농민운동의 발단이 되었던 전라도 고부군수 조병갑과 마찬가지로, 새로 부임한 시마바라 영주 마쓰쿠라 시게마사는 막부에 필요 이상으로 충성을 바치는 아첨형이자 백성들에 대해서는 사정없이 수탈하는 가렴주구형의 통치자였다. 설상가상으로 그는 선교사들의 전진기지였던 루손을 공격하자고 막부에 상신할 정도의 철저한 기독교 혐오주의자였다.

이에 반발한 농민들의 항거가 곧바로 시마바라 반도 및 아마쿠사 지방까지 퍼져 일대 농민반란으로 확산되었다. 이 농민들이 조직적인 군사집단으로 재편될 수 있었던 것은 결코 우연이 아니었다. 사실 시마바라 지역의 농민들 가운데에는 아리마 영주가 다른 지방으로 전임하면서 남겨두고 간 전직 무사들이 많이 있었다. 게다가 이 지방에는 콘프라리아(Confraria)라는 기독교 신자조직이 잘 발달되어 있었다. 선교사들이 고안해낸 이 신자조직은 50인 정도의 소조직을 기본단위로 하고 있으며, 그 상위에 대조직 및 지방조직을 두고 있었다. 이 콘프라리아는 각 소조직의 집회에서 예배를 보고 교리를 배우는 한편, 신자들간의 어려움을 서로 돕는 상호부조 조직으로서의 성격도 지니고 있었다(박규태, 2001:114-115).

이리하여 시마바라·아마쿠사의 난은 먼저 시마바라에서 불이 붙었고 이어서 오야노섬(大矢野島)으로 번졌다. 한편 아마쿠사 농민군은 아리아케정(有明町)의 오시마고(大島子) 전투에서 승리를 거둔 후, 혼도(本渡) 지역의 마치야마구치강(町山口川) 전투에서 아마쿠사를 통치하던 시마즈번 군대를 제압하고 총공격을 개시했다. 이로써 전투는 아마쿠사 전 지역으로 확대되었다. 그러나 견고한 도미오카성(富岡城)은 끝내 함락시키지 못했다. 그리하여 도미오카성 공략을 포기한 아마쿠사 농민군은 바다를 건너 시마바라의 농민군과 합류하여 현 미나미아리마정(南有馬町) 소재의 낡은 하라성(原城)에 틀어박혀 농성전(籠城戰)을 펼치며 필사적인 공방을 반복했다. 당시 농민군은 3만 7천명이었고 막부군은 그 세 배가 훨씬 넘는 12만 5천명 정도였다. 농성전이 시작된 후 약 90일 뒤 기아와 추위 속에서 결국 하라성이 함락되고 농민반란군은 전멸했다. 그 중에는 여성과 아이들과 노인들도 많이 있었다.[15]

흔히 우리는 일본인이 상부의 권위와 사회질서에 지나치게 잘 순응한다는 선입견을 가지고 있다. 하지만 이는 어쩌면 절반만의 진실일지도 모른다. 일본사를 보면 상부의 권위에 대한 민중들의 반항과 봉기가 많이 있다. 그 중에서도 시마바라·아마쿠사의 난은 당시의 막부 권력에 철저히 저항한 일본사에서 매우 드문 일대 농민봉기였다. 그것이 철저히 진압된 이후 일본에서 기독교는 지하로 잠적해 버렸다. 이 농민봉기를 기독교 탄압에 항거한 신자들의 반란으로 볼 것인지, 아니면 일종의 경제투쟁으로 볼 것인지에 대해서는 논란이 많다. 중요한 것은 교회 측 학자들은 대부분 이것을 종교전쟁보다는 영주의 과중한 세금부여와 혹독한 정치에 대한 농민봉기로 본다는 점이다. 우리의 동학난이 종교적 요인만으

15 이 농민전쟁 때 히라도의 네덜란드 상관장이 선박 한 척에 대포를 장착하여 시마바라의 하라성에 수백 발을 포격했다는 점도 눈여겨 볼만하다. 이런 과잉 행동은 그것이 포르투갈에 의한 무역 독점을 견제할 좋은 기회라고 여긴 판단에서 비롯된 것이었다. 다시 말해 이는 봉기를 일으킨 기독교도들에 대한 공격을 보여줌으로써 자신들이 기독교 포교를 할 의사가 없음을 막부에게 입증하여 교역의 기회를 증진시키고자 하기 위한 것이었다.

로 구성되어 있는 것은 아니듯이, 시마바라·아마쿠사의 난도 분명 악정에 대한 항거라는 측면을 내포하고 있다. 그러나 도쿠가와 막부는 이 농민반란이 기독교도들에 의한 일본침략의 음모라고 선전했다. 예나 지금이나 어디서든 권력에 의한 폭력은 항상 왜곡될 위험성을 수반한다.

아마쿠사 시로에 관하여

그런데 총 120여 일에 걸쳐 3만 7천여 명의 농민군을 이끌었던 총대장이 불과 15세의 아마쿠사 시로(天草四郎, 1624-1638)라는 소년이었다고 한다면 이것이 과연 믿겨질까? 아마쿠사 시로는 누구인가? 본명은 마스다 시로(益田四郎), 휘(諱)는 도키사다(時貞)이고, 세례명은 당초는 제로니모(Geronimo)였으나 봉기 당시는 프란치스코(Francisco)로 바뀌어 있었다. 통상 아마쿠사 시로 도키사다(天草四郎時貞)라는 이름으로 알려져 있다. 히데요시의 아들 도요토미 히데요리(豊臣秀頼)의 사생아였다는 전설도 있지만 신빙성은 낮다. 통상 세키가하라 전투에서 패하여 참수당한 고니시 유키나가의 가신이었던 마스다 진베(益田甚兵衛, 세례명 헤이토로)의 아들로 모친의 실가인 아마쿠사 제도(諸島)의 오야노섬(大矢野島) 곧 지금의 구마모토현 가미아마쿠사시(上天草市)에서 태어났다고 하는데, 출생지에 대해서는 여러 설이 있어 분명치 않다. 마스다 가문은 고니시씨 멸망 후 로닌(浪人)으로서 농사를 지으며 우토(宇土)에 거주하고 있었다.

아마쿠사 시로의 생애에 관해서는 사실 알려진 바가 별로 없다. 태어나면서부터 카리스마가 있었다든가, 경제적으로 풍족한 환경이었으므로 유소년기부터 학문을 익혔고 뛰어난 교양이 있었다고 전해진다. 전장에서는 십자가를 내걸고 군대를 통솔했다고 한다. 하지만 실제로 난을 계획하고 지휘한 것은 로닌과 촌장들이었고 소년 시로는 농민군의 전의 고양을 위해 이들에 의해 이용된 것으로 추정하는 편이 더 합리적일 것이다. 어쨌든 농민군이 전멸했을 때 시로 또한 하라성에서 전사했고, 그의 목은 절단되어 하라성과 나가사키의 데지마(出島) 입구에 효수되었다. 그런데 『비젠국 아리마전기』(肥前国有馬戦記)라는 구마모토번의 자료에 따르면, 당시 막부측에서는 아마쿠사 시로의 모습과 용모에 관한 정보가 전혀 없었던 모양이다. 그리하여 막부군 진영에 10대 중반 소년들의 목이 계속 도착했지만 어느 게 진짜 시로의 목인지 알 수 없었으므로, 앞서 체포한 시로의 모친(세례명 마르타)에게 확인하게 했다. 그때 모친은 막부측의 구마모토번사 진노스케자에몬(陣佐左衛門)이 가져온 목을 보고 안색이 바뀌며 목 놓아 울었다고 한다. 이 시로의 모친이 건립했다고 여겨지는 묘석이 훗날 민가 돌담에서 발견되어 현재 미나미시마바라시(南島原市)의 하라성터에 이축되어 있다(山本博文, 2009:221-224).

아마쿠사 시로는 일찍이 고니시씨의 가신들과 기리시탄 사이에서 구세주로 옹립되어 신격화된 인물로, 마치 예수처럼 그가 맹인 소녀를 만지자 눈을 떴다든가 바다 위를 걸었다는 등의 기적담이 전해지기도 한다. 시마바라 및 아마쿠사 지방에는 지금까지도 아마쿠사 시로가 해당 지역의 수호신으로 신앙되고 있다. 일반인 사이에서도 인기가 많아 소설, 만화, 애니메이션, 영화, 연극, 드라마, 게임, 가요, 회화, 조각 등으로 많이 재현되어 왔다. 현재 하라성 터를 비롯하여 가미아마쿠사시(上天草市)의 오야노성(大矢野城)터와 '아마쿠사 시로 공원' 및 '아마쿠사 시로 메모리얼홀', 그리고 아마쿠사시(天草市)의 '아마쿠사 기리시탄관' 등 시마바라와 아마쿠사 각지에 아마쿠사 시로 동상이 많이 세워져 있다.

규슈올레길에서 만난 시마바라 · 아마쿠사의 난

트래킹 코스 규슈올레는 '일본 규슈 관광추진기구'가 2011년 사단법인 제주올레와 제휴 협약을 체결하여 매년 로열티를 지불하면서 만들기 시작했는데, 2012년 2월 제1호 다케오(武雄)코스가 개장된 이래 2019년 현재 총 21개 규슈올레 코스가 오픈되어 있다. 그 중 아마쿠사 지역에는 아마쿠사 · 레이호쿠(苓北) 코스, 아마쿠사 · 마쓰시마(松島) 코스, 아마쿠사 · 이와지마(維和島) 코스 등 세 코스가 있다. 필자는 아내와 함께 이 세 코스를 모두 완주했는데, 그 중 앞의 두 코스는 시마바라 · 아마쿠사의 난과 관련된 유적지를 포함하고 있다. 아마쿠사 · 레이호쿠 코스의 도미오카(富岡) 지역과 아마쿠사 · 마쓰시마 코스의 센간산(千巖山) 등은 예전에 처음 아마쿠사를 방문하여 대절 택시로 돌아보았을 때 미처 가지 못한 곳이었다.

일본 환경청의 '유쾌한 해수욕장 백선'에 선정될 만큼 절경을 자랑하는 레이호쿠정(苓北町) 소재의 도미오카 해수욕장 백사장을 지나 도미오카성터로 들어섰다. 전술했듯이 도미오카성은 시마바라 · 아마쿠사의 난 때 1만2천명의 농민군이 공격을 감행한 격전지이다. 난이 진압된 후에 파괴되었지만 2005년에 복원되었다. 성 중심건물(혼마루)에 방문자센터가 있으며, 중심건물 외곽(니노마루)에는 역사자료관이, 그리고 주차장 옆에는 일본가톨릭 복자(福者)에 오른 아라카와 아담(荒川アダム)의 기념광장이 있다. 추방된 스페인 출신 가르시아 가르세스(Garcia Garcés) 예수회 신부 대신 시키(志岐)교회를 지킨 아라카와 아담은 3개월에 걸친 박해에도 굴하지 않아 참수형에 처해졌다고 한다.

최고의 전망지인 도미오카성터를 뒤로 하고 도미오카 반도의 동서 해안가에 있는 송림 속 포석길을 걸어가다 보면 전시기에 군국주의를 예찬한 전력이 있기도 하지만 자전적 소설 『방랑기』(放浪記, 1930)로 유명한 여류작가 하야시 후미코(林芙美子, 1903-1951)의 문학비가 있는 오카노야(岡野屋) 여관과 도미오카(富岡)신사가 나온다. 그곳을 지나 조금만 더 가면 국가 지정 사적지인 '도미오카 기리시탄 공양비'(富岡吉利支丹供養碑)를 만나게 된다. 일명 천인총(千人塚)이라 불리는 이 공양비는 1647년 스즈키 시게나리(鈴木重成)에 의해 시마바라·아마쿠사의 난에서 목숨을 잃은 기리시탄 3300여 명의 목이 매장된 곳에 세워진 진혼비이다.

한편 아마쿠사·마쓰시마 코스 중 가미아마쿠사시 오노야정에 위치한 센간산(千巖山)은 1637년 시마바라·아마쿠사의 난을 지휘했다는 소년 아마쿠사 시로가 이 산 정상에서 잔치를 열고 동료들과 국자로 술을 떠먹었다고 전해지는 곳이다. "천 개의 높고 큰 바위산"을 뜻하는 센간산은 1935년 국가 명승지로 지정될 만큼 즐비하게 늘어선 기암과 괴암 사이로 군락을 이룬 노송과 철쭉들이 장관을 이룬다. 한국에서 온 올레꾼의 눈에 그것들은 계란으로 바위를 칠망정 불의한 압정에 굴하지 않겠다는 기리시탄 농민 반란군의 높은 기상과 붉은 핏빛의 절개로 비쳐졌다. 이 센간산에 이르기 전 지나왔던 센겐노모리악(千元森嶽) 정상에서 목도한 360도 파노라마의 무수한 섬들과 그 사이로 아마쿠사를 육로로 이어주는 다섯 개의 다리들이 아직도 눈에 선하다. 모든 인간은 각각 하나의 섬이다. 일본인도 한국인도 모두 하나의 섬이다. 시마바라·아마쿠사의 난에서 죽어간 3만 7천의 기리시탄 농민들은 어쩌면 그 섬과 섬을 이어주는 다리가 아닐까?

아마쿠사 지역의 기리시탄 관련 유적지

아마쿠사 지역은 일본의 다른 지역과 달리 기차 노선이 없어 교통이 불편한 탓에 충분한 시간적 여유를 가지고 돌아봐야 할 곳이다. 규슈올레길에 앞서 처음 이곳을 방문했을 때, 필자는 아내와 함께 가고시마 중앙역에서 신간선을 타고 구마모토현 미스미(三角)역에 도착한 후 시간을 절약하기 위해 택시를 하루 대절해서 아마쿠사 지역의 기리시탄 관련 유적지를 둘러보았다.

택시 기사에게 방문하고 싶은 곳의 리스트를 보여주자, 미스미항에서 10분밖에 안 걸린다며 제일 먼저 안내해준 곳이 가미아마쿠사시 오야노정(大矢野町) 소재의 '아마쿠사 시로 메모리얼홀'(天草四郎メモリアルホール)이었다. 말 그대로 시마바라·아마쿠사의 난과 그 지도자였던 아마쿠사 시로를 주제로 한 테마관인데, 특히 3만7천 농민군의 영혼이 하늘로 올라가는 이미지를 묘사한 명상 공간의 3D 영상은 오랫동안 잊히지 않을 기억으로 남을 것 같았다. 이 테마관은 복제품과 멀티비전으로 농민봉기 당시의 모습을 재현하는 한편, 프란치스코 하비에르 신부가 일본에 왔을 때 가져온 조총과 젓소 등 남만문화 자료들도 함께 전시하고 있다.

아마쿠사 지역의 기리시탄 관련 유적지는 주로 아마쿠사시(天草市)에 집중되어 있다. 아마쿠사 시로 메모리얼홀에서 택시로 약 30분 정도 타고 가니 아리아케정(有明町)의 '산타마리아관'(サンタマリア館)이 보였다. 이곳은 잠복기리시탄의 후손인 관장 하마자키 겐사쿠(浜崎献作)라는 의사가 부친과 함께 약 40년에 걸쳐 수집한 각종 마리아관음상을 비롯하여 마리아상이 숨겨진 향로, 십자가가 새겨진 불상, 후미에 등 기리시탄 관련 자료들을 전시한 사설 박물관이다. 여기서 마리아관음이란 잠복기

리시탄들이 탄압을 피하기 위해 성모 마리아상 대신 예배드린 아기를 안고 있는 자모(慈母)관음이나 자안(子安)관음 또는 백의(白衣)관음 등의 관음상을 가리킨다. 시마바라·아마쿠사의 난이 종결된 지 100여년이 지난 시점에서 민속종교화된 기리시탄 신앙의 변용을 느끼게 해 주는 산타마리아관은 그러나 2017년 11월에 폐관되었다. 소장 유물의 높은 가치도 가치려니와 푸른 아리아케 해안 바로 앞에 세워진 성당 분위기의 아름다운 박물관이라 무척 아쉽지만, 그래도 폐관 전에 볼 수 있어서 다행이란 생각도 든다.

다음 행선지는 혼도(本渡) 지역의 '순교공원'(殉教公園)과 '아마쿠사 기리시탄관'(天草キリシタン館)이다. 산타마리아관에서 택시로 30분 정도 걸리는 혼도 지역은 아마쿠사 전지역으로 통하는 '혼도버스센터'가 위치한 교통의 중심지이다. 순교공원으로 가는 도중 마치야마구치강(町山口川)의 기온 다리(祇園橋)를 건널 때, 택시 기사는 그 다리 근방이 시마바라·아마쿠사의 난 때 대격전이 벌어진 곳이라고 귀띔해 주었다. 듣고 보니 후네노오정(船之尾町) 소재의 순교공원 내 천인총(千人塚)은 바로 마치야마구치강 전투에서 전사한 양군의 유골을 마을 사람들이 여러 곳에 거두어 만든 무덤들이 합사된 곳이라는 점에 생각이 미쳤다. 이 순교공원으로 올라가는 계단 양측에는 마리아상 등이 새겨진 불교식 석등들이 줄지어 세워져 있었다. 기독교와 불교의 결혼은 일본 기리시탄의 역사에서 그다지 놀랄 만한 일이 아니다.

순교공원 위쪽에 위치한 아마쿠사 기리시탄관에는 아마쿠사의 기리시탄 탄압 및 시마바라·아마쿠사의 난과 관련된 2백여 점의 자료들이 전시되어 있었다. 특히 이곳은 시마바라·아마쿠사의 난 때 사용되었던 '아마쿠사 시로 진중기'(天草四郎陣中旗)가 소장된 박물관으로 유명하다.

진귀한 세계 3대 군기 중 하나라고 말해지기도 하는 이 진중기에는 군데군데 혈흔과 화살 및 총탄 흔적이 남아 있는데, 현재 국가 중요문화재로 지정되어 있다. 이밖에 마리아관음과 후미에를 비롯하여 시마바라 · 아마쿠사의 난을 기록한 〈사랑난물어〉(四郎亂物語, 시로란 모노가타리)[16] 등도 눈길을 끌었다.

늦은 점심으로 소바 정식을 먹고 서둘러 아마쿠사시 남부 가와우라정(河浦町) 소재의 '아마쿠사 콜레지오관'(天草コレジヨ館)으로 향했다. 이곳은 16세기에 아마쿠사 지역에 활짝 꽃핀 남만문화를 엿볼 수 있는 곳으로 특히 기대되는 일정 중의 하나였다. 16세기말의 아마쿠사는 기리시탄 대명 고니시 유키나가가 영주였던 시대로 노비시아드(수도원)와 콜레지오(상급 신학교)가 세워졌다. 사제를 양성하는 최고 교육시설인 콜레지오에서는 신학과 철학을 가르쳤는데, 신학 수업에서는 천문학과 기상학도 가르쳤다고 한다. 무엇보다 놀라운 것은 아마쿠사의 콜레지오에 덴쇼견구소년사절단이 유럽에서 가지고 들어온 일본 최초의 구텐베르크식 금속활자 인쇄기가 설치되었다는 점이다. 그 인쇄기를 돌려 교과서와 사전 및 신앙서 등 이른바 〈아마쿠사본〉이라 불리는 29종의 책이 출판되었다. 그 중에는 『평가물어』(平家物語)와 〈이솝 이야기〉도 들어 있다. 또한 시키(志岐)에는 1592년부터 약 8년간 화학사(畵學舍)가 설치되어 이탈리아인 성화가(聖畫家) 조반니 니콜라오(Giovanni Nicolao) 신부의 지도하에 회화와 동판화 및 오르간과 시계 등의 제작이 행해졌다. 당시의 아마쿠사는 이처럼 남만문화가 깊이 뿌리내린 곳이었다. 아마쿠사 콜레지오관에는

---

16 아마쿠사 후쿠레기(福連木) 마을 촌장집에 전해져 내려온 군기물어(軍記物語, 군키모노가타리). 1802년 이전에 쓰여진 것으로 추정되는 이 고문서의 작자는 신관이었다는 설이 있다.

그런 남만문화를 상징하는 구텐베르크 인쇄기 복제품을 비롯하여 서양 악기와 『이솝 이야기』 인쇄물 등 당시의 유물과 자료들이 전시되어 있다.

가와우라정 사키쓰(﨑津) 마을의 '사키쓰천주당'도 빼놓을 수 없는 코스이다. 1934년에 재건된 고딕양식의 성당 바닥은 특이하게도 다다미로 되어 있어 일본적인 풍취가 느껴졌다. 조용한 어촌 마을인 사키쓰는 〈나가사키와 아마쿠사 지방의 잠복기리시탄 관련 유산〉의 한 구성요소로 세계문화유산에 등록된 '사키쓰 집락'으로도 잘 알려져 있어 느긋하게 동네 구석구석을 걸어보고 싶었지만 시간적 여유가 없어 그러지 못해 못내 아쉬웠다. 다음에 다시 와야지 라고 생각했지만, 그것은 언제나 잘 이루어지지 않는 꿈으로만 남겨지게 마련이라는 사실을 여행자가 모를 리 없다.

이제 사키쓰 마을을 뒤로 하고 당일의 마지막 일정인 아마쿠사정(天草町) 오에(大江) 마을로 향했다. 그곳에는 1892년 프랑스인 가르니에(L.F. Garnier) 신부가 부임하여 사재를 털어 새롭게 건립한 로마네스크 양식의 순백색 '오에(大江)천주당'과 그 아래쪽에 '아마쿠사 로자리오관'(天草ロザリオ館)이 있다. 로자리오관에는 잠복기리시탄의 생활과 신앙 및 문화를 전하는 유품과 자료들이 전시되어 있으며, 특히 금교 시대의 은밀한 방을 기도 소리(오라쇼)와 함께 재현하는 '지오라마'가 인상 깊었다.

시마바라 지역의 기리시탄 관련 유적지

택시를 대절하여 하루 종일 아마쿠사 지역을 돌아본 후 저녁 무렵 나가사키현 남단의 시마바라 반도로 통하는 현관문인 오니이케(鬼池)항으로 갔다. 페리터미널 앞에 있는 허름한 온천 민숙에 짐을 풀고 소박한 온천탕에 들어가 피로를 풀었다. 다음날 아침 일찍 나와 페리를 타고 나가사키현 시마바라 반도 미나미시마바라시(南島原市)의 구치노쓰(口之津)항에 도착했다. 시마바라·아마쿠사의 난이 발발하게 된 직접적인 도화선의 무대 중 하나인 구치노쓰는 일찍이 남만선의 기항지였다. 현재의 옥봉사(玉峰寺, 교쿠호지) 자리는 기리시탄 시대에는 교회가 있었던 곳이다. 그 교회는 순찰사 알렉산드로 발리냐뇨가 선교사들을 소집하여 '구치노쓰 회의'를 개최한 곳이다. 이 구치노쓰 회의에서 발리냐뇨가 제창하여 개설된 것이 바로 1580년 현 미나미시마바라시에 있었던 아리마(有馬)에 세워진 일본 최초의 서양식 학교인 '아리마 세미나리오'였다. 아리마 세미나리오는 성직자를 양성하는 초등 신학교로, 10대 전반의 소년들이 푸른 제복을 입고 불승과 마찬가지로 삭발을 한 채 이곳에서 서양음악과 라틴어 등을 공부했다. 그들의 일과는 다음 〈표10〉과 같이 매우 엄격하고 규칙적이었다(遠藤周作, 2006:115).

표 10 아리마 세미나리오의 일과

	시간	내용
오전	4시반-5시	기상과 아침기도
	5시-6시	미사와 기도
	6시-7시반	학습·유년자는 라틴어 단어 암기
	7시반-9시	라틴어 학습
	9시-11시	식사와 휴식
오전11시-오후 2시		일본어 학습과 습자

오후	2시-3시	휴식 및 노래와 악기 연습
	3시-4시반	라틴어 학습
	5시-7시	석식과 휴식
	7시-8시	라틴어 학습
	9시	하루의 반성과 기도 후 취침

악기 연습시간을 빼면 하루 8시간 반을 공부하는 시간표는 어린 소년들에게 매우 고된 일정이었을 것이다. 이에 비해 평일 식사는 1즙1채로 검소했는데, 일요일과 축제일에는 찬이 한 접시 더 추가에 과일 등의 디저트가 나왔다. 식사 중 수도사가 라틴어와 일본어로 무언가를 낭독하고 생도들은 그것을 들으면서 식사에 임했다고 한다. 유명한 덴쇼견구소년사절단의 소년 4명은 모두 아리마 세미나리오의 제1기생들이었다.

아리마에 세미나리오가 세워진 후 구치노쓰 북서부에 위치한 가즈사(加津佐)에도 세미나리오와 콜레지오가 개교했다. 오늘날 가즈사정에는 히라키다(開田) 공원의 사적 '남만선 내항지(南蠻船來航之地) 석비'와 더불어 뎃펜(天辺) 마을의 세미나리오 및 콜레지오터에 안내판이 서 있다. 그 설명에 따르면 가즈사 세미나리오와 콜레지오는 도요토미 히데요시 시대의 매우 짧은 기간밖에 존재하지 못했지만, 백여 명 이상의 학생들이 수학했으며 덴쇼견구소년사절단이 로마에서 가지고 들어온 구텐베르크 활판인쇄기가 이곳에 운반되어 일본 최초로 일본어를 로마자로 철자한 금속활자본이 인쇄되었다고 한다. 이와 함께 스자키(須崎) 마을에 남아 있는 기리시탄 묘비군도 둘러볼 만하다.

미나미시마바라시는 규슈 오이타현의 다케다시(武田市)나 분고오노시(豊後大野市) 못지않게 기리시탄 묘비가 많이 남아 있는 곳이다. 가령 로마문자와 서력이 새겨진 '기리시탄 묘비'는 일본에서 가장 오래 된 반원통형 묘비로, 공동묘지에 있는 현재지의 지하에서 1929년에 발견되었다. 또한 세미나리오터와 콜레지오터 외에도 중요한 기리시탄 관련 유적지가 많이 있다. 아리마는 남북조시대 초기에 기리시탄 대명 아리마 하루노부(有馬晴信)가 축성한 히노에성(日野江城)의 성하마을(城下町)이었는데, 근년에 발굴된 '히노에성터'에서 아리마 하루노부의 시대를 말해주는 불교식 묘석을 쌓은 계단 유구 등이 발견되었다.

이밖에 '아리마가와 순교지'(有馬川殉教地)도 빼놓을 수 없다. 히노에성의 영주 아리마 하루노부의 아들 아리마 나오즈미(有馬直純)는 1610년 기리시탄이었던 아내 마르타(고니시 유키나가의 조카딸)과 이혼하고 도쿠가와 이에야스의 양녀를 정실로 맞이했다. 나오즈미는 1612년 대명이 된 후 에도 막부의 금교령에 따라 영내의 기리시탄에 대한 잔혹한 박해자로 변신했다. 그는 1613년에는 부친 하루노부와 후처 쥬스타 사이에 태어난 8세와 6세의 이복동생들을 살해했으며, 시마바라·아마쿠사의 난 때에도 4천여 명의 군대를 이끌고 정벌군에 가담했다. 이런 나오즈미의 가신 3명이 배교를 거부하자 1613년 이들과 그 가족을 히노에성 앞 해안가의 '아리마가와 순교지'에서 화형에 처했다. 그때 순교한 기리시탄 중에는 11세 소년도 있었다고 한다.

하지만 미나미시마바라시의 기리시탄 유적지 하면 역시 세계유산으로 등록된 '하라성(原城)터'를 꼽지 않을 수 없다. 전술했듯이 이곳은 시마바라·아마쿠사의 난 때 막부군 12만5천여 명과 농민봉기군 3만7천여 명 등 총 16만2천여 명이 사투를 벌인 격전지로, 전투에서 살아남은 봉기군 약 1만8천명은 남녀노소를 막론하고 모두 처형되었다. 실제로 농

민봉기군을 이끈 것은 예전 고니시 유키나가의 가신이었던 향사들이었지만, 상징적인 지도자는 15세 소년 아마쿠사 시로였다. 폐허의 성터에 홀로 남아 시마바라·아마쿠사의 난을 떠올리게 해 주는 시로 동상을 뒤로 하고 멀지 않은 곳에 위치한 '아리마 기리시탄유산 기념관'(有馬キリシタン遺産記念館)으로 발걸음을 옮겼다. 하라성터 및 히노에성터의 역사를 소개하는 이 기념관에서 필자는 한편으로 기독교 전래, 히노에성을 거점으로 삼았던 아리마씨의 영광, 덴쇼견구소년사절단을 배양한 기리시탄 역사 이야기, 그리고 다른 한편으로 아리마씨 실각 이후의 기리시탄 탄압과 시마바라·아마쿠사의 난 이야기 등을 살펴보면서 새삼 인간의 이야기란 항상 빛과 어둠이 함께 교직(交織)하여 짜내는 옷감 같은 것이라는 점을 반추하고 있었다.

이어서 미나미시마바라시 위쪽으로 올라가 시마바라시(島原市)의 '시마바라성'(島原城)으로 발걸음을 옮겼다. 이곳은 마쓰쿠라 시게마사 영주가 (구)영주 아리마씨가 거하던 히노에성(日野枝城)과 하라성(原城)을 허물고 1618년부터 7년에 걸쳐 신축한 성인데, 그때의 가혹한 과세와 부역은 시마바라·아마쿠사의 난을 발발시킨 원인 중 하나가 되었다. 1637년 농민봉기군에게 공격받았던 이 성은 메이지유신 후에 해체되었다가 1964년에 복원되었으며, 현재 천수각과 기리시탄 사료관이 유명하다. 사료관에는 마쓰쿠라 성주가 무자비하게 진압한 시마바라·아마쿠사의 난의 정신적 지도자였던 아마쿠사 시로의 초상화를 비롯하여 마리아 관음상, 기독교금교령의 고찰, 콜레지오 제단의 십자가, 후미에 장부 등 귀중한 사료와 유물들이 다수 전시되어 있다.

아내와 함께 머문 '시마바라 스테이션 호텔' 방의 창문 바로 맞은편으로 시마바라성이 보였다. 필자가 아내와 함께 이곳을 방문했을 당시는 일본에서 한류 드라마의 인기가 절정에 달했을 때였다. 시마바라 시민들은 만나는 사람마다 한국에서 왔다고 하면 모두 〈겨울연가〉를 잘 보고 있다고, 어김없이 욘사마(배용준)와 지우히메(최지우)를 말하면서 반겼다. 이영애의 〈대장금〉에 대해 말하는 일본인들도 많았다. 난 당시 심한 목디스크를 앓고 있던 터라 여행 가방조차 제대로 끌지 못할 정도로 힘들었던 때였다. 그래서인가 마치 고행하듯이 후덥지근한 여름날 비지땀을 흘리며 시마바라·아마쿠사의 난이라는 비극적인 역사의 현장 한가운데를 걷고 또 걸었던 것 같다.

시마바라성에서 도보로 15분 정도 가면 아름다운 '시마바라(島原) 교회'가 나온다. 이는 당 지역의 수많은 기리시탄 순교자들을 기념하여 세운 교회로, 정문 옆에는 '시마바라반도 순교자 기념성당'(島原半島殉教者記念聖堂)이라고 적혀 있다. 원래 명칭은 1932년에 세워진 시마바라 니노마루(島原二の丸)교회였는데, 일본26성인 순교 4백주년 및 시마바라·아마쿠사의 난으로부터 360년에 해당하는 1997년 현재의 돔형 교회당으로 신설되었다. 산상수훈에 빗대어 팔각형의 둥근 돔형을 하고 있고, 당내에는 판형 후미에, 아마쿠사 시로 진중기, 1620년에 시마바라반도의 대표자가 교황에게 보낸 감사와 결의 편지 등의 복제품이 전시되어 있다. 특히 시마바라 기리시탄 신앙의 역사를 묘사한 스테인드글라스가 인상적이다. 부지 내에는 선교사 알메이다 동상과 덴쇼견구소년사절단의 일원이었던 나카우라(中浦) 쥬리안 신부 동상이 서 있다. 그 중 나카우라 쥬리안 신부 동상의 안내문에는 다음과 같은 내용이 적혀 있었다.

> 나가사키 출신의 나카우라 쥬리안은 1580년에 창설된 아리마 세미나리오의 1기생으로 입학했다. 2년 뒤 이토(伊藤) 만쇼, 치지와(千々石) 미

겔, 하라(原) 마르티노와 함께 덴쇼견구소년사절단으로서 로마로 파견되어 8년 후인 1590년 활판인쇄기를 가지고 귀국했다. 익년 도요토미 히데요시를 알현하여 유럽문화를 소개했다. 귀국 후 사제가 되기 위해 아마쿠사와 마카오의 콜레지오에서 수학하고, 1608년 동기생인 만쇼 및 마르치노와 함께 나가사키에서 사제 서품을 받았다. 41세 때였다. 1614년 도쿠가와 막부의 기독교 금교령에 의해 많은 순교자가 나온 구치노쓰 교회에 부임하여 그곳을 거점으로 아마쿠사, 야쓰시로(八代), 야나기가와(柳川), 고쿠라(小倉)의 교회를 순회했다. 가혹한 탄압 속에서도 신자들을 격려하면서 쇠약해진 몸을 이끌고 분투하다 결국 시마바라 반도에서 향년 64세로 순교했다…

조선으로 치자면 임진왜란을 전후한 시기에 이미 유럽을 깊이 있게 견문했던 기리시탄 소년의 파란만장한 삶을 상상하며 시마바라시에 위치한 '이마무라 형장터'(今村刑場跡)와 '시마바라 순교지'(島原殉教地)로 발걸음을 옮겼다. 1622년 나바로(Pietro Paolo Navarro) 예수회 신부가 화형에 처해지고, 1633년 안토니오 쟈노네(G.A. Giannone) 예수회 신부가 순교했으며, 메이레키(明暦) 년간(1655-58)에는 오무라에서 발각된 기리시탄 중 56명이 잔혹한 방법으로 처형당한 곳이 바로 이마무라 형장이었다. 시마바라성 앞의 시마바라역에서 버스로 10분 거리에 있는 이 형장터 자리에는 현재 표석이 세워져 있다.

한편 벤텐정(弁天町)의 시마바라 순교지는 1627년 15인의 기리시탄이 손가락을 잘린 채로 엄동설한의 아리아케해(有明海)에 던져져 익사한 곳이다. 그 중에는 아리마 하루노부의 가신으로 운젠지옥곡에서 순교한 우치보리(内掘) 파울로의 세 아들도 있었다. 바티칸 공식 순례지 중 하나인 이곳의 석양에 물든 해안가는 마치 핏빛을 연상시켰지만 아름다웠다. 기리시탄 신앙에 공감하든 아니든, 이국의 여행자에게 부당한 현실의 공포를 넘어선 순교자들의 마음이 전해져왔기 때문일 것이다.

시마바라 운젠 순교지

시마바라성 앞에서 버스를 타면 유명한 온천지인 운젠(雲仙) 공원까지 1시간도 채 걸리지 않는다. 운젠은 701년 나라시대의 고승 교키(行基)에 의해 개창되었다고 말해진다. 교키는 나라 동대사 대불 건립을 총지휘한 인물로 백제계 이주민의 후손이다. 이 점에서 운젠은 우리와도 인연이 닿는 곳이다. 옛 표기는 '온천'(温泉)이라 쓰고 '운젠'이라 읽었다. 역사적으로 운젠은 원래 여인금제의 영산으로, 서쪽의 고야산(高野山)이라 불릴 만큼 번창했다. 그래서인가 운젠에는 불교설화에 입각한 지명이 붙어 있는 곳도 적지 않다. 1911년 일본 최초의 현립 운젠공원(県営温泉公園)이 되었고, 1934년에는 세토내해(瀬戸内海) 및 기리시마(霧島)와 함께 일본 최초의 국립공원으로 지정되었다. 그 후 1956년 아마쿠사 지역이 추가되어 운젠·아마쿠사 국립공원이 되었다.

낮 12시경 곳곳에 유황연기가 모락모락 피어오르는 운젠에 도착하자마자 먼저 100엔짜리 대중온천부터 들어가 흙먼지와 땀으로 뒤범벅이 된 객인의 피로를 풀고 시원한 냉소바로 허기를 채운 뒤 길 옆의 온천신사도 둘러본 후 유황가스 냄새와 열탕과 수증기로 가득 찬 운젠지옥곡(雲仙地獄谷, 운젠지고쿠다니)으로 들어갔다. 이곳은 잔혹한 영주 마쓰쿠라 시게마사(松倉重政)가 1627년에서 1631년에 걸쳐 체포된 기리시탄 신

자들에 대해 남녀를 막론하고 손가락을 자르고 등을 갈라 그 안에 열탕을 붓거나 전신을 열탕에 던져 넣는 극형을 가한 곳이다. 특히 1628년과 1629년에는 많게는 670명을 한꺼번에 열탕에 집어넣었다는 기록도 남아 있다. 이렇게 1627년에 시작된 운젠지옥곡에서의 고문은 몬타누스(A. Montanus)가 1669년에 펴낸 『몬타누스 일본지』에 소개되어 유럽 각국을 놀라게 했다. 이와 관련하여 엔도 슈사쿠(遠藤周作)는 소설 〈기리시탄의 마을〉(切支丹の里)에서 페레이라 신부가 본국에 보고한 내용을 다음과 같이 묘사하고 있다.

> 7명의 신도들은 12월 2일 저녁 나가사키에서 오바마항에 도착하여 하루 종일 산으로 끌고 갔다. 산에는 오두막 몇 채가 있었다. 그날 밤 족쇄와 수갑을 채운 채 오두막에 수용되었다. 그리고 밤이 새기를 기다렸다. 12월 5일 고문이 시작되었다. 한사람씩 부글부글 끓는 연못가에 데리고 가서 뜨거운 포말과 증기를 보여주며 신앙을 버릴 것을 명령했다. 차가운 날씨에 열탕이 튀어 오르는 장면을 보기만 해도 신의 가호가 없다면 정신을 잃을 만한 장면이었다. 그럼에도 모두 고문을 해라, 우린 신앙을 버리지 않겠다고 외쳤다. 이 대답을 들은 관리는 수인의 옷을 벗기고 양 손과 발을 묶고 네 명이 제압했다. 그러고는 250cc 정도를 담는 국자로 열탕을 퍼서 세 차례 정도 각 수인에게 부었다. 7명 중 마리아라는 여성이 고통 때문에 정신을 잃고 쓰러졌다. 33일 동안 그들은 이 산에서 각각 6회나 이런 고문을 받았다.

이 7명은 끝까지 신앙을 버리지 않았으므로 나가사키에 다시 끌려가 십자가에 매달려 화형당했다고 한다. 이처럼 참담한 기억이 담긴 운젠

지옥곡이 내려다보이는 언덕 위에 대형 십자가와 함께 6인의 순교자 이름이 새겨진 '기리시탄 순교기념비'(キリシタン殉教記念碑)가 세워져 있다. 이 비석에는 다음과 같은 내용이 적혀 있다.

> 펄펄 끓는 유황지옥. 1627년부터 5년간 이곳에서 행해진 '운젠지옥의 순교'는 일찍이 해외까지 알려져 사람들의 마음을 흔들어 놓았다. 혹은 유황 연기 자욱한 열탕못에 던지거나 전신에 열탕을 쏟아 부어도 굴하지 않은 채 신앙으로 순교한 자가 수십 명에 이른다."몸은 죽일지언정 영혼은 해할 수 없는 자를 두려워하지 말라"는 성훈(聖訓)을 받들어, 신에 대한 충성과 영혼의 존엄성을 중시하여 고문과 죽음을 넘어선 거룩한 순교자들의 영예로움이 이곳에 머물고 있다. 1961년 11월 5일 가톨릭 나가사키 대사교구.

매년 5월 세 번째 일요일마다 이런 운젠지옥의 순교자들을 기리는 '운젠순교제'(雲仙殉教祭)가 개최되고 순례가 행해진다. 기리시탄 순교기념비 밑에는 1628년 12월 25일에 이곳에서 순교한 1명의 이름과, 여기서 고문을 받은 후 1632년 9월 3일 나가사키에서 화형당한 5명의 이름이 새겨져 있다. 또한 십자가 밑에는 1627년 2월 28일에 이곳에서 최초로 순교한 16명의 이름과 같은 해 5월 17일에 순교한 10명의 이름이 새겨져 있다. 그러니까 이 운젠지옥곡에서 순교하거나 고문받은 후 다른 곳에서 순교한 기리시탄으로서 이곳에 이름이 새겨져 있는 자는 총 32명에 이른다. 그런데 순교기념비 왼편의 운젠지옥곡 안내판에는 1627년부터 7년간에 걸쳐 이곳에서 순교한 자가 33명이라고 적혀 있다. 아마도 이름을 확인할 수 없는 순교자가 한 명 더 있었던 모양이다. 도쿠토미 소호(德富

蘇峰) 자서(自書)의 '타오르는 성화의 비'(聖火燃ゆの碑)도 십자가 바로 좌측에 세워져 있다. 거기에는 이쿠타 쵸스케(生田蝶介)가 1928년에 출판한 소설 〈타오르는 성화〉(聖火燃ゆ)의 취재를 위해 1927년 운젠을 방문했을 때 순교자에게 바친 다음 단가 한 수가 새겨져 있다.

> 지금도 여전히 붉은 철쭉이 산을 덮고 있네. 거룩한 피가 불타오르듯.
> (今もなほ丹きつつじの山こめて聖き血しほの燃ゆるなりけり)

운젠지옥곡을 내려와 나가사키 또는 아리가(有家)나 구치노쓰(口之津) 등 미나미시마바라(南島原) 지방 신자들이 연행되어 운젠으로 향한 길목인 '운젠 기리시탄 순교의 길'(雲仙キリシタン殉教道)로 접어들었다. 이 순교의 길은 오바마정(小浜町) 방면과 미나미시마바라시 방면에서 올라왔을 때 합류되는 지점으로 길가에는 당시의 이정표 석주가 세워져 있다. 거기에는 "여기서 운젠까지 18정(약 1.8킬로미터). 좌측은 시마바라반도 남부 방향. 우측은 오바마 방향"이라고 새겨져 있다.

운젠시 오바마정 시외버스정류장 맞은편 건물에 당시 미국 대통령이었던 오바마의 대형 사진이 걸려 있어서 웃음이 나왔던 기억이 난다. 이 오바마정 후다노하라(札の原)의 작은 구릉 위에 세워진 붉은 벽돌의 운젠(雲仙)교회는 운젠지옥곡에서 순교한 일본인 복자 이시다(石田) 안토니오와 동지 순교자들의 영혼을 기림과 아울러 로마교황의 나가사키 방문을 기념하여 1981년 헌당되었다. 오바마정의 미미토리(耳採) 버스 정류장 이름에는 교토의 이총(耳塚)을 연상시키는 슬픈 사연이 담겨 있다. 1629년 7월 나가사키로부터 운젠지옥으로 연행된 기리시탄 남성 37명과 여성 27명을 태운 배가 오바마에 상륙하여 산으로 향했다. 도중에 노숙을 할 때 기리시탄들의 탈주를 방지하기 위해 귀를 자르고 손가락과 발가락을 잘랐으며 얼굴에 인두로 '기리시탄'(切支丹)의 낙인을 찍었다고 하는데, 이를 애석하게 여긴 마을 사람들이 그 귀를 모아 귀무덤을 세웠다고 한다. 이리하여 '귀를 자른 곳'을 뜻하는 일본어 '미미토리'가 오늘날까지 지명으로 남게 된 것이다.

필자는 나가사키현 기리시탄 관련지 탐방의 마지막 코스로 운젠시 소재의 '가나야마성(金山城)터'에 올라갔다. 가나야마성 성주 유키 야헤이지(結城弥平次)는 원래 기리시탄 대명 다카야마 우콘(高山右近)의 가신이었다가 이어서 운젠의 영주가 된 고니시 유키나가의 가신이 되었다. 그는 선교사 추방령이 나왔을 때 선교사를 영내에 몰래 숨겨줄 만큼 속 깊은 기리시탄이었다. 고니시가 1600년 세키가하라(関が原) 전투에서 사망하자 그는 도쿠가와 측의 아리마 하루노부를 섬겼으나, 1613년 하루노부의 아들 아리마 나오즈미(有馬直純)에 의해 추방당했다. 이 가나야마성은 전도소가 되어 많은 신도들이 모여들었다고 한다.

일본인과 기독교

이상에서 살펴본 나가사키, 아마쿠사, 시마바라, 운젠, 교토, 오사카 기리시탄들의 모습은 세계기독교사에 비추어보아도 매우 감동적인 기독교 수용의 역사를 증언하고 있다. 그럼에도 오늘날 일본사회에서 기독교의 교세는 개신교와 가톨릭을 합쳐 전체 인구의 1%에도 미치지 못하는 실정이다. 기독교는 '일본인의 종교'가 되지 못한 채 '지식인의 종교' 혹은 기껏해야 교회나 성당 결혼식을 위한 '로맨틱한 종교' 정도로 여겨지고 있는 것이다. 전래 초기의 성공적인 포교와 그 뒤를 이은 장렬한 순교의 역사에도 불구하고 기독교가 일본에 뿌리내리지 못한 이유는 어디에 있을까?

물론 그 주된 요인으로 근세 일본의 정치사회적 상황 및 불교정책과 맞물린 철저한 기독교 탄압을 들 수 있을 것이다. 하지만 그것만으로 다 설명이 되지는 않는다. 마루야마 마사오(丸山眞男)는 일본인의 관용적인 사상전통의 특징을 '정신적 잡거성'에 있다고 보았는데, 그는 계속해서 기독교는 마르크스주의와 더불어 이런 정신적 잡거성 자체를 원리적으로 부인하는 종교였기 때문에 일본에 뿌리를 내리지 못했다고 지적한다(마루야마 마사오, 1998:67). 매우 날카로운 통찰력이지만, 기독교 자체가 과연 정신적 잡거성 자체를 원리적으로 부인하는 종교인가 하는 점에서는 이론의 여지가 있을 수 있겠다. 삼위일체라든가 부활 사상 등 기독교의 중요한 교의들은 거의가 플라톤주의를 비롯한 헬레니즘사상과의 동거를 통해 이루어진 것이기 때문이다.

필자에게는 오히려 『침묵』에서 엔도 슈사쿠가 등장인물인 페레이라 신부의 입을 빌어 일본인들의 신관에 대해 던진 말이 더 의미심장하게 다가선다. 페레이라 신부는 기독교 전래기의 일본인들이 받아들인 신은 실은 서구인들이 믿는 그런 기독교의 신이 아니라, 일본식으로 굴절시켜 받아들인 신이었다고 토로하면서 다음과 같이 말한다.

> 일본 민족은 인간과 아주 동떨어진 신을 생각할 능력을 갖고 있지 못하오. 이 민족은 인간을 초월한 존재를 생각할 힘도 갖고 있지 않소… 이 민족은 인간을 미화하거나 확장시킨 어떤 것을 신이라 부르오. 다시 말해서 인간과 동일한 존재를 신이라 부르오.

결국 일본에는 아무리 해도 기독교를 받아들일 수 없는 그 무엇인가가 있다는 것이다. 그것은 아마도 아쿠타가와 류노스케(芥川竜之介)가 소설 〈신들의 미소〉(神々の微笑)에서 말한 외래적인 것을 일본화하거나 '변조하는' 어떤 힘일지도 모른다. 아쿠타가와는 그런 힘을 '신도(神道)적인 어떤 것'으로 이해하면서 다음과 같은 시적인 경고의 말로 소설의 종지부를 찍고 있다.

> 어쩌면 천주님 자신도 이 나라 토인으로 변하겠지요. 중국이나 인도의 것이 일본에 들어와 바뀌었듯이 서양 것도 바뀌지 않을 수 없을 겁니다. 우리(일본의 혼령 혹은 신들_필자)는 나무들 속에도 있습니다. 얕은 물결 속에도 있습니다. 장미꽃을 스치는 바람결에도 있습니다. 사원벽에 남아 있는 저녁놀에도 있습니다. 언제 어디에나 있습니다. 조심하세요, 조심하세요…

여기서 아쿠타가와는 애니미즘적 신도의 신관념을 "언제 어디에나 있다"는 말로 요약하고 있다. 신도적인 어떤 것에 의해 일본에서는 기독교가 뿌리를 내리지 못한다는 것이다. 프로이스가 『일본사』에서 "일본의 상류층은 내세에 별로 관심이 없고 일반 서민들도 현세중심주의적"이며 "일본인은 위대한 모방자"(柳谷武夫譯, 1965:35, 135, 211)라고 지적한 것도 신도적인 어떤 것과 관련이 깊다. 그것은 아쿠타가와가 엔도 슈사쿠와 마찬가지로 소설적 인물을 통해 기독교의 일본적 수용양태를 진단한 말이자, 일본인들이 서구 기독교 세계를 비롯한 타자에 의해 이해받기를 원하는 일본적 특수성을 표현한 말이기도 하다. 하지만 굳이 '무상'(無常)이라는 불교 용어를 꺼내지 않더라도 우리는 변하지 않는 것은 아무 것도 없다는 사실을 잘 알고 있다. '침묵'하고 있는 듯이 보이는 일본 기독교의 상황도 언제 어떻게 변할지 모른다. 그 변화는 곧 일본사회의 근본적 변화를 뜻할 것이다. 이런 의미에서 기독교는 일본사회의 미래를 가늠하는 중요한 리미널리티적 바로미터 중의 하나임에 틀림없다.

제4장

나오시마

: 현대아트의 성지

'현대아트의 성지'라 불리는 나오시마(直島)는 아름다운 풍광의 세토내해(瀬戸内海)에 떠 있는 3000여 개의 섬들 가운데 하나이다. 둘레 16킬로미터에 인구 3000명 정도[1]의 작은 섬인 이 섬은 혼슈(本州) 오카야마현(岡山県)과 시코쿠(四国) 가가와현(香川県) 사이에 위치하며 행정적으로는 가가와현에 속해 있다. 섬 북쪽에는 일본의 근대화와 공업화시대를 견인한 대기업 미쓰비시(三菱)의 구리제련소가 있다. 1917년에 창업한 이 제련소는 지금도 동양 최대의 구리 생산량을 자랑한다. 가가와현 현청소재지인 다카마쓰시(高松市)에서 페리로 1시간, 또는 오카야마현 다마노시(玉野市)에서 페리로 20분 거리에 위치한 나오시마는 미야노우라(宮浦)와 혼무라(本村) 및 쓰무우라(積浦)를 중심으로 마을이 형성되어 있다.

섬의 관문인 미야노우라항 입구에 설치되어 있는 구사마 야요이(草

1 1990년 나오시마 인구는 4671명이었는데, 2018년 현재 3098명으로 약 1/3 정도 감소했다.

間弥生)의 작품 〈빨간 호박〉(赤かぼちゃ, 2006)은 섬 내 노선버스 문양에 사용될 만큼 나오시마의 상징으로 널리 사랑받는다.[2] 북부의 세토(瀨戸)지구는 미쓰비시 제련소가 들어오면서 원주민을 이주시켜 현재는 주민이 거의 거주하지 않는다. 나오시마의 트레이드마크라 할 만한 베네세하우스, 지중미술관, 이우환미술관 등이 들어서 있는 섬 남측은 국립공원으로 지정되어 있다.

가옥 프로젝트

한편 혼무라는 이른바 '가옥 프로젝트'(家プロジェクト)로 유명하다. 여기서 '가옥 프로젝트'란 행정과 생활의 중심지구인 섬 동측 혼무라(本村)에서 전개 중인 아트 프로젝트로 건축과 미술이 혼연일체가 되어 독특한 미적 체험을 가져다주는 전형적인 사례라 할 수 있다. 오래된 빈집 가옥이나 신사 및 사원터 등의 공간을 아트 작품으로 재생시켜 다음 〈표 11〉과 같이 현재 총 7개소 작품이 상설 공개 중에 있다.

---

2 2002년 호주의 아시아퍼시픽 트리엔날레에서 백남준 및 이우환과 함께 아시아 대표작가 3인으로 선정되기도 했던 구사마 야요이는 반전, 성해방, 동성애, 인권 등의 정치사회문제에 적극적으로 참여해 온 일본의 아티스트이다. 물방울무늬 옷을 즐겨 입어서 우리나라에서 '땡땡이 할머니'로 불리는 그녀는 수차례 한국에서도 전시회를 가졌고 안양시에는 작품이 설치되어 있다. 정신착란증으로 도쿄의 정신병원에서 지낸 적도 있는 그녀는 20여 권에 달하는 시집과 소설을 펴내기도 했다. 흔히 구사마의 예술은 편집적 강박증과 환각 증세에 대한 치료법이라고 말해진다. 그녀는 물방울, 거울, 풍선, 전구, 조명, 공 등의 아이콘을 무한대로 반복 증식시키면서 자신의 편집증을 예술로 승화시키고 있다(정희정, 2011:183-184). 구사마의 다른 작품인 노란색 〈호박〉(南瓜, 1994)은 베네세하우스 아래 해안가에 위치한다.

표 11 가옥 프로젝트

연도	프로젝트명	건축가	개요	소장 작품
1998	가도야 (角屋)	미야지마 다쓰오 (宮島達男)	200년 된 가옥을 회반죽, 태운 나무판, 기와로 원형을 재현	〈Sea of Time '98〉, 〈Naoshima's Counter Window〉, 〈Changing Landscape〉
1999	미나미데라 (南寺)	안도 타다오	절터에 목조건축물 건립	제임스 터렐의 〈달의 뒷면〉
2001	긴자 (きんざ)	나이토 레이 (内藤礼)	200년 된 가옥의 지붕과 기둥을 살려 전통적 기법으로 개축	〈이것을〉
2002	고오신사 (護王神社)	스기모토 히로시 (杉本博司)	신사 본전(개축), 배전(신축), 지하 석실, 유리계단으로 구성	〈Approprite Proportion〉
2006	고카이쇼 (碁会所)	스다 요시히로 (須田悅弘)	원래 바둑 두던 장소. 완전히 무너진 것을 새롭게 건축	다다미방의 인조 동백꽃과 마당의 실제 동백꽃을 '대비'
2006	이시바시 (石橋)	센쥬 히로시 (千住博)	메이지시대에 제염업으로 번성한 이시바시 가문의 집을 재현	〈폭포〉, 〈공(空)의 정원〉
2006	하이샤 (はいしゃ)	오타케 신로 (大竹伸朗)	예전 치과의원이었던 건물을 그대로 작품화	〈혀 위의 꿈〉(舌上夢), 〈봇콘노조키〉(ボッコン覗)

이 중 미나미데라와 고오신사에 대해서는 뒤에서 다시 언급할 것이다. 필자는 2018년에 이 7개소를 다 둘러보았는데, 관리가 상당히 꼼꼼하게 이루어지고 있었다. 2006년 이후 지금까지 추가로 진행된 가옥 프로젝트는 아직 없지만, 고령화로 인해 계속 빈집이 늘어나고 있으므로 앞으로 또 다른 형태의 가옥 프로젝트가 나올 지도 모르겠다.

베네세 아트사이트 나오시마 프로젝트

가옥 프로젝트는 나오시마에 관심을 갖고 현대미술로 되살리겠다는 '베네세 아트사이트 나오시마 프로젝트'의 일환으로 이루어진 것이다. 이 나오시마 프로젝트의 구현을 위해 일본의 교육 및 실버 기업인 베네세그룹은 1987년 섬의 절반을 10억 엔에 구입했다. 그 후 이 프로젝트가 수행해온 주요 사업은 다음 〈표12〉와 같다.

표 12 베네세 아트사이트 나오시마 프로젝트의 주요 사업

연도	주요 사업	연도	주요 사업
1989	나오시마국제캠프장 시사이드파크 완성	2002	가옥프로젝트 〈고오신사〉
1992	베네세하우스 완성	2004	지중미술관 완성·'베네세 아트사이트 나오시마'라는 명칭 도입
1994	〈Open Air '94 Out of Bounds : 바다 풍경 속의 현대미술전〉 개최	2006	베네세하우스 파크동과 비치동 오픈·〈나오시마 스탠더드2전〉 개최
1995	베네세하우스 별관 오벌동 완성	2007	이에프로젝트 〈하이샤〉 〈이시바시〉 〈고카이쇼〉
1997	가옥프로젝트 출발	2008	이누지마(犬島) 아트프로젝트 제1기 완성
1998	가옥프로젝트 〈가도야〉	2010	〈세토우치 국제예술전2010〉·이우환미술관 개관/데시마(豊島)미술관 개관
1999	가옥프로젝트 〈미나미데라〉	2013	〈세토우치 국제예술전2013〉·안도뮤지엄 개관
2001	가옥프로젝트 〈긴자〉·〈스탠더드전〉	2016	〈세토우치 국제예술전2016〉 개최

이 프로젝트가 시작된 지 30여년이 지난 오늘날, 오랜 동안 황량한 공장지대였던 나오시마는 많을 때는 일본 내외로부터 연간 약 70만 명의

관광객이 몰려드는 아트의 섬으로 변모해 있다. 놀랄 만한 파격적인 변신이 아닐 수 없다. 미국의 〈콘데 나스트 트레블러〉(Conde Nast Traveler)라는 세계적인 여행 잡지에 2008년 파리, 두바이, 베를린, 알렉산드리아, 리우데자네이루, 빌바오와 함께 꼭 가봐야 할 7대 여행지로 선정될 정도로 유명한 세계적 관광명소가 된 것이다. 도대체 무엇이 나오시마를 이렇게 180도 바꿔놓은 것일까? 무엇보다 나오시마를 관광명소로 만든 세 사람의 공로자 즉 나오시마 정장(町長)으로 여러 정책을 통해 섬 발전의 토대를 구축한 미야케 지카쓰구(三宅親連, 1908~현재),[3] 나오시마 프로젝트의 총 기획자이자 스폰서인 후쿠타케 소이치로(福武総一郎, 1945~현재),[4] 각종 아트 프로젝트의 실질적 담당자였던 아키모토 유지(秋元雄史, 1955~현재)[5] 등의 노력을 간과할 수 없을 것이다. 이들의 노력이 놀라운 결실을

---

3 9기 연속 36년간 나오시마 정장(町長)을 역임한 미야케는 나오시마 하치만(八幡)신사 궁사의 아들로 태어났다. 국학원대학을 졸업한 후 프로레타리아 예술에 접하고 사회차별을 인식했으나 사상적 전향을 하여 국수주의자(우국지사)가 되어 "일본정신을 수호하기 위해"라는 명분으로 당시 히라누마 기이치로 총리의 암살계획에 참여했다가 미수에 끝나 체포되었다. 패전 후 그는 고향에 돌아와 정치가로 재기하여 정장이 되었다. 그는 생활용수 확보, 보육소와 유치원의 통합 운영, 지역적 특색을 살리는 정책(북부는 산업지대, 중앙부는 주민생활의 장, 남부는 관광산업지대), 후지타관광의 남부 개발 유치 및 베네세 유치 등을 추진했다.

4 오카야마현 출신으로 와세다대학 이공학부를 졸업했다. 후쿠타케서점 사장인 후쿠타케 데쓰히코(福武哲彦)의 아들로 현재 주식회사 베네세 홀딩스 이사장, 재단법인 후쿠타케재단 이사장, 세토우치 국제예술제 종합프로듀서 등을 맡고 있다. 경제지 〈포춘〉이 선정한 일본 20대 부호 중 한 명으로 세계적인 예술품 수집가이기도 하다. 1988년 나오시마 문화촌 구상을 발표했으며, 부친 사망 후 회사명을 후쿠타케서점에서 '잘 살다'는 뜻의 '베네세'(Benesse)로 변경했다. "경제는 문화의 시종"이라고 여기면서 "아름다운 자연이 펼쳐진 세토우치를 모든 신앙을 초월한 '새로운 성지'로 발전시키고 싶다고 꿈꾼 인물"(直島インサイトガイド制作委員會, 2013:151)이다.

5 동경예술대학 미술학부 회화과 졸업 후 작가 및 아트 라이터로 활동하다가 1991년 후쿠타케서점(현 베네세 홀딩스)에 입사하여 '베네세 아트사이트 나오시마'로 알려진 아트 프로젝트의 수석 담당자가 된다. 2001년 나오시마의 아이콘적 작품인 구사마 야요이의 〈빨간 호박〉을 낳은 〈아웃 오브 바운즈〉전의 기획자이자, 낡은 민가를 예술작품화 하는 '가옥프로젝트'의 코디네이터였다. 2002년

맺게 된 요인은 자연과 아트이다. 실제로 섬의 방문자들을 대상으로 설문 조사를 행한 어떤 연구에 따르면, 나오시마의 인상에 관해 '아트의 섬'과 '아름답다'는 응답이 가장 많았다(張楠他, 2013:82-83).

'아트의 성지' 나오시마

이 중 본 장의 주된 관심은 아트라는 요소이다. 더 정확히 말하자면 현대아트인데, 사람들은 나오시마를 흔히 "아트의 성지", '현대아트의 천국', '섬 전체가 미술관', '시간이 멈춘 섬'이라고 부른다. 본 장에서는 이런 나오시마를 어떤 측면에서 '아트의 성지'라고 말할 수 있는지와 관련하여 종교와 차별성을 가지는 대안적 개념으로서의 '스피리추얼리티'에 주목한다. 이때의 스피리추얼리티란 본서 서문에서 언급했듯이 "초월적 의미를 추구하는 개인적 성성(聖性)"(박규태, 2015:181-182)으로 정의될 수 있다. 이런 맥락에서 미술관의 스피리추얼리티 및 현대아트가 보여주는 빛과 시간과 공간의 스피리추얼리티에 초점을 맞추는 한편 궁극적으로 나오시마의 사례를 현대일본에 있어 '성지순례의 변용'이라는 차원에서 그 의의를 탐색하고자 한다.

부터 모네의 〈수련〉 구입을 계기로 '지중미술관'을 구상했고 2004년 개관 후 지중미술관 관장, 공익재단법인 '나오시마 후쿠타케미술관 재단' 상무이사에 취임하였고, '베네세 아트사이트 나오시마' 디렉터를 겸임했다. 그 후 나오시마 프로젝트를 다른 섬에도 확대시키려는 후쿠타케와의 의견 불일치로 인해 2006년 재단을 퇴직하여 나오시마를 떠났다. 2007년 '가나자와 21세기미술관' 관장으로 취임한 이래 국내 미술관으로서는 최다 방문객수인 연간 255만 명이 찾는 현대미술관으로 성장시켰다. 현재는 동경예술대학 교수 및 '대학미술관' 관장, '네리마(練馬)구립미술관' 관장으로 재직 중이다.

물론 나오시마는 전통적인 종교 성지가 아니다. 그럼에도 '성지'로 불린다면 어떤 맥락에서 그런 것인지에 대해 먼저 짚고 넘어가기로 하자. 이와 관련하여 오카모토 료스케는 『성지순례』에서 다음 〈표13〉과 같이 성지의 네 가지 유형을 제시한다(岡本亮輔, 2015a:203-204).

표 13 성지의 네 가지 유형

유형	특징	대표적 사례
제도적 성지	국교처럼 해당 사회에서 역사적으로 강력한 영향력을 가진 종교가 정한 성지. 혹은 유네스코 같은 조직이 승인한 장소	예루살렘, 메카, 알링턴 국립묘지, 이세신궁, 고야산, 히에이산, 후지산, 히로시마 원폭돔
공동체적 성지	특정 사회집단에 의해 뒷받침되는 장소	천리시(천리교), 미노부산(身延山, 일련종), 본원사(本願寺, 정토진종), 세도나(뉴에이지), 글래스톤베리(Glastonbury, 노천축제)
이벤트적 성지	공동체의식과 귀속감의 한정성을 수반하면서, 일시적으로 해당 장소를 공유하는 사람들에 의해 뒷받침되는 성지	파워스폿, 아니메 성지
개인적 성지	제도나 공동체에 구애받지 않은 채 개개인이 성지라고 느끼는 장소	어떤 곳이든 성지가 될 수 있음

한편 종교사회학자 야마나카 히로시(山中弘)는 '종교적 성지'(횡축 우), '비종교적 성지'(횡축 좌), '신앙 · 위령 · 현창'(종축 상), '투어리즘 · 문화재'(종축 하)라는 네 요소를 조합하여 다음 〈표14〉처럼 성지의 네 가지 복합유형을 제시한다(山中弘, 2012:2-5).

표 14 성지의 네 가지 복합유형

복합 유형	대표적 사례
종교적 성지 –신앙·위령·현창	천리시, 야스쿠니신사, 나가사키교회군, 본원사, 홋카이도신궁, 지장사(地藏寺), 메카, 티벳, 러시아 수도원, 루르드, 예루살렘
종교적 성지 –투어리즘·문화재	나가사키교회군, 나리타산 신승사(成田山新勝寺), 영평사(永平寺), 이세신궁, 구마노고도(熊野古道), 사도(佐渡), 시코쿠헨로(四国遍路), 이코마산(生駒山), 우타키, 부다가야, 산티아고 데 콤포스텔라, 글래스톤베리
비종교적 성지 –투어리즘·문화재	이마도(今戸)신사, 기요마사 우물(清正井, 메이지신궁 경내), 그리스도의 묘지(일본 아오모리현), 정림사(定林寺), 가마쿠라, 후지산, 와시노미야(鷲宮)신사, 여순, 파리의 3대묘지
비종교적 성지 –신앙·위령·현창	한신아와지 대진재터, 에히메마루 위령비, 한국의 전몰자묘지, 히로시마, 나가사키, 오키나와, 펄 하버, 아우슈비츠수용소터, 도호쿠오헨로

이 중 아트의 성지 나오시마의 사례는 오카모토와 야마나카가 제시한 '개인적 성지' 또는 '비종교적 성지–투어리즘·문화재' 유형에 비교적 가깝다고 보이지만, 정확히 일치하지는 않는다. 예컨대 세토우치 예술제 기간 중의 나오시마는 '이벤트적 성지'의 성격을 드러내며, 보는 각도에 따라 글래스톤베리처럼 '종교적 성지–투어리즘·문화재' 유형에 배치될 수도 있기 때문이다. 그럼에도 위 〈표13〉과 〈표14〉의 유형화는 나오시마가 '예술의 성지'로 칭해질 만한 가능성을 시사한다. 이하에서는 '스피리추얼리티'를 키워드로 삼아 이런 가능성에 접근해 보고자 한다.

Ⅰ. 나오시마의 미술관 : '콘크리트의 스피리추얼리티'

미술관을 해당 지역의 '스피리추얼 센터' 혹은 말 그대로 예술의 신 뮤즈의 전당으로 보는 관점이 있다. 미술관은 "미학적 명상을 위한 장소"이고, 미술관 투어리즘은 "예술의 신전에서 행하는 봉헌 행위"(Vandemoortele, 2014:7-10)라는 것이다. 일본을 대표하는 세계적인 건축가 안도 타다오(安藤忠雄)가 '아트의 섬' 나오시마에 세운 베네세하우스, 지중미술관, 이우환미술관 등은 이런 의미의 미술관에 썩 잘 어울려 보인다. 건축의 노벨상에 해당하는 '프리츠커상'을 수상한 안도의 주요 작품으로는 이밖에 '포트워스 현대미술관'(미국)과 일본의 '스미요시 연립주택'(오사카), '산토리박물관'(오사카), '빛의 교회', '물의 교회', '물의 절'[6] 등을 들 수 있다. 한국에도 제주도의 '글라스하우스'와 '지니어스로사이' 및

6 오사카부 이바라키시(茨木市)의 한적한 주택가에 위치한 '빛의 교회'는 출입구로부터 경사벽의 개구부로 들어가서 180도 돌면 예배당이 나온다. 노출콘크리트 벽에 바닥과 회중석은 거친 비계판자로 만들어져 있는 이 작품은 초월적이고 신성한 종교의 특성을 나타낸다. 홋카이도의 산악부 평원에 위치한 '물의 교회'는 주변의 작은 물줄기를 끌어들여 만든 인공호수를 배경으로 세운 기하학적 형태의 교회이다. L자형 노출콘크리트 벽이 건물 본체와 인공호수를 둘러싸면서 교회로 인도한다. 완만한 경사면을 걸어 올라가면 사방이 유리로 둘러싸인 빛의 상자로 유도된다. 이런 진입방식은 성스러운 공간에 도달하기 위한 속의 세계를 은유적으로 표현한 것이다. 또한 물에 투영된 일명 '감성의 십자가'는 종교건축물의 성격을 극대화시켜 보여준다. 한편 오사카만을 한 눈에 바라볼 수 있는 효고현 아와지시(淡路市)의 언덕에 위치한 본복사(本福寺, 혼푸쿠지) 본당인 수어당(水御堂, 미즈미도) 일명 '물의 절'은 두 개의 벽 사이를 지나 수련으로 가득 찬 타원형 인공연못이 나오고 그 연못 아래 붉은색의 법당이 묻혀 있는 구조가 인상적이다. 안도는 계단을 오르는 절의 개념을 바꾸어 계단을 내려가는 절로 만들었다. 절의 내부공간으로 진입할 때 체험할 수 있는 물의 수면에는 하늘이 투영되어 있으며, 사찰 내부의 붉은 빛은 원초적 성성을 드러낸다. 이 종교건축물들은 공통적으로 물과 빛의 종교성이라는 주제를 표현한다(김건희, 2015:78-82).

'본태박물관'을 비롯하여 원주의 '한솔박물관'과 서울 도심의 '재능문화센터' 등이 있다. 아키모토는 나오시마의 안도 건축을 하나의 '이단'이라고 규정하면서 다음과 같이 기술한다.

> 나오시마 프로젝트의 출발점이 된 베네세하우스는 직선적인 형상의 건축인데, 섬의 경사지를 살리면서 해안 근처까지 동선이 이어지도록 콘크리트 구조체가 배치되어 있다. 점재하는 건축 구조물들은 자연지형을 두드러지게 함과 동시에 거기에다 기하학적인 질서를 부여한다. 국립공원이라는 조건하에서의 건축이므로 구조물의 노출은 극력 제한된다. 역학적으로 보자면 자연에 대해 지배적인 배치이지만, 노출되어 보이는 부분은 적고 오히려 자연이 더 두드러지게 보인다. 건축 내부를 보자면, 두터운 콘크리트로 바깥과 차단되어 있는 듯이 보이면서도 실은 여기저기 커다란 개구부가 있어 외부와 연결되어 있다. 그래서 자연 풍경과 '직접 만난다'는 느낌을 준다. 안도 건축의 특징은 외부(자연)와의 직접적인 연관성 곧 신체성에 있다. (중략) 안도 건축은 일견 닫혀 있는 듯이 보이지만 실은 열려져 있다. 두터운 콘크리트 벽으로 시계가 막혀 있으면서도 거기서 하늘, 바다, 자연광, 숲 등이 보인다. 그것들은 절반 추상화된 채로 감득된다. 다시 말하자면 그의 건축은 감각적이면서도 독특한 추상성을 수반하는 공간을 창출한다(秋元雄史, 2018:96-98).

아키모토는 자연과 인공, 투어리스트와 미술관, 외부와 내부, 신체적 감각과 추상성, 열림과 닫힘 등의 관계가 독특한 노출콘크리트 벽을 매개로 하여 대립적인 것들의 모순적인 공존 관계로 바뀌는 구조를 '이

단'이라고 부른 듯싶다.[7] 흔히 안도를 '빛과 콘크리트의 건축가'라고 부르는데, 원래 빛과 콘크리트는 그 자체가 양립하기 어렵다. 그것들을 모순적인 공존관계로 만들어낸다는 데에서 안도 건축의 매력이 발산되어 나오는 것이다. 그의 건축물은 모두 노출콘크리트와 자연광의 만남 혹은 음영의 대비를 통과한 부드러운 빛에 싸여 있으며, 거기에 표현된 음영은 "지극히 심리적"(秋元雄史, 2018:318)이다. 특히 나오시마의 경우는 물의 표면 위로 일렁이는 빛이 노출콘크리트 벽을 통과하여 해변가의 아트 작품들에 특별한 빛을 제공하기도 한다. 여기에 안도 특유의 일본적 미니멀리즘[8]이 합쳐져 강렬한 정신성을 표현한다. 원, 삼각형, 사각형을 기본으로 하는 단순한 기하학 형태의 단색 건축은 신지학의 영향을 받은 몬드리안이나 칸딘스키의 추상미술(심상용, 2018 ; 김승환, 2012)을 연상시키면서 우리를 미술관의 스피리추얼리티로 이끌고 들어간다.

그것을 물과 빛과 기하학적 공간이 빚어내는 '콘크리트의 스피리추얼리티'라 불러보면 어떨까? 콘크리트는 조건에 따라서 촉감과 색조에 이르기까지 실로 다양한 마감 방식이 존재하고 매우 다루기 어려운 측면이 있다. 르 코르뷔지에(Le Corbusier)나 루이스 칸(Louis I. Kahn) 혹은 안토니오 가우디(Antonio Gaudi) 등의 대가들처럼 적극적이고 창조적으로 콘크리트를 다룰 때 안도의 궁극적인 관심은 "빛에 의해 연출된 공간을 있

7 일본문화론적 관점에서 '이단성'을 이해할 수도 있다. 안도 건축의 아이디어는 애당초 '나'(私)라는 '개인'으로부터 시작되었다. 처음에는 개인주택에서 출발하여 대형 공공건축 쪽으로 이행했는데, 이런 경향성은 '나를 부정하는 무사(無私)'의 일본문화 특성과는 반대된다. 독학으로 건축공부를 시작한 안도 삶의 노정 자체도 실은 아카데미즘에 대한 하나의 '이단'이었을 것이다.

8 미니멀리즘이란 1960~70년대 미국의 시각예술과 음악을 중심으로 모든 기교를 지양하고 근본적인 것을 표현하면서 단순함을 추구한 예술문화 사조를 가리킨다.

는 그대로 표현"함으로써 "공간의 원형을 모색"하는 데 있다. 여기서 안도가 말하는 빛과 공간이란 건축의 형태가 아니라 "공간의 볼륨 감각과 거기에서 펼쳐지는 빛의 드라마"와 관련되어 있다. 이때 그가 모델로 삼은 것은 고대 로마의 판테온 신전과 중세 로마네스크 수도원의 금욕적인 건축이었다(안도 타다오, 2004:202-203).

이러한 '콘크리트의 스피리추얼리티'를 염두에 두면서 나오시마의 대표적인 안도 건축에 대해 좀 더 상세히 짚고 넘어가자. 먼저 1992년에 오픈한 '베네세하우스'는 미술관과 호텔(총 65개의 객실로 이루어진 오벌동·파크동·비치동)이 합쳐진 종합공간이다. 이 중 지상2층 지하1층으로 이루어진 '베네세 현대미술박물관'에는 세계적인 현대미술 아티스트들의 작품 100여 점이 상설 전시되어 있다. 안과 밖의 구별이 없이 바다풍경 속에 펼쳐지는 이 미술관의 '경계 없는' 이미지는 열림과 닫힘이 함께 공존하는 안도 건축의 정신성을 잘 보여준다. 베네세하우스에서 또 하나 인상적인 것은 숙박자에 한해 전용 모노레일을 타야만 갈 수 있는 오벌동이다. 그것은 중앙 공간에 물정원이 있고 여섯 개의 객실이 그 정원을 빙 둘러싼 구조인데, 뻥 뚫린 천정의 푸른 하늘이 타원형 연못물에 비치는 풍경은 물과 빛과 콘크리트의 조합이 만들어내는 경이로움 그 자체이다.

이번에는 나오시마의 최대 핵심이라고 말해지는 '지중(地中)미술관'에 대해 살펴보자. 이 미술관은 2004년에 오픈했는데, 그 개회식의 인사말에서 후쿠타케 소이치로는 "미술은 내적 성찰(內省)을 위한 것입니다. 이를 위한 스피리추얼한 공간이 필요합니다. 지중미술관은 일종의 성지입니다."(秋元雄史, 2018:355-356)라고 말했다. 이때부터 나오시마가 '현대 아트의 성지'로 불리게 되었다고 한다. 그렇다면 성지로서의 지중미술관을 말할 수 있는 실질적인 근거는 어디에 있을까?

첫 번째 근거는 지중미술관의 독특한 건축 양식에서 찾아볼 수 있다. 안도는 언덕을 절개하여 그 속에 모든 공간을 만들고 다시 흙으로 덮어 세토내해의 경관을 그대로 살려내는 한편, 사각형과 삼각형의 개구부를 통해 하루 종일 자연광을 받아들이도록 미술관을 설계했다. 건물이 모두 땅속에 있는 셈이다. 이 점은 큰 의미를 가진다. "그것은 게릴라전을 싸우는 게릴라의 참호이며, 원시인의 기억 속에 있는 동굴이다. 그리고 기도의 장소이다. 마치 신종교 같은 지중미술관의 모습은 실로 그런 기도의 장소를 비추어 보여준다."(秋元雄史, 2018:385)

'지하로의 하강' 신화를 연상케 하는 미술관에 들어서서 어둡고 긴 통로를 벗어나면 기하학적인 공간이 나타난다. 먼저 왼쪽으로 자연광이 비치는 사각형의 내정원이 나온다. 그곳은 노출콘크리트 벽으로 둘러싸여 있고 원시적 식물인 속새풀이 가득 심어져 있다. 갤러리동에 있는 삼각형의 내정원도 노출콘크리트 벽으로 둘러싸여 있다. 바닥에는 오카야마현 니미시(親見市)의 석회암 산지에서 가져온 석회암이 깔려 있다. 이러한 삼각형과 사각형의 정원들은 현대판 가레산스이식(枯山水式) 돌정원이라 할 수 있다. 그곳은 공허 즉 무(無)의 장소를 의미한다(秋元雄史, 2018:333 ; 德田佳世他編, 2013:49). 이런 구조에 대해 아키모토는 다음과 같이 평한다.

> 지하에 순수한 기하학 형태의 공간을 콘크리트로 빚어냈다. 지하이므로 당연히 빛은 묶이고 공기는 심도를 증대하는 암흑으로 가득 차 있다. 그런 암흑 속에서 빛이 공간을 떠오르게 한다. 이처럼 빛과 맞물린 기하학이 낳은 공간의 넘실거림 안에 각각의 작가와 디렉터의 협업에 의한 아트 공간이 짜여 있다. 사람들은 거기서 '어둠' 속의 '빛' 즉 희망

을 느끼게 하는 무언가를 기대하게 된다(秋元雄史, 2018:334-335).

빛과 어둠의 기하학적 교직이 지중미술관 건축의 중요한 테마라는 말이다. 거기에는 정신의 깊이가 반영되어 있다. 그것은 미술관이라기보다는 "신전에 들어선 것 같은 엄숙하고 경건한 분위기를 자아낸다."(정희정, 2011:89) 성지로서의 지중미술관을 말할 수 있는 또 하나의 근거가 있다. 갤러리와 회랑의 구조가 그것이다. 지중미술관의 갤러리는 모네의 방, 월터 드 마리아(Walter De Maria, 1935-2013)의 방, 제임스 터렐(James Turrell, 1943~현재)의 방으로 구성되어 있다. 이와 관련하여 미술관 기획 단계에서 아키모토가 후쿠타케에게 모네, 드 마리아, 터렐의 세 방을 만들자고 제안하자, 후쿠타케는 "좋아, 모네를 본존으로 삼고 양 협시로 드 마리아와 터렐이 있는 셈이네."라고 대답했다고 한다. 사원의 불상처럼 삼존 형식으로 구성함으로써 투어리스트들이 성스러운 공간에 들어와 작품을 감상하도록 하자는 것이다(秋元雄史, 2018:309).

모네, 드 마리아, 터렐의 공통점은 분명해 보인다. 그들은 모두 자연을 빛과 색채 및 형태로 치환하여 해석하고 그것을 각각 독자적인 방식으로 작품화했다. 이들을 지중미술관이라는 하나의 공간에 배치할 수 있게 만든 것은 바로 빛이라는 요소이다. 지중미술관의 건축물과 작품들은 빛을 매개로 하나가 된다(유재길·윤의향, 2014:20-21). 그러한 빛의 미학을 이해하는 첩경은 건축과 작품들이 만들어내는 공간 자체를 몸으로 느끼는 데에 있다. 이를 위해 안도는 드 마리아의 갤러리를 초자연적 우주처럼 보이는 거대한 내부공간에 초점을 맞추어 설계했고, 터렐의 갤러리는 천정이 뻥 뚫린 공간으로 만들었다. 그런가 하면 모네의 갤러리 실내는 자연광이 위에서 간접적으로 들어와 부드럽게 공간을 감싸 안고,

바닥에는 2센티미터 크기의 대리석 70만 개가 타일처럼 깔려 있어 그 빛이 다시 작품에 반사된다. 백색 배경을 좋아한 모네에 따라 설계자 안도는 전시실의 액자와 벽면와 바닥을 모두 백색으로 통일시켰다. 액자와 바닥은 대리석으로, 그리고 둥근 각의 벽은 모래를 섞은 회반죽으로 상이한 질감의 백색을 창출했다.

나아가 갤러리를 연결하는 회랑까지도 작가 각각의 특징을 살리도록 설계했다. 가령 사선의 회랑을 걷는 투어리스트들은 천정이 없이 자연의 상황을 그대로 느낄 수 있다. 건물 내부는 조명 없이 거의 자연광만으로 채광이 이루어진다. 노출콘크리트에서 흘러내리는 빛은 안도 타다오의 다른 작품인 '빛의 교회'에서의 빛과 마찬가지로 신비스럽고 정신적인 깊이를 느끼게 한다. 좁고 긴 통로는 안도 건축 특유의 특징이다. 그곳을 걷는 것은 각자의 '인생을 걷는 순례길'이 된다. 그 순례의 끝에 도달하는 지중 카페에서 한 눈에 내려다보이는 세토내해는 기나긴 터널 끝에서 터져 나오는 눈부신 빛 그 자체로 경험될 만하다. 해탈이다.

하지만 2010년에 개관한 '이우환(李禹煥)미술관'을 보기 전까지 투어리스트는 대승불교의 보살이 그러하듯이 해탈을 유보하지 않으면 안 된다. 이우환은 누구인가? 한국이 낳은 현대미술의 세계적인 아티스트 이우환은 경남 함안군 두메산골에서 태어나 서울대 미대에 입학한 1956년 여름 일본에 밀항한 후 1968년경부터 일어난 일본 모노파(もの派)의 창시자가 되었다. 모노파란 사물을 있는 그대로 놓아두는 것을 통해 사물과 공간·상황·관계 등에 접근하는 예술을 뜻하는 현대미술 운동으로, 거기에는 이념적으로 근대성과 산업생산에 대한 비판 및 만드는 것에 대한 부정이 내포되어 있다(박규태, 2019).

나오시마에 이우환미술관이 세워지게 된 것은 후쿠타케가 2007년

〈베네치아 비엔날레〉에서 그의 개인전을 보고 난 후, "나는 그의 작품에서 물질문명에 대치되는 선(禪)에 가까운 무엇인가를 느끼고 있었다. 아마도 나오시마 아트프로젝트의 목표에 가장 근접한 아티스트가 아닐까 생각한다…지중미술관이 서양미술의 성지라고 한다면, (이우환미술관은) 거기에 대응하는 동양적 공간으로 만들고 싶었다."(후쿠타케 소이치로 외, 2013:16)는 의도에서 비롯되었다.

원래 이우환은 이 미술관에 대해 조용히 명상할 수 있는 공간이기를 바랬고, 처음부터 동굴이나 작은 사당은 어떨까 하는 의향을 표명했다(후쿠타케 소이치로 외, 2013:81). 안도 또한 젊을 때 세계여행을 하면서 종교적으로 다양한 의미를 가진 동굴에서 많은 영감을 받았다고 한다. 이우환과 안도는 서로 다른 길을 걸으면서 같은 '동굴의 스피리추얼리티'를 꿈꾸고 있었던 것이다. 이우환미술관은 이들의 만남이 빚어낸 결과물이었다. 실제로 미술관은 동굴이나 자궁 혹은 무덤 안으로 들어가는 느낌을 준다. 동굴은 어둠과 함께 카오스를 나타내는 중요한 신화적 상징이며, 이우환의 용어를 빌자면 양의적인 '외부성' 혹은 '타자성'의 표상이라 할 수 있다. 이우환은 아무리 해도 알 수 없는 것이므로 "텍스트에 담기 어려운 외부성을 끌어들이는 공간"(이우환, 2002:267)이 곧 미술관이라고 이해했다.

나아가 돌과 철판 혹은 점과 선 사이에 존재하는 여백과 신체성을 추구함으로써 그림자 속에 숨어 있는 참된 관계와 만남을 소환하는 이우환의 명상적인 작품세계는 '콘크리트 동굴의 스피리추얼리티'를 더욱 부각시킨다. 이와 같은 미술관의 동굴 끝에서 우리는 다시 빛을 만나게 될 것이다.

Ⅱ. 빛의 나오시마 : '물질의 스피리추얼리티'

엘리아데 종교학의 한가운데에는 빛과 물질 혹은 초월과 내재의 상호침투성에 대한 깊이 있는 관심이 존재한다. 거기서 물질은 '성현(히에로파니)의 변증법'을 구성하는 중요한 한 축으로서 성성(聖性)의 원천으로 간주된다. 이와 아울러 빛은 창조의 공간과 시간을 관통하는 '변형적 빛'이자 '정신의 원천'으로 제시된다(멀치아 엘리아데, 1991:20-22). 이런 통찰력을 본고에서는 '물질의 스피리추얼리티'라고 부르고 싶다. 다음에는 빛과 상호 침투하는 '물질의 스피리추얼리티'의 관점에서 나오시마에 전시되어 있는 현대미술 작품들은 들여다보고자 한다. 이때 특히 주목할 것은 지중미술관의 모네 갤러리와 터렐 갤러리이다.

먼저 모네의 방에 전시되어 있는 〈수련〉 연작 5점은 '콘크리트의 스피리추얼리티'로 특징지워지는 안도 건축에서 빛과 물이 핵심적인 요소이듯, 모네가 사랑한 빛과 한결같이 흐르는 물 안에서 계속 성장하는 식물(자연)의 생명력을 느끼게 한다. 나아가 자연광 속에서 보도록 고안된 이 방의 모네 작품들은 무엇보다 "사물과 사물 사이에 있는 공간"(德田佳世他編, 2013:23)을 드러낸다. 그것은 빛의 공간이면서 동시에 공간의 빛이다. 정준모는 "수련은 방편일 뿐 실제로 모네가 그린 것은 빛"(후쿠타케 소이치로 외, 2013:34)이라고 보았다. 틀린 말은 아니지만, 그렇다고 해서 이때의 방편(수련)이 가치 절하될 까닭은 전혀 없다. 모네의 그림 속에서 수련과 물과 나무들은 단순한 방편이 아니다. 그것들은 작품이 전시된 공간 전체와 함께 어우러져 그 사이로 빛과 음영을 만들어내는 데에 필수적인 요소이기 때문이다. 가령 석양의 시간을 묘사한 대장식화(大裝飾畵)[9] 〈수련 연못〉(1915-1926, 유채, 2x6m)에서 모네는 중심이 없는 균질적이고 추상적인 화면 속에서 수련 연못을 마치 거울처럼 사용하여 수면에 비친 주변 나무들의 그림자를 부각시킴으로써 어떤 정신성을 드러내려 한다. 모네가 백내장으로 고통 받았던 만년에 그려진 이 작품에서 그림자는 특별한 의미를 가진다. 화가는 보이지 않는 침침한 눈으로 자기 내면의 강렬한 빛을 그림자로 그려내고 싶어 했던 것이리라. 그것은 칼 융이 말하는 그림자와 겹쳐진다. 우리는 자신의 어두운 부분인 그림자를 용기 있게 대면할 때에만 비로소 참된 자기(Selbst)의 빛과 만날 수 있다. 꽃이 아니라 풀잎과 그 그림자가 주역인 작품 〈수련 : 무성한 풀〉(1914-1917, 유채, 200x213cm)이나 수면에 비친 연못 주변의 나무들과 풀과 꽃들이 거울 속의 허상처럼 거꾸로 표현된 작품 〈수련〉(1914-1917, 유채, 200x200cm) 등에서도 우리는 자아의 페르조나(허상)와 참된 자기의 빛(실상)이 만나는 그림자의 공간을 읽어낼 수 있다.

빛과 그림자가 교차하는 모네 작품은 영원히 순환하는 시간과 끝나지 않는 무한한 세계를 표현한다. 그것들은 자연광의 강약을 통해 부유감을 강조하여 불안감을 야기하면서 마치 허공에 떠 있는 듯한 공간 체험을 이끌어낸다. 그것은 부단히 변하면서도 실은 영원히 변하지 않는 잔물결 같은 시간의 흐름이다. 이런 의미에서 순간의 빛의 변화를 묘

9 모네는 최만년에 이르러 지베르니의 자택에 손수 만든 '물의 정원'을 모티브로 묘사한 〈수련〉 연작에 몰두하면서 86세로 생애를 마감하기까지 2백점 이상의 작품을 제작했다. 그 중에서도 파리 오랑주리미술관과 지중미술관에 영구 설치되어 있는 '대장식화' 작품군은 〈수련〉 시리즈의 작품만으로 방을 장식하는 것을 상정하여 그려졌다. 오늘날의 설치미술 기법과 유사하게 그림을 건 공간 전체가 하나의 아트로 완성되는 것이다.

사한 모네의 작품을 본다는 것은 실은 시간과 공간에 대한 명상과 다르지 않아 보인다. 그리하여 투어리스트는 "자연채광의 살아 있는 빛 속에 영혼이 숨 쉬는 모네의 〈수련〉을 감상하면서 명상에 의한 생명감을 느낀다."(유재길·윤의향, 2014:20)

이번에는 제임스 터렐의 방으로 가보자. 터렐이라는 인물은 인간적으로도 참 특이한 경력의 소유자이다. 1943년 미국 캘리포니아주 로스앤젤레스에서 출생한 그는 16세 때 비행기 조종술을 익힌 후 1950년 중국군대의 티벳 침공 때 승려들을 구하기 위해 의용군에 지원했고 그때 두 차례나 격추당해 중상을 입기도 했다. 대학과 대학원에서 예술뿐만 아니라 인지심리학, 수학, 현상학, 지질학, 천문학 등 다양한 분야를 연구했고 이를 바탕으로 자연의 빛과 인공의 빛을 최대한 활용하여 세계적인 대지미술가[10]가 되었다.

모네를 '빛의 화가'라 할 수 있다면 '미니멀리즘의 사제'라 불리는 제임스 터렐의 작품 세계 또한 빛이 주제이다. 모네가 사물을 비추는 자연의 빛을 묘사했다면, 터렐은 인공적인 빛을 만들어내어 빛 그 자체를 작품으로 보여주었다. 이처럼 터렐과 모네는 빛의 작가라는 점에서 일맥상통하지만, 터렐은 모네에 비해 훨씬 더 공학적이고 기술적이며 현대적이다. 그는 마치 조각가가 진흙을 빚듯이 공학적 기술을 동원하여 빛을 조작한다. 그러면서도 터렐의 배경에는 종교적인 빛의 상징성이 깔려 있다. 본인을 포함하여 그의 가족은 퀘이커교도인데, 퀘이커교는 우상을 가지지 않으며 내면적인 빛에 의해 신앙을 추구하는 종파이다. 무엇보다 터렐

---

10 대지미술(Land art, Earth work)이란 1960년대 후반 영국과 독일 특히 미국에서 성행한 미술 경향으로, 자연 환경 자체를 작품의 주제와 재료로 삼는 예술을 가리킨다.

은 빛 그 자체를 양감이 있는 물질로서 우리에게 제시한다. 이 점에 대해 그는 다음과 같이 말한다.

> 빛의 화가라 불리는 모네가 묘사한 것은 반사광이다. 다시 말해 물에 반사된 빛과 나무들에 반사된 간접적인 빛이다. 그것은 빛의 효과이다. 그러나 내가 다루는 것은 빛 자체이다. 그것도 관람객들이 빛을 직접 체험할 수 있게 제시한다(秋元雄史, 2018:209, 213).

터렐에게 빛은 일차적으로 물리적 존재이다. 그는 빛을 물질로 파악하여 대상화했다. 여기서 우리는 '물질의 스피리추얼리티'로서의 빛을 떠올리게 된다. 지중미술관의 터렐 갤러리에는 세 점의 작품이 전시되어 있다. 〈에이프럼, 페일 블루〉(Afrum, Pale Blue, 1968, 프로젝트), 〈오픈 필드〉(Open Field, 2000, 형광등과 네온관), 〈오픈 스카이〉(Open Sky, 2004, LED와 기세농 램프)가 그것이다. 이 세 작품은 빛을 다루는 터렐의 방식이 어떻게 변천했는지를 잘 보여준다. 가령 〈에이프럼, 페일 블루〉가 빛을 시각적으로 대상화한 초기의 경향을 대표한다면, 최근에는 〈오픈 스카이〉와 〈오픈 필드〉처럼 마치 "빛 속으로 들어가서 그 빛을 온몸으로 느끼는"(德田佳世他編, 2013:27) 것 같은 방식의 제작 경향으로 바뀌고 있다. 보이는 빛으로부터 느끼는 빛으로 변화하고 있는 것이다. 작품별로 좀 더 살펴보기로 하자.

〈에이프럼, 페일 블루〉는 벽에 닿은 빛이 반사되어 빛이면서도 마치 입체인 것처럼 보이도록 연출한 작품이다. 우리는 빛을 본다고 생각하지만 빛의 실체를 직접 볼 수는 없다. 다만 빛의 반사에 의해 떠오르는 물체 즉 사물이 만들어내는 음영과 사물의 고유색을 볼 뿐이다. 빛은 사물을 비추는 매체로서 존재할 뿐이며, 우리가 그것을 감지하기란 곤란하다. 따라서 우리가 빛에 관해 생각할 때에도 머리 속에서 추상적으로 이해할 수 있을 뿐이다. 터렐은 이런 빛의 대상화를 시도한 아티스트이다. 한마디로 그는 무언가를 비추는 빛이 아니라, 빛 그 자체를 보여주고자 한 것이다. 이 작품에서 방 한구석에 투영된 빛은 멀리서 보면 마치 빛이 입방체 모양으로 공간으로 떠 있는 것처럼 보인다. 빛이 어떤 공간을 점유하여 부피감을 가진 물질처럼 보이는 것이 이 작품의 최대 특징이다.

이에 비해 〈오픈 필드〉는 투어리스트가 직접 빛 속으로 들어가도록 고안된 작품이다. 이것은 터렐의 대표작인 〈구멍〉(Aperture) 연작의 모티브를 더욱 발전시킨 것이다. 원래 〈구멍〉 연작은 빛으로 가득 찬 장방형의 공간을 보여주는 데 머물렀지만, 〈오픈 필드〉에서는 그 빛의 공간에 관람객이 들어가도록 만들어 놓은 것이다. 어둠 속에서 희미하게 보이는 푸른색의 장방형이 실은 벽의 개구부이고 그 안으로 들러서면 탁 트인 푸른색의 텅 빈 공간이 펼쳐진다. 그 공간을 걸으면서 몸을 둘러싼 신비롭기 그지없는 빛을 느낄 수 있다. 끝까지 걸어가서 뒤돌아보면 또 하나의 개구부가 무한한 공간처럼 시야에 들어온다. 이런 식으로 터렐은 변화무쌍한 빛의 물질화를 구현한다.

끝으로 천장에 사각형의 개구부를 뚫어 실제 하늘의 다양한 색채를 함께 보여주는 〈오픈 스카이〉는 〈스카이 스페이스〉(Sky Space) 시리즈에 속한 터렐 대표작 중 하나이다. 터렐의 라이프워크인 미구 남서부의 '로댕 크레타 프로젝트'는 이 〈스카이 스페이스〉 시리즈의 변형판이다. 터렐은 종래 형광등이나 네온관으로 빛을 만들어냈지만, 〈오픈 스카이〉에서는 LED와 기세농 램프라는 최신 테크놀로지를 사용하여 단색 빛을 무한한 색상으로 변화시키는 데에 성공했다. 특히 개구부로부터 보이는 사계절의 밤하늘이 보여주는 색채는 신비롭기만 하다. 이것을 투어리스트들이 체험할 수 있도록 지중미술관 측은 폐관 후에 45분간의 코스로 이루어진 야간 개장을 하고 있다. 터렐이 만든 인공적 빛과 자연의 밤하늘에 의한 빛의 경연을 생생하게 보여주는 야간 코스는 관람객에게 영원과 순간의 만남을 느끼게 해 준다. 이 〈오픈 스카이〉에 대해 "하늘이 미술이 되는 미적 쾌감을 느껴라! 신의 목소리를 들을 수 있을 것 같다."(전용성 외, 2010:144)는 감상은 결코 과장이 아니다. 어쨌거나 터렐의 작품은 지중미술관 작품 중에서도 현대미술의 장소특정적(site-specific)[11] 특징을 가장 잘 보여주는 작품이라 할 수 있다(長畑實, 2010: 138).

이밖에 '가옥 프로젝트' 제2탄인 〈미나미데라(南寺)〉도 매우 인상적인 방식으로 '빛과 물질의 스피리추얼리티'를 연출한다. 〈미나미데라〉는 예전에 지역민들의 정신적 의지처였던 지장사(地藏寺)가 있던 곳에 안도와 터렐의 공동작업을 통해 만들어진 작품이다. 한 회에 15인 한정입장이라 해서 줄을 서서 기다리다 안내원을 따라 손에 손을 잡고 들어갔는데, 안은 온통 캄캄한 암흑뿐이다. 그러다가 눈이 어둠 속에 익숙해지면 무언가가 앞쪽으로 조그만 스크린 같은 것이 흐릿하게 보이기 시작한다. 입장 후 15분이 지나면 모두 일어서서 앞쪽으로 나아간다. 희미하게 보였던 개구부 안은 실은 약하고 가느다란 빛들이 충만한 텅 빈 공간이었다. 사람들은 그 공간에 손을 넣고 휘저어 본다. 내 경우는 처음부터 그 개구

11 장소특정적 미술은 실제 장소가 가진 환경적 구성요소를 이용하여 작품을 만들거나 장소의 부분이 작품으로 구성되는 미술을 가리킨다. 가령 나오시마의 경우 아티스트들이 직접 방문하여 나오시마에서만 볼 수 있는 작품을 제작하도록 했다. 이런 장소특정성과 연관된 최초의 미술이 바로 미니멀아트이다.

부가 보였는데, 어둠에 익숙해지기 전까지는 아무 것도 보이지 않았다고 말하는 사람들도 적지 않았다. 이것이 바로 터렐의 〈구멍〉 연작에 속한 〈달의 뒤편〉(Backside of the Moon, 1999)이라는 작품이다.

팜플렛에는 '어둠과 기다림'이 주제라고 적혀 있지만, 나에게 〈달의 뒤편〉은 말 그대로 '달빛 그림자'의 체험으로 각인되어 있다. 보이지 않는 빛의 이면이 정오의 대낮을 암시하는 〈미나미데라〉에 감추어져 있다고 상상해보면 어떨까? 그런 상상은 낮(미나미=남쪽)과 밤(달)의 시간적 대비가 삶이고 그 이면이 죽음이라는 또 다른 상상으로 이어진다. 나오시마 현대미술박물관에 전시되어 있는 브루스 나우먼(Bruce Nauman)의 〈100개의 삶과 죽음〉(100 Live and Die, 1984)은 다른 방식으로 삶과 죽음의 빛을 표현한다. 우리 삶의 거짓말과 죽음의 사랑 따위를 드러내는 백 개의 짝 단어로 이루어진 네온사인이 어둠 속에서 1초가 안 되는 간격으로 여기저기서 명멸한다. 어느 순간 모든 네온사인이 꺼졌다 다시 켜진다. 거기서는 삶도 죽음도, 거짓말도 사랑도 모두 빛의 나타남과 스러짐의 다른 이름일 뿐이다.

Ⅲ. 시간과 공간의 나오시마 : '여백의 스피리추얼리티'

'물질의 스피리추얼리티'를 내장한 빛의 체험은 실은 시간의 체험이고 거기에는 늘 공간의 체험이 따라다니게 마련이다. 이때의 공간은 빛의 나타남과 사라짐 사이의 여백을 가리키는 다른 이름이다. 가령 베네세하

우스 근방 해변 절벽과 나오시마 현대미술박물관 바깥의 콘크리트벽에 각각 전시되어 있는 스기모토 히로시(杉本博司)의 〈노출된 시간: 남태평양 테아라이〉(Time Exposed: 南太平洋, テアライ, 1991) 및 〈노출된 시간〉 연작(1982-1991)은 수평선이 보이는 바다풍경 사진들을 통해 빛의 나타남과 사라짐을 상징적으로 드러낸다. 그 중에는 제주앞바다 사진(〈Yellow Sea, Cheju〉, 1992)도 있다. 투어리스트는 실제 바다풍경을 보면서 세계 각지에서 찍은 바다풍경 사진을 감상한다. 그때 실제 바다와 사진 속 바다 사이에서 생겨나는 시간과 공간의 틈새는 투어리스트의 마음에 추상적인 여백을 만들어낸다. 나오시마 현대미술박물관의 넓은 벽면에 전시된 야나기 유키노리(柳幸典)의 〈세계의 국기와 개미농장〉(The World Flag and Ant Farm, 1990)은 더욱 우주적인 차원에서 시공간의 여백을 느끼게 해준다. 투명 아크릴 상자 안에 채색된 모래로 세계 각국의 국기가 그려져 있고, 아크릴 상자끼리는 가느다란 대롱으로 연결되어 있다. 자세히 보면 대롱을 오가며 국기 형태를 손상시키는 개미들을 발견할 수 있다. 그것은 고대 인도인들이 신화적으로 발견해낸 '마야'의 비밀을 현대의 얽히고설킨 국제정치적 역학 속에 담아놓은 하나의 모래시계라는 인상을 준다.

이에 비해 가옥 프로젝트 제1호 작품인 〈가도야〉(角屋, 1998)는 나타나는 빛과 사라지는 빛, 그 점멸 속도의 차이가 어떤 여백을 만들어내는지를 잘 보여준다. 200년 된 민가를 개축한 이 〈가도야〉에 들어서면 어둠 속에 특별한 시간의 세계가 펼쳐진다. 장방형의 조그만 실내 인공호수에 떠 있는 125개의 방수 시계들이 빨강, 녹색, 노랑 등 색색의 LED 디지털숫자를 보여준다. 125명의 마을 주민들이 각자 정한 속도에 따라 1에서 9까지의 숫자가 반복적으로 나타났다 사라지는 것을 보고 있는 동안, 내 안의 생체 시계도 미야지마 다쓰오(宮島達男)의 이 작품 〈시간의 바다

'98〉(Sea of Time '98, 1998) 안에서 명멸하는 것 같은 환상에 빠지게 된다. 나는 거기서 삶과 죽음의 틈새마다에 숨어 있는 섬세한 여백들을 끄집어낸다.

지중미술관의 월터 드 마리아(Walter De Maria) 갤러리는 시간과 공간의 날줄과 실줄이 빚어내는 성스러움의 아우라를 극적인 방식으로 표현한다. 폭 10미터에 길이 24미터인 이 방은 전체 공간이 〈시간·영원·시간 없음〉(Time·Timeless·No Time, 2004)이라는 하나의 작품을 구성한다. 1935년 캘리포니아주 올버니(Albany)에서 태어난 드 마리아는 캘리포니아대학에서 역사학과 미술을 공부하는 한편 뮤지컬 작곡과 영화 제작까지 손을 대는 등 다재다능한 현대미술가이다. 1960년대 후반에서 70년대에 걸쳐 미국과 유럽 예술가들은 미술관과 화상 등 기존의 전시공간 바깥으로 나와 자연 속에서 작품을 제작했다. 이와 같은 미술 경향을 '대지미술'(Land Art)이라 하는데, 드 마리아는 바로 이런 대지미술의 개척자이다. 그녀는 1977년 뉴멕시코주의 광대한 사막지대에다 400개의 스테인레스 기둥을 1마일×1킬로미터 장방형의 범위에 격자상으로 배치한 설치미술 작품 〈라이트닝 필드〉(The Lightning Field)를 제작했다.

안도와의 면밀한 토론을 거쳐 제작한 〈시간·영원·시간 없음〉은 드 마리아 스스로 〈라이트닝 필드〉 이래의 완성도 높은 작품이라고 자부한 작품으로 세계의 이목을 끌었다. 갤러리 입구는 동쪽으로 나 있으며, 공간의 긴 쪽과 동서 방향이 일치한다. 태양이 입구 방향에서 떠서 안쪽 벽 방향으로 질 때, 시간대에 따라 방의 채광 상황이 극적으로 바뀐다. 천정의 채광 방식은 드 마리아 자신이 디자인했는데, 시간대에 따라 천정에서 내리쬐는 직사광선이 계단 위를 이동하도록 고안되어 있다. 확 트인 공간의 계단을 오르면 한가운데 지름 2.2미터의 검은 색 화강암 구체가 놓여 있고 주위의 노출콘크리트 벽면에는 삼각주, 사각주, 오각주가 각각 하나씩 한 세트를 이룬 금박 입힌 목제 오브제 27개가 규칙적으로 정연하게 배치되어 있다.

이처럼 계단, 노출콘크리트 벽, 화강암의 구체, 황금빛 목조물 등으로 구성된 공간은 특히 높은 천정, 자연광이 쏟아져 내려오는 천정 개구부, 안쪽을 향해 계단이 점점 높아지는 구도 등에서 많은 이들이 지적하듯 신전을 연상케 하는 초연한 분위기를 연출한다. 드 마리아는 인간존재를 지탱하는 세계 그 자체에 흥미를 가지고 "세계란 무엇인가"라는 근원적인 물음 속에서 작품을 제작한 아티스트이다. 하지만 그녀는 결코 세계 자체를 묘사하려 하지 않았다. 오히려 세계에 한 발짝이라도 다가서기 위한 척도를 탐색한 작가라 할 수 있다. 기하학적인 화강암 구체는 바로 이런 척도를 상징한다(秋元雄史, 2018:338-339).

드 마리아는 나오시마가 장소특정적 미술과 이에프로젝트를 통해 탐구해 온 '장소의 아트'의 구극을 실현한 아티스트이다. 나오시마에는 그녀의 작품이 외에도 하나 더 있다. 나오시마 현대미술박물관에서 파크동으로 향하는 도중에 있는 〈보임·보이지 않음, 앎·알지 못함〉(Seen/Unseen Known/Unknown, 2000)이 그것이다. 안도의 노출콘크리트 공간 안에 큰 화강암 구체와 금박 조각이 설치되어 있는 이 작품은 실은 〈시간·영원·시간 없음〉의 원형으로, 긴 쪽이 남북 방향과 일치하여 지중미술관의 작품과 십자가 형태로 중첩된다. 어떤 것이든 드 마리아의 작품에는 어디에도 출구가 없다. 다만 시간과 공간의 틈새들만이 존재할 뿐이다. 혹자는 이런 드 마리아의 작품과 함께 비로소 "종교에 의하지 않은 성지가 탄생했다."(長畑實, 2010:137)고 말하기까지 한다.

이에 비해 네 번째 가옥 프로젝트인 스기모토 히로시(杉本博司)의

〈고오(護王)신사〉는 일본의 민족종교인 신도(神道) 신전을 작품화한 것이다. 이것은 에도시대 이래 나오시마 섬에서 씨족신으로 모셔져 온 신사였다. 스기모토는 전국 12만 개소에 이르는 일본 신사의 센터라 할 수 있는 이세신궁(伊勢神宮) 경내 신사 중에서도 가장 오래된 형식이라고 여겨지는 다키하라노미야(滝原宮)를 참조하여 〈고오신사〉를 설계했다. 이때 그는 신사 아래에 고분시대의 석실을 조성했다. 이는 고분 위에 세워졌던 고대 신사의 원형에서 따온 모티브였다. 그 지하 석실과 지상의 본전은 망원렌즈로 만들어진 유리블록 계단으로 이어져 있다. 유리를 소재로 삼은 것은 각지의 고분 부장품으로 유리구슬이 많이 출토되기 때문일 것이다.

〈미나미데라〉와는 달리 〈고오신사〉는 지금도 도민들의 신앙의 공간으로 기능하고 있다. 원래 이 신사는 '고젠상'이라고 친근하게 불렸다. 지금도 매년 10월에 마쓰리가 거행된다. 이처럼 오래전부터 존재해온 신앙이 현대아트와 결부된 사례는 일반적인 신사에서는 거의 찾아볼 수 없는 나오시마 특유의 광경이다. 이 작품을 관람하는 일본 투어리스트들은 본전 앞의 유리계단 앞에 동전을 던지며 기도한 후 석실로 들어간다. 석실을 나올 때는 들어간 길을 되돌아 나오는데, 들어갈 때는 암흑뿐이었지만 나올 때는 좁은 입구로 새어 들어온 빛이 비치면서 바다를 바라볼 수 있도록 설계되어 있다. 지상과 지하 공간이 하나의 세계를 형성하는 석실 투어리즘은 곧 죽음과 재생의 입문의례와 다르지 않다.

〈고오신사〉가 완성된 후 2002년 10월 13일 개관 첫 공연으로 신에게 바치는 노(能) 〈야시마〉(屋島)가 봉납되었다. 야시마는 나오시마에서도 보이는 섬인데, 그곳은 가마쿠라막부 초대 쇼군인 미나모토노요리토모(源頼朝)의 이복동생으로 비극적인 일생을 보낸 미나모토노요시쓰네

(源義経)의 영혼이 묻힌 곳이다. 봉납노 〈야시마〉는 시간의 무덤에서 요시쓰네의 원령을 불러내어 위무하는 의례였던 것이다. 이와 같은 〈고오신사〉는 일본 신도의 전통적인 시간관인 '나카이마'(中今)를 떠오르게 한다. 나카이마란 '지금, 여기'의 순간이 곧 신대(神代)의 영원한 시간임을 뜻하는 말이다. 그 시간성 안에서는 '여기'의 한 점이 곧 모든 곳이 된다. 그러니까 '지금, 여기'에 모든 시간과 공간이 하나로 압축되어 들어가 있다. 아마도 시공간의 보이지 않는 틈새와 여백이 없다면 나카이마라는 관념은 태어나지 않았을 것이다. 지상의 삶의 세계(지금, 여기)와 지하의 죽음의 세계를 하나로 잇는 유리 계단은 헤르만 헤세의 '유리알 유희' 같은 여백이다.

그러나 "이우환의 작품 세계에서 특히 흥미로운 것은 그가 말하는 '공간의 여백'이다. 이 여백이라는 관념은 대륙적 감성과 비교했을 때 자연스러움, 자연과의 상생을 희구해온 한일 양국의 공통적인 문화 특성이다."(후쿠타케 소이치로 외, 2013:77)라는 안도의 지적에서도 알 수 있듯이, 가장 극적인 시간과 공간의 여백은 역시 이우환미술관에서 만날 수 있다. 이우환은 돌과 철판, 점과 선 등이 만들어내는 여백을 통해 지극히 초자연적인 작품을 추구했다. 가령 미술관 앞의 〈관계항〉, '조응 광장'의 〈관계항-신호〉, '만남의 방'의 〈점으로부터〉와 〈선으로부터〉, '그림자의 방'의 〈관계항-돌의 그림자〉에서처럼 여백은 관계, 조응, 만남, 침묵, 그림자, 명상, 초월, 무한, 열림, 장소 등 천의 얼굴로 나타난다. 예술이란 "좀 더 인간적인 좌절의 산물"(이우환, 1994:212)이며, 예술가의 재능이란 "모호함과 모순을 껴안은 채 어떻게 인간과 공명하는 세계를 짜나갈 수 있는가의 역량"(이우환, 1994:213)에 있다고 말하는 이우환은 여백이 어떤 것인지를 이렇게 표현한다.

만남을 불러일으키는 시적·직관적 순간이 두께와 깊이를 가진 열린 장소가 된다. 그것은 퍼짐을 가진 때라는 모순 개념이다. 시간인 동시에 공간이며 공간인 동시에 시간인 지점이 열리는 순간, 시간은 동시성의 장소로서 만남의 세계가 되는 것이다. 그런 순간은 오는 시간도 가는 시간도 아니고, 바로 지금 여기의 안과 밖이 상호 매개되는 열린 만남의 세계라는 의미에서 비대상적 차원에 속한다(이우환, 2011: 231).

요컨대 시간과 공간이 동시성의 장소가 되는 모순의 순간에 비대상적 차원의 '만남의 세계'가 나타난다는 말이다. 그런 만남의 가능성을 '여백의 스피리추얼리티'라고 칭한다면 어떨까?

리미널리티의 예술 : 또 하나의 성지순례

이상에서 살펴본 대로 나오시마의 장소특정적인 미술과 건축은 콘크리트와 물질과 여백의 스피리추얼리티를 통해 일상의 빛과 시간과 공간을 성스러운 장소로, 그리고 일상적인 행위를 스피리추얼하고 의례적인 의미를 가지는 행위로 변형시킨다. 오늘날에는 나오시마 외에 주변 15개의 섬들에도 현대미술 작품들이 설치되어 있다. 이로써 '현대미술의 성지'가 된 세토내해 일대에는 '세토우치 국제예술제' 기간뿐만 아니라 평소에도 세계 각지로부터 많은 투어리스트들이 모여든다.

그런데 '어느 건축가의 예술 섬 순례기'라는 부제가 달린 책의 저자는 "고행길을 마다않고 나오시마 섬을 찾는 사람들을 보면 예술제의 성격이 예술 순례에 있다는 생각이 든다."(차현호, 2017:8)고 적고 있다. 이 말은 결코 과장이 아니다. 가령 2007년 2월에서 4월에 걸쳐 개최된 〈나오시마 스탠더드2〉 예술제에서는 아트 성지순례를 상징적으로 보여주는 작품이 전시되었다. '나오시마 88개소'(直島八十八カ所)를 기념하는 오자와 쓰요시(小沢剛)의 작품이 그것이다. 오자와는 현대일본의 순례문화를 대표하는 '시코쿠헨로 88개소 영장순례'(본서 제1장 참조)를 그대로 축소시킨 나오시마 88개소를 모방하여 88개의 불상을 만들어 한 곳에 모아 놓았다. 그는 데시마(豊島)의 산업폐기물을 소각하면서 생겨난 흙으로 이 불상들을 구웠다.

물론 나오시마 아트 투어리즘은 설령 순례라는 말을 쓴다 해도 시코쿠헨로와 같은 전통적인 종교적 순례의 범주에 들어가지 않는다. 굳이 말한다면 아트순례는 전통적인 종교적 순례와 코헨이 말한 '실존적 투어리즘'의 중간 정도에 위치하는 '문화적 순례'(cultural pilgrimage)에 속한다고 규정할 수 있겠다(Cohen, 1979:191). 이 점에서 나오시마 아트순례는 분명 새로운 유형의 성지순례로 발전할 만한 가능성을 보여준다. 본 장은 특히 스피리추얼리티라는 개념을 매개로 하여 나오시마의 미술관과 현대미술 작품들에 대한 해석을 통해 그런 가능성을 탐색해 본 시도였다.

거기에는 "투어리즘은 현대인의 순례"이며, "미술관은 현대의 문화적 순례의 장소이자 하나의 스피리추얼한 중심"이라는 발상(Vandemoortele, 2014:2-5)이 깔려 있다. 나아가 '콘크리트의 스피리추얼리티', '물질의 스피리추얼리티', '여백의 스피리추얼리티'는 공통적으로 모순과 공존하는 지혜가 무엇보다 요청된다는 메시지를 던지고 있다. 한 인터뷰에서 이우환이 밝힌 다음과 같은 말처럼, 그 메시지는 빛과 어둠 혹은 시간과 공간이 빚어낸 삶의 곳곳에 복병처럼 숨어 있는 무수한 어긋남과 틈새들이 결국은 "모순이 우리를 창조적으로 만든다"(파우스트)는 통찰력과 뿌리 깊이 이어져 있음을 상기시킨다.

> 캔버스와 조각 등 나의 작품은 모든 것이 약간 어긋나 있다. 기하학적으로 완전 대칭을 이루고 있지 않다. 일부러 그렇게 한 것이다. 차이가 나도록 하고 어긋나는 우주를 드러내기 위한 것이다. 이는 모순이 세계를 활성화시킨다는 것을 보여주기 위해서이다(이가진, 1998:165).

이런 어긋남과 차이는 '리미널리티'의 영역을 확장시킨다. "예술은 리미널리티의 또 다른 표현 양식"(빅터 터너, 2018:326)이라는 의미에서 이우환의 작업을 비롯한 나오시마의 다채로운 프로젝트들은 스피리추얼리티를 추구하는 '리미널리티의 예술'이라 할 수 있겠다. 그것은 종교와 관광의 경계를 해체시키는 경향이 있다. 확실히 스피리추얼리티 추구와 결부된 투어리즘이 근래 증가하고 있다(Marine-Roig, 2015:25). 일본의 경우 1990년대 이후 나오시마를 비롯한 세토내해가 아트순례의 센터로 변모해간 시기가 '스피리추얼리티붐'(박규태, 2015:169-179)이 본격화된 시기와 거의 일치한다는 점은 매우 시사적이다. 거기서 나오시마의 철학적 테마인 '잘 살기'(베네세)는 스피리추얼리티붐의 '자기 찾기'와 미묘하게 겹쳐져 있다. 이런 의미에서 '리미널리티의 예술'을 지향하는 한, 향후 나오시마는 분명 '또 하나의 성지순례'로 자리매김될 것으로 예상된다.

제5장

파워스폿

: '살아갈 힘으로서의 스피리추얼리티'를 찾아서

현대 일본사회에서 지금도 유행하고 있는 신조어 중에 '파워스폿'이란 말이 있다. 일본인들은 대표적으로 '정신세계의 메카'라 불리는 덴카와(天河)신사를 비롯하여 이세신궁(伊勢神宮), 이즈모대사(出雲大社), 메이지신궁(明治神宮), 후지산, 황거, 히비야(日比谷)공원, 도쿄타워 등을 '파워스폿'이라고 부른다. 이 용어는 현재 완전히 일본어로 정착된 일본식 영어(power spot)가 되어 있다. 때로는 '스피리추얼 스폿'(spiritual spot)이라든가 '에너지 스폿'(energy spot)이라는 말이 이것과 동일한 의미로 사용되기도 한다(岡本亮輔, 2015a:151). 그렇다면 파워스폿이란 무엇인가? 『현대용어의 기초지식 1986』에서 종교학자 와키모토 쓰네야(脇本平也)는 파워스폿을 다음과 같이 정의내리고 있다(亀井肇編, 1986:690).

> 파워스폿이란 우주의 정기와 영적 힘이 응집되어 있는 성지를 가리킨다. 종교적 세계관에 의하면 우주는 결코 등질적이고 무성적으로 펼쳐져 있는 물리적 공간이 아니라, 의미에 의해 구조화된 성스러운 중심을

가진 코스모스이다. 그 중심을 향해 어떤 힘이 수렴되며, 또한 그 중심으로부터 힘이 방사된다. 그곳은 의미가 솟아오르는 원천으로서의 성스러운 토포스이며, 대지의 배꼽이라고도 불린다. 이와 같은 종교적 공간론으로부터 성지 관념과 순례의 수행 등이 다양한 형태로 생겨난다. 최근 특히 뮤지션들을 중심으로 하는 젊은 아티스트 사이에서 나라현 요시노군 덴카와촌의 덴카와벤자이텐사(天河弁財天社)가 우주와의 교신과 영감을 주는 파워스폿으로서 인기를 얻고 있다. 시코쿠(四國)를 비롯한 각지의 순례와 사사(寺社) 참배 등도 지금은 단순한 관광여행에 만족하지 못하는 사람들의 마음을 끌어당기는 모양이다.

여기서 와키모토는 파워스폿의 정의와 관련하여 종교학자 엘리아데(M. Eliade)의 성지론을 끌어들이고 있다. 엘리아데의 '종교적 공간론'에서는 우주의 중심으로 간주되는 장소에 힘이 수렴되고 거기서부터 힘이 방사되어 의미가 발생한다고 본다(멀치아 엘리아데, 1983:36-37). 와키모토가 이러한 종교학적 공간론에 입각하여 "우주의 정기와 영적 힘이 응집되어 있는 성지"로 정의 내린 파워스폿은 "인간의 심신에 영향을 미치는 에너지가 생긴다고 여겨지는 장소", "심신을 치유해주는 자연의 에너지로 가득 찬 장소", "눈에 보이지 않는 스피리추얼한 파워나 에너지 혹은 기(氣)가 강하게 느껴지는 장소", "정신에너지를 가득 채워준다든지 행운과 기회를 가져다준다고 여겨지는 장소", "땅, 하늘, 인간이 만들어내는 플러스의 파워가 모이는 곳", "행운, 개운, 활기, 치유를 가져다주는 장소" 등 다양한 방식으로 설명되기도 한다(小寺敦之, 2011:87-88 ; 大和友大朗, 2015:95-96 ; 菅直子, 2010:239).

각종 미디어에 소개된 파워스폿의 장소는 종래 '성지'라 불리던 곳과 중첩되는 부분이 많다. 가령 대표적인 파워스폿으로 말해지는 이세신궁(伊勢神宮)은 식년천궁(式年遷宮)[1]의 해가 아닌 2010년에도 이례적으로 수많은 참배자들이 모였고, 이즈모대사(出雲大社)나 고야산(高野山) 등도 전통적인 순례지로 종래 종교 투어리즘의 주요 대상지이다. 그것들이 연애성취라든가 건강 혹은 시험합격 등 특정한 효험을 가진 파워스폿으로 새롭게 제시됨으로써 미디어에 많이 노출되어 근래 더욱 많은 관광객들을 불러 모으고 있는 것이다(岡本亮輔ほか, 2012:144). 이러한 전통적인 신사나 사찰 외에 후술할 '기요마사 우물'(清正井)처럼 종교적 의미가 없는 장소도 파워스폿으로 큰 인기를 끌었다. 이밖에 고분 등의 사적, 폭포나 동굴 혹은 고목 등 특이한 자연경관, 도시의 생활공간이나 오락공간 등도 파워스폿으로서 미디어에 자주 등장하면서 파워스폿붐을 견인해 왔다.

Ⅰ. 파워스폿붐의 형성 과정

현대 일본사회의 파워스폿붐을 이해하기 위해서는 먼저 그 전경을 이루는 '뉴에이지', '정신세계', '신영성운동'(新靈性運動) 등의 개념을 알아야 한다. 원래 1960년대에 미국에서 처음 형성된 뉴에이지는 1970년

1 263쪽의 각주 12를 참조할 것.

대 일본에 상륙했다. 당시 일본사회에서는 옴진리교 교단을 비롯한 이른바 '신신종교'(新·新宗教)의 대두 및 주술-종교적 대중문화의 융성을 중심으로 하는 종교 붐이 일어나고 있었는데, '일본판 뉴에이지'로 불리는 '정신세계' 또한 그런 종교 붐의 한 현상으로 받아들여졌다. 그 후 '정신세계'는 1980년대 이후 종교라는 말의 유사어로서 일반인들 사이에 널리 사용되었다. 이와 같은 '뉴에이지'와 '정신세계'를 포괄하는 범주로 종교학자 시마조노 스스무가 제시한 개념이 바로 '신영성운동'이다. "현대 선진국을 중심으로 전지구적 규모로 일어나고 있는 새로운 형태의 종교운동으로, 분명한 교의나 조직을 가지지 않으면서 개인의 자유로운 참가와 사적 실천을 기반으로 한 개인주의적인 영성추구운동"으로 규정되는 '신영성운동'은 특히 2천 년대 이후 일본사회에 널리 확산되어 온 '스피리추얼리티붐'을 포괄하는 학술적 용어라 할 수 있다(島薗進, 1996a ; 島薗進, 1996b:167-169).

풍수와 파워스폿

근래의 '스피리추얼리티'를 둘러싼 신영성운동의 전개와 밀접한 관계가 있는 파워스폿(小寺敦之, 2011:88)이라는 용어가 1985년 〈일본경제신문〉에서 처음 등장했을 당시 그것은 뉴에이지적인 것 혹은 오컬트적인 어떤 신비한 것을 연상시키는 말로 사용되었다. 다시 말해 뉴에이지에 영향을 받은 초기 파워스폿 현상은 '정신세계' 영역에서만 통용되었으며(小寺敦之, 2011:93), 오컬트 붐이 일어난 1980년대 후반까지 파워스폿이란 말은 오늘날처럼 인구에 회자할 정도로 널리 쓰이지는 않았다. 그러다

가 1990년대 이후 스픈 휘기로 유명한 초능력자 기요타 마스아키(清田益章)에 의해 파워스폿이 풍수 관념과 접속되어 사용되기 시작하면서 점차 널리 알려지게 되었다. 기요타는 일본에서 최초로 서명(書名)에 파워스폿이란 말을 사용한 장본인이다. 1991년에 출간된 『발견! 파워스폿』(發見! パワースポット)이 그것이다.

기요타가 말하는 파워스폿은 "지구가 우주로부터 에너지를 흡수하는 장소"로 주로 유서 깊은 신사나 사원 혹은 자연경관이 뛰어난 곳에 많다고 여겨졌다(清田益章, 1991:214-215). 지구에 산재하는 파워스폿들은 책 제목 그대로 어디까지나 개개인에 의해 '발견'되어야 할 장소이다. 하지만 『발견! 파워스폿』에서 다룬 27개소의 파워스폿 중 종교와 관련된 장소는 고야산, 최승사(最乘寺, 사이조지), 후타라산(二荒山)신사, 다카치호(高千穗) 등의 네 곳에 지나지 않는다. 그러니까 위 책은 2000년대 및 2010년대 파워스폿 관련 가이드북의 경우처럼 신사에만 편중되어 있지 않다. 또한 도쿄의 아다치구(足立区) 센쥬신바시(千住新橋), 치요다구(千代田区) 니주바시마에(二重橋前), 세타가야구(世田谷区) 고마자와공원(駒沢公園) 등과 같은 비종교적인 도시공간도 파워스폿으로 다루어지고 있다.[2] 파워스폿은 사사라든가 자연풍광이 좋은 곳에만 한정되어 있지 않다(堀江宗正, 2017:9). 대도시의 특정 공간 외에도 '아트의 파워스폿'이라든가 '인공 파워스폿으로서의 스포츠 클럽' 같은 것이 소개되기도 했다.

---

2 2000년대 후반에 파워스폿붐이 일어나기 전, 일본 국내에서 파워스폿으로 가장 유명했던 장소 중 하나로 나가노현 분쿠이토게(分杭峠)의 '제로자장'(ゼロ磁場)을 들 수 있다. 1995년 기공사 장지상(張志祥)에 의해 기장(氣場)으로 인정받은 이곳이 2002년과 2010년 TV에 방영되면서 파워스폿으로 많은 인기를 끌었다. 자장이 서로 경합하여 제로가 되어 방위자석이 일정한 방향을 가리키지 않는다는 이곳은 유례없는 비종교적 파워스폿이라 할 수 있다.

어쨌든 파워스폿이라는 말이 뉴에이지에서 유래한 것임을 강하게 의식하고 있었던 기요타는 가이아 가설이라든가 용혈(龍穴)과 용맥(龍脈)과 같은 풍수 개념을 중시하기도 했다(淸田益章, 1991:28-32). 이와 관련하여 스가 나오코는 1990년대 후반 풍수 붐이 2000년대 후반에 일어난 파워스폿붐에 영향을 끼쳤다고 지적하면서, 간사이 지방의 여성지 『하나코 웨스트』에 게재된 다음과 같은 파워스폿 기사를 인용한다.

> 풍수에서는 대지를 달리는 생기의 통로를 '용맥'이라고 부른다. 그 용맥상에서 좋은 에너지가 샘처럼 솟아나오는 장소를 '용혈'이라고 한다. 또한 태곳적 사람들이 천지와 통하는 어떤 힘을 느껴 신사 등의 성지를 세운 장소에도 용맥상의 급소가 많다. 이와 같은 이른바 파워스폿에서는 아무 것도 하지 않더라도 기분이 고양된다든지 심신이 가벼워진다. 따라서 기분의 정화와 활력의 충전에 최적이다(『Hanako WEST』 2006년 2월호, 126쪽).

스가는 2000년대 이후 파워스폿이 "아무 것도 하지 않더라도 기분이 고양된다든지 심신이 가벼워지는 곳" 또는 "기분의 정화와 활력의 충전에 최적인 장소"로 이해되고 있다는 점에 주목한다. 확실히 이런 이해는 『현대용어의 기초지식 1986』에 나오는 파워스폿 정의와는 사뭇 다르다(菅直子, 2010:245-246). 이처럼 치유의 관점에서 새롭게 이해된 파워스폿 개념이 2002년부터 여성지의 파워스폿 특집에서 많이 소개되었고 특히 파워스폿붐이 서서히 시작된 2006년에서 2008년에 걸친 3년 사이에 급증했다.[3] 그 후 대략 2010년을 기점으로 하여 그 전까지 파워스폿의 화제는 거의 해외였지만,[4] 2010년 이후에는 일본 국내의 파워스폿도 매스콤에 자주 등장하게 되었고 대중잡지 특히 여성지를 중심으로 파워스폿의 상품화가 두드러지게 나타났다.

가령 대중잡지 속의 파워스폿을 분석한 사회학자 아즈마 미하루(東美晴, 2014:35-40)에 따르면, 『지팡구 투어리즘』(2008년)의 기사 "스와호 주변의 유적…파워스폿을 돌아본다: 이야시를 추구하여 '이야시 로치'로"에서 '이야시 로치'란 사람과 동식물이 소생화함으로써 건강해지는 토지를 가리킨다. 그곳에 가면 심신이 모두 치유된다는 것이다. 이후 2010년에 파워스폿을 다룬 대표적인 무크지로 『일본과 세계의 파워스폿 가이드』(이하 『가이드』), 『별책 란도네 전국 파워스폿 완전가이드』(이하 『완전가이드』), 『도쿄 빈둥빈둥 파워스폿 산책』(이하 『산책』) 등을 들 수 있다.

이중 『가이드』와 『산책』은 주로 풍수적 관점에서 파워스폿을 소개하고 있다. 가령 『가이드』는 기(氣)를 받을 수 있는 '용혈' 및 용혈과 용혈

---

3 스가 나오코에 따르면, 이런 증가 현상은 스피리추얼리티붐을 배경으로 다음과 같은 상황에서 비롯된 것이다: ①여성지에 의한 파워스폿 특집이 반복적으로 기획되었다는 점. ②10~20대, 40~60대를 독자로 하는 여성지에서도 파워스폿이 특집으로 나갔다는 점. ③여성지 이외(보도지나 주간지 등)에서도 파워스폿이 특집으로 다루어졌다는 점. ④관광PR, 여행안내 기사의 캐치카피에 '파워스폿'이라는 말의 사용이 증가한 점. ⑤드라마 로케이션 장소와 사람들이 장사진을 치는 가게 등을 소개하는 기사의 표제에 '파워스폿'이라는 말의 사용이 증가한 점(菅直子, 2010:234, 241).

4 1990년대에는 일본판 뉴에이지라 할 만한 '정신세계'에 관심을 가진 많은 일본인들이 세계 각지에 존재한다고 여겨진 파워스폿을 방문하는 해외 투어가 증가했다. 일본에서는 특히 1980년대 후반부터 미국발 뉴에이지 사상이 많이 번역되었고, 해외 특히 미국에서 온 영매가 주목받았다. 그들은 일본에서 워크숍과 세미나를 개최했으며, 이를 홍보하는 광고를 뉴에이지 잡지에 게재했다. 그 광고에는 영매와 함께 피라밋, 세도나, 샤스타산, 글래스톤베리 등 해외의 파워스폿을 방문하는 투어도 포함되어 있었다.

이 이어진 '용맥'을 파워스폿으로 정의한다. 이에 비해 『산책』은 파워스폿을 "좋은 에너지가 존재하는 장소"로 광범위하게 규정하면서 그런 좋은 에너지를 다음 세 가지로 구분한다. ① 하늘(우주) 에너지 : 신적 혹은 영적인 에너지. 신사와 사원이 대표적. ② 땅(지구) 에너지 : 지형학적으로 온천수나 샘물이 있는 곳. 풍수사상의 용혈과 용맥 등. ③ 인간 에너지 : 신앙이 집적된 장소. 이 경우 파워스폿은 "자신에게 있어 활력이 생기는 장소"가 된다. 여기서 ①과 ③이 성지 개념으로 포괄될 수 있다면, ②는 자연의 범주에 속한 것으로 분류될 수 있다.

한편 야쿠시마(屋久島)나 시라카미 산지(白神山地) 같은 세계유산과 함께 이세신궁과 이즈모대사 등의 유명 사사를 파워스폿의 대표적 사례로 들고 있는 『완전가이드』는 성지와 자연 모두를 담을 수 있는 파워스폿 개념을 제시한다. 여기서 성지는 "명상 상태에 들어갈 수 있는 장소"로 그 전형적인 사례가 교회나 사원 또는 신사라고 설명된다. 즉 이런 종교시설의 대부분이 성지에 입지한다는 설을 내세움으로써 일본 각지의 사사(寺社)를 파워스폿 범주에 편입시킨다. 그러니까 파워스폿을 가장 큰 대개념으로 삼고 거기에 성지(중개념)와 사사(소개념)를 귀속시키고 있는 것이다.

파워스폿은 이렇게 풍수뿐만 아니라 성지와도 밀접하게 결부되면서 무한히 확장될 수 있는 개념이 되었다. 그것은 특히 '파워스폿의 개인화'로 나타났다. 그리하여 누구든지 '자신만의 파워스폿'에 관해 말할 수 있게 됨으로써 파워스폿의 시장화가 더욱 용이해졌으며, 2011년에 이르면 파워스폿 및 파워스폿 관광지가 젊은 여성들 사이에서의 유행에만 머물지 않고 모든 연령대에 잘 알려질 만큼 그 이미지가 널리 유포되었다. 요컨대 2010년에서 2011년 사이에 팽대한 파워스폿 이미지가 생산됨으로써 스피리추얼 산업이 일본사회 전반에 침투되었다(東美晴, 2014:43).

스피리추얼리티와 파워스폿 : 에하라붐

전술했듯이 초기 파워스폿의 제창자가 스픈휘기의 초능력자였다는 점은 시사적이다. 1991년 기요타 마스아키의 『발견! 파워스폿』이 나온 뒤 당분간은 파워스폿이라는 말이 들어간 저서는 거의 출판되지 않았다. 그러다가 15년 뒤인 2006년 이후부터 파워스폿이라는 용어를 사용한 출판물들이 비약적으로 증가했고, 특히 여성들 사이에 폭발적인 인기를 불러 모으면서 2010년경부터 파워스폿붐이 일어나게 되었다. 흥미롭게도 이는 에하라 히로유키(江原啓之, 1964-현재)에 의해 촉발된 에하라붐과 시기를 같이 한다. 그러니까 에하라의 등장과 파워스폿 현상의 확산이 동시기에 이루어진 것이다.

에하라붐은 스피리추얼리티붐의 주된 배경 중 하나이다. 에하라는 영국에서 '스피리추얼리즘'[5]을 배운 후 1989년 '스피리추얼 카운슬러'라는 이름을 내걸고 '스피리추얼리즘 연구소'를 열었다. 에하라는 자신의 저술에 1990년대까지만 해도 '영학'이라든가 '심령'이란 표현을 주로 썼는데, 2001년에 간행된 책제목에는 '스피리추얼'이라는 용어를 사용하고 있

5 사자의 영혼이 영매를 통해 생자와 교섭할 수 있다고 믿는 '스피리추얼리즘'은 서구 종교사에서 매우 뿌리가 깊고 다양한 흐름을 가지고 있다. 미국의 경우 통상 1848년 뉴욕에서 폭스(Fox) 자매에 의해 시작되었다고 말해지는데, 이것이 일본에 많이 수용되어 '영계', '심령', '영학' 등의 말과 친연관계를 가지게 되었다.

다. 『행복을 끌어당기는 스피리추얼 북』(幸運を引きよせるスピリチュアル·ブック)이 그것인데, 이 책은 당시 60만부를 넘는 베스트셀러가 되었다. 원래 신사의 신직이었던 그는 이 책 외에도 30여 권 이상의 서적과 매스미디어 등 다양한 매체를 통해 에하라붐을 일으키며 스피리추얼 카운슬러를 비롯하여 스피리추얼 아티스트, 영능자, 인생 상담가, 오페라 바리톤가수, 베스트셀러 작가, 잡지 편집장, TV 및 라디오 프로그램 출연자, 영화배우 등 다양한 영역에서 활동 중이다.

일본 대중들 사이에서 스피리추얼리티 하면 대부분 이 에하라붐을 연상할 정도로 인기가 높아, 여성을 중심으로 50여만 명 이상의 에하라 신봉자들이 존재한다고 말해진다. 특히 2005년부터 2009년에 걸쳐 에하라와 인기 연애인 미와 아키히로(美輪明宏)가 출연하는 '아우라의 샘'(オーラの泉)이라는 프로그램이 TV아사히 계열에서 방영되면서 에하라붐이 더욱 가속화되었다. 특히 젊은 여성들에게 폭발적인 인기를 끌었던 이 방송은 대중들 사이에서 스피리추얼 카운슬러를 자칭한 에하라의 세계관이 스피리추얼리티 그 자체로 받아들여지게 함으로써 스피리추얼리티의 세속화와 대중화에 결정적인 촉매 역할을 수행했다(樫尾直樹, 2008:208-211 ; 堀江宗正, 2010:50-74). 이런 에하라붐을 기점으로 오늘날 일본사회의 대중문화와 미디어 및 출판계와 학술계에 스피리추얼 혹은 스피리추얼리티라는 말이 넘쳐나게 된 것이다. 에하라붐은 실로 스피리추얼리티붐의 한가운데에 위치하고 있었다(박규태, 2015:316-317).

이와 같은 에하라붐이 파워스폿과 동시기에 일어났다는 사실은 파워스폿 현상 또한 '새로운 스피리추얼리티' 실천의 하나라는 점을 시사한다. 이때의 '새로운 스피리추얼리티'란 대중적으로 '상품화된 스피리추얼리티'를 의미하는 표현이다. 파워스폿 관련 서적은 대부분 가이드북 체제인데, 그것들이 TV에 소개되어 전국적으로 소비되었다. 이런 맥락에서 파워스폿은 탈인격화한 '종교적인 것'에 준하는 미디어 콘텐츠의 일종이며, 상품화된 '대중적 스피리추얼리티'의 일형태라고 보는 것이 타당할 것이다. 요컨대 파워스폿 현상은 시장 및 미디어와의 결부라는 일본 특유의 발전 양상을 보이면서 등장한 '새로운 스피리추얼리티'의 일부라 할 수 있다. 다시 말해 파워스폿 현상은 스피리추얼리티붐의 전개와 매우 밀접한 관계가 있다. 그것은 종교의 사사화(개인주의화)에서 생겨난 '종교적인 것'의 한 사례로서, 현세이익적, 속물주의로 비판받기도 하는 상품화된 '대중적 스피리추얼리티' 문화의 일부로 보아야 할 것이다(小寺敦之, 2011:93-94).

이러한 '대중적 스피리추얼리티'와 결부된 파워스폿 현상에서 중시되는 것은 "자기식대로 파워를 느끼는 것"과 "자기식대로 신성을 느끼는 것"이다. 따라서 어떤 파워스폿에 정말로 특별한 파워가 있는지 그 효과를 실증할 필요성은 거의 물어지지 않는다. 원래 행복이라든가 치유는 개인의 주관에 좌우되는 측면이 많으므로, 일반적으로 스피리추얼리티에 있어 현상의 진위나 효과의 유무 등은 일체 문제되지 않는 경향이 있다(上田弓子, 2014:68). 파워스폿붐의 본질은 실은 '나만의 파워스폿'을 찾아가는 자기 여행의 실천에 있었던 것이다.

실제로 파워스폿을 다루는 각종 매체의 특집에는 "나를 차분하고 미래지향적으로 만드는 파워스폿, 내 마음에 드는 파워스폿, 나만의 파워스폿을 발견하십시오."라는 식의 문구가 두드러지게 눈에 띈다. 그러니까 자신에게 살아갈 힘과 에너지를 줄 것이라고 기대되는 장소라면 어디든 파워스폿이 될 수 있다. 다시 말해 스피리추얼한 소비자들의 다양한 수요에 맞추어 기존 소비 유행과 상호 편승하는 형태로 파워스폿붐이 생겨난 것이다. 사람들의 다양한 필요와 선택에 부응하여 다양한 장소가

파워스폿으로 만들어지고 그것이 미디어를 통해 유행하게 된 것이 파워스폿의 본질이라 할 수 있다(岡本亮輔ほか, 2012:145).

파워스폿붐의 전신 : 덴카와신사와 뉴에이지적 스피리추얼리티

앞에서 〈일본경제신문〉에 파워스폿이라는 용어가 처음 등장했다고 언급한 바 있는데, 그 기사 중에 "덴카와에는 이전부터 무녀 등의 영능자들이 영감을 얻고자 모여들었다. 종교가들 사이에서는 우주의 기가 모여 있는 파워스폿이라고 말해진다."(〈일본경제신문〉 1985년 3월 23일자)는 구절이 나온다. 여기서 '덴카와'란 고대일본의 중심지인 야마토 지역의 산중인 나라현 요시노군 덴카와촌(天河村)의 덴카와(天河)신사를 가리킨다. 정식 명칭은 덴카와벤자이텐사(天河大弁財天社)로 흔히 1980년대 일본 '정신세계의 메카'로 불려진다.

수험도(修験道, 슈겐도)의 개조 엔노오즈누(役小角)에 의해 세워졌다고 전해지는 유서 깊은 이 신사에는 덴무(天武)천황이라든가 구카이(空海) 등 역사적으로 중요한 인물들이 밀접하게 관련되어 있다. 덴카와신사는 메이지유신 이후 쇠퇴했다가 1980년대에 '정신세계'의 성지로서 다시금 주목을 받으면서, 특히 1985년에 이르러 '정신세계의 롯본기(六本木)'로 불리게 되었다. 그 무렵 음악평론가 유카와 레이코(湯川れい子)가 미국의 유명 여배우이자 뉴에이지계의 대부인 셜리 맥클레인(Shirley MacLaine, 1934-현재)을 덴카와 신앙에 끌어들인 것은 잘 알려진 사실이다. 오늘날까지도 일본 고전예능의 봉납으로 유명한 이 덴카와신사는 1980년대 후반부터 1990년대 초에 걸쳐 호소노 하루오미(細野晴臣), 기

타로(喜多郎), 사카모토 류이치(坂本龍一) 등의 뮤지션들에게 널리 신봉되었다. 가수 나가부치 쓰요시(長渕剛)와 시호미 에쓰코(志穂美悦子) 부부는 이 신사에서 결혼식을 올렸다. 이윽고 덴카와붐은 가령 나카자와 신이치(中沢新一), 우에시마 게이지(植島啓司), 가마타 도지(鎌田東二) 등의 종교학자들을 비롯하여 소녀만화가 미노우치 스즈에(美内すずえ), 출판업자이자 영화감독인 가도카와 하루키(角川春樹)와 그 누나인 저술가 헨미 준(辺見じゅん), 추리작가 우치다 야스오(内田康夫) 등 문화인들 사이에까지 널리 확산되었다(박규태, 2015:44-45).

전술했듯이 스픈휘기나 염력 등의 초능력자 기요타 마스아키의『발견! 파워스폿』(1991)의 발간을 파워스폿 현상의 시작으로 보는 경우가 많다. 하지만 기요타는 파워스폿이라는 말을 최초로 서명에 사용한 인물이고, 그가 이 용어를 최초로 사용한 제창자는 아니다. 이미 1980년대 중엽부터 파워스폿이라는 말이 일본 뉴에이지 신봉자들 사이에서 널리 퍼져 있었다. 본 장 서두에서 언급했듯이, 1986년 출간된『현대용어의 기초지식 1986』에 있어 와키모토 쓰네야의 파워스폿 정의에 "덴카와신사가 파워스폿으로 인기를 끌고 있다"는 구절이 나오는 것도 이 점을 반영한 것이었다. 기요타 또한『발견! 파워스폿』에서 자신이 이미 1970년대부터 이 말을 사용하기 시작했다고 적고 있다(清田益章, 1991:22-23).

덴카와신사 궁사인 가키사카 미키노스케(柿坂神酒之祐, 1986)가 감수한『덴카와·수퍼사이킥·스폿』의 표지 뒤에는 덴카와에 대해 "지구의 배꼽이라 할 만한 파워스폿", "영능자, 초능력자, 아티스트들이 널리 퍼뜨린 곳", "UFO나 초상현상이 자연스럽게 느껴지는 곳", "우주와 신의 기운이 가득 찬 곳"으로 소개하고 있다. 이 책에 따르면 덴카와는 다카노(高野), 요시노(吉野), 구마노(熊野)라는 야마토 삼대 영장을 잇는 삼각형의 중심에 있다(柿坂神酒之祐, 1986:42-43). 덴카와 지역에서 가장 높은 산인 미센(弥山) 산정에 오쿠노인(奥院)이 있으며, 덴카와신사는 그 미센 등산로 입구이기도 하다. 덴카와신사를 방문했을 때 나는 버스 시간 때문에 아쉽게도 미센 산정까지 오르지는 못했다.

세계 각지에 보이는 애니미즘, 샤머니즘, 신비주의의 일본적 표현으로서의 '신도적 영성'[6]에 깊은 관심을 표명해온 종교학자이자 신도학자인 가마타 도지는 덴카와신사를 적극적으로 평가하여 파워스폿으로서의 지위를 굳히는 데 결정적으로 일조했다. 그는 정신성 혹은 영성을 다룬 심포지엄 기록인 『덴카와 만다라: 초종교에의 수로』(鎌田東二, 1994)에서 애니미즘, 샤머니즘, 다신교가 잘 보존되어 있는 덴카와신사가 '신성한 자연의 정적'을 경험하게 해 준다고 말한다. 다시 말해 가마타는 덴카와신사가 메이지유신 이전의 신불습합, 수험도, 나아가 고신도로의 복귀를 보여주는 사례로, 그 중심에 자연숭배가 있다고 특징지웠다.

그런 자연숭배의 경험이 바로 위 책의 부제에서 밝힌 '초종교'의 경험이라는 것이다. 가마타는 신불과 영적 존재를 믿지만 종교적 교의와 권력은 믿지 않으며, 오히려 종교가 종교를 넘어서고자 할 때의 예지의 빛을 믿는다고 말한다. 그에 따르면, 세계종교사는 일신교적 근본주의와 다신교적(애니미즘적) 신크레티즘이라는 두 축으로 이루어져 있다. 이때 그는 모

---

6 가마타에 따르면 종교사적으로 볼 때 기독교의 영성론은 '성령'과 '사랑'의 사상과 관계가 있고, 불교의 영성론은 '불성'과 '여래장' 또는 '즉신성불'과 '보살도' 및 '자비'와 관련이 있다. 이에 비해 신도의 영성론은 '가미'(神), '혼', '진혼', '청정', '정직' 등과 밀접한 관계가 있다. 한편 뉴에이지라든가 일본 '정신세계'의 영성론은 명상, 보디워크, 테라피, 자기찾기, 신비주의, 근대비판 등과 불가분의 관계에 있다(鎌田東二, 2007:67).

든 것을 연결하는 '물의 종교'[7]인 덴카와신사가 다신교적 신크레티즘의 축으로부터 '종교'를 초월할 것을 기대한다. 이는 세계의 성지와 자연숭배 나아가 심층생태학의 활동과도 이어진다. 덴카와신사는 '종교'의 형태를 취하지 않는 '초종교'에의 통로이며 뉴에이지를 포함하는 다양한 영적 실천자와 아티스트들을 연결시켜준다는 점을 강조한다. 이 경우 '초종교'란 기존 종교와 구별되는 것으로서의 '스피리추얼리티'를 지칭하는 말이다. 가마타는 이런 초종교적인 영적 장소로서 대표적으로 덴카와신사를 비롯하여 오소레산(恐山), 후지산, 미와산(三輪山), 구마노삼산(熊野三山), 데와삼산(出羽三山), 구라마산(鞍馬山) 등을 들고 있다(鎌田東二ほか, 1994:10-25).

이와 같은 덴카와신사의 재흥과 관련하여 가마타 도지는 다음 세 단계를 제시한다: ①1950년대에서 70년대에 걸쳐 영적 매개의 힘에 매력을 느낀 사람들 혹은 신종교와 민속종교에 열정적으로 흥미를 가진 사람들이 덴카와신사를 영적 매개의 힘을 가진 장소로 '재발견'하게 된 단계. ②호소노와 미노우치를 비롯하여 음악가 미야시타 후미오와 영화감독 다쓰무라 히토시 등 80년대의 '정신세계'에 심취한 예술가들이 자신의 창조 작업에 영감을 얻고자 이에 반응하게 된 단계. ③1990년대에 들어와 〈덴카와전설 살인사건〉이라는 영화에 영향을 받은 젊은이들이 개인적인 아이덴티티 추구라든가 특별한 체험을 기대하고 덴카와신사에 몰려든 단계. 하지만 1990년대에 들어서면 덴카와신사는 궁사 가키사카 미키노스케의 방만한 운영으로 10억엔의 빚을 지었고 그것을 갚지 못해 경내와 신사 소유 산림이 경매에 붙여지게 되었다. 이처럼 돈 문제가 계

---

7 덴카와(天河)는 문자 그대로 '하늘의 강' 즉 은하를 뜻한다.

속되는 가운데 유명인사들은 점차 덴카와신사로부터 멀어져갔다. 그럼에도 종교학자 시마조노 스스무는 일본 전통을 강조하는 '정신세계'의 흐름을 잘 보여주고 있다는 점에서 덴카와 붐의 의의를 찾고 있다(Susumu, 1999:122-124).

파워스폿붐의 기폭제 : 기요마사 우물과 비종교적 스피리추얼리티

1914년에 사망한 메이지천황을 제신으로 삼아 1920년 11월에 창건된 메이지신궁[8]의 어원(御苑) 내에 있는 기요마사 우물(清正井, 이하 우물)은 2000년대 후반 "파워스폿붐의 대명사"(岡本亮輔ほか, 2012:142)라 할 수 있다. 우물 명칭은 '축성의 명인' 혹은 '토목의 신'으로 불린 전국시대의 무인 가토 기요마사(加藤清正)가 팠다는 데에서 유래했다. 메이지신궁이 위치한 곳은 원래 이 가토 기요마사의 아들 다다히로(忠広)의 저택이 있던 곳인데,[9] 메이지시대에 정부에 헌상되었다. 우물은 수직이 아니라 횡으로 구멍을 파서 수원을 끌어들인 것으로, 그 구조와 수원은 오랜 동안 알려져 있지 않았다. 메이지신궁 웹사이트[10]는 이 우물의 유래에 관해

8 메이지신궁은 메이지천황이 교토 후시미 모모야마능에 매장된 후 도쿄에도 신궁을 세우자는 도쿄시민들의 요청에 의해 조영이 결정되어, 1만6천명의 전국청년단의 근로봉사와 각 도도부현과 시정촌에 할당된 기금과 국민들의 기부금으로 건립되었다. 당시의 건물은 2차대전 공습으로 거의 재가 되고, 현재의 사전은 1958년에 재건된 것. 약 70만 제곱킬로미터의 부지는 전국에서 헌목된 10만 그루의 나무들에 둘러싸여 도쿄 도심의 오아시스를 이루고 있다.

9 메이지신궁의 진좌지는 원래 구마모토번 가토가의 저택이었다는 전승이 있다. 이로부터 초대 번주 가토 기요마사가 우물을 조영했다는 전설이 생겨났다(大和友大朗, 2015:88).

10 http://www.meijijingu.or.jp/

상세하게 기술하면서 다양한 기요마사 전설을 소개하고 있다.

우물붐 이전에는 토목공사에 탁월한 재능을 발휘한 가토 기요마사를 닮고 싶어 하는 토목 관계자들이 매년 이곳을 찾는 정도였고 일반인은 별로 방문하지 않았다. 1990년대에 오컬트붐의 흐름에 이어 파워스폿 특집기사가 다수 등장했지만, 당시 우물은 파워스폿으로 다루어지지 않았다. 그러나 2006년부터 우물을 파워스폿으로 다루는 기사가 등장하기 시작했다. 그 최초 특집은 〈메이플〉(メイプル) 2006년 1월호의 "전국·개운의 여행! 파워스폿 가이드"라는 기사이다. 이 기사는 국제기능법연구소(國際氣能法硏究所) 대표인 아키야마 마사토(秋山眞人)가 감수한 것인데, 거기서 우물은 어떤 목적이든 강력한 파워를 얻고 싶을 때 가는 "마음의 정화와 리셋의 파워스폿"으로 소개되었다(大和友大朗, 2015:97). 나아가 우물이 후지산과 황거를 잇는 용맥에 있다고 하여 풍수적으로 상당한 파워를 가진 곳으로 소개됨으로써 파워스폿으로서의 이미지가 새롭게 부여되었다. 그 후 일부 예능인들 사이에서 우물이 유명해졌다.

그러다가 2009년 12월 24일 점술 예능인 시마타 슈헤이(島田秀平)가 TV 버라이어티 방송에서 우물을 소개하면서부터 엄청나게 많은 사람들이 쇄도하기 시작했다. 그는 자신이 우물을 방문했을 때 갑자기 마음이 편안해지는 것을 느꼈고 그 후 매달 몇 번씩 찾게 되었고 일도 많이 들어오게 되었다고 말했다. 나아가 그는 시청자들에게 우물 사진을 휴대전화 바탕화면에 깔면 사업이 번창하고 연애운도 좋아지고 액땜도 할 수 있다고 권했다(岡本亮輔ほか, 2012:143). 이 방송 다음날부터 우물을 찾는 사람들이 장사진을 치게 된 것이다. 그리하여 우물은 당시 파워스폿붐의 상징이 되었다. 우물붐의 최성기에는 입구에서 하루 천 명 한도의 정리권을 발부할 정도였으며, 오전 9시부터 1시간마다 정리권을 배포했는데, 어

떤 때는 오전 중에 하루 분량의 정리권이 다 나갔다고 한다. 관람자 층은 10대에서 60대까지 남녀노소를 망라했으며, 후에는 외국인 관광객들도 많았다(大和友大朗, 2015:88).

이처럼 2009년 말 TV 방송의 영향으로 장사진을 치게 된 후 2010년에는 많은 잡지들이 우물을 파워스폿으로 다루는 특집을 앞 다투어 내놓았다. 그 결과 파워스폿에 대한 대중들의 인지도가 높아지고 이는 파워스폿을 관광자원화하는 데에 크게 기여했다. 그러나 현세이익적인 목적으로 파워스폿을 방문하는 것에 대한 비판과 아울러 메이지신궁이라는 종교적 성지를 관광자원으로 이용하는 것에 대한 논의가 일어났다. 그럼에도 우물붐이 파워스폿붐 최대의 간접적인 요인이었다는 점은 분명해 보인다.

하지만 우물붐은 그 후의 파워스폿붐에서는 큰 위치를 점하지 못했다. 우물 관련 기사는 2010년 이후 급감했다. 이는 2011년 동일본대진재 이후 파워스폿 관련 기사수의 격감과 연동한 측면도 크다. 어쨌든 우물은 더 이상 파워스폿 특집에서 다루어지지 않게 되었다. 우물은 파워스폿으로서의 희소가치가 적고 효험을 특정하기 어려웠다는 점도 그 이유 중 하나일 것이다. 심지어 일부에서는 우물이 불행을 초래하는 '다크 스폿'(dark spot)이라는 말까지 나왔다(大和友大朗, 2015:100-101).

앞에서 우물붐에 대한 비판에 대해 언급했는데, 거기에는 본래 종교적인 장소가 아닌 우물을 성지로 다루는 것에 대한 비판도 수반되었다. 메이지신궁은 전국 최대의 하쓰모우데 성지로 유명하다. 하지만 하쓰모우데에 참배하는 일본인이라 해도 신도나 해당 신사의 제신에 대한 신앙을 가진 자는 지극히 소수이다. 한 마디로 일본인의 종교성은 애매하기 짝이 없다(岡本亮輔ほか, 2012:142). 그런데 2000년대 후반부터 신사참배

라는 전통적인 종교의식과 상이한 동기에서 메이지신궁을 방문하는 사람들이 급증했다. 이것이 우물붐의 본질 중 한 측면을 구성한다.

다시 말해 우물은 메이지신궁 신앙이나 의례와는 아무런 관계가 없으며, 단지 메이지신궁이 세워진 지역에 원래부터 있던 단순한 우물에 지나지 않는다. 사실 우물은 무가 택지에 조영된 것으로 애초부터 신앙 대상이 아니었다. 그런데 파워스폿붐을 계기로 수많은 사람들이 메이지신궁 자체가 아닌 우물을 주된 목적으로 찾게 된 것이다. 그들이 추구한 현세이익은 운세, 연애성취, 취업, 합격기원, 질병치유, 월드컵 일본승리의 기원 등 잡다했으며, 그것들은 우물의 유래와는 전혀 관계없는 것이었다. 따라서 메이지신궁측은 이런 우물붐에 대해 곤혹스러워했다. 메이지신궁이 지닌 종교적 권위와는 별개의 권위 즉 예능인이나 TV 영능자가 우물을 매개로 하여 메이지신궁에 대한 이단적인 표상을 주장하였고 그것이 미디어를 통해 일반화되었기 때문이다.

우물붐으로 촉발된 파워스폿붐은 여성을 주고객 타겟으로 삼은 미디어가 주도하고, 대중적 스피리추얼리티붐과 소비의 유행에 편승한 이른바 '안근단'(安近短) 관광[11]의 새로운 형태라 할 수 있다(岡本亮輔ほか, 2012:144). 오늘날 미디어에서는 우물을 거의 다루지 않게 되었지만, 우물 사진을 찍기 위해 방문하는 자는 아직도 있다고 한다.

11 비용이 싸고 거리가 가깝고 일정이 짧은 관광.

Ⅱ. 신사의 파워스폿화 : 신도적 스피리추얼리티

고신도 연구자 아카쓰키 레이카(曉怜華)는 파워스폿을 "대지, 하늘, 인간이 만들어내는 플러스의 파워가 집적된 장소"로 규정하면서 그런 장소가 특히 신사에 많다는 점을 강조한다(大和友大朗, 2015:96). 실제로 대중잡지에서는 신사를 파워스폿으로 다루는 경우가 많다. 아래 〈표15〉는 스가 나오코가 1991년에서 2001년까지의 잡지 기사들을 검색한 결과 두 종 이상의 잡지에서 파워스폿으로 다루어진 신사의 사례들을 정리한 것이다(菅直子, 2010:239-240).

표 15 대중잡지(1991~2001년)에서 파워스폿으로 소개된 신사

도호쿠	이와키산(岩木山)신사(아오모리현), 데와산잔(出羽三山)신사(야마가타현), 시오가마(鹽竈)신사(미야기현)
수도권	닛코후타라산(日光二荒山)신사(도치기현), 닛코도쇼궁(日光東照宮)(이바라키현), 쓰쿠바산(筑波山)신사, 하루나(榛名)신사(군마현), 하코네(箱根)신사(가나가와현), 구즈류(九頭龍)신사(가나가와현), 하나조노(花園)신사, 고토히라궁(金刀比羅宮), 메이지신궁(明治神宮), 도쿄대신궁(東京大神宮), 간다묘진(神田明神)[이상 도쿄]
나가노현	도가쿠시(戸隠)신사, 스와(諏訪)대사
미에현	이세신궁(伊勢神宮)
긴키	오미와(大神)신사(나라현), 구마노혼구(熊野本宮)대사(와카야마현), 구마노나치(熊野那智)대사(와카야마현), 기후네(貴船)신사, 지슈(地主)신사, 야사카(八坂)신사, 시모가모(下鴨)신사, 야스이곤피라궁(安井金毘羅宮)[이상 교토]
시마네현	이즈모(出雲)대사
에히메현	오야마즈미(大山祇)신사
후쿠오카현	무나카타(宗像)대사(후쿠오카현)

위 〈표15〉에는 이세신궁과 이즈모대사를 비롯한 일본의 유서 깊은 신사들이 거의 망라되어 있다. 이후에도 2006년 이래 대중잡지의 특집에서는 파워스폿을 성지로 간주하면서 신사 자체를 파워스폿으로 소개하는 기사들이 적지 않게 등장했다. 이런 맥락에서 볼 때 파워스폿을 특집으로 내놓은 잡지가 증가했다는 것은 곧 신사를 파워스폿으로 표현하는 기사의 증가를 뜻하기도 한다(菅直子, 2010:233). 그 연장선상에서 〈일본경제신문〉은 파워스폿에 대해 아래와 같은 기사를 내보냈다.

> 일본을 대표하는 신사인 미에현 이세신궁과 시마네현 이즈모대사의 식년천궁이 2013년에 겹쳐진다…최근의 파워스폿붐에서 신사를 참배하는 젊은이들이 많은데, 일본인의 종교감정에는 그 근저에 애니미즘(자연숭배)이 있다. 이와 관련하여 마쓰오카씨는 '식년천궁을 통해 성스러운 것에 대해 우리 일본인이 가지고 있는 원형적인 깊은 감정을 실감해보아도 좋을 것'이라고 말한다. 이런 양궁의 식년천궁이 동일본대지진 이후 우울한 기분에 휩싸여 있는 일본을 재생하는 기회와 운수(機運)가 될 것인가?(〈일본경제신문〉 2012년 11월 17일자)

2011년 동일본대지진 이후 파워스폿을 다루는 기사가 급감하는 가운데 그 다음 해인 2012년과 2013년에 걸쳐 일본의 '가미'(神)나 신사를 테마로 한 특집과 무크지가 많이 간행되었다. 2013년은 이세신궁과 이즈모대사 식년천궁(式年遷宮)[12]의 해인데, 이것이 사사 특히 신사 관련 간행

---

12 정해진 연수(식년)를 주기로 기존의 사전을 허물고 새 신전을 지은 다음 거기에 신체를 옮기는 행사. 이세신궁은 20년, 이즈모대사는 60년에 한 번씩 거행한다.

물의 증가에 영향을 미쳤음에 틀림없다. 그 중에는 성지라든가 파워스폿을 제목으로 삼은 장이 포함된 경우가 적지 않다. 대다수의 일본인에게 신사와 사원은 가장 손쉽게 찾아갈 수 있는 '스피리추얼 투어리즘'의 대상이며, 가장 편하게 그 종교체험을 받아들일 수 있는 대상이기 때문일 것이다.

에하라 히로유키와 뉴에이지적 스피리추얼리티

일본에서 파워스폿은 불교가 아니라 신도와 더 관련성이 깊다(堀江宗正, 2017:15). 실제로 2000년대 후반부터 일본의 파워스폿은 신사를 중심으로 전개되어 갔다. 이 점을 극명하게 보여주는 사례로 전술한 에하라 히로유키의 무크지 『스피리추얼 성지 : 에하라 히로유키 가미 기행』(Spiritual Sanctuary : 江原啓之神紀行, 2003년) 및 '스피리추얼 성지'(スピリチュアル·サンクチュアリ) 시리즈인 『에하라 히로유키 가미 기행』(江原啓之神紀行, マガジンハウス, 2005년~2007년. 총 6권)을 들 수 있다. 여기서 말하는 '스피리추얼 성지'란 자연경관도 포함하지만 주로 신사를 가리킨다. 2백여 개소 이상의 신사를 소개하고 있는데, 개중에는 전국적으로 알려져 있지 않은 작은 신사도 있다. 그런 무명의 신사들에조차 전국에서 참배자들이 몰려들 만큼 이 시리즈는 스피리추얼 투어리즘으로서의 파워스폿붐을 촉진시킨 측면이 크다.

2000년대 일본에서 스피리추얼리티붐을 촉발시킨 에하라는 아우라, 전생, 수호령 등 종래 '정신세계'와 '뉴에이지'에서만 유통하던 여러 개념들을 일반대중이 받아들이기 쉬운 형태로 제시했다. 파워스폿도 그 중 하나이다. 다만 파워스폿이란 말을 서명에 넣지 않은 것은[13] 파워스폿 붐이 너무 현세이익 중심적이라고 보았기 때문이다. 다시 말해 "참된 영험의 이익은 자기 자신을 다시 되돌아보는 것"이라고 말하면서 스피리추얼 성지에서의 내적 성찰을 장려한 그는 현세이익적인 것에 대해 비판적인 입장을 취했다. 에하라는 자신이 소개하는 스피리추얼 성지가 관광지화되는 것에 대한 우려도 표명했다(江原啓之, 2003:9 및 82). 종래의 현세이익 중심의 신사 참배와는 다른 스피리추얼한 신사 방문을 중시한 것이다.

이처럼 에하라는 신사의 관광지화에 대해 비판적이지만, 그의 시리즈물 자체는 여지없이 관광 가이드북으로서의 체제를 갖추고 있다. 다시 말해 위 책들은 파워스폿으로서의 신사가 제공하는 종교적 또는 스피리추얼한 자원을 소비하기 위한 카탈로그의 성격을 보여준다. 게다가 현세이익적 신사 참배의 관행에 대해 비판적인 그의 입장이 항상 일관적인 것은 아니다. 가령 무크지 『스피리추얼 성지 : 에하라 히로유키 가미 기행』의 권말에는 "당신의 소원을 이끌어주는 스피리추얼 성지 안내"라는 장이 있는데, 그 중 '연애'라는 항목에서는 이즈모대사를 좋은 인연을 맺어주는 신으로 소개하고 있다. 즉 종래 신사측에서 강조해 온 현세이익적 선전을 그대로 따르고 있는 것이다. 그러나 에하라가 볼 때 이것은 모순이 아니다. 연애는 스피리추얼한 관점에서 보자면 아욕(我慾)이지만, 좋은 인연을 만나는 과정에서 자기를 성장시킬 수 있으며 나아가 신적인 무상의 사랑을 배우기 위한 하나의 단계가 될 수도 있다고 보기 때문이

13 서명에 파워스폿이라는 표현은 나오지 않지만, 본문에는 특정 신사를 파워스폿으로 소개하는 기술이 나온다.

다. 현세이익의 추구가 때로는 스피리추얼한 성장으로 이끌어줄 수 있다는 말이다. 또한 에하라는 연애성취를 추구하는 과정에서 신의 메시지를 읽어내려는 노력에 의해 자기 자신의 약함을 깨닫게 될 수도 있다고 말한다. 참배와 기원이라는 행위는 스피리추얼한 깨달음을 얻기 위한 명상적 실천이 될 수 있다는 것이다. 거기서 신사는 '내관(內觀)의 장'으로 간주되고, 그런 내관을 통해 인간적인 욕망이 신적인 원망(願望)으로 변용된다(江原啓之, 2003:86-91). 이처럼 신사를 둘러싼 '내관'은 뉴에이지적 스피리추얼리티의 한 표현이라 할 수 있다.

뉴에이지적 스피리추얼리티를 중심으로 하는 파워스폿붐은 그것이 "신사 경내에서 일어난 것이라 해도 본래의 신사신앙과는 관계없는 것"(堀江宗正, 2017:13)이다. 스가 나오코는 대중잡지 기사의 분석을 중심으로 파워스폿붐이 본래의 신사신앙으로부터의 일탈이라고 해석한다. 그에 따르면 종교학자 와키모토가 1986년에 종교적 세계관과의 관계에 입각하여 파워스폿을 정의한 데 비해, 현대일본의 대중잡지는 가령 신사 방문자가 종교적 세계관에 따라 특별히 무엇을 하지 않더라도 정화와 파워의 충전을 초래하는 '사적 성지'로서 파워스폿을 이해하고 있다는 것이다(菅直子, 2010:249).

이와 관련하여 오카모토 료스케는 기요마사 우물붐의 사례에서처럼 메이지신궁 사전은 참배하지 않은 채 경내의 파워스폿만 방문하는 행위에 대해 비판적인 논조를 소개하면서, 파워스폿은 원래 종교와 관계가 없으므로 오히려 신사에 사람들을 불러 모으는 장점이 있다고 지적한다. 그럼으로써 '이에'(家)의 종교, 지역의 종교로서의 전통종교의 영향력이 위협받는다는 점을 환기시키기도 한다(岡本亮輔, 2015b:49).

뉴에이지적 스피리추얼리티에서 신도적 스피리추얼리티로

앞서 언급한 가마타 도지는 신도의 신사를 일본 고유의 스피리추얼리티와 연관시키면서 덴카와신사를 비롯한 일본의 여러 신사들을 높이 평가한다. 이는 신사가 신도라는 종교의 시설이기 때문이 아니다. 그보다는 신사가 종교를 넘어선 초종교적 영성과의 교류를 가능케 하는 통로라고 믿기 때문이다. 가마타의 덴카와신사론에는 신도적 스피리추얼리티의 재평가라는 측면과, 초종교적 영성을 추구하는 뉴에이지적 스피리추얼리티의 반영이라는 측면이 함께 뒤섞여 있다. 이는 파워스폿에 대한 관심이 개인적 스피리추얼리티(종교의 사사화)와 전통회귀(종교부흥) 사이에서 흔들리고 있음을 보여주는 사례라 할 수 있다. 하지만 종교학자 호리에 노리치카에 따르면, 일본의 경우 전체적으로 볼 때 전자(사사화)에서 후자(종교부흥)로 혹은 뉴에이지적(얼터너티브적) 스피리추얼리티에서 신도적 스피리추얼리티로 변화하고 있다(堀江宗正, 2017:4 및 8).

예컨대 2000년대 이후 이세신궁과 이즈모대사 같은 전통종교의 성지가 파워스폿으로 재발견됨으로써, 결과적으로 파워스폿 현상은 일종의 신도부흥에 흡수되고 있는 모양새가 되었다. 다시 말해 많은 신사들이 파워스폿으로 간주되면서, 파워스폿 현상이 뉴에이지적 스피리추얼리티로부터 신도적 스피리추얼리티로 이행되었다. 그러면서 강조점이 물질적 이익, 정형화된 의례, 국내 신사의 재평가로 옮겨졌다. 일본에서는 종종 역사적으로 신도와 관련된 장소가 파워스폿으로 인식되어 그곳을 방문하면 심신이 치유된다고 여겨진다. 그러나 종래의 신사참배와 마찬가지로 현세이익 즉 사업이나 연애 성취가 기대되기도 한다. 나아가 파워스폿은 세계 곳곳에 존재한다고 여겨진다. 이와 더불어 신도와 신사가 자연을 지배하려는 일신교보다도 환경위기에 처한 세계에 적합하다는 내셔널리즘적 언설도 광범위하게 유포되어 있다. 파워스폿과 관련된 이와 같은 새로운 신도적 실천들은 자연숭배의 일본전통에 대한 국민적 회귀의 징후로 볼 수 있다. 야스쿠니 문제, 천황제, 이세신궁 식년천궁 등과 관련하여, 실제로 파워스폿으로 간주되는 많은 주요 신사들의 정치적 태도는 내셔널리스틱하다(堀江宗正, 2017:1).

신도적 스피리추얼리티와 내셔널리즘 : 신사본청과 이세신궁

일본 신도는 패전전에는 권위주의적인 교의와 강력한 천황숭배와 함께 일본 국민을 전쟁으로 이끌었다. 오늘날 많은 일본인들은 이런 신도의 정치화에 대해 여전히 우려하는 입장이다. 이 점을 잘 알고 있는 신사본청은 표면상 신도의 종교적 측면에 주목하는 듯한 태도를 취한다. 그러나 실제로는 강렬한 정치적 주장을 내세운다. 가령 정치조직인 〈신도정치연맹〉의 웹사이트에서는 현행 헌법이 미국에 의해 강요된 것이라고 주장한다. 공식적 견해에 의하면 현행 헌법에 있어 천황주권의 부정과 국민주권은 국가의 역사와 전통을 무시한 보편주의이며, 타국을 신뢰하는 평화주의는 비현실적이라 하며 그것을 강요하는 헌법을 유지하는 것은 수치라고 적고 있다. 2016년 신년에는 솔하의 도쿄도신사청이 하쓰모우데 방문객에게 헌법개정을 호소하는 운동을 전개했다. 또한 전사자뿐만 아니라 전범을 영령으로 현창하는 야스쿠니신사에 수상이 참배할 것을 강하게 요구하기도 했다. 이처럼 신사본청은 천황주권의 부활과 평화주의의 방기를 명확하게 주장한다.

파워스폿의 안내서에 반드시 나오는 이세신궁은 황조신 아마테라스를 모시고 있으므로 패전 전에는 국가 제일의 신궁으로 말해졌다. 신도의 전통을 계승한 곳이라고 일반적으로 이해되고 있지만, 실은 근대에 들어와 가미된 요소가 많다. 이세신궁의 근대사를 개설한 존 브린(John Breen)은 메이지시대 이후부터 불교적 요소의 일소, 세습신직의 배제, 제신의 변경, 유곽의 일소 등을 거쳐 국가에 의한 철저한 관리와 각종 미디어와 교과서를 통한 국민교육에 의해 국가신도의 정점이라는 지위가 정착된 과정을 기술하면서 "이세는 일본에서 가장 오래된 성지의 하나임과 동시에 가장 새로운 성지이기도 하다."(ジョン·ブリーン, 2015:1)라고 지적한다. 이와 같은 이세신궁의 탈종교법인화, 별격의 고유신사로 돌아가려는 움직임이 전후 바로 시작되었다. 1958년에 아베 수상의 조부인 기시 노부스케(岸信 介) 수상이 이세신궁을 참배하여 "이세신궁은 일반의 신사와는 다르다"고 발언했다. 그의 동생인 사토 에이사쿠(佐藤英作) 수상도 이에 영향 받아 1965년과 1967년에 이세신궁을 참배했다. 이후 수상들의 이세신궁 신년 참배가 현재까지도 항례화되어 있다. 이에 대해 정교분리에 저촉된다는 우려를 불식할 수 없다.

20년에 한 번씩 새로운 신전을 짓고 거기에 신체를 옮기는 이세신궁의 식년천궁은 전쟁의 영향으로 1949년에서 1953년으로 연기되었는데, 1973년과 1993년으로 회를 거듭하면서 군국주의와의 관계가 점차 사람들의 기억으로부터 멀어져가고 있다. 존 브린에 따르면, 2013년의 식년천궁은 여러 측면에서 획기적이었다. 첫째, 파워스폿붐의 영향으로 그 전까지 보이지 않던 젊은이들의 모습이 크게 늘었다. 2013년에는 사상 최고의 9백만 명이 이세신궁 내궁을 방문했다. 둘째, 아베 신조가 역사상 두 번째로 그리고 전후 최초로 수상으로서 식년천궁 참례를 했고 각 신문

이 그런 행동에 어떤 문제가 있는지를 전혀 묻지 않은 채 보도했다(ジョン·ブリーン, 2015:173-174).

나아가 아베 수상은 2016년 5월 G7정상회담을 이세에서 개최하여 각국 수뇌들을 이세신궁에 참배케 했다. 일본의 보수적 미디어들은 그것이 단순한 문화재의 시찰이 아니라 정식참배 즉 일반인들이 들어갈 수 없는 울타리 안 참배이지만, 일본의 정신성을 보여주려는 것이 목적이었으므로 정교분리에 저촉되지 않는다고 해설했다. 그러나 외국 미디어는 각국 수뇌들을 '내셔널리즘적인 신사'인 이세신궁에 참배하게 한 것에 대한 우려를 표명했다(McCurry, 2016). 분명 이는 정치적, 종교적으로 큰 의미를 가진다. 그러나 일본의 정신성을 보여준다는 말에 의해 각국 수뇌들은 정식참배에 내포된 진짜 의미를 알지 못한 채 방문에 합의한 것으로 추정된다.

파워스폿화된 신사를 둘러싸고 전통적인 신도신앙, 자연숭배, 현세이익적 태도 등이 서로 복잡하게 얽혀 있다(호리에 노리치카, 2018:132). 게다가 파워스폿으로서의 신사는 본래의 신도에서 일탈한 것이라는 비판과 더불어 배타적인 내셔널리즘은 아니라 해도 거기에 정치적인 내셔널리즘이 개입되어 있다는 지적까지 더해져 이해하기가 쉽지 않다. 그것이 오늘날 파워스폿화된 신사가 표출하는 신도적 스피리추얼리티의 실상이다.

Ⅲ. 파워스폿의 유형과 해석

파워스폿붐은 '종교의 사사화(개인화)'가 가장 알기 쉬운 형태로 나타난 현상이라 할 수 있다. 성지를 둘러싼 새로운 이야기와 의례가 만들어지고 그것들을 순례자가 능동적으로 실천하는 가운데 특정 장소가 파워스폿 성지로 성립한다. 파워스폿붐은 전통적인 사사뿐만 아니라 고개라든가 용수 등 많은 장소가 성지가 될 수 있는 가능성을 초래했다. 즉 각각의 장소에 고유한 종교성이나 역사가 무시되고 파워스폿 성지로 재설정되면서 그것들이 상품 카탈로그처럼 나열된다. 방문자는 그 카탈로그 중에서 자신이 추구하는 효능이나 이익에 따라 자유롭게 파워스폿을 선택하고 구입한다. 이것이 파워스폿붐의 본질 중 하나이다(岡本亮輔, 2015a: 151, 178-179).

이와 같은 소비자의 선택과 구매 행위가 개입되면서 파워스폿붐은 필연적으로 관광과 연계될 수밖에 없다. 실제로 많은 파워스폿 성지는 종래 관광지로도 인기 있는 장소들에 새롭게 파워스폿이라는 부가가치가 부여됨으로써 소비자들에게 그 매력이 재인식되는 경우가 많다(上田弓子, 2014:67-68). 가령 쓰쿠바산(筑波山)이나 미타케산(御嶽山)처럼 전통적 종교성을 내포하는 장소가 스스로를 파워스폿이라고 자칭하는가 하면, 도쿄도 주오구(中央區) 쓰키지에 위치한 공설 수산물전문 도매시장인 쓰키지시장(築地市場)이나 도쿄도 시부야구(渋谷區) 요요기우에하라(代々木上原)에 있는 터키의 모스크 도쿄쟈미(東京ジャーミイ) 등도 파워스폿으로 여겨지고 있다. 그러니까 파워스폿이란 관광 미디어에서 통용되는 하나의 '꼬리표' 같은 것이므로 기본적으로 어디에든지 붙일 수 있다(岡

本亮輔, 2012a:511).

파워스폿붐과 종교투어리즘

일면 파워스폿붐은 다양한 장소에 성지가 난립하는 상황으로 정리될 수 있다. 파워스폿이라는 말이 사용되더라도 특별히 스피리추얼한 무언가가 강조되는 것이 아닌 경우도 있다. 앞에서 뉴에이지적 스피리추얼리티와 신도적 스피리추얼리티에 대해 언급했지만, 그런 스피리추얼리티와 관계없이 지극히 중립적으로 특색있는 신사와 사적을 파워스폿으로 소개하는 경우도 적지 않다. 그 때 파워스폿이라는 용어는 특별히 두드러진 관광대상이 없는 지역에 있어 문화재와 사적을 새롭게 관광대상화하는 데 매우 편리한 도구로 사용된다. 이는 특히 지역살리기의 문맥에서 사사를 비롯한 일본 각지의 지역 자원들이 파워스폿으로 재발굴되어 관광대상화되는 경우를 가리킨다. 그러한 파워스폿 이미지는 스피리추얼리티와는 무관하게 그저 당연한 관광 메뉴의 하나로 간주되어 하나의 시장을 형성하게 된다. 이와 같은 관광의 맥락을 수반하면서 파워스폿이 현대 용어의 하나가 된 것이다.

원래 시장을 어떤 이미지로 채우는 것은 붐을 만들어내어 단기간에 이익을 올리기 위한 전략이다. 이와 동시에 그렇게 이미지들이 대량으로 유포된 시점에서 신기함을 상실하고 붐의 종식을 초래하기도 한다. 이런 의미에서 용어로서의 파워스폿붐이 끝난 것은 사실이다. 그러나 파워스폿을 별개의 용어로 대체함으로써 스피리추얼한 것의 관광상품화 혹은 스피리추얼 산업의 관광화가 오히려 보다 가속화되는 측면도 있다(東美

晴, 2014:46). 이렇게 볼 때 파워스폿붐은 크게 종교투어리즘의 영역에 귀속시킬 수 있겠다.

오카모토 료스케에 따르면, 파워스폿을 보다 광의로 '장소의 (재)표상'으로 이해한 경우, 그것은 단순히 방문객을 끌어들일 목적의 상업주의뿐만 아니라 "어떤 스피리추얼한 장소를 둘러싼 이미지를 어떻게 편집할까"라는 종교투어리즘의 문제로서 부상된다(岡本亮輔, 2012a:511). 파워스폿이 원래 종교적 장소이든 비종교적 장소이든 공통적으로 하나의 '성지'로 관념된다는 점, 그리고 앞서 살펴보았듯이 근래 신사의 파워스폿화를 염두에 둘 때 종교와 투어리즘의 결합이라는 관점에 주목하여 파워스폿을 해석할 필요가 생겨나는 것이다.

파워스폿 현상에서는 신불이 기적을 일으키는 형태로 등장함으로써 새롭게 성지가 만들어지는 일은 거의 없다. 파워스폿의 대부분은 기존 사사와 영산이며, 예로부터 신불이 모셔져온 장소이다. 다시 말해 기존의 종교적 장소가 관광의 맥락에서 새로운 이미지로 재편집된 것이 파워스폿의 주종을 이루고 있는 것이다. 그런 재편집의 과정에서 가장 중요한 역할을 하는 것이 바로 미디어에 의한 종교정보이다. 파워스폿붐에서는 미디어와 SNS 네트워크에 의한 정보 확산이 큰 역할을 한다. 성지와 관련된 대량 정보가 광범위하게 확산되면서 생겨난 것이 파워스폿붐이기 때문이다. 되풀이 말하거니와 오늘날 파워스폿의 주류는 종래의 성지와 사사가 대부분이다. 단, 이전과 다른 점은 정보의 확산량이 증대하고 확산방법도 다양화되었다는 데에 있다(岡本亮輔, 2015a: 157-158). 요컨대 파워스폿붐은 주로 2,30대의 취업 여성들을 타켓으로 삼은 여성지를 중심으로 2006년 전후부터 급증한 미디어 주도의 종교정보 붐이라는 성격이 강하다(岡本亮輔, 2012a:511). 이 점을 염두에 두면서 다음에는 현상으로 나타난 파워스폿붐의 유형에 대해 간략히 살펴보고 넘어가기로 하자.

파워스폿붐의 유형

파워스폿붐의 본질을 '종교정보 붐'으로 이해하는 오카모토 료스케는 현상으로 드러난 파워스폿붐의 유형을 다음과 같이 재제시(再提示)형, 강화형, 발견형의 세 가지로 구분한다(岡本亮輔, 2015a: 159-165).

첫째, 재제시형이란 예전부터 있던 성지가 새롭게 파워스폿으로 제시된 경우를 말한다. 대표적으로 이세신궁, 이즈모대사, 아쓰타신궁, 이와시미즈하치만궁, 가스가대사, 가시마신궁, 도가쿠시(戶隱)신사, 고야산, 히에이산 등을 들 수 있다. 이 가운데 이세신궁은 2010년 860만이라는 공전의 참배자수를 기록했다. 이는 식년천궁의 해를 제외한다면 이례적인 기록이었다. 다음 해인 2011년에는 이세신궁 내궁 근방의 상업지 땅값이 전국 8위의 상승률을 보였다. 이세신궁이 일본 신도의 최고 성지로서가 아니라 "누구라도 접근 가능한 성스러운 장소"라는 파워스폿의 이미지로 다시금 제시됨으로써 문호가 활짝 개방된 것이다.

이 유형과 관련하여 파워스폿을 소개하는 서적이나 잡지의 대부분이 일반적인 여행 가이드북과 거의 동일한 형식을 취한다는 점에 주목할 만하다. 파워스폿의 내력, 주변 숙박시설과 레스토랑, 근처의 관광명소 등을 소개하는 것이 기본 패턴이다. 이는 일반적인 여행정보 안에 위화감 없이 성지순례를 끼워 넣기 때문에 성지를 관광 대상으로 대하기 쉽게 만든다. 그래서 종교를 신중하게 다루지 않을 수 없는 각지의 관광협회나 지자체 등의 공적 조직이 파워스폿이라는 말을 편리하게 사용하고 있다.

둘째, 이와 같은 재제시형에는 종래 지명도가 높았던 장소가 파워스폿으로 이름만 바뀐 경우가 많다. 이에 비해 강화형은 특정 효험이나 사사 경내의 일부 등에 이전과는 다른 요소를 보강함으로써 매력을 강화시킨 유형이다. 이세신궁이나 히에이산의 경우에는 파워스폿이라 불리게 된 것에 대해 그렇게 큰 반응을 보이지 않지만, 강화형에서는 사사측이 파워스폿 이미지를 나름대로 적극적으로 받아들여 능동적인 반응을 보인다. 특히 미디어가 큰 역할을 한 파워스폿의 경우는 젊은 여성들이 주요 타겟으로 흔히 인연맺음이라든가 연애성취 등의 효험을 내세우곤 한다. 가령 도쿄 이다바시(飯田橋)의 도쿄대신궁이나 후술할 이마도(今戶) 신사 등을 대표적 사례로 꼽을 수 있다. 그밖에 하코네(箱根)신사라든가 교토시 상경구의 세이메이(晴明)신사 등도 강화형 파워스폿의 전형적인 사례이다. 셋째, 발견형이란 주로 비종교적인 장소가 파워스폿으로 제시된 유형을 가리킨다. 이런 유형의 파워스폿은 일본 각지의 영산(靈山)처럼 특이한 경관을 가지는 장소나 자연환경이 거론되는 경우가 많다.

이상의 세 가지 유형은 각각 완전히 독립적인 범주는 아니다. 세 유형은 파워스폿이라는 일견 비종교적인 용어 안에 종교적 의식과 실천을 담을 수 있게 되었다는 공통점을 보여준다. 다시 말해 파워스폿이라는 중성적인 성격의 새로운 용어를 통해 "에너지와 파워를 얻는다"든가 "행복을 불러온다" 등과 같은 말이 퍼짐으로써 종래의 공덕이나 영험(ご利益) 같은 종교용어를 사용하지 않더라도 종교적인 것을 공적 장면에서 표현할 수 있게 된 것이다. 그 결과 기존의 성지가 재활성화되거나 새롭게 만들어진 성지도 계속 나타나고 있다. 현대 일본사회에서는 전통종교와 거리를 취하는 형태로 성지순례가 이루어지고 있는 셈이다(岡本亮輔, 2015a:168-169).

이마도신사 : 파워스폿에서 '연애의 성지'로

이처럼 새롭게 만들어진 성지를 대표하는 것 중 하나로 전술한 세 가지 파워스폿 유형 가운데 강화형의 전형적인 사례라 할 만한 이마도(今戸)신사를 꼽지 않을 수 없다. 도쿄도 다이토구(台東區) 아사쿠사(浅草)의 천초사(浅草寺, 센소지) 북동쪽 약 1킬로미터 지점에 위치한 이마도신사의 원래 명칭은 이마도하치만궁(今戸八幡宮)이었다. 1063년 교토의 이와시미즈하치만궁(岩清水八幡宮) 제신을 권청하여 가마쿠라의 쓰루오카하치만궁(鶴岡八幡宮)과 함께 창건되었다. 종종 병화에 휩싸여 1636년 도쿠가와 이에미쓰에게 하사받은 목재로 재건되었으나, 그 후 관동대지진과 도쿄 대공습으로 인해 큰 피해를 입었다. 그 사이 근처에 있던 하쿠산(白山)신사와 합사하면서 1937년에 이마도신사로 개칭되었고, 당시 오진천황 및 이자나기와 이자나미를 제신으로 모셨다.

스이텐궁(水天宮)과 오노테루사키(小野照崎)신사 등 주오구(中央區)와 다이토구(台東區)의 팔사(八社)로 구성된 '도쿄 성하마을 팔복신 참배'(東京下町八福神参り) 및 아사쿠사(浅草)신사와 오토리(鷲)신사 등 근접한 9개소의 사사(寺社)로 이루어진 '아사쿠사 명소 칠복신'(浅草名所七福神) 루트에 들어가 있는 이 신사는 주변의 다른 사사와 밀접한 네트워크를 형성하고 있다.

일반인들에게 이마도신사는 무엇보다 마네키네코(招き猫)의 발상지로 잘 알려져 있다. 일본의 상가나 음식점 등에서 쉽게 찾아볼 수 있는 마네키네코의 유래는 에도시대까지 거슬러 올라간다. 에도시대 말기 아사쿠사에 사는 한 노파가 가난으로 인해 키우던 고양이를 남에게 주었는데, 그녀의 꿈속에 고양이가 나타나 "내 모습을 인형으로 만들면 반드시

복덕을 베풀 것"이라고 했다. 그 말을 따라 한 손을 쳐들고 있는 형상의 고양이 인형을 만들어 천초사 참배로에서 팔았는데, 그것이 큰 호평을 얻어 인기 상품이 되었다고 한다. 그 후 지역민들은 이마도야키(今戸焼)[14]로 만든 암수 한 쌍의 마네키네코를 제작하여 판매하기 시작했는데, 그것이 폭발적인 인기를 끌었다(岡本亮輔, 2012b:155). 오늘날 이마도신사 사무소 일각에는 대량의 마네키네코 인형들이 놓여져 있다. 이는 신사 신직의 부인이 꿈에서 본 광경을 재현한 것이라고 한다.

마네키네코만큼 널리 알려져 있지는 않지만, 이마도신사는 에도시대 말기 신센구미(新選組) 1번대 대장 및 검술사범이었던 오키타 소지(沖田総司, 1842-1868)가 임종한 곳이기도 하다. 오키타는 신센구미 중에서 특히 인기가 많은 캐릭터로 지금까지도 많은 소설과 게임에서 미검사(美劍士)로 묘사되곤 한다. 그래서인가 이른바 '역녀'(歷女)로 불리는 여성 방문자들이 이마도신사를 많이 찾는다.

나아가 이마도신사는 여성 신직의 적극적 활용 및 신사 공간의 여성화 등 여러 측면에서 여성 참배자들을 주요 타겟으로 삼는 전략을 구사한다. 궁사 부인이 직접 사무소에서 수여품을 나누어주는가 하면, 그녀의 딸인 자매 신직이 종종 경내에서 참배객과 커뮤니케이션을 취한다. 파워스폿 및 연애성취에 관한 여러 저서를 발간하기도 한[15] 이들은 블로그 활동을 비롯한 미디어 활동에도 매우 적극적이다. 가령 궁사 부인이 스피리추얼리티붐의 중심에 있었던 TV방송 '아우라의 샘'에 출연한 적도 있

14 에도시대부터 메이지시대에 이마도신사 주변에서 제조 판매된 도자기류.

15 가령 『戀愛成就!! ネコのえんむすび』(2005), 『今戸神社神職市野智絵が薦める幸せを呼ぶパワースポット』(2010), 『幸せを10倍呼び込む毎日の所作』(2014) 등.

다. 또한 전통적인 사사에서는 부정적으로 여겨진 TV영능자도 거리낌 없이 수용하면서 점술 예능인 시마타 슈헤이(島田秀平)라든가 에하라 히로유키 등이 당 신사에 왔음을 적극적으로 홍보하는가 하면, 궁사 부인의 블로그에는 "에하라 히로유키씨의 공적은 위대하다"는 타이틀의 기사를 내보내기도 했다.

이처럼 이마도신사는 여성 신직들의 활약, 마네키네코, 신센구미, TV영능자, 스피리추얼리티 등 다양한 요소를 적극적으로 도입하고 활용하면서 전통적인 신도 교의나 기존 신사의 입장과는 사뭇 다른 분위기를 연출한다. 하지만 이런 이단적인 측면들이 전부가 아니다. 오늘날 이마도신사 하면 역시 '연애의 성지'라는 이미지가 가장 널리 알려져 있다.

입지한 위치 자체가 사람들이 방문하기에 쉽지 않아 원래 지역민들에게만 숭경받던 이 신사는 2000년대 이래 파워스폿으로 지목되면서 급속히 지명도가 높아졌다. 그러면서 미디어에서 특히 '연애의 성지'라든가 '혼활(婚活)의 성지'로 많이 다루어졌다. 여기서 '혼활'이란 결혼 적령기 남녀들의 짝짓기나 맞선 행위를 가리킨다. 이와 관련하여 이마도신사에서는 종교활동의 일환으로서 신사 주체의 '인연맺기 모임'(縁結び会, 엔무스비카이)을 정기적으로 개최해 왔다. 등록자가 수천 명에 이르는데, 그들은 거의 지역 외 사람들이다(岡本亮輔, 2012b:156-157). 유명한 도쿄 시티투어인 하토버스 투어 안내에서는 이 신사가 '좋은 인연을 맺어주는 파워스폿'으로 소개되곤 한다. 신사의 명물인 원형 에마는 이런 남녀의 인연(縁)을 연상시킨다.

파워스폿붐은 이미 끝났다고 말해지는 오늘날에도 이마도신사에는 바로 '연애의 성지'라는 이미지 때문에 평일과 공휴일을 가리지 않고 경내에 많은 참배자들(특히 여성)이 찾아온다. 외국인들도 적지 않다. 또한 수년 전부터는 하쓰모우데에도 많은 인파가 몰리고 있다. 이마도신사는 '파워스폿에서 연애의 성지로' 재탈피한 대표적인 사례라 할 수 있다.

'신 없는' 나만의 성지

전술했듯이 에하라 히로유키는 '스피리추얼 성지'라는 키워드를 중심으로 신사를 비롯한 일본 각지의 성지를 순례하는 시리즈물을 출판했다. 거기서 그는 "파워스폿에는 사사가 많다."고 말하는 대신, "파워스폿에는 대자연에 둘러싸인 '에너지 스폿'과 사사를 중심으로 하는 '스피리추얼 성지'가 있다."고 말한다. 그러면서 성지란 무엇이든 소원을 들어주는 편리한 장소가 아니며 신령의 기운이 떠도는 신성한 곳이라는 점을 강조한다. 성지는 '영혼의 충전소'로서 심신을 치유하는 데에 도움이 된다는 것이다(菅直子, 2010:250). 젊은 여성 대상의 잡지 〈하나코 웨스트〉는 2006년에서 2007년에 걸쳐 "스피리추얼한 여행"을 연재했는데, 그 최종회에서 에하라는 참된 성지란 각자 자신이 선택하는 것이라고 하면서 다음과 같이 적고 있다.

> 성지순례의 여행을 할 때 중요한 것은 '자신만의 성지'를 발견하는 것입니다. 아무도 주목하지 않는 작은 신사라 해도 씨신(氏神, 우지가미)은 그 토지에 사는 사람에게 둘도 없는 존재입니다. 이런 씨신의 의미를 알고 신사를 참배할 마음이 생길 때 그곳은 아무리 작고 보잘 것 없는 신사라 해도 매우 귀중한 성지가 됩니다…각자에게 성지는 결국 자기 자신만의 것입니다. 그런 나만의 성지를 찾아보십시오(〈Hanako WEST〉

2007년 5월호).

앞에서 '파워스폿의 개인화'를 말하는 대목에서 '나만의 파워스폿'을 언급한 적이 있는데, 위 인용문에 나오는 '나만의 성지'도 마찬가지로 '종교의 사사화'를 배경으로 등장한 개념이다. '나만의 성지'란 각자의 마음에 드는 장소 즉 사적(私的) 성지를 가리킨다. 근래에는 이런 의미의 '성지'라는 말이 점차 파워스폿이라는 말을 대체하는 경향을 보여준다. 대중잡지 기사를 보더라도 특히 2012년에서 2013년에 걸쳐 파워스폿이라는 용어 사용이 대폭 감소하는 대신 성지라는 전통적인 용어가 재등장하고 있다. 그러면서 성지와 관련된 용어로서의 신, 개운, 초복 등의 말이 등장하는 기사수가 증가하고 있다. 하지만 이때의 '성지'는 전통적인 의미의 성지와는 결이 다르다. 그것은 반드시 종교적이거나 신을 전제로 할 필요가 없다. 그리하여 이마도신사로 대표되는 '연애의 성지'를 비롯하여 '차내 숙박의 성지'(車中泊の聖地)나 '사이클링의 성지' 혹은 '코스프레의 성지'라든가 다음 장에서 다룰 '아니메 성지' 등 종교와 무관한 성지도 속속 등장하고 있다.

이와 같은 '파워스폿에서 나만의 성지로'의 변화와 관련하여 사회학자 아즈마 미하루가 주목하는 종교투어리즘에 있어 '공간의 차이화'는 흥미롭다. 파워스폿붐의 초기에 투어리스트의 행위는 실로 "장소와 그 의미의 질적 탐구"였다. 그러나 자본의 논리에서 보자면 차이화된 장소는 가치를 창출할 가능성을 가지고 있다. 파워스폿의 경우는 그 말 자체가 처음부터 다른 장소와의 차이화를 표현하는 것이었다. 따라서 특별한 투자나 개발이 필요 없이 어떤 장소에 파워스폿이라는 말을 기호로서 부여하는 것만으로 그곳을 투어리즘 공간으로 변환시킬 수 있었다. 실제로 파워스폿이라는 말의 정착됨으로써 '해피 파워스폿'이라든가 '초불가사의 스폿' 등과 같이 '000스폿'이라는 표현이 투어리즘에 있어 장소의 차이화의 표현으로 많이 쓰이게 되었다. 그러다가 단순히 차이화만을 표현하는 파워스폿으로는 전통적인 것에 대한 동경 및 새로운 형태의 회귀를 다 표현하기 어렵기 때문에 '영장'이나 '신역' 특히 '성지'라는 말이 많이 쓰이게 되었다는 것이다.

'성지'란 무언가가 집적된 장소와 중심이 된 장소를 의미하는 말이다. 따라서 차이화에 편리한 기호이다. 현재는 파워스폿에서 전화된 '성지'붐이 연출되고 있으므로, 이런 전용이 증가하는 것도 당연하다. 실제로 각 지자체에서는 다른 지역과 자신의 지역을 차이화하기 위한 기호로 '성지'라는 말을 많이 쓴다. 유행에 있어 붐은 경제에 있어 버블과 동일한 구조로 만들어지며, 그것이 정점에 도달한 순간 진부화된다. 이런 의미에서 현재 곳곳에서 출현 중인 '000성지'들은 향후 머지않아 진부해져 가치를 상실하게 될 것이라고 예견할 수도 있겠다(東美晴, 2014:50-52).

하지만 아직까지는 파워스폿이나 성지라는 말이 여전히 널리 통용되고 있다. 이는 그런 용어에 함축된 어떤 새로운 맥락들이 계속 유효하게 작동하고 있다는 증거일 지도 모른다. 그렇다면 그것은 어떤 새로움일까? 이와 관련하여 종교학자 호리에 노리치카는 자기변용을 위한 수동적 관심과 현세이익을 위한 능동적 이용, 정신성과 물질성, 서양 유래의 뉴에이지적 스피리추얼리티와 일본 고래의 신도적 스피리추얼리티, 보편성과 특수성, 사사화(私事化)와 전통회귀 등 상호 대립적인 요소가 파워스폿 담론 안에 혼재되어 있음을 지적한다. 그러면서도 파워스폿 또는 성지의 장소 자체가 가지는 '파워'나 '에너지'의 탈문맥화 및 그에 따른 개인적 향수, 그리고 파워스폿 또는 성지의 관광화에 의한 '파워'나 '에너지' 획득의 대중화와 일반화라는 새로운 특징을 찾아볼 수 있다고 부연한다(堀江宗正, 2017:2 ; 호리에 노리치카, 2018:160).

파워스폿 순례의 새로운 문맥

파워스폿이나 비종교적인 성지를 방문하여 스피리추얼한 에너지와 파워를 획득하는 것은 외견상 전통종교의 순례나 수행과 유사해 보인다. 적어도 참배와 기원이라는 행위 자체에서는 양자를 외견상으로 구별하기 어렵다. 그러나 호리에에 따르면, 파워스폿 순례라든가 다음 장에서 상술할 아니메 성지순례 등은 전통적인 종교적 순례와는 다른 두 가지 새로운 문맥을 내포한다.

하나는 '파워'의 탈문맥화이다. 파워스폿 순례는 현지의 문화를 모르고 지역의 집단에 속하지 않더라도, 또한 종교 의례에 참가하지 않더라도, 장소의 파워만 따로 떼어내 개인적으로 향유하는 것이 가능하다고 간주된다. 가령 메이지신궁이나 이마도신사의 방문자에게는 배전을 참배하는 것보다 기요마사 우물이나 연애성취의 파워를 얻는 것이 최우선 목적이 될 수 있다. 다른 하나는 '파워' 획득의 일반화와 대중화라는 문맥이다. 종래에는 소수의 종교 전문가(수험자, 영술가, 무녀 등)만이 파워를 획득한다고 여겨졌으나, 파워스폿 순례의 경우는 관광화에 의해 그것이 모든 일반인에게 개방되어 있다. 또한 전통적인 수행이나 순례의 경우는 특수한 실천을 거쳐 일상적 생활공간으로 회귀하지만, 파워스폿 관광은 특수한 실천을 거치지 않는다. 일반인이 미디어나 개인적 관계를 매개로 정보를 얻고 편리한 교통수단을 의지해 일시적으로 그 장소에 심취해 있다가 비교적 빨리 손쉽게 일상으로 회귀하는 것이 가능해졌기 때문이다.

호리에의 이러한 지적은 예리하다. 하지만 여기에 두 가지 새로운 문맥을 더 첨가할 필요가 있다. 여성성의 문맥과 '신 없는 성지' 혹은 '신앙 없는 순례자'의 맥락이 그것이다. 첫째, 극도의 고령화 및 소자사회가 진전되고 있는 현대 일본사회에 있어 대체로 남성은 내셔널리즘에서, 여성은 스피리추얼리티에서 아이덴티티와 존재 의식을 찾으려는 경향이 있다(小寺敦之, 2011:103). 파워스폿은 주로 여성 대상이라는 이미지가 강하다. 남성들은 파워스폿에 여성만큼 흥미를 가지지 않는다. 여행사 DeNA트래블의 '여행과 파워스폿에 관한 설문 조사'(2017년)에 따르면 20대 여성의 75%가 파워스폿 효과를 믿는 것으로 나타났다. 특히 여성이 파워스폿에 관심이 높음을 알 수 있다(호리에 노리치카, 2018:127). 또한 2000년대의 파워스폿붐은 종종 종교적 신앙과 반대되는 것으로서의 '팝 스피리추얼리즘'(pop-spiritualism)을 보여주는 젊은 여성들 사이에서의 콘텐츠 투어리즘과 겹친다는 진단도 있다(Seaton et. al., 2017: 19). 한마디로 파워스폿은 여성 대상으로 유행하여 정착된 문화라 할 수 있다.

둘째, 가령 이마도신사의 경우는 '연애와 혼활의 성지'라는 이미지나 신사 공간의 여성화라는 관광전략을 앞세워 많은 사람들을 끌어 모으는 데 성공한 사례라 할 수 있다. 그 결과 '인연맺기 모임'이나 각종 미디어 활동에서 엿볼 수 있듯이 종래의 신사신앙과는 상이한 형태의 공동성이 생겨난다. 앞서도 언급했듯이 여기서 우리는 '신 없는 성지'라는 새로운 문맥을 읽을 수 있다. 현대의 성지는 어딘가 격절된 장소에 존재하는 것이 아니라, 사람들의 교류하는 한가운데에 만들어지는 경향이 두드러진다. 그것은 종종 '나만의 성지'의 집합인 '우리만의 성지'가 되기도 한다.

이런 새로운 형태의 성지순례가 파급되는 현상은 기본적으로 종교와 관광의 융합에 따른 것이다. 확실히 현대에는 '신앙 없는 순례자'들이 증가하고 있다(岡本亮輔, 2015a: 9 및 209-210). 산티아고 순례만 그런 것이 아니다. 파워스폿 순례를 비롯하여 본서 제1장에서 살펴본 시코쿠헨로도 다음 장에서 다룰 아니메 성지순례도 마찬가지다. 거기서는 공통적으로 스피리추얼리티의 상품화가 수반되며, 나아가 순례자와 관광객의 구분이 애매해지고 있다. 성지의 사사화에 따라 '신 없는 성지'를 순례하는 '신앙 없는 순례자'들의 추구 내용이나 형식은 매우 다양할 수밖에 없다. 그럼에도 '자기 찾기'라든가 '살아갈 힘으로서의 스피리추얼리티'라는 동기가 여전히 많은 일본인들의 마음을 사로잡고 있는 듯이 보인다.

제6장

아니메 성지순례

: 리미널리티를 사는 오타쿠들

근래 일본 대중문화의 영역에서는 애니메이션의 일본식 약어인 '아니메'와 성지순례라는 종교용어가 결합된 '아니메 성지순례'라는 말이 주목을 받고 있다. 이는 최근 신카이 마코토(新海誠) 감독의 애니메이션 〈너의 이름은〉(君の名は, 2016년)의 힛트와 함께 그 배경 지역을 탐방하는 성지순례가 '유행어 대상' 후보에 오르는 등, 아니메에 대한 긍정적인 관심이 높아진 것과 결을 같이 한다.

아니메 성지순례란 일반적으로 "아니메 작품의 로케이션 장소나 배경이 된 곳 혹은 그 작품 및 작가와 관련된 곳에서 팬들에 의해 그 가치가 인정된 장소를 방문하는 것"(岡本健, 2009:31) 혹은 "팬이 작품의 무대가 된 장소를 책정하여 작품 내에서 사용된 구도와 동일한 풍경을 찾아내는 행위"(今井信治, 2012a:170) 또는 "작품의 무대나 모델이 된 거리와 건물 등을 팬들이 방문하여 그 작품세계를 추체험하는 행위"(津堅信之, 2014:248) 등으로 정의된다. 여기서 팬이란 대개 '오타쿠'라 칭해지는 서브컬쳐 마니아들(정수희 · 이병민, 2015:116)을 가리키며, 따라서 아니메 작품은 오타쿠 대상의 작품을 지칭한다.[1] 오타쿠란 말은 창조적·통합적인 인간에서 폐쇄적·퇴화적인 인간에 이르기까지 "빛과 그림자의 양면을 지닌 용어"(김민수, 2011:97)인데, 본서에서는 긍정적인 측면에서 오타쿠를 평가한다. 오타쿠들은 아니메 작품의 무대를 총체적으로 바라본다. 그들은 신사나 사원 혹은 다리나 학교 등 공공장소와 관광지뿐만 아니라 교차점, 비탈길, 아파트 등 지극히 평범한 풍경들도 종종 아니메 성지로 간주한다.

아니메 성지순례자의 행동양식

아니메 성지순례자들의 공통적인 행동양식 및 특징은 다음 네 가지로 정리될 수 있다(岡本健, 2008:35/2015a:197). 첫째, 아니메에 묘사된 풍경을 아니메 장면과 동일한 앵글에서 촬영한 사진이나 동영상 정보를 인터넷 홈페이지나 블로그에 올린다. 둘째, '순례노트'라 불리는 현지의 방명록 노트나 '이타에마'(痛絵馬)라 불리는 신사 에마에 일러스트와 코멘트를 남기거나 '코스프레'를 하기도 한다. 또한 지역의 기념품 가게나 음식점 등에 각종 순례 기념물을 남기는 팬들도 많다. 이런 것들이 다시 관광자원이 되어 사람들을 불러 모은다. 셋째, 팬들의 일차적 여행 동기는 아

---

1 오타쿠란 "만화, 아니메, 게임, 피씨 등 상호 깊이 결부된 일군의 서브컬쳐에 탐닉하는 자들에 대한 총칭"(今井信治, 2009:87) 혹은 "취미에 집착하여 소비와 창작활동을 행하는 사람들"을 가리키는 말이다. 아니메 성지순례자는 기본적으로 이런 오타쿠 혹은 오타쿠적인 존재인데, 그들은 서브컬쳐의 주인공으로 많은 가능성을 가지고 있다(牧和生, 2011:110).

니메 무대를 탐방하는 데에 있지만, 이를 계기로 각종 이벤트나 마쓰리 등에 참여하면서 지역 주민들과의 교류 및 팬들 사이의 만남을 즐긴다. 넷째, 동일한 성지를 반복적으로 방문하는 팬들도 많다.

이 중 '순례노트'와 '이타에마'에 관해서는 뒤에서 다시 상술하기로 하고, 여기서는 특히 첫 번째 특징과 관련하여 좀 더 부연하고 넘어갈 필요가 있다. 적극적인 팬들은 아니메 성지에 관한 '동인 가이드북'을 작성하고 배포하기도 한다. 거기에는 아니메 성지에 관한 정보는 물론이고 해당 지역의 역사와 문화 및 일반적인 관광정보까지 망라되어 있다. 나아가 순례기의 아카이브화가 이루어지기도 한다. 대표적인 사례로 성지순례자들이 아니메 성지에서 찍은 사진과 기타 경험을 블로그와 홈페이지에 올린 '순례기' 등을 모은 사이트 〈무대탐방 아카이브〉(舞台探訪アーカイブ)[2]를 들 수 있다. 이것은 오이시 겐(大石玄)이 2005년 9월부터 개시한 아니메 성지순례에 관한 정보를 발신하는 웹사이트로 팬들 사이에 인기가 많다. 2020년 1월 말 현재 1748개 작품의 아니메 성지가 올라와 있는데, 아니메 외에 게임, 만화, 소설, 라이트노벨 등의 무대가 된 장소도 성지라는 이름으로 올라와 있다. 그러니까 팬들 사이에서는 성지라는 말이 아니메에만 사용되는 것이 아니다.

이와 더불어 팬들이 애용하는 웹사이트로 주식회사 딥이 만든 〈성지순례 맵〉(聖地巡禮マップ)[3]을 빼놓을 수 없다. 매우 치밀하게 구성되어 있는 이 사이트에는 2020년 4월 말 현재 5천 개소의 아니메 성지가 등록

2 https://wikiwiki.jp/legwork/

3 https://seichimap.jp/

되어 있다. 이 정도 되면 일본 전역에 아니메 성지가 존재한다고 말해도 과언이 아닐 것이다. 사실 외국인들이 볼 때는 일본열도 전체가 '아니메의 성지'로 비쳐질 만하다(一社アニメツーリズム協會, 2018:13).

오타쿠 팬들의 이와 같은 행동양식에 호응하여 많은 아니메 성지의 해당 지역에서는 상공회, 지자체, 관광협회, 교통기관 등을 중심으로 인터넷 사이트를 만들어 성지순례 지도를 작성하거나 아니메 작품 관련 상품을 개발하고 판매하는가 하면, 각종 이벤트를 기획하고 그것과 관련된 다양한 사업을 시행한다. 가령 스탬프 일주 프로그램을 실시한다든가 아니메 캐릭터들이 묘사된 랩핑 전차나 버스를 운영하는 경우가 많다.

아니메 성지 관련 정책과 연구 동향

대략 1990년대 초반부터 시작되었다고 말해지는 아니메 성지순례는 2000년대에 들어서서 큰 붐을 형성하며 지금에 이르고 있다. 이처럼 아니메 성지순례가 붐을 이루게 된 데에는 여러 가지 요인이 있다. 그 중 먼저 주목할 것은 일본 정부의 정책이다. 2003년부터 일본 국토교통성이 '방일여행 촉진사업'을 시작했고 또한 경제산업성이 중심이 되어 '쿨재팬 전략'을 추진해 왔으며, 내각도 2016년에 '내일의 일본을 뒷받침하는 관광 비전'을 발표하여 관광선진국을 목표로 내걸었다. 이 비전은 아니메를 포함한 일본의 방송 콘텐츠를 도상국에 무상으로 제공한다든지, 2020년 도쿄올림픽 이후의 관광을 염두에 두고 아니메 등의 콘텐츠를

대외적으로 발신하는 방침을 제시하고 있다.[4]

아니메에 대한 정책적 언급은 2005년 국토교통상, 경제산업성, 문화청에 의한 '영상 등 콘텐츠의 제작 및 활용에 의한 지역진흥 방식에 관한 조사보고서' 제4절에 등장한 바 있으며, 2007년에는 경제산업성이 '일본의 아니메를 활용한 국제관광교류 등의 확대에 의한 지역활성화 조사보고서'를 발표하면서 아니메의 활로를 해외에서 찾는다는 방침을 제시했다. 일본정부는 대외적 소프트파워 강화에 역점을 둔 '쿨재팬' 정책과 함께 일본을 대표하는 콘텐츠로서 애니메이션을 강조하며 그 실행수단으로서 '아니메 성지순례'를 적극적으로 지원하고 있는 것이다(정수희·이병민, 2016:65). 정부뿐만 아니라 각 지자체에서도 앞 다투어 아니메 콘텐츠에 착목하고 있다. 가령 사이타마현은 2014년 '아니메의 성지화 프로젝트회의'를 설치했으며, 기후현도 몇몇 도시에서 '기후 아니메 성지 환대연합'을 설립했다(森裕亮, 2017:2).

일본에서 이와 같은 아니메 성지순례를 비롯한 콘텐츠 투어리즘에 대한 연구는 초기에는 주로 관광학 연구자들을 중심으로 시작되었는데, 최근에는 인류학, 사회학, 종교학, 경제학, 지역학, 콘텐츠 연구자 등 다양한 분야의 연구자들이 논의에 뛰어들어 활발한 연구가 진행 중이다. 대표적인 연구기관으로는 '콘텐츠 투어리즘 학회'와 '홋카이도대학 관광학 고등연구센터'(야마무라 교수 연구팀 중심) 등을 들 수 있다(정수희·이병민, 2016:64). 연구의 관심 영역별로 보자면, 기존 연구는 아니메 성지순례 현상의 성립에 관한 연구, 아니메 성지순례를 계기로 일어난 지역살리기(町起し, 마치오

4 코로나19사태로 도쿄올림픽이 연기됨으로써 이 비전은 매우 불투명해졌다.

코시) 운동에 관한 연구, 아니메 성지순례자의 여행 행동에 관한 연구, 아니메 성지순례자와 지역주민의 관계에 관한 연구, 아니메 성지순례 연구의 방법론을 둘러싼 연구 등이 주종을 이룬다(岡本健, 2010a:102-105).

이하에서는 이러한 기존의 연구 성과를 수렴하면서 특히 아니메를 둘러싼 가상현실의 재생과 집단적 사유화라는 관점에 착목하여 아니메 성지순례의 발생과 전개 과정, 전통적인 성지순례와 아니메 성지순례의 비교, 대표적인 아니메 성지의 사례분석, 아니메 성지와 신사의 관계, 아니메 성지순례붐의 의의와 문제점 등에 대해 검토하고자 한다.

Ⅰ. 아니메 성지순례의 발생과 전개

아니메를 대표로 하는 콘텐츠 작품과 관련된 성지순례가 널리 행해지게 된 것은 2002년 이후부터라는 것이 많은 연구자들의 공통된 견해이다(大石玄, 2011:41). 그 전까지는 아니메 성지순례라는 말과 함께 '무대탐방'이라는 용어가 쓰이기도 했는데, 이미 1990년대부터 무대탐방의 발상으로 간주될 만한 여행 행위가 있었다. 소설 〈불꽃의 신기루〉(炎の蜃気楼, 1990년) 및 그것을 원작으로 한 만화, 아니메, 드라마 팬들이 전국의 사사 순례를 하는 '미라쥬 투어'[5]가 그것이다(橋本裕之, 2006:178-180).

5 원작 〈불꽃의 신기루〉는 소설가 구와바라 미즈나(桑原水菜)의 데뷔작이다. 소생한 전국시대 무장들의 원령이 천하를 걸고 싸움을 반복하는 가운데, 이들을 명계로 되돌려 보내는 사명을 부여받

아니메 성지순례가 처음 등장한 것은 이런 미라쥬 투어가 유행하기 시작한 1990년대 초 무렵부터이다. 통상 1992년에 나온 아니메 〈천지무용! 양황귀〉(天地無用! 魎皇鬼, 이하 〈천지무용〉)와 〈미소녀전사 세일러문〉(美少女戰士セーラームーン, 이하 〈세일러문〉) 등이 성지순례를 초래한 아니메 작품의 효시로 말해진다(柿崎俊道, 2005 ; 岡本健, 2009/2015b ; 大石玄, 2011). 1992년 당시 성지순례라는 호칭이 있었는지 여부는 확실하지 않지만, 두 작품 모두 신사가 무대 배경에 등장한 것이 성지순례라는 호칭과 관련이 있으리라는 추정은 가능하다.

팬들 사이에서는 이 두 작품 중에서도 특히 〈천지무용〉이 아니메 성지순례의 기원으로 말해지곤 한다(岡本健, 2009:31). 〈천지무용〉(1992년, OVA)은 1995년 TV판 아니메가 나왔고 극장판도 세 작품이나 있다. 원작자 가지시마 마사키(梶島正樹)는 자신의 출신지인 오카야마현을 작품 무대로 설정했다. 〈천지무용〉의 주인공들은 오카야마현 아사쿠치시(浅口市) 곤코정(金光町) 소재 다로(太老)신사를 모델로 한 마사키(柾木)신사에 살고 있다. 1994년경 다로신사를 비롯하여 이 작품과 관련된 오카야마현의 무대를 팬들이 다수 방문하면서 그때부터 본래는 종교적 색채가 없는 관광행위가 팬들에 의해 자연발생적으로 '성지순례'라는 말이 사용되

아 생자의 육체를 빼앗는 '환생'을 되풀이하면서 400년 간을 살아온 우에스기 야차중(上杉夜叉衆)들과 숙적 오다 노부나가와의 싸움이 전개된다. 이 야차중의 총대장인 우에스기 가게토라(上杉景虎)는 평범한 고교생 주인공인 오우기 다카야(仰木高耶)로 등장하는데, 그를 감시하는 나오에 노부쓰나(直江信綱) 역의 다치바나 요시아키(橘義明)와의 동성애적 관계는 독자들에게 큰 충격을 주었으며 특히 젊은 여성들에게 절대적인 지지를 받았다. 무대탐방(아니메 성지순례)의 선구작으로 말해지기도 하는 이 작품 속의 사사(寺社)와 사적 등을 방문하는 것이 크게 유행하기 시작했다. 이것을 '미라쥬 투어'라고 한다. 이로부터 '전국(戰國)사적순례'라 불리는 붐이 생겨났고, 그런 순례자의 대다수를 차지하는 여성들이 '역녀'(歷女)라 불리게 되었다.

기 시작했다(大石玄, 2011:43).[6] 현재 다로신사의 주신은 『고사기』의 아마노이와토신화에서 아마테라스를 동굴로부터 나오게 하는 데 결정적인 역할을 한 무녀 여신 아메노우즈메(天鈿女命)인데, 2004년 9월 이 신사의 새전함이 도난당했을 때 〈천지무용〉 공식사이트가 다로신사를 지원하기 위한 모금운동을 전개하여 새전함 등을 기진하기도 했다.

〈세일러문〉과 전사증후군

혹자는 〈세일러문〉을 아니메 성지순례의 기원으로 보기도 한다(藤山哲人, 2006:218 ; 津堅信之, 2014:249). 사실 이 작품은 다음 두 가지 점에서 아니메 성지순례의 기원과 관련된 독특한 의의를 〈천지무용〉보다 더 잘 보여준다.

첫째, 〈세일러문〉의 스토리는 주인공 히노 레이(火野レイ)의 모계 쪽 조부가 히카와(火川)신사의 궁사이며, 레이 자신도 부친과 헤어져 무녀로서 조부를 돕는다는 설정이다. 작품 속 신사의 실제 모델인 히카와(氷川)신사는 현재 드물게 순례자가 방문하는 데에 그치고 있지만, 그 소재지가 도쿄도 미나토구(港區)의 아자부쥬반정(麻布十番町)이므로 시청자들에게 〈천지무용〉보다 더 친숙한 일상을 연출한다. 이는 1990년대에 처음으로 '일상계'라 불리는 아니메 작품군이 등장하면서 일상성이 재발견

6 1995년 1월 1일자 〈홋카이도신문〉(北海道新聞)이 만화와 아니메에 대해 '성지순례'라는 용어를 사용한 것으로 보아(岡本健, 2009:39), 1994년 단계에서 이미 성지순례라는 말이 쓰이고 있었음을 알 수 있다.

된 것과 밀접한 관계가 있다는 점에서 주목할 만하다. 이후 2000년대에 들어가면서 이런 일상계 장르의 아니메 작품들이 증가하면서 아니메 성지순례가 대중적으로 분명하게 인식되기 시작한 것이다. 여기서 일상계 작품군이란 SF나 판타지나 마법소녀물 등 종래 아니메의 특징적 요소를 배제하고, 주로 미소녀들을 주인공으로 삼으면서도 보통 사람들의 일상과 마찬가지로 등장인물들의 지극히 평범한 일상 회화와 행동을 소재로 삼은 아니메 작품들을 가리킨다(津堅信之, 2014:249-250).

둘째, 이와 같은 일상계 아니메 작품군이 처음 등장한 1990년대 전반기는 채널링, 윤회전생, 오컬트, 건강식, 에콜로지, 트랜스퍼스널심리학, 뉴사이언스 등 세기말적 뉴에이지 운동(정신세계)이 유행한 시기이다. 그런 가운데 '전사증후군'이라 불리는 일본 특유의 현상이 있었다. 1980년대 후반부터 시작된 전사증후군이란 서로를 소울네임으로 부르며 전생의 친구를 찾는다는 내용의 투고가 오컬트 잡지들의 독자란에 넘쳐흐른 현상을 가리킨다. 전생의 기억을 공유하는 친구들은 세계최종전쟁을 함께 싸운 전사 동지라는 것이 그런 투고문의 공통된 스토리이다.

〈세일러문〉에서도 이런 전사증후군을 엿볼 수 있다. 변신하는 마법소녀들인 세일러문 전사들은 공통된 전생의 기억을 가지고 있다. 그네들은 전생에서 함께 싸운 전사 동지라는 것이다(由谷裕哉ほか, 2014:93). 이 점에서 〈세일러문〉은 1990년대 일본사회에 만연한 뉴에이지 운동(정신세계 혹은 신영성운동)의 전형적 작품 중 하나라 할 수 있다. 종래 연구자들은 〈세일러문〉이 가지는 이런 세기말 특유의 스피리추얼리티에 주목하지 않았다(由谷裕哉ほか, 2014:94).

〈부탁해요☆선생님〉

일반사단법인 아니메투어리즘협회가 발간한 『아니메투어리즘 백서 2018』에 따르면 "파워스폿은 매스콤 주도이지만, 아니메 성지순례는 개인의 웹사이트 시대 이후 '관객의 자주적 발견'에서 시작된 것으로 이는 특히 2000년대 중반 블로그시대를 맞이하여 연쇄반응을 일으켰다(一社アニメツーリズム協會, 2018:4). 그러니까 아니메 성지순례라는 말은 인터넷 시대 이후에 나온 것이라는 말이다. 사실 매스콤에서 성지순례라는 말이 널리 쓰이게 된 것은 가키자키 슌도의 『성지순례 아니메·망가 12개소 탐방』(柿崎俊道, 2005)에서부터였다. 이 책에서는 근년 작품뿐만 아니라 전술한 〈천지무용〉을 비롯하여 〈신세기 에반게리온〉(1995년)과 같은 고전적 작품도 소재로 삼아 일반화를 시도한다.

정보학 연구자 오이시 겐은 2002년 〈부탁해요☆선생님〉(おねがい☆ティーチャー, 이하 〈부탁해요〉)의 방영 이후 인터넷을 통한 커뮤니케이션을 수반하는 현재의 아니메 성지순례 형태가 시작되었다고 본다(大石玄, 2011:45). 아니메 성지순례의 대중화는 정보장치의 개발이 진전된 인터넷 시대의 개막과 함께 이루어진 것인데, 바로 이 작품에 의해 비로소 그런 대중화가 현상적으로 확립되었다는 말이다.

나가노현 마쓰모토시(松本市) 출신의 이데 야스노리(井出安軌)가 감독을 맡은 〈부탁해요〉는 작품의 무대인 나가노현 오마치시(大町市) 기자키호(木崎湖) 주변을 제작자들이 현지 촬영하여 그 풍경을 정밀하게 입체적으로 묘사한 작품인데, 이것이 인터넷에 의한 정보 전파에 의해 널리 알려지게 되었다. 관광사회학자 오카모토 다케시도 이 작품에 관해 "방영 종료 후 호수 주변을 '성지'라 부르며 '순례'하는 팬들이 계속 모여들었다."든가 "인터넷 게시판 등에 정보가 퍼졌고 전국 팬들이 모이게 되었다." 고 적고 있다(岡本健, 2009:41).

이처럼 인터넷 웹공간을 배경으로 행해진 콘텐츠 소비형의 관광행위를 유발했다는 점에서 〈부탁해요〉는 아니메 성지순례의 역사에서 중요한 위치를 점한다. 나아가 이 작품은 아니메 팬들의 적극적인 사회적 행동이 화제를 불러 모으기도 했다. 가령 팬들은 2008년 호수 주변의 가로등 유지를 위한 모금활동을 전개하는가 하면, 아름다운 기자키호 풍경을 지키기 위한 청소 활동을 펼친 환경미화운동 '미즈호 프로젝트'를 작품의 시대 설정인 2017년까지 실시하기도 했다. 지역 주민들은 이런 팬들을 높이 평가하여 오타쿠란 말 대신 작품의 일본어명 '오네가이 티처'의 약어인 '오네티상'이라고 부른다.

하지만 이 작품이 아니메 성지순례자들에게 가지는 의미는 단지 현실 풍경의 정밀한 묘사라든가 인터넷을 통한 정보 전파 또는 팬들의 헌신적인 사회봉사에만 한정되지 않는다. 콘텐츠 자체가 팬들에게 내적 설득력을 가지지 않는 작품은 결코 성지순례의 대상이 될 수 없다. 〈부탁해요〉가 보여주는 콘텐츠 내적 가치는 특히 정체성(停滯性)과 정체성(正體性)을 둘러싼 현대 일본사회의 취약한 부분을 팬들에게 남녀간의 사랑이라든가 외계인과의 이색적인 만남이라는 설정을 통해 감성적이고 환상적으로 환기시켜준다는 데에 있다.

〈부탁해요〉의 주인공 소년 구사나기 케이는 '정체'(停滯)라 불리는 희귀병으로 인해 3년간 가사상태에 빠졌다가 회복된 후 18세 때 고1로 복학했는데, 어느 날 여교사 가자미 미즈호가 그가 속한 반의 담임으로 부임한다. 그녀는 실은 은하연맹에서 파견된 지구 감시원이다. 이 사이의 기묘한 사랑 이야기를 묘사한 〈부탁해요〉에는 케이와 동일한 희귀병을

앓고 있는 또 한 명의 캐릭터가 등장한다. 모리노 이치고는 6년간 가사상태에 빠졌다가 21세 때 여고1년생으로 복학한 인물이다. "멈춰있고 싶지 않아. 앞으로 나아가고 싶어."라는 절실한 내면적 외침을 공유하는 양자는 TV판 제1기 11화 중 케이가 정체 상태에 빠진 꿈속을 묘사한 장면에서 다음과 같은 대화를 주고받는다.

이치고: 현실에선 정확한 해답을 내지 못할 때가 있어. 어쩔 수 없는 일이 있어. 모든 사람들이 행복해지는 일은 없어.

케이: 어째서?

이치고: 불행이 사람을 타락시키니까. 한번 손에 넣은 행복에 젖어 더욱 더 큰 행복을 움켜쥐려 하지.

케이: 욕심이 과한 거구나.

이치고: 그래. 그래서 사람에게는 슬픔이라는 감정이 있는 거 같아.

케이: 슬픔이 없으면 기쁨을 이해할 수 없으니까.

이치고: 모순된 이야기지만 말이야.

케이: 그러네.

이치고: 난 그런 모순에 가득 찬 세계 따위는 필요 없어. 기쁨을 느끼면서 난 멈추겠어. 현실을 초월하는 거야. 아무 것도 바라지 않고 슬픔도 없이 평안하게 지낼 수 있는 곳에서. 너에게 나와 같은 소질이 있어. 여행을 떠날 수 있는.

케이: 그래서 내 앞에 나타났군.

이치고: 그래

케이: 여행 떠나는 모습을 보여주기 위해서.

이치고: 그래. 존재를 멈추게 하는 거야. 존재 그 자체를. 너도 멈출

거니?

케이: 난...나도 멈출 거야.

이치고: 시각, 청각, 후각, 미각, 촉각, 시간, 의식, 육체, 공간 모두를...

케이: 난 멈출 거야.

이치고: 넌 멈출 거야. 멈출 거야.

(케이의 안경이 떨어진다.)

케이: 이끌고 있어. 무언가가 날 이끌고 있어. 아무 것도 아닌 것처럼 있으면서...아무 것도 필요 없으면서....내 안에 무언가가 있어.

(가자미 미즈호가 나타나 앞으로 케이와 결혼해서 함께 살 거라고 말한 후 사라진다)

케이: 이 정체는 슬퍼지고 싶지 않은 내가 만든 나의 약한 모습이었던 거야.

이치고: 하지만 현실에서는 불행이 기다리고 있어.

케이: 그럴지도 몰라. 하지만 아닐 수도 있어. 우주가 영원한 것처럼 느껴지는 것은 내 눈에 멈춘 것처럼 보이기 때문이야. 그렇지만 우주는 끊임없이 팽창을 거듭하고 있어. 내 안에 있는 세계가 전부는 아니야. 난 영원 따위는 필요 없어. 유한하더라도 상관없어. 난 유한한 세계에서 살 거야. 지금 현재를 살 거야. 미안해. 넌 여행을 떠나기 위해 '지금'을 버렸지만 난 '지금'을 위해서 이곳을 버리겠어. 안녕.

(가사 상태의 꿈에서 깨는 케이)

이후 〈부탁해요〉는 은하연맹에 의해 미즈호와 관련된 모든 기억을 말소당한 케이가 결국 다시 지구로 찾아온 미즈호를 알아본다는 스토리로 전개된다. 여기서 '정체'라는 희귀병이 실은 1995년에 발생한 옴사건으로 표상되는 일본사회의 '정체'를 대변하고 있다는 점, 케이와 미즈호의 사랑 이야기는 실은 심각한 아이덴티티의 위기를 겪는 현대일본인의 뉴에이지적 '정신세계'를 돌파하여 "멈추지 않고 앞으로 나아가고자 하는" 원망(願望)의 표출이라는 점에 주목할 필요가 있다.

Ⅱ. 〈럭키☆스타〉: 아니메 성지순례의 대명사

〈부탁해요〉(2002)가 아니메 성지순례의 대중화를 촉발시킨 작품이라면, 아니메 성지순례의 본격화를 상징하는 작품으로 통상 2007년에 나온 〈럭키☆스타〉(らき☆すた)[7] 가 꼽힌다(一社アニメツーリズム協會, 2018:4). '아니메 성지순례의 대명사'(今井信治, 2012a:178)로 불리기도 하는 이 작품은 단순한 투어리즘을 넘어서 각종 미디어 매체뿐만 아니라 전국 지자체 관련자들과 연구자들로 하여금 지역활성화 혹은 지역살리기 등의 아니메 성지순례 효과에 본격적으로 주목하게 만든 대표적인 사례이다. 즉 〈럭키☆스타〉를 기점으로 하여 오늘날 아니메 성지순례는 예전처럼 작품 팬들에 의한 자연발생적 현상이라기보다는 지역(지자체, 관광협회, 상공회, 지방교통기관 등)과 제작위원회(아니메제작회사, TV방송국, 원작출

7 공식 사이트는 http://www.lucky-ch.com/

판사, DVD판매회사, 배급처, 관련 상품판매회사, 광고대리점 등) 등에 의해 일어나는 것으로 바뀌고 있다. 다시 말해 〈럭키☆스타〉 이후 아니메 성지순례가 지역활성화 혹은 지역살리기의 한 수단[8] 으로 주목받게 된 것이다(周藤眞也, 2016:56 ; 今井信治, 2012b:149). 이와 같은 아니메와 지역살리기의 결부는 아니메 성지순례가 오타쿠 팬들의 단순한 행위를 넘어서서 확실히 "현대 일본사회에 있어 주목할 만한 동향"(島田愛美ほか, 2012:94)임을 잘 보여주었다. 그럼으로써 〈럭키☆스타〉는 향후의 아니메 투어리즘 및 지역과 아니메 작품을 연계하는 각종 기획의 선구적 사례가 되었다.

2008년 일본의 패션 및 오락 잡지계 출판사로 유명한 '다카라지마사'(宝島社)가 주관하는 〈이 아니메가 대단해! 2008〉(このアニメがすごい! 2008)의 대상 1위작으로 선정된 〈럭키☆스타〉는 흔히 '공기계' 또는 '일상계'라 불리는 아니메 작품군의 대표작 중 하나로 꼽히는 작품이다(大谷尚之ほか, 2018:65). 원작인 요시미즈 가가미(美水かがみ)의 만화에서는 특정 지역이 무대로 설정되지 않았지만, 2007년의 TV판 아니메에서는 사이타마현 북동부에 위치한 구키시(久喜市)의 와시노미야(鷲宮)를 비롯하여 가스카베시(春日部市), 삿테시(幸手市), 사이타마시(さいたま市)의 오미야정(大宮町) 등이 무대 배경으로 등장한다(大谷尚之ほか, 2018:66). 이는 만화가 요시미즈가 사이타마현 출신이라는 점을 반영한 것이었다. 작품 속에서 현실 속의 가스카베역(春日部駅)은 가스카베역(糟日部駅)으로, 실제하는 와시노미야(鷲宮)신사는 다카노미야(鷹宮)신사로 미묘하게 변용되어 나온다.

---

8 다소 과장된 측면이 있어 보이긴 하지만, 〈럭키☆스타〉 성지순례의 경제적 효과가 약 2천만 엔에 이른다는 조사보고도 있다(牧和生, 2011:112).

만화와 아니메 오타쿠인 이즈미 고나타(泉こなた), 박식하고 귀티 나는 아가씨 풍의 다카라 미유키(高良みゆき), 좌충우돌 기질의 히이라기 가가미(柊かがみ) 및 그녀의 쌍둥이 자매인 히이라기 쓰카사(柊つかさ) 등 료오우가쿠엔(陵桜学園)고등학교에 다니는 4인의 여고생이 이 작품의 주인공이다. 그 중 가가미와 쓰카사 자매는 작품 속에서 실제 와시노미야신사를 모델로 한 다카노미야신사 신직의 딸이자 신사 무녀로서 가족과 함께 신사 경내에 거주한다는 설정이다. 이런 네 명의 여고생들의 소소한 학교생활과 함께 특별히 큰 사건이 일어나지도 않고 느슨한 일상이 묘사될 뿐이지만, 아니메 성지순례의 즐거움을 팬들에게 널리 전파한 작품으로 큰 인기를 모았다.

와시노미야신사 : 아니메 성지순례의 전환점

〈럭키☆스타〉의 무대 모델이 된 와시노미야 소재의 와시노미야신사는 아니메 성지 또는 아니메 성지순례라는 말이 일본사회에 널리 알려지게 된 중요한 발신지가 되었다. 사실 〈럭키☆스타〉가 아니메 성지순례의 역사에서 하나의 결정적인 전환점이 된 중요한 이유 중 하나로 공공적 공간인 신사가 성지순례의 대상이 되었다는 점을 간과할 수 없다.

고래로 이즈모족(出雲族) 창건과 관련된 관동지방 최고(最古)의 대사라 불려온 와시노미야신사의 제신은 아메노호히(天穂日命)와 그 아들인 다케히나토리(武夷鳥命) 및 오나무치(大己貴命)이다. 장사번창과 인연맺기(縁結び)에 영험이 있는 신사 또는 관동지방에 있어 '도리노이치'(酉の市)라는 시장의 원조로 알려져 있어 '오도리사마의 본사'(お酉様の本社)로 칭

해지기도 하는 이 와시노미야신사의 신사명은 일설에 의하면, 고대에 토기 제작에 종사한 집단인 하지베(土師部) 사람들이 창건한 하지노미야(土師宮)에서 유래되었다고 한다. 즉 하지노미야의 '하지'가 '와시'로 전화되어 와시노미야가 되었다는 것이다(関根久夫, 2010:252). 오늘날 와시노미야신사가 주관하는 마쓰리 '하지제'(土師祭)도 하지노미야에서 비롯된 것으로 보인다.

중세에는 이 신사에 대한 무사들의 신앙이 두터웠다. 예컨대 1252년 가마쿠라막부의 6대 쇼군 무네타카친왕(宗尊親王)의 지방행차(下向)가 무사히 행해진 것을 축하하여 이세신궁과 하치만궁 이하의 대사에 신마(神馬)와 폐백(御幣, 고헤이)을 보낼 때, 교토 18사, 관동의 쓰루오카하치만궁, 이즈산곤겐(伊豆山權現), 하코네곤겐(箱根權現), 미시마대사(三嶋大社)와 나란히 와시노미야신사가 꼽혔다. 근세에도 당 신사는 도쿠가와 이에야스가 영지 내 사사(寺社)를 향해 일제히 기진을 했을 때, 무사시국 총사인 오쿠니타마(大國玉)신사에 버금가는 영지를 수여받았다. 이는 무사시국 일궁(一宮, 이치노미야)이었던 오미야히카와(大宮永川)신사를 능가하는 것이었다(今井信治, 2012b:146).

사이타마현은 지치부시(秩父市)와 가와고에시(川越市) 등 몇 군데를 제외하고는 기본적으로 관광과는 무관한 지역이었다. 마찬가지로 와시노미야신사 또한 원래 관광의 문맥과는 거리가 멀었다. 그러다가 〈럭키☆스타〉의 무대로 주목받은 이래 와시노미야신사가 아니메의 성지로 부각되었고, 이에 따라 2009년 사이타마현은 2009년 새롭게 관광과를 설치할 정도였다.

와시노미야신사에서의 팬들의 행동양식 및 각종 이벤트와 마쓰리에 대한 검토에 앞서 먼저 당 신사가 아니메 성지화함으로써 기존의 유서

깊은 신사로서의 존재감을 넘어서서 그 '장의 의미'가 다양화되었다는 점을 지적하고 넘어가기로 하자. 여기서 '장의 의미'란 팬들이 와시노미야신사라는 장소를 어떻게 생각하고 어떻게 인식하는가 하는 것을 가리킨다. 시마타 아이미는 〈럭키☆스타〉 팬들에게 와시노미야신사라는 장이 가지는 의미를 다음 세 가지로 제시한다(島田愛美ほか, 2012:91-92).

① 아니메 무대로서의 장 : 팬들은 캐릭터와 동일한 시점에서 아니메 무대로서의 장을 바라보며 시공을 공유한다. 그럼으로써 정말로 그 작품세계에 들어간 것 같은 감각을 즐긴다. 이것이 팬들을 모이게 하는 매력이다.

② 팬들 사이 또는 팬과 지역주민 사이의 교류의 장 : 같은 목적을 가지고 모인 팬들끼리 만남을 경험할 뿐만 아니라 각종 이벤트 등을 계기로 지역 주민들과도 교류가 확장되었다.

③ 팬 자신이 있을 곳 즉 자기긍정의 장 : ①과 ②의 경험을 통해 팬들은 자기 자신을 긍정하게 된다.

이 중 ②가 외면적 혹은 물리적인 장과 관계가 있다면 ③은 내면적 혹은 정신적인 장과 연결되어 있다. 이에 비해 ①은 추상적이고 상상적인 '가상현실의 장'이라고 바꿔 말할 수 있겠다. 이 '가상현실의 장'에 대해서는 뒤에서 다시 상술할 것이다.

〈럭키☆스타〉 이벤트

와시노미야신사가 아니메 성지로서 널리 알려지게 된 것은 단지 오타쿠 팬들에 의한 것만은 아니었다. 처음에는 어느 구키시 시민이 인터넷상에 "오타쿠들이 와시노미야신사에 모여들어 치안이 걱정된다."는 글을 올려 매스콤이 이를 취재하고 신문과 인터넷 뉴스에서 부정적인 뉘앙스로 보도되기도 했다(今井信治, 2012b:147). 그러나 와시노미야정 주민들은 오타쿠에 대한 부정적인 고정관념에 사로잡히지 않은 채 오히려 적극적으로 오타쿠 팬들과 손을 잡고 지역활성화를 위한 각종 이벤트에 참여했다. 그 결과 와시노미야의 사례는 정부 주도의 정책과는 관계없이 오타무 팬과 지역주민이 공동 주체가 되어 각종 이벤트를 지속적으로 발전시킴으로써 성공적인 아니메 투어리즘의 초창기 모델이 될 수 있었다.

최초의 이벤트는 2007년 12월 2일 와시노미야신사와 그 입구 옆에 위치한 오토리찻집(大酉茶屋)에서 개최된 '〈럭키☆스타〉 브런치 및 와시노미야 공식참배' 행사였다. 〈럭키☆스타〉 판권 소유자인 가도카와서점의 승인 하에 〈럭키☆스타〉 제작위원회가 기획하고 와시노미야정 상공회 및 상공회 청년부, 그리고 〈럭키☆스타〉의 주인공 네 명의 성우와 원작자인 요시미즈 가가미 등이 참가했다. 이 때 수십 명의 팬들이 볼런티어로서 회장을 정리하는 등 역할을 맡기도 했다. 먼저 점심시간에 네 명의 성우가 레지 역할을 돕는 가운데 오토리찻집에서 방문자들을 위한 특별 메뉴를 제공한 후 성우의 안내 하에 와시노미야신사를 방문하는 순서로 진행된 이 이벤트에는 약 3500여 명이 방문하여 성황을 이루었다(山村高淑, 2009:16).

2010년 11월에는 와시노미야상공회 청년부 주최로 오타쿠 대상의

맞선(婚活) 파티인 '오타쿠 혼활 와시노미야 만남편 : 삼차원의 그대에게 보낸다'(オタ婚活鷲宮出会い編 : 三次元の君に届け)가 개최되었다. 남녀 각 20명 정원인데 남성 386명과 여성 115명의 응모자가 쇄도하여 화제가 되었다. 그 후 2011년 7월(제2회)과 동년 12월(제3회)에 이어 2013년 11월까지 총 16차례나 행해진 혼활 이벤트는 남녀 간의 미팅이나 맞선 행사에만 머물지 않았다. 가령 '제6회 오타쿠 혼활 요리교실편'(2012년 7월), '제7회 오타쿠혼활 가라오케편〉(2012년 7월), '제10회 오타쿠 혼활 가면무도회편〉(2012년 10월) 등 취미나 취향을 겨냥한 기획들이 많았다. 이처럼 참가자들이 공통 취미를 가지고 모이게 되면 그만큼 커플 탄생 확률이 높아지게 마련이다. 한편 2013년 4월에는 "혼활은 무겁다"는 의견이 있어 '제1회 오타쿠 우활(友活) 프렌드편'을 개최하여 남녀 16명이 교류의 장을 가지기도 했다.

이와 같은 오타쿠 혼활이나 오타쿠 우활 등의 이벤트는 〈럭키☆스타〉에 한정되지 않은 채 넓게 서브컬쳐를 공통 화제로 하는 인적 교류의 특성을 지닌 것이었다(大谷尚之ほか, 2018:75). 2009년 이후 매년 개최되고 있는 '와시노미야의 모에 페스티벌'(萌えフェス in 鷲宮)도 〈럭키☆스타〉라는 특정 콘텐츠에 한정되지 않은 채 진행된 이벤트이다.

2014년 4월에는 오타쿠 부활(部活) 야구부도 시작되었다. 당초는 구키시 상공회 청년부 와시노미야 지부가 기획하여 활동했으나, 2016년 5월부터는 부원 측의 희망에 의해 자주적 운영 형태로 오늘에 이르고 있다. 활동 목적은 단지 운동을 위한 것만이 아니라 팬들이 와시노미야를 정기적으로 방문하는 기회를 제공하면서 그들이 와시노미야에서 친구를 만들 수 있도록 장을 마련해 주는 데에 있다(大谷尚之ほか, 2018:76).

전통과의 접속 : 하지제

〈럭키☆스타〉의 사례는 아니메 성지순례가 단순히 오타쿠 팬들이 만들어낸 기이한 현대적 풍경만이 아니라 전통과 접속될 수 있는 가능성을 보여주었다는 점에도 주목할 만하다. 가령 신년 초에 사사를 참배하는 하쓰모우데(初詣) 관습은 일본의 오래 된 전통이다. 〈럭키☆스타〉의 주요 배경인 와시노미야신사의 경우 하쓰모우데 참배객 수는 〈럭키☆스타〉 방영 전에는 9만 명 정도였는데, 방영 해인 2007년에는 약 13만 명, 다음 해인 2008년에는 2배 이상인 30만 명, 2009년에는 42만 명, 2010년에는 45만 명까지 증가했고, 2011년 및 2012년에는 47만 명으로 방영 전보다 5배 이상 증가했다. 이는 아니메 성지순례라는 새로운 유형의 비종교적 순례 양식이 전통적인 종교 관습에 큰 영향을 끼쳤음을 잘 보여준다.

또한 와시노미야신사에는 관동 지역 가구라(神樂)[9]의 원류로 말해지는 '하지이치류 사이바라 가구라'(土師一流催馬樂神樂)가 전해져 내려온다. 흥미롭게도 와시노미야정은 2008년 4월 1일부로 〈럭키☆스타〉 캐릭터인 히이라기(柊) 일가 6명에게 특별주민등록을 허용했는데, 그때 배포된 주민표에는 히이라기 자매가 하지이치류 사이바라 가구라를 추는 모습이 묘사되어 있다(山村高淑, 2009:17).

그러나 〈럭키☆스타〉를 둘러싼 아니메 성지순례와 전통과의 접속을 가장 잘 보여주는 것으로 와시노미야 지역의 전통적 마쓰리인 '하지

---

9 일본 신사에서 신에게 봉납하는 춤이나 노래.

제'(土師祭)의 사례를 꼽지 않을 수 없다. 와시노미야 상공회의소가 아니메 성지순례를 지역의 문화자산으로 발전시키기 위해 기획한 여러 행사들 가운데 가장 획기적인 것은 이 하지제 때 〈럭키☆스타〉 캐릭터의 일러스트를 그린 일명 '럭키☆스타 미코시'(らき☆すた神輿)라는 가마를 참여시킨 점이다. 2008년 9월의 하지제 때 처음으로 이런 가마가 등장했는데, 지역 주민들은 그 준비과정부터 오타쿠 팬들의 참여를 제안했다. 그리하여 팬들이 럭키☆스타 가마의 제작과정을 비롯한 하지제의 운영에 볼런티어로 참여하게 되었다. 가마 상단의 일러스트는 와시노미야신사에 후술할 '이타에마'(痛絵馬)를 봉납한 팬 두 명이 사흘간에 걸쳐 그렸다고 한다. 이와 아울러 지역 상공회 사무국이 웹사이트를 통해 마쓰리 때의 가마꾼을 전국 팬들에게 공모하자 응모가 쇄도했다. 마침내 마쓰리 당일 전국에서 모인 오타쿠 팬 150여 명이 멘 럭키☆스타 가마가 와시노미야신사에 봉납되어 있는 전통적인 '천관 가마'(千貫神輿)[10]와 함께 마을을 순행하는 진풍경이 연출되었다(今井信治, 2012b:148 ; 島田愛美ほか, 2012:93).

럭키☆스타 가마는 경제산업성의 의뢰를 받아 2010년 6월 상하이 만국박람회에서 개최된 일본 대중문화를 소개하는 공식 이벤트 '코 페스타 인 상하이'에 출연하여 큰 화제를 모으기도 했다. 거기서 하지제의 관계자와 일본 팬들 20여 명이 캐릭터의 코스프레를 연출하는 한편, 현지의 팬 약 10여 명과 함께 럭키☆스타 가마를 메고 회장을 순행했다(今井信治, 2012a:180 ; 大谷尚之ほか, 2018:74).

---

10 마쓰리 때 사용되는 미코시(가마) 중 특히 거대한 것을 가리키는 말. 천관은 약 3750kg인데, 비유적으로 아주 무겁다는 것을 뜻한다.

오늘날에도 하지제에서는 여전히 이런 럭키☆스타 가마가 등장하여 많은 방문객들의 눈길을 끌고 있다. 하지제에서는 이밖에도 2010년부터 아니메송에 맞추어 오타쿠 춤을 추는 '워타코이 소란 마쓰리'(WOTAKOI ソーラン祭り)를, 그리고 2012년부터 이동 스테이지를 수반한 코스프레 행사인 '오타쿠니컬 퍼레이드'(オタクニカルパレード)를 개최하는 등 각종 서브컬처 이벤트를 선보이고 있다. 이밖에 가도카와 서점의 잡지 〈뉴타이프〉 30주년 기념 이벤트로 2015년 4월에 신주쿠 스타지오 알타에서는 남성의 여장 코스프레 콘테스트인 '와시노미야 미스콘' 이벤트가 열리기도 했다.

끝으로 와시노미야신사와 도쿄 아키하바라(秋葉原)가 접속된 진귀한 풍경에 대해서도 간과할 수 없다. 하지제에서는 아키하바라에 있는 라이브바 '디아스테이지'에서 활약하는 아이돌들이 출연하여 노래와 댄스를 피로하기도 한다. 또한 와시노미야신사의 에마(絵馬) 게시판에는 연말의 동인지 전시 판매시장으로 오타쿠들 사이에서 성지로 간주되는 '코믹 마켓'에 참가한 다음 마찬가지로 '오타쿠의 성지'라 불리는 아키하바라 전기거리(秋葉原電気街)[11]를 순회한 후 이곳 와시노미야신사에서 송구영신을 한다고 적힌 에마도 쉬이 찾아볼 수 있다.

이처럼 〈럭키☆스타〉는 다양한 장면에서 와시노미야신사를 비롯한 지역 전통과 밀접하게 결부되어 있다. 와시노미야역에서 와시노미야신사에 이르는 거리를 따라 가로등마다 걸려 있는 〈럭키☆스타〉 깃발과 상

---

11 아키하바라역을 중심으로 가전, 음향기, 컴퓨터, 워드프로세서, 전화기, 반도체, 조명 등 전기 관련 상품을 다루는 약 5백여 개의 점포들이 늘어서 있다. 연간 약 3천만 명 정도의 손님들이 이곳을 방문한다.

점들에 붙어 있는 〈럭키☆스타〉 캐릭터의 일러스트는 이 지역 아이덴티티에 이미 〈럭키☆스타〉 이야기가 부여되었음을 상징적으로 느끼게 해준다.

Ⅲ. 전통적 성지순례·아니메 성지순례·콘텐츠 투어리즘

아니메 성지순례에 관한 기존의 관광학적 연구에서는 다음 네 가지를 자명한 전제로 삼는다(由谷裕哉ほか, 2014:181-182).

① 아니메 성지란 아니메 작품의 무대를 가리킨다.
② 아니메 성지순례자는 오타쿠이다.
③ 아니메 성지순례는 콘텐츠 투어리즘[12]의 일종이다. 따라서 아니메 성지순례자는 콘텐츠를 추체험하기 위해 성지를 방문한다.
④ 아니메 성지는 종교적 성지와는 다르다. 따라서 아니메 성지순례는 전통적인 순례와는 별개의 것으로 '무대탐방'이라고 불러야 한다.

이 중 ①·②·③의 전제에 대해서는 본서도 별 이견이 없지만,[13] 아

12 콘텐츠 투어리즘이란 "문화 및 예술과 관련된 지역에의 여행" 더 구체적으로는 "영화, TV, 소설, 만화, 아니메 등 다양한 매체 작품의 무대를 방문하는 여행"을 가리킨다(森裕亮, 2017:3).

13 물론 『서브컬쳐 성지순례』의 저자 요시타니 히로야(由谷裕哉ほか, 2014)처럼 "이야기를 여행한

니메 성지에 내포된 종교성을 원천적으로 부정하는 ④의 전제에 대해서는 다른 관점에서의 접근이 필요하다고 본다. 그렇다고 해서 아니메 성지가 종교적 성지라는 주장을 하려는 것은 아니다. 실사영화의 경우 그 무대를 방문하는 것은 '로케이션 장소 방문'이라 하고 아니메의 경우는 '성지순례'라 하는데, 양자는 상이한 형태의 관광행위이다(大石玄, 2011:41). 이때의 성지순례는 분명 종교적 순례가 아니다. 여기서 '성지'란 "아니메나 게임 작품의 로케이션 장소 혹은 해당 작품 및 작가와 관련된 지역, 또는 팬들에 의해 그 가치가 인정된 장소"(佐藤善之, 2010:115)를 지칭한다.

이에 비해 종교적 성지는 기본적으로 "인간을 다른 장소보다도 더 용이하게 영적인 의식 상태로 인도하는 힘을 가지고 있으며, 정화, 치유, 변용, 통찰이 일어나는 장소"(鎌田東二, 1999:279)를 지칭한다. 성지라는 말은 원래 그 장소에 내포된 이런 종교성이나 영성을 전제로 쓰여 온 말이다. 그러나 근래 일본사회에서는 종교성의 유무와 관계없이 성지라는 말이 쓰이게 되었다. 이와 관련하여 인문지리학자 마쓰이 케이스케는 "성지는 반드시 종교적인 것에 국한되지 않으며, 현대에는 '오타쿠의 성지'라든가 '연인의 성지' 등과 같이 새로운 성지군이 계속 창조되고 있다."(松井圭介, 2008:20)고 말한다. 확실히 현대의 성지는 종교성보다는 사람을 끌어당기는 고유한 가치 즉 비종교적 성성(聖性)에 의해 만들어지는 경향이 있다(佐藤善之, 2009:73).

다"는 전제를 가진 콘텐츠 투어리즘과 아니메 성지순례의 차이를 주장하면서 그 담지자가 오타쿠라는 통설을 비판하는 입장도 있다. 또한 〈부탁해요〉의 무대인 나가노현 기자키호수 주변의 지역주민들은 '성지순례'가 아닌 '무대탐방'이라는 용어를 선호하면서, 아니메 성지순례자들을 '오네테이상'(여기서 오네테이는 '오네가이 티쳐'의 약어)이라고 부른다. 이는 성지순례라는 말이 풍기는 종교색을 불식시키려는 시도라 할 수 있다.

그런데 바로 이런 '비종교적 성성'을 둘러싸고 아니메 성지순례는 묘하게도 전통적인 성지순례와 유사한 측면을 노출하게 된다. 이하에서는 '찰소', '보시', '순례노트', '생성하는 전통'(요시타니 히로야), '커뮤니타스'(빅터 터너), '순례 투어리즘'(오카모토 다케시), '정신적 중심'(코헨), '일상계 아니메', '가상현실' 등의 개념을 중심으로 아니메 성지순례와 전통적인 종교적 성지순례가 겹쳐지는 영역에 대해 살펴보기로 하겠다.

찰소·보시·순례노트

아니메 성지순례에서 성지라든가 순례라는 말 자체가 종교적 용어임은 말할 나위 없지만, 그밖에 이타에마, 찰소, 보시, 순례노트 등과 같은 종교적 용어가 사용되기도 한다. 이 중 이타에마에 관해서는 뒤에서 상술하기로 하고 여기서는 나머지 용어들에 대해 언급하고자 한다.

첫째, 2018년 4월 일반사단법인 아니메투어리즘협회(一社アニメツーリズム協會)[14]는 2018년 4월 종래 정회원들에게 배포한 자료집을 일부 개정

14 Japan Anime Tourism Association. "모든 아니메 관련자들과 함께 아니메 업계와 지역의 발전을 기대하면서 '세계로부터 선택받는 지역과 일본'에 공헌한다"는 이념하에 2016년 9월 16일에 설립되었다. 2017년 각 지방자치제와 단체 및 작품 제작자들의 협력하에 전세계 아니메 팬들의 투표를 거쳐 처음으로 '방문하고 싶은 일본의 아니메 성지88'을 선정했다. 이러한 아니메 성지88을 중심으로 '아니메투어리즘'이라는 새로운 여행·관광자원의 개발과 발전에 주력함으로써 일본정부가 내세운 '2020년 방일 외국인 여행자 4천만'이라는 목표달성에 기여한다는 것이 이 협회의 주된 목적이다. 가도카와 쓰구히코(角川歷彥) 회장의 진두 지휘하에 주식회사 가도카와(KADOKAQWA)를 설립 모체로 하고 JTB 및 JAL 등의 기업이 참여했다. 도쿄 치요다구에 본부가 위치한 이 협회의 이사장은 〈건담〉 시리즈를 총감독하는 등 일본을 대표하는 아니메 연출가인 도미노 요시유키(富野由悠季)이다. 홈페이지는 https://animetourism88.com/(一社アニメツーリズム協會, 2018:14-19)

하여 일반인들을 위해 『아니메 투어리즘 백서2018』(アニメツーリズム白書2018)을 발간했다. 이 백서는 일본 전국을 대상으로 최전선의 인기 아니메 및 명작 아니메의 무대가 된 지역뿐만 아니라, 거장의 기념관과 아니메 관련 뮤지엄 및 캐릭터 관련 시설 등에 대한 정보를 망라하고 있다. 한편 아니메투어리즘협회는 같은 해에 시코쿠88개소 영장을 모델로 '아니메 성지88개소'를 선정했는데, 그 중에는 나리타국제공항의 0번 찰소,[15] 도쿄도청의 88번 찰소,[16] 도쿄 치요다구의 1번 찰소[17] 등 세 곳의 찰소(札所, 후다쇼)가 포함되어 있다(一社アニメツーリズム協會, 2018:20). 여기서 찰소란 일본의 전통적인 성지순례지 사사(寺社)를 가리키는 말로, 순례자가 참배의 증거로 '후다'(札)라 불리는 일종에 순례자 명찰에 도장을 받아 각 사사에 봉납하는 관행에서 비롯된 용어이다.

둘째, 아니메 성지순례 팬들은 비디오그램 구입행위를 종교 용어인 '보시'(お布施, 오후세)라고 부른다. 이들은 감상용, 보존용, 보시용의 세 가지 형태로 작품을 구입한다. 이처럼 작품을 아끼고 사랑하는 마음은 '보시를 베풀 듯이 순수한 마음의 발동'이라는 점에서 본질적으로 종교에 가깝다. 그러니까 이처럼 "순수한 것을 좋아하는 정신성이 '성지'라는 말

15 아니메투어리즘의 출발점이자 귀착점으로 제2터미널 본관 2층에 위치한다. 안내소(Anime Tourism Information), 성지 인정 표찰판, 아니메 피겨, '아니메 성지88'을 소개하는 판넬 등이 설치되어 있다. 아니메 성지 관련 전시도 행하며, 인증 스탬프를 찍는 주인대(ご朱印台)도 설치되어 있다. 여기서 주인(朱印)이란 원래 신사나 사원에서 참배자들에게 날인해주는 인장을 뜻하는 말이다.

16 2018년 도쿄도청 제1청사 1층의 '도쿄 관광정보센터' 입구에 위치. 주인대 및 '아니메 성지88' 표찰판이 설치되어 있다. 이곳은 2018년 1월 28일부터 2월 28일까지 개최된 'TOKYO 아니메투어리즘 2018'의 스탬플러리 거점이었다.

17 아니메투어리즘협회 본부에 위치. 이곳은 88개소 아니메 성지에 관한 종합정보를 제공하는 발신처이다.

을 탄생시킨 것"(一社アニメツーリズム協會, 2018:8-9)일 지도 모른다.

셋째, 아니메 성지에는 흔히 '순례노트'(巡礼ノート)라 불리는 일종의 방명록이 비치되어 있는 경우가 많다. 교류 노트, 성지순례노트, 커뮤니케이션 노트 등으로 불리기도 하는 순례노트는 작품 속에 등장하는 음식점이나 상업 시설에 비치되기도 하지만, 일반적으로는 작품에 등장하지 않는 관광안내 시설 혹은 기차역 등과 같은 공공시설에 비치되어 있는 경우가 가장 많다. 가령 유와쿠온천 관광협회와 니시기시(西岸)역에 비치된 〈꽃 피는 첫걸음〉 노트, 후지사와시(藤沢市) 관광센터에 비치된 〈타리타리〉 노트, 오아라이(大洗)역의 〈걸즈 앤 판처〉 노트 등을 들 수 있겠다. 거기에 기재된 순례자의 메모 사례를 몇 가지 소개하자면 다음과 같다(由谷裕哉ほか, 2014:63-67).

"교토로부터 시라카와향(白川鄕) → 노리쿠라(乘鞍) → 기자키(木崎) → 가나자와(金沢)대학 → 유와쿠(湯涌)의 루트를 자전거로 순례했다. 2011년 7월 25일"(유와쿠온천 관광협회 비치)

"도쿄에서 야간버스로 왔다!! 호비론!![18] 〈게이온〉(滋賀·京都) → 〈스즈미야 하루히의 우울〉(西宮) → 〈꽃 피는 첫걸음〉(石川). 도요사토(豊郷)소학교 → 교토 → 니시노미야 → 유와쿠!! 2012년 8월 25일"(유와쿠온천 관광협회 비치)

"도쿄도에서 처음으로 성지순례!! 눈과 유와쿠온천의 조합 good!! 내일은 조하나(城端)에 go!! 이번엔 반드시 유와쿠온천에 숙박한다!!

---

18 '호비론'이란 〈꽃 피는 첫걸음〉에서 한 등장인물이 한 말로 "정말 놀랄 만큼 터무니없다"는 뜻. 그러나 팬들은 이 말을 긍정적인 의미로 쓰는 경우가 많다.

2014년 2월 12일"(유와쿠온천 관광협회 비치)

"도쿄에서 성지순례 여행으로 자전거를 타고 왔습니다! START 도쿄 →〈다마유라〉의 히로시마 →〈다마코 마켓〉(たまこまーけっと)의 교토 →〈빙과〉의 다카야마 →〈꽃 피는 첫걸음〉의 니시기시역 →〈꽃 피는 첫걸음〉의 유와쿠온천 →〈트루 티어즈〉의 다카오카 →〈그 여름에서 기다릴게〉의 가루이자와 →〈그날〉의 지치부 →〈걸즈 앤 판처〉의 오아라이 → 도쿄. 2013년 8월 16일"(니시기시역 비치)

"어제는〈빙과〉의 성지순례를 위해 다카야마에 있었습니다(웃음). 그런데〈빙과〉제2화에 나온 '바그파이프'씨의〈빙과 노트〉에〈타리타리〉의 스탬플러리 얘기가 나와서 새삼스레 이곳에 왔습니다. 이 지역에 살고 있어서 완전히 간과해 버렸네요. 2012년 8월 27일"(후지사와시 관광센터 비치)

"내 멋대로의 성지순례 투어. 마지막 일정입니다. 피곤해요!〈빙과〉→〈꽃 피는 첫걸음〉→〈게이온!〉→ 이곳. 2013년 3월 22일"(오아라이역 비치)

여기서 알 수 있듯이, 아니메 성지순례자들은 보통 단 하나의 작품이 아닌 복수의 작품과 관련된 성지를 함께 돌아보는 경우가 많다. 이는 사이코쿠 33관음영장 순례라든가 시코쿠 88개소 영장순례처럼 복수의 성지를 순례하는 전통과 구조적으로 유사한 측면을 보여준다. 종교민속학자 요시타니 히로야는 이 점에 착목하여 "아니메 성지순례는 일본의 전통적인 순례를 계승한 것이며 '생성하는 전통'이라는 측면에서 검토가 가능하다."(由谷裕哉, 2016b:142)고 주장한다.

생성하는 전통

요시타니 히로야에 따르면, 순례노트의 사례에서 공통적으로 엿볼 수 있는 복수 작품의 성지를 회유하는 경향은 특히 기타리쿠(北陸) 지역에 현저하다. 그 배경에는 도야마현 난토시(南砺市)에 본사가 있는 제작회사 '피 · 에이 · 웍스'(P.A.Works)가 난토시 조하나(城端) · 다카오카시(高岡市) · 히미시(氷見市) 등을 무대로 한 〈트루 티어즈〉(True Tears, 2008), 가나자와대학 가쿠마(角間)캠퍼스를 모델로 한 학원물 〈엔젤 비트!〉(Angel Beats!, 2010), 유와쿠온천 및 이시카와현을 배경으로 제작한 〈꽃 피는 첫걸음〉(2011), 난토시 후쿠노정(福野町) 및 오야베시(小矢部市)를 무대배경의 모델로 삼은 〈어나더〉(Another, 2012) 등 도야마현을 배경으로 하는 작품들을 다수 제작했다는 점을 들 수 있다. 이 작품들과 관련된 성지들은 공통적으로 역, 공원, 대학, 고등학교, 댐, 보통의 일상적인 거리 등이다. 따라서 이곳을 도는 성지순례자들은 유와쿠에서 온천 1박하는 경우를 제외한다면, 나머지 성지는 대부분 장시간 체제할 필요가 없는 곳이므로 복수의 작품을 대상으로 하는 성지순례가 큰 무리 없이 가능하다. 다른 작품의 경우도 마찬가지다.

어쨌든 요시타니는 이처럼 복수의 작품과 관련된 성지를 회유하는 경향을 '생성하는 전통'의 관점에서 이해한다. 그렇게 복수의 성지를 도는 아니메 성지순례자의 행동은 특정 작품의 이야기를 추체험한다는 콘텐츠 투어리스트와는 달리, 오히려 전통적인 순례자의 그것에 더 가깝다. 이는 아니메 성지순례가 '이야기를 여행하는' 콘텐츠 투어리즘이라기보다는 오히려 사이코쿠 33영장순례나 시코쿠 88개소 영장순례와 같은 전통적인 순례를 계승하는 것임을 보여준다(由谷裕哉ほか, 2014:70-71,

184).

나아가 〈꽃 피는 첫걸음〉에 묘사된 본보리 마쓰리의 경우는 '생성하는 전통'을 더욱 명확하게 보여준다. 2011년 10월에 실재로 재현한 유와쿠온천의 본보리 마쓰리와 관련하여, 실재의 유와쿠이나리신사는 확고한 종교적 권위를 가지지 않는다. 이 신사는 이시카와현 신사청에 등록되어 있지도 않고 온천가의 씨신으로 숭경받는다는 작품내의 이나리신사 이미지는 픽션이다. 나아가 유와쿠 본보리 마쓰리 자체도 이타구루마 등이 모이는 아니메 이벤트적 측면이 강하다. 그럼에도 순례노트에 기술을 보면 본보리 마쓰리가 유서 깊은 마쓰리 혹은 전통적인 마쓰리로 간주된다. 실제로 본보리 마쓰리의 신 맞이와 신 보내기 행사는 정규 신직이 엄숙하게 거행한다(由谷裕哉ほか, 2014:186).

순례냐 관광이냐 : 커뮤니타스와 순례투어리즘

아니메 성지순례는 과연 순례일까 관광일까? 이런 물음에 대해 인류학자 빅터 터너(Victor Turner)는 "순례자는 절반 투어리스트이고, 투어리스트 또한 절반은 순례자이다."(Turner, 1978:20)라고 대답한다. 문화인류학자 이시모리 슈조나 종교사회학자 이마이 노부하루도 성지순례와 관광의 연속성 혹은 친화성을 지적한다(石森秀三, 1993:23-24 ; 今井信治, 2009:102).

성지와 관광의 가교를 시도한 대표적인 연구 중 하나로 디즈니랜드를 성지로 파악한 역사학자 노토지 마사코(能登路雅子)를 들 수 있다. 노토지는 "디즈니랜드문화의 세례를 흠뻑 받고 자란 세대의 미국인은 성장한 후 디즈니랜드라는 장소를 단순한 유원지나 관광지로부터 성지로 바꾸었다."고 지적한다. 또한 "평상시에는 고립된 생활을 하는 사람들이 디즈니랜드에 모일 때 그들은 출신지와 계급 차이를 넘어서 평등한 시민이 되어 강렬한 연대감을 느낀다."(能登路雅子, 1990:141 및 204)고 말한다. 이는 빅터 터너가 말하는 순례의 과도기인 '경계성'(liminality)에 위치한 사람들이 느끼는 연대감과 평등성에 토대를 둔 느슨한 공동체인 '커뮤니타스'(communitas)를 연상케 한다(빅터 터너, 2018:제5장 참조).

아니메 성지순례자들도 이러한 커뮤니타스적 연대감을 느끼는 듯싶다. 그래서 자연스럽게 아니메 무대를 '성지'라고 부르는 것이다. 그들이 인터넷상에서 오타쿠 간에 커뮤니케이션을 취하거나 또는 지역주민들과 교류할 때 통상 가명을 사용하는 것도 커뮤니타스의 관점에서 보면 이해가 된다. 물론 아니메 성지와 디즈니랜드는 차이가 있다. 가령 아니메 성지는 디즈니랜드 같이 환상을 제공하는 테마파크가 아니라 일상과 연속적인 공간을 구성하고 있다. 즉 아니메 성지는 아니메 작품의 가상세계와 현실세계가 함께 혼종되어 있는 것이다. 하지만 단순히 일상공간과 연속되어 있는 것이 아니라, 아니메에 강렬하게 몰두한 자만이 해당 장소를 성지로 본다. 또한 많은 아니메 성지에서는 디즈니랜드의 경우처럼 톱다운 식으로 성지가 제공되는 것이 아니라, 개개의 순례자들이 아니메 작품을 참조하면서 성지를 발견한다. 오늘날 오타쿠는 아니메 작품을 통해 성지를 추구한다(今井信治, 2009:102-103).

이런 맥락에서 성지순례에 있어 스피리추얼리티 내지 유사종교성과의 관계에 주목하는 요시타니 히로야는 『서브컬쳐 성지순례』(由谷裕哉ほか, 2014)에서 '순례투어리즘'이라는 용어를 사용한다. 그가 이런 용어를 사용하는 목적은 성지순례라는 전통적인 종교적 실천에 '투어리즘'이라

는 용어를 사용함으로써 오늘날의 성지의 상황과 현대에 있어 성성의 행방을 고찰하고 '성지의 구축과 그 변용'이라는 측면을 부각시키는 데에 있다(山中弘, 2012:2). 그러니까 순례투어리즘이라는 개념은 '만들어진 성지'를 세속적인 것에 억지로 끌어 붙이는 것이 아니라, 순례와 투어리즘을 동일한 자리에 놓고 그 다이나미즘을 묘사하기 위한 것이다. 이는 이른바 '세속적인 성지'가 금후 '생성하는 전통'이 될 가능성을 인정하며, 역으로 전통적인 성지도 세속 논리로 회수될 수 있음을 시사한다.

정신적인 중심으로의 여행

기본적으로 사회라는 범주를 종교와 동일시한 뒤르켐(Émile Durkheim)에 따르면 인간은 성스러운 존재를 필요로 한다(에밀 뒤르켐, 1992). 관광사회학자 코헨(Erik Cohen)은 이 성스러운 존재를 '정신적인 중심'(spiritual center)으로 대체시켰다. 코헨에 따르면 생활세계와 신앙세계가 분리된 현대를 사는 사람들은 많은 경우 사회로부터 소외되어 있는데, 그런 현대인의 정신적인 중심을 활성화시키는 데 일조하는 것이 바로 관광이다. 본서 서문에서 언급했듯이 코헨은 "관광경험의 현상학"이라는 글에서 투어리스트의 세계관에 착목하여 오락모드, 기분전환모드, 경험모드, 실험모드, 실존모드 등 "관광경험의 다양한 모드는 투어리스트와 '중심'의 관계양상에 의거한다."고 적고 있다. 코헨은 이 가운데 실존모드를 "사회문화의 주류와는 상이한 정신적 중심에다 자신을 완전히 봉헌하는 여행자들에게 특징적인 모드"로 규정한다. 여기서 '중심'이란 "종교적이든 문화적이든 사람들의 정신적인 중심"을 가리킨다. 그것이 반드시 '종교적'일

필요는 없다. 여행자에게 어떤 장소가 풍부한 의미를 가진 참되고 리얼한 (authentic) 삶을 영위하는 장소라고 여겨지면 그곳이 곧 중심이 될 수 있기 때문이다(Cohen, 1979:183-190).

오타쿠의 아니메 성지순례는 코헨이 말하는 이런 실존모드에 가깝다. 오타쿠는 자신이 좋아하는 영역 내에 그 자신의 보편적인 세계를 내면화시키기 때문이다. 즉 오타쿠는 스스로가 선택한 정신적 중심으로서의 아니메 성지를 방문하는 행위를 통해 그 나름의 보편적 세계를 지향한다. 실존모드를 여행하는 자는 깊은 의미가 결여된 생활세계로부터 그런 정신적 중심을 여행하는 자이다. 특히 매년 반복적으로 동일한 장소를 방문하는 사람들에게서 관광의 실존모드를 잘 엿볼 수 있다.

하지만 오타쿠의 성지순례를 실존모드로 자리매김하는 것만으로는 그 특질을 다 설명할 수 없다. 실존모드는 자신이 속한 사회문화의 주류와는 상이한 중심 곧 어떤 선택적인 중심에로 여행하는 자에게서 찾아볼 수 있는데, 그들이 실제로 도달하는 것은 반드시 지리적인 특정 장소이므로 실제의 지리적인 장소와 여행자가 선택한 중심의 관계를 묻지 않을 수 없다. 그런데 오타쿠의 성지순례자가 지향하는 정신적 중심은 실제의 지리적 장소가 아니라 어디까지나 아니메의 세계이다. 가령 오타쿠가 봉납한 에마 중에 "이곳이 ○○(아니메 캐릭터)가 걸었던 길이구나."라는 감개가 적혀 있는 것을 흔히 볼 수 있다. 아니메 성지 순례자가 궁극적으로 지향하는 것은 지리적 장소의 피안 곧 아니메 캐릭터가 사는 허구적 장소인 것이다.

따라서 그들이 인터넷 등에 성지순례에 관한 정보를 올릴 때 그것이 얼마만큼 아니메의 풍경을 재현하는가가 중요시된다. 아니메 세계를 '중심'에 놓는 오타쿠가 성지순례에서 목적으로 삼는 것은 무대 풍경을 몸

전체로 경험하는 것, 나아가 거기서 촬영한 화상이 모니터상에서 아니메 세계와 병치되는 것에 있다. 아니메에 탐닉하는 오타쿠의 중심이 모니터에 비추어지는 이미지에 있는 이상, 이차원으로 표현되는 그 공간 안으로 들어가는 것이 그들의 목적이 된다. 아니메 성지 순례자의 최종 목적지는 지리적 장소가 아니라 바로 모니터상에 존재하는 가상현실의 장소인 것이다(今井信治, 2009:105-106).

가상현실의 몰적 체험

이렇게 볼 때 아니메 성지순례의 본질은 '가상현실의 몰적 체험'에 있다고 말할 수 있다. 이 점은 미디어론의 차원에서는 간미디어성과 삼자 관여형 아니메 성지순례의 문제, 장소론의 차원에서는 제3의 장소의 문제, 그리고 작품론의 차원에서는 일상계 아니메 작품군과 일상의 성화(聖化)라는 문제와 관계가 있다.

첫째, 종래에는 인터넷 이전의 기존 미디어와 인터넷의 관계를 이항대립의 관계로 간주해왔다. 하지만 사회학자 엔도 가오루는 양자가 상호 결부되어 복합적인 미디어 환경을 구축한다고 주장한다. 이런 복합 미디어 환경에 있어 미디어와 미디어의 상호작용이 어떻게 이루어지며 또한 변용하는지를 묻는 것이 엔도가 말하는 '간미디어성'의 개념이다(遠藤薫, 2007:5). 지역주민, 제작자, 여행자의 세 가지 구성요소 및 현실공간, 매스미디어, 인터넷의 세 가지 미디어공간이 각각 상호 중층적으로 교차하는 삼자 관여형 아니메 성지순례에서 이와 같은 간미디어성을 찾아볼 수 있다. 〈럭키☆스타〉의 사례에서 잘 엿볼 수 있듯이, 지역주민과 제작자 및 여행자는 상호 밀접하게 교차된다. 마찬가지로 세 가지 미디어공간 또한 현실공간 ⇄ 매스미디어, 매스미디어 ⇄ 인터넷, 인터넷 ⇄ 현실공간 등으로 상호 교차된다.

여기서 특히 주목할 것은 인터넷의 역할이다. '실재하는 장소가 무대가 된 아니메가 존재한다'는 사실을 광범위하게 전파할 수 있는 정보 채널이 바로 인터넷이기 때문이다. 인터넷을 통해 지역주민들은 자신들의 지역이 특정 아니메의 무대라는 정보를, 제작자는 작품의 선전 및 배포를, 여행자는 작품의 시청 후 특정 아니메는 성지순례가 가능하다는 정보를 각가 발신할 수 있다. 이런 정보들이 상호 교차함으로써 해당 아니메는 '단순한 아니메 작품'에서 '실재하는 장소를 무대로 하는 아니메'로, 그리고 그 지역은 '단순한 일개 지역'에서 '아니메의 성지'로 각각 의미가 변화된다. 오타쿠 팬들이 몰려드는 아니메 성지란 바로 이와 같은 의미변용이 반영된 '새로운 의미공간'인 것이다(加藤恵, 2017:78 및 80-82).

둘째, 그런 '새로운 의미공간'은 가령 자택을 제1의 장소로 하고 직장을 제2의 장소라 할 때 둘 중 어디에도 속하지 않은 제3의 장소에 속한다. 그곳은 비공식적인 공공의 장소이다. 이와 같은 제3의 장소로서의 아니메 성지는 '평등성'과 '유희성'이라는 특징을 보여준다. 제3의 장소에서는 지위와 신분이 아니라 당사자의 인격적 매력과 분위기가 중시되며 그것이 평등의 가능성을 확장시킨다. 나아가 제3의 장소에는 유희적 분위기가 넘쳐난다. 예컨대 아니메 성지에서는 콘텐츠 문화와 지역문화가 뒤섞인 혼성문화를 엿볼 수 있다. 그것은 도시문화인 콘텐츠만으로도 지역문화만으로도 성립될 수 없는 문화이다. 가령 와시노미야신사의 경우 아니메와 신여, 아니메와 마쓰리를 둘러싸고 아니메 팬과 지역 주민들이 자유롭게 아이디어를 주고받음으로써 콘텐츠문화와 지역문화의 혼성문화가 생성되고 그것이 관광자원이 되어 사람들을 끌어 모은다. 이처럼 아니메 성지는 정보사회에 있어 새로운 제3의 장소의 역할을 수행할 가능성이 높다(岡本健, 2015a:207-209).

셋째, 오타쿠 팬들이 작품의 무대가 되는 거리나 학교 등을 방문한다 해도 거기에 아니메 캐릭터가 실재하는 것은 아니다. 다만 캐릭터가 일상을 지냈던 그 장소에 있음으로써 그 캐릭터의 존재감과 작품세계에 대한 의사체험을 할 수 있는 것이다. 이때 모델이 된 거리나 학교는 팬들에게 성지의 역할을 한다. 〈루팡 3세〉라든가 〈성전사 단바인〉(1983-84) 등에서 이미 현대 도쿄의 신주쿠나 나카노(中野) 등을 무대로 했지만 당초 그것들이 성지로서 주목을 받지는 못했다. 전술했듯이 아니메 성지순례가 행해지게 된 것은 1990년대 초 〈미소녀전사 세일러문〉부터였고, 그것이 더욱 분명하게 인식된 것은 2000년대 이래 '일상계'라 불리는 장르의 작품들이 증가하면서부터이다. 이야기성이 희박한 채 지극히 평범한 거리, 학교, 상점가 등의 실재 풍경을 무대로 삼아 작품화한 일상계 아니메 작품들은 주로 심야시간대에 많이 방영되었다(津堅信之, 2014:249-250).

이런 일상계 아니메의 성지를 순례한다 해도 거기에 종교성이 없음은 말할 나위 없다. 그런데도 특정 종교의 성지가 신자들에게 중요한 의미를 가지는 것과 마찬가지로, 아니메 팬들에게 자신이 좋아하는 캐릭터의 일상생활이 전개된 실제 무대는 특별한 의미를 가진다. 즉 아니메와 아니메 문화에 깊이 몰두하는 경우 또는 그것이 자신의 아이덴티티 형성과 깊은 관계가 있는 아니메 팬들에게는 지극히 일상적인 장소라 하더라도 그곳이 자신의 정신적 중심과 관련되어 있는 한 그곳을 방문하는 것은 곧 종교적 순례에 비견될 만한 성지순례가 될 수 있는 것이다(森卓也,

1966).

그런데 오카모토 다케시에 따르면, 일상계 아니메는 이야기성을 추구하지 않음에도 불구하고 항상 타자와의 커뮤니케이션을 희구한다. 사회학자 오사와 마사치(大澤真幸)는 현대를 '작은 이야기'를 믿는 사람들의 집합체인 '섬 우주'가 개별적으로 부유하는 시대라고 본다. 그러나 오카모토 다케시는 관광이 "타자성을 가진 타자와의 교류 회로를 열어줄 수 있다."(岡本健, 2013:25)고 여기며 그 구체적인 사례로 아니메 성지순례를 들고 있다. "'큰 이야기'(거대담론)가 붕괴하고 '작은 이야기'를 공유하는 '섬 우주'는 배타성을 띤다. 그러나 타자와 만날 수 없는 시대에 관광에 타자와 만날 수 있는 기능이 있다고 한다면, 그것을 증명하는 것이 바로 '아니메 성지순례'가 아닐까?"라고 반문하는 오카모토는 모든 캐릭터가 각각 개성을 가지고 독립해 있으면서 대화하는 것이야말로 가장 바람직하다고 말하면서 "이런 당연하기 그지없는 커뮤니케이션이야말로 '비일상'이며, 최상의 픽션이 될 가능성이 있다."(岡本健, 2013:9, 61)고 토로한다. 오타쿠적 커뮤니케이션의 가능성을 최대한 인정하면서 그것이 어디까지나 비일상적인 픽션임을 지적하고 있는 것이다.

바로 이런 오타쿠 팬들이 아니메 성지순례를 통해 일상을 '성화'한다는 점은 매우 역설적이다. 아니메 성지순례는 대저 미디어 속에만 존재하는 가상현실을 실재하는 현실세계 안으로 끌고 나와 그것을 특이한 형태로 구현하려는 행위이다. 사람들이 일반적으로 가지고 있는 오타쿠상에서 보자면 아니메 팬들이 굳이 자택에서 나올 필요는 없다. 그냥 디스플레이를 보는 것만으로 가상현실이 충족될 수 있기 때문이다. 그러나 오타쿠 팬들은 작품세계와의 희미한 연결고리를 열망하여 성지순례를 행하고, 현실 속에서 허구적인 아니메 작품을 유대의 끈으로 삼아 다른 팬들 및 지역주민들 나아가 이 세상과 커뮤니케이션을 추구한다.

물론 성지순례 후 그들은 다시 인터넷으로 돌아간다. 그럼에도 가령 와시노미야를 방문한 〈럭키☆스타〉의 팬들은 종종 "자신들이 가슴을 펴고 걸을 수 있는 것은 아키하바라와 와시노미야뿐이다. 이곳은 우리들을 받아들여주기 때문이다. 그래서 우리는 이곳에 온다."고 말한다. 그들이 와시노미야신사에 봉납한 이타에마의 기원문에도 "올해도 와시노미야가 우리를 받아들여 주기를"이라는 내용이 많이 보인다. 그들은 '나'가 아니라 '우리'라는 커뮤니타스적 감정을 가진 오타쿠 집단이다. 이런 집단이 작품에서 찾아낸 표지에 의해 "현실 속의 일상세계를 '성화'시킨 것이 바로 아니메 성지순례"(今井信治, 2012a:186)인 셈이다.

Ⅳ. 아니메 성지의 대표적 사례

일본 TV는 년간 2백 편 이상의 신작 아니메를 방영한다. 〈천지무용! 양황귀〉와 〈미소녀전사 세일러문〉이 방영되면서 아니메 성지순례가 시작된 1992년부터 잡는다면 2018년 말 현재까지 대략 3200편 이상의 아니메가 TV를 통해 소개된 셈이다. 그 중 각종 미디어에 의해 주목받으면서 지역활성화에 크게 기여하거나 일상계 아니메를 대표하는 작품으로서 성지순례의 주요 대상이 된 17개 작품을 연도순으로 정리한 것이 아래 〈표16〉이다.

표 16 대표적인 아니메 성지와 해당 작품(연도는 첫 방영개시 및 제1기 기준)

아니메 성지	작품(연도)
도쿄도 다마시 세이세키사쿠라가오카	귀를 기울이면(1995)
가나가와현 하코네정	신세기 에반게리온(1995)
나가노현 오마치시	부탁해요 선생님(2002)
기후현 시라카와향	쓰르라미 울 적에(2006)
사이타마현 구키시 와시노미야	럭키☆스타(2007)
미야기현 시치가하마정	간나기(2008)
도야마현 난토시	트루 티어즈(2008)
시가현 도요사토정	게이온!(2009)
이시카와현 가나자와시	꽃 피는 첫걸음(2011)
사이타마현 지치부시	그날 본 꽃의 이름을 우리는 아직 모른다(2011)
기후현 다카야마시	빙과(2012)
가나가와현 가마쿠라시·후지사와시	타리타리(2012)
이바라키현 오아라이정	걸즈 앤 판처(2012)
사이타마현 오가와정	논논비요리(2013)
사이타마현 한노시	야마노스스메(2013)
시코쿠 관온지시	유키 유나는 용자다(2014)
이바라키현 오아라이정	함대 고레쿠숀(2015)

이상의 17개 작품은 아니메 성지순례의 대상이라는 점 빼고는 이렇다 할 공통점을 찾기 어렵다. 하지만 내용이나 구성에 있어 공통적 준거점이 될 만한 축이 없는 것은 아니다. 일상과 비일상이라는 축이 그것이다. 아니메 성지순례의 대상 작품들은 대체로 일상계가 많으며, 그렇지

않은 경우에도 일상과 비일상을 선명하게 대비시킨 것들이 적지 않다. 위 17개 작품도 일상과 비일상을 기본축으로 삼아 크게 세 범주로 분류할 수 있다. 이하에서는 이야기성보다는 일상계 혹은 생활자의 시선이 강조되는 경우, 마쓰리나 신화의 비일상성이 두드러진 경우, 일상과 비일상 사이의 긴장성이 부각되는 경우를 중심으로 각 작품의 특징을 개관해 보기로 하자.

1. 일상계 혹은 생활자의 시선

〈귀를 기울이면〉(1995)

일상계 초기 작품에 속한 곤도 요시후미(近藤喜文) 감독의 〈귀를 기울이면〉(耳をすませば)의 주인공 소녀 쓰키시마 시즈쿠(月島雫)는 공상력은 풍부하지만 특수한 능력도 없고 평범한 가정에서 자란 소녀이다. 가공의 세계를 무대로 한 소년소녀 이야기인 미야자키 하야오 감독의 〈천공의 성 라퓨타〉나 〈마녀의 택급편〉이라든가 현실에 입각한 세계를 무대로 하면서도 주인공들은 공상의 존재인 〈붉은 돼지〉나 〈헤이세이 너구리 폼포코〉 등과 달리 〈귀를 기울이면〉은 어디까지나 현재를 살아가는 일본인들의 이야기이다. 이는 당시 새로운 형태의 아니메 작품으로 1995년 일본 방화 흥행수입 제1위를 차지할 만큼 큰 인기를 끌었다.

무대는 도쿄도 다마시(多摩市) 세이세키사쿠라가오카(聖蹟桜ヶ丘)에서 뉴타운에 이르는 지역인데, 아니메에 묘사된 배경과 거의 같은 풍경이 지역 내에 산재하여 공개 후 25년이 지난 지금까지도 주로 여성팬들

을 중심으로 이곳을 방문하는 사람들이 많다. 아니메에 등장하는 건물 '지큐야'(地球屋)의 소재지로 말해지는 로터리의 '노아 양과자점'에는 '〈귀를 기울이면〉의 추억노트'가 비치되어 있다. 또한 이 '지큐야'를 모티브로 하여 제작한 미니추어인 〈청춘의 포스트〉가 현재 세이세키사쿠라가오카역 앞에 설치되어 있다. 누구든 소원이나 결심을 적어 투고함에 넣을 수 있다. 〈귀를 기울이면〉의 작품세계에서 파생된 테마인 '팬들의 청춘을 응원한다'는 기치를 내건 이 〈청춘의 포스트〉 제작은 스타지오 지브리가 공인한 것은 아니다. 설치 주체는 사쿠라가오카 상점회 연합회로 3백만엔의 예산을 들여 2012년 4월에 완성했다. 이것은 '콘텐츠에서 파생된 테마를 축으로 새로운 이야기성이 창조되어 수용된 투어리즘'이라 할 만한 '테마파생형 콘텐츠 투어리즘'의 상징적 존재라 할 수 있다(岡本健, 2015b:124).

〈게이온!〉(2009)

야마다 나오코(山田尙子) 감독의 일상계 작품인 〈게이온!〉(けいおん!)은 사쿠라가오카 여자고등학교의 경음악부 단원인 유이(기타), 미오(베이스, 보컬), 쓰무기(키보드), 리쓰(드럼)를 둘러싼 아기자기한 에피소드를 그린 작품이다. "희망, 욕망, 번뇌는 리본 달아서 포장 / 절실하게 상상하지만, 현실은 절체절명 / 아직은 발전 중이라서 불쑥 일을 망치기도 해요"라는 가사의 주제가는 귀엽고 가벼운 상상계적 이미지로써 '성장'의 장인 상징계의 절박한 무게를 대체하려는 일상계의 전략을 전달한다(박규태, 2018:341). 시가현 도요사토정(豊郷町)에 있는 도요사토(豊郷) 초등학교가 이 주인공들이 다니는 학교와 유사하다 하여 아니메 성지로 알려지

게 되었는데, 일부 팬들은 그 도요사토 초등학교 방문을 '등교'라고 부르기도 한다(上田明日香, 2011:39).

도요사토 초등학교 교사(校舍)는 미국인 선교사이자 건축가인 윌리엄 메렐 보리스(William Merrell Vories)[19]의 설계로 1937년에 세워졌는데, 지금도 그 역사적 가치가 널리 인정받는 건축물이다. 그런데 1999년에서 2003년에 걸쳐 이 교사를 해체하고 새로운 교사를 건설하려는 지역 관청의 방침에 대해 주민들이 강력하게 반발하면서 전국의 관심을 모았고 결과적으로 개수 보존한다는 결정이 내려졌다. 현재 교사 복도에는 〈게이온!〉 포스터가 붙어 있고, (구)도서관에는 주말과 축제일을 중심으로 〈게이온 카페〉가 운영되고 있다. 카페의 메뉴는 작품 속에서 등장인물들의 대화에 등장하는 메뉴가 많다. 한편 (구)음악실에는 순례노트 및 이타에마에 힌트를 얻어 지역주민들이 설치한 칠판형 메시지 카드뿐만 아니라, 작품 속에 나오는 기타와 헤드폰 등 동형의 실물을 비롯하여 팬들이 기증한 각종 상품과 일러스트가 전시되어 있어 마치 박물관 같은 분위기를 연출한다.

또한 도요사토 초등학교 (구)강당에서는 2011년부터 고교생 대상의 경음악대회인 '도요사토 경음악 갑자원(甲子園)'이 개최되기 시작했다. 2012년부터는 문화청이 후원자가 되어 최우수 밴드에게 문부과학대신상을 수여하면서 이제 도요사토정은 아니메의 성지뿐만 아니라 '경음악의 성지'로도 여겨지게 되었다. 이런 초등학교 교사를 중심으로 도요사

19 1919년 일본 여성과 결혼했고 1941년 일본 국적을 취득했다. 태평양전쟁이 끝난 뒤 맥아더 장군과 고노에 후미마로 사이를 중재한 적도 있다. 이화여대의 파이퍼홀과 대천 선교사 수양관도 그가 건축한 건물이다.

토정에서는 등장인물들의 생일축하 모임인 〈캐릭터 탄생일 모임〉, 〈게이온가쿠! 라이브〉, 〈동인지 즉매회〉, 〈팬 교류회〉, 〈코스프레〉 등 팬 주최의 다양한 이벤트가 개최되고 있다. 이와 더불어 도요사토정에서 특히 눈길을 끄는 것으로 '갑자기 튀어나오는 여고생'(飛び出し女子高生)이라 불리는 주의 간판을 빼놓을 수 없다. 이것은 자동차 운전수들로 하여금 아이들이 뛰쳐나오는 것에 주의하도록 하는 '갑자기 튀어나오는 아이'(飛び出し坊や) 주의 간판의 아니메 캐릭터판이다(岡本健, 2015b:136-137).

이와 같은 도요사토정 및 도요사토 초등학교 교사뿐만 아니라 주인공들의 등하교길과 일상생활의 장면에 등장하는 교토시 좌경구의 시내 풍경이라든가 교토조형예술대학 부근 등도 〈게이온!〉의 성지로 널리 알려져 있다. 제2화에는 주인공들이 '이오기아'(IOGIA)라는 교토 시내 악기점에 악기를 사러 가는 이야기가 전개되는데, 팬들은 그 악기점의 모델을 '주기아'(JEUGIA) 산죠본점(三條本店)으로 지목하여 성지화했다. 현재 이 악기점 내에는 〈게이온!〉 관련 상품과 함께 포스터 등이 붙어 있다. 작품 방영 후 등장인물들이 사용한 악기의 모델인 실제 악기와 값비싼 핸드폰 등이 날개 돋친 듯 팔려나가 하나의 사회현상으로서 매스콤의 주목을 받기도 했다. 이밖에 수학여행을 다룬 장면에서는 교토부의 명소와 관광지 등이 명확하게 묘사되어 나온다.

〈빙과〉(2012)

요네자와 호노부(米澤穗信)의 원작소설을 아니메화한 작품 〈빙과〉(氷菓)는 가미야마시(神山市)의 가미야마 고교에 입학한 주인공 오레키 호타로가 부원이 없어 폐지 직전의 '고진부'에 입회하면서 벌어지는 청춘 스토리이다. 이때 가미야마시와 가미야마 고교는 원작자의 출신지인 기후현 다카야마시(高山市) 및 기후현립 히다(斐太)고등학교가 모델이다. 작품은 다카야마시내와 히다고등학교의 풍경을 충실하게 재현하고 있다.

히다(飛騨) 민속마을로 유명한 다카야마시는 연간 4백만이 찾는 관광도시로 근래는 특히 외국인 관광객이 많다. 일반 관광객은 고시가지인 '산마치(三町) 전통 가옥군 보존지구', '시모니노마치(下二之町)·다이신초(大新町) 전통 가옥군 보존지구', 다카야마야타이 회관(高山祭屋台会館)이 있는 사쿠라야마하치만궁(桜山八幡宮), 다카야마 별원(高山別院), 박물관, 에도시대의 관청이었던 다카야마진야(高山陣屋) 등 미야카와(宮川)강의 동쪽 지역을 주로 돌아본다. 또한 호텔과 여관이 많은 미야카와강 서쪽의 JR다카야마역 주변도 도보권내이다. 이 두 지역은 동서를 연결하는 도로와 다리들로 이어져 있다.

이에 비해 〈빙과〉의 성지순례자들은 시가지 북쪽에 있는 히다고등학교와 남쪽의 히에(日枝)신사를 잇는 지역을 집중적으로 돈다. 그러니까 작품 속에 묘사된 풍경은 관광도시 다카야마를 상징하는 오래된 거리가 아니라, 어디에나 있을 법한 거리, 상점가, 슈퍼마켓, 학교 등 관광지 주변과 외각의 지극히 일상적인 공간이다. 요컨대 〈빙과〉의 아니메 성지순례는 삶의 일상적 풍경과 관련된 지역을 주대상으로 삼음으로써 관광의 시점이 아닌 생활자의 시선으로 다카야마 거리의 '참된 모습'에 다가서고자 한다(周藤眞也, 2016:65-66). 이처럼 다카야마 거리의 일상 풍경이 생활자의 시선으로 묘사되어 나온다는 점이야말로 〈빙과〉의 가장 큰 특징 중 하나라 할 수 있다.

2012년 4월에 〈빙과〉 방영이 시작되면서 몰려든 팬들을 위해 배경

장소가 블로그 등에 소개되고 성지순례 지도가 작성되었다. 즉 다카야마 상공관광부 관광과가 제작위원회와의 협력하에 공식 성지순례 맵을 공표한 2013년 2월 이후 관광안내소 등지에서 지도가 배포되었다. 또한 2014년 10월부터 2015년 3월까지 '빙과 스탬플러리'가 실시되었으며, 그 밖에 히다이치노미야미나시(飛驒一宮水無)신사가 주관하는 '히다이키비나마쓰리'(飛驒生きびな祭)에서의 팬 기획, 〈빙과〉 관련 상품과 기념품의 개발 및 판매 등이 이루어졌다.

나아가 다카야마시에서는 〈빙과〉를 계기로 새로운 마쓰리가 생겼다. 아니메 팬들과 지역주민들이 함께 힘을 합쳐 아니메에 묘사된 고교문화제를 재현한 '가미야마 고교문화제'가 2012년 9월부터 시작되었다. 상점가에는 '고전부 거리'라 적힌 깃발이 장식되고 아니메 팬들과 지역주민들이 각각 상연물을 준비하여 방문객들을 맞이했으며, 이밖에 '히다의 맛 마쓰리', '히다다카야마 시가지 콘서트', '2013 히다 가구 페스티벌' 등의 지역 이벤트도 개최되었다.

〈논논비요리〉(2013)

일상계 작품에 속한 〈논논비요리〉(のんのんびより)는 매우 치밀한 풍경 묘사와 함께 네 명의 여자아이들이 시골 분교를 다니며 시골 생활을 보내는 모습을 그려낸 작품이다. 제작진이 작품의 특정 무대가 없음을 공표했음에도 불구하고 팬들은 사이타마현, 도쿄도, 지바현, 돗토리현 등에서 아니메의 풍경과 일부 유사한 건물 등을 찾아내어 적극적으로 성지화했다. 이때 특히 학교가 많이 부각되었다. 가령 사이타마현 오가와정(小川町) 소재의 (구)오가와 초등학교 분교(현재는 폐교)를 작품 속 주인공들이 다니는 분교의 모델로 간주하여 순례지로 삼았다. 이처럼 아니메 속의 시골풍경과 유사한 곳을 찾아내어 현실 속의 학교 주변을 시골로 인식하여 성지화한 팬들의 행동은 일면 "도회지로부터의 도피처를 찾는 행위"로 해석되기도 한다(荒又美陽ほか, 2017:126-127).

〈타리타리〉(2012)

하시모토 마사카즈(橋本昌和)가 감독을 맡고 〈꽃 피는 첫걸음〉의 스탭들이 다수 참가하여 피·에이·웍스(P.A.Works)가 제작한 〈타리타리〉(TARI TARI)의 주인공 5인은 시라하마사카(白浜坂) 고등학교 3년생이다. 그 중 미야모토 고나시(宮本来夏)는 성악부에 소속된 악보 담당자인데, 자신도 노래하고 싶다는 열망을 고문 교사에게 청했으나 거절당한다. 이에 그는 새로운 특활부를 만들고자 결심하여 '합창 때때로 배드민튼부'를 결성한다.

이처럼 학교생활의 일상성이 강조된 합창 아니메 작품 〈타리타리〉의 무대는 주로 가나가와현 가마쿠라시(鎌倉市)와 후지사와시(藤沢市) 사이를 운행하는 유명한 '에노덴'(江ノ島電鉄) 철도변이다. 이와 함께 가마쿠라역, 전망대가 보이는 에노시마(江ノ島)와 에노시마(江島)신사, 가마쿠라오산(鎌倉五山) 중 네 번째 사찰인 정지사(淨智寺, 조치지) 등도 아니메 성지순례 팬들이 많이 찾는 곳이다. 마찬가지로 에노시마를 주요무대로 하는 TV아니메 〈쓰리타마〉(つり球, 2012) 효과와 함께 관광객 수가 증가하면서, 지자체 차원에서 순례노트를 비치하고 스탬플러리를 개최하는 등 다양한 이벤트를 실시하고 있다.

그러나 〈타리타리〉 성지순례의 진짜 매력은 다른 데에 있다. 작중에 등장하는 합창곡 '마음의 선율'(心の旋律)이 많은 팬들의 마음을 사로잡으면서, 아니메에 합창 협력자로 참여한 지휘자 미요시 소헤이(三好草平)가 '도쿄도 합창제'(東京都合唱祭)에서 '마음의 선율'을 노래하자는 취지로 '시라하마사카 고교 합창동호회'(白浜坂高校 合唱同好會)라는 합창단을 결성한 것이다. 여러 가지 이벤트를 비롯하여 실제로 매년 도쿄도 합창제에 참석하는 등 활발하게 활동해 온 이 합창단은 2019년 현재 제13기에 이르고 있다. 제1기 멤버 167인 중에는 하시모토 감독도 들어 있었다. 시라하마사카 고교라는 가공의 학교가 현실 속의 실제 합창동호회를 낳은 산실이 된 것이다.

〈야마노스스메〉(2013)

주인공들의 등산 이야기를 중심으로 등산을 통한 인간적 성장을 그린 일상계 작품인 〈야마노스스메〉(ヤマノススメ)는 무대인 사이타마현 한노시(飯能市)의 풍경을 매우 치밀하게 묘사하고 있다. 한노시 덴란산(天覽山) 기슭에 위치한 편의점 '타임즈마트 한노점'에서는 순례노트 및 아니메 관련 상품들을 비치해 놓고, 캐릭터의 탄생일에 맞추어 '탄생일 모임' 이벤트도 개최한다. 이 〈야마노스스메〉의 성지순례자들에게 순례 동기를 물은 한 앙케이트 조사에 따르면, "아니메 스토리에 흥미를 가져서"라는 답변이 가장 많았다고 한다(加藤恵, 2017:27). 사실 한노시라는 아니메의 배경 자체가 등산에 최적화된 장소라는 점에서 등산 이야기를 다룬 작품에 대한 흥미와 선호도가 높은 것은 매우 자연스러워 보인다.

2. 마쓰리와 신화의 비일상적 시선

〈트루 티어즈〉(2008)와 조하나 마쓰리

니시무라 준지(西村純二)가 감독을 맡은 〈트루 티어즈〉(true tears)의 주인공 나카가미 신이치로(仲上眞一郎)는 그림책 작가를 지망하는 고교생이다. 그는 양친을 잃고 나카가미 집에 들어온 같은 학교 여고생 유아사 히로미(湯浅比呂美)와 함께 지내는데, 그의 모친은 히로미를 차갑게 대한다. 어느 날 신이치로는 학교 뒤뜰에서 나무에 올라갔다가 내려오지 못하는 소녀 이스루기 노에(石動乃絵)를 만난다. 과거에 일어난 어떤 사건을 계기로 눈물을 흘리지 못하게 되었다는 노에와의 만남을 계기로 신이치로에게는 히로미를 비롯한 친구들과의 관계 및 자기 자신을 대면하는 방식에 변화가 생긴다. 이들이 각자 고뇌하는 가운데 무언가를 모색하며 성장해가는 청춘 이야기인 〈트루 티어즈〉의 무대는 도야마현 남부에 위치한 난토시(南砺市) 조하나(城端) 지구이다.

난토시는 2018년 말 현재 총인구 5만여 명으로 소자고령화 현상과 함께 해마다 젊은이들이 진학과 취업으로 유출되어 정주인구가 감소하고 있어 지역활성화에 주력하는 지방 소도시로 〈트루 티어즈〉의 아니메 성지화에 적극적으로 대응했다. 예컨대 JR조하나역에는 〈트루 티어즈〉의 캐릭터가 묘사된 포스터와 코뮤니케이션 노트를 비치했으며, 작품 방영이 끝나자 난토시, 난토시 상공회, 난토시 관광협회 등이 주체가 되어 '조하나 시다레사쿠라 마쓰리'(城端しだれ桜まつり)와 '조하나 무기야 마쓰리'(城端むぎや祭) 등에 즈음하여 〈트루 티어즈〉 판넬전 및 관련 상품의 지역한정 판매를 실시했다. 〈트루 티어즈〉에는 조하나 지역을 대표하는 상기 마쓰리를 모델로 묘사한 마쓰리 장에서 '무기하나 춤'(麦端踊り)을 추는 신이치로의 장면이 등장한다. 이에 따라 지역 주민들은 마쓰리에 즈음하여 작품 속의 '무기하나 춤'을 재현하는가 하면, 작품과 관련된 '아이짱 야키'와 '진실의 눈물 튀김' 같은 먹거리를 만들어 판매하기도 한다.

이밖에 난토시는 2009년 7월에 '트루 티어즈 내방기념 팬 이벤트'를 개최하는 한편, 2010년 7월에는 작품의 캐릭터 네 명을 난토시의 특별주민으로 등록하여 특별주민표를 발행하는 서비스도 실시했다. 이와 더불어 난토시는 〈트루 티어즈〉 제작사인 피·에이·웍스와 제작 스텝 및 캐스트들의 도움을 받아 독자적으로 〈사랑의 여행 : 참된 여행 난토〉(恋旅~True Tours Nanto~)를 제작하여 2013년 4월부터 난토시 한정으로 방송을 내보냈다. 이 작품은 아니메 기획 단계부터 콘텐츠 투어리즘을 염두에 두고 제작된 것으로, 난토시의 명소를 배경으로 지역만의 스토리를 담고 있다. 난토시의 명소를 방문하면서 스마트폰 전용 어플리케이션을 통해서만 내용을 볼 수 있게 했다. 그 후 팬들의 요청으로 유튜브를 통해 제공되면서 전국의 더 많은 팬들이 난토시를 방문하게 되었다(윤수현, 2018:328-329).

〈꽃 피는 첫걸음〉(2011)과 본보리 마쓰리

피·에이·웍스의 10주년 기념작인 〈꽃 피는 첫걸음〉(花咲くいろは)은 도쿄에서 자란 여고생 마쓰마에 오하나가 사정이 생겨 집을 떠나 외할머니가 경영하는 유노사기(湯乃鷺) 온천가의 전통 여관 '깃스이소'에서 일하면서 학교생활을 보내는 소소한 일상 이야기로, 이시카와현 가나자와시(金沢市)의 온천마을인 유와쿠정(湯涌町)을 중심으로 니시기시역(西岸駅)

및 가나자와시 등이 무대이다. 작품 속에서는 이시카와현의 실제 지명이 주인공의 이름으로 사용되며, 지역 내 다양한 공간들이 배경으로 등장한다.

가령 니시기시역은 작품 속 주인공과 친구들이 통학할 때 등장하는 기차역의 실제 모델이다. 이 역은 시설 노후와 자연재해 등으로 관광객이 감소하여 운영에 어려움을 겪고 있었는데, 〈꽃 피는 첫걸음〉 방영 이후 사람들이 많이 찾게 되면서 경영이 개선되어 역 한쪽에 작품 속의 역 이름인 '유노사기역'(湯乃鷺駅)이라 적힌 표지판을 설치해 놓았다. 이는 아니메 속의 가상 배경을 실제 장소에 재현하여 성지로 만든 특이한 사례라 할 수 있다.

여기서 더 나아가 작품 속 유노사키 온천가의 모델이 된 유와쿠정에서는 작중에 나오는 가공의 마쓰리인 '본보리 마쓰리'(ぼんぼり祭)를 실제로 개최하고 있다. 작중에 등장하는 신사의 모델이 된 유와쿠정의 유와쿠이나리(湯涌稲荷)신사에서는 당초 본보리 마쓰리는 행해지지 않았다. 작품이 설정한 이 마쓰리의 유래는 다음과 같다: 작중 신사의 제신은 사자로서 두 마리 여우를 거느린 동녀신이다. 일본 신도에서는 매년 음력 10월의 신무월(神無月, 간나즈키)이 되면 전국의 모든 8백만 신들이 이즈모대사(出雲大社)로 돌아간다고 말한다. 이리하여 작중 신사에서는 신무월에 나이 어린 동녀신이 길을 잃지 않도록 이즈모로 통하는 길 연변에 '본보리'[20]라는 등불을 늘어놓아 길 표시를 해주었다. 그러면서 사람들은 그 본보리 밑에 소원을 적은 조그만 나무 부적(望み札, 노조미후다)을

20 단면이 육각이고 위가 벌어진 틀에 종이를 발라 가운데에 불을 켜는 작은 등롱.

매달았다. 그러면 동녀신이 길을 밝혀준 답례로 그 부적을 이즈모대사로 가지고 가서 사람들의 소원을 들어줄 거라고 여긴 것이다.

아름답고도 환상적인 이런 본보리 마쓰리가 작품의 클라이맥스이다. 최종화에서는 호수 주변에 설치된 게시판에 주렁주렁 걸려 있는 부적의 기원문을 캐릭터가 읽는 장면이 나온다. 이와 함께 화면은 읽지 않은 부적의 기원문도 수초 동안 보여준다. 그 중에는 "진재 부흥이 하루빨리 이루어지기를" 이라고 적힌 부적도 있다.

이와 같은 가공적인 본보리 마쓰리가 2011년에 유와쿠온천관광협회 주최로 유와쿠정에서 실제로 개최되었다. 7월에 유와쿠이나리신사에서 진행된 본보리 점등식에는 5백여 명, 10월의 제1회 유와쿠 본보리 마쓰리에는 12,000여 명이 참여했다. 그것은 아니메와 지역을 선전하는 일시적인 이벤트에 머물지 않았다. 유와쿠이나리신사 경내와 참배로에는 약 30기의 본보리가 설치되었고 '노조미후다' 게시판도 세워졌으며 신직이 정식으로 기도를 올리는 등 본격적인 마쓰리였다. 지역주민들은 이것을 유와쿠이나리신사의 정식 마쓰리로 계승해 가고 싶다고 말한다(岡本健, 2015b:144). 현재 본보리 마쓰리는 유와쿠정 지역을 대표하는 중요한 이벤트가 되어 있다. 2019년 제9회 유와쿠 본보리 마쓰리의 점등식은 7월 21일에 행해졌으며, 본(本)마쓰리는 10월 12일에 개최되었다.[21]

유와쿠온천관광협회는 본보리 마쓰리의 효과를 지속시키기 위해 다양한 이벤트를 개최해왔다. 가령 AR(Augmented Reality)을 이용한 성지순례 어플리케이션이나 성지순례맵과 같은 2차 콘텐츠를 내놓았으며, 또

---

21 본보리 마쓰리 공식 사이트는 https://yuwaku.gr.jp/event/2185/

한 철도회사와 가나자와시 등의 적극적인 협력을 통해 지속적으로 새로운 콘텐츠를 개발 중이다. 이로써 작은 온천마을이었던 유와쿠정이 특별한 개성과 분위기를 지닌 관광지로 재탄생하게 된 것이다(정수희·이병민, 2016:72).

〈럭키☆스타〉의 무대인 와시노미야신사의 전통 마쓰리인 '하지제' 때 등장하는 '럭키☆스타 미코시'가 그러하듯이, '혹자는 본보리 마쓰리에 대해서도 '전통적인 지역문화의 파괴'라고 비판할 수도 있겠다. 그런 비판에는 신사의 마쓰리는 고상하고 아니메나 만화는 문화적 레벨이 낮은 것이라는 의식이 깔려 있다. 그러나 사회학자 엔도 히데키는 홉즈봄의 '전통의 창조' 개념을 인용하면서 본보리 마쓰리가 새로운 전통이 될 가능성을 언급한다. 전통의 창조란 "한 시기에 고안된 행사가 오래된 전통에 입각한 것으로 간주되고 그것이 의례화되어 제도화되는 것"을 뜻한다. 본보리 마쓰리도 팬들과 관광객 및 지역주민에 의해 전통으로서 인식되고 표상된다면, 아니메라는 대중문화가 '전통의 창조'를 유발시키는 원동력이 될 것이다(遠藤英樹, 2014:114-119).

〈꽃 피는 첫걸음〉의 순례노트에는 "어제 본 본보리 마쓰리는 정말 멋졌습니다. 실로 '처음으로 개최된 유서 깊은 마쓰리'였습니다."라는 구절이 적혀 있다. 여기서 "유서 깊다"는 표현이 인상적이다. 그것은 새로 만들어진 전통인 본보리 마쓰리에 전통적인 마쓰리의 요소가 담겨 있음을 뜻하는 표현이다(由谷裕哉ほか, 2014:76). 무릇 '전통'이란 종래의 형을 유지하는 것만이 유일한 계승방식은 아니다. 새로운 문화를 역동적으로 창조함으로써 지켜지는 '전통'도 있다(岡本健, 2015b:145). 이렇게 볼 때 가상현실이 가시화된 본보리 마쓰리는 지역의 전통 마쓰리가 아니메에 의해 새롭게 쓰이고 있음을, 그리하여 아니메에 의해 새로운 전통이 만들어질

수 있음을 극적인 방식으로 보여주는 사례라 할 수 있다.

〈그날 본 꽃의 이름을 우리는 아직 모른다〉(2011)와 류세이 마쓰리

2011년 4월부터 TV방영되었는데 심야 시간대인데도 최고 시청율 5.5%를 기록할 만큼 큰 인기를 얻었던 작품 〈그날 본 꽃의 이름을 우리는 아직 모른다〉(あの日見た花の名前を僕達はまだ知らない. 이하 〈그날〉)는 초등학교 때 '초평화 버스터즈'라는 그룹을 결성하여 산속의 비밀기지에서 늘 같이 놀았던 소년소녀 6인이 주인공이다. 그런데 어떤 여름날 사소한 갈등이 있은 직후, 여주인공 멘마가 강에서 사고로 죽고 만다. 그로부터 5년 후 고교 1년생이 된 소년 진탕 앞에 멘마의 유령이 나타나면서 이야기가 극적으로 전개되기 시작된다. 지망고 입시시험에 실패하여 은둔형 외톨이 상태였던 진탕에게 멘마는 소원을 이루어 달라고 말한다. 하지만 그 소원이 무엇인지는 멘마 자신도 모른다. 이에 진탕은 곤혹스러워 하면서도 멘마의 소원이 무엇인지를 알아내어 이루어주고자 노력한다. 그런 가운데 어릴 때 멘마의 죽음이 각자 자신 탓이라고 여겨 죄책감을 품은 채 뿔뿔이 흩어졌던 '초평화 버스터즈'의 멤버들이 다시 모이게 된다. 이들은 죽은 멘마가 성불할 수 있도록 산속의 비밀기지 앞에서 '로켓하나비'를 쏘아 올린다.

이와 같은 스토리로 전개되는 〈그날〉의 무대는 사이타마현 북서부에 위치한 지치부시(秩父市)이다. 이곳은 예로부터 지치부 34개소 관음영장 순례와 온천으로 유명한 관광지이다. 명확하게 지명이 언급되지는 않지만 작품 속에서는 등장인물들이 다니는 학교, 지치부역 앞, 지치부 대교, 지치부신사, 거리의 교차점 등 실제 풍경들이 많이 사용되고 있다. 무엇보다 작품 속에서 본당과 경내가 세밀하게 묘사되어 나오는 정림사(定林寺, 조린지)는 멘마의 죽음 후 남겨진 5명의 아이들이 서로의 감정을 솔직하게 드러내는 매우 중요한 배경장면으로 등장한다.

지치부역 북쪽에 위치하는 조동종 사찰 정림사는 현재 지치부34개소 관음영장순례의 17번째 찰소(札所, 후다쇼)이다. 원래는 무로마치시대에 현재 지치부신사의 관리역이었던 하야시 가문(林家)의 보리사로 시작되었다. 15세기경에 성립된 지치부 영장순례 초기에는 사이코쿠(西國) 및 반도(坂東)[22] 관음순례를 모방하여 찰소가 33개소였다. 그 중 제1번 찰소였던 정림사는 지방의 일개 관음순례장에 지나지 않았다. 그러다가 16세기에 들어와 찰소를 하나 더 늘려 지치부34개소가 되었으며, 사이코쿠33개소 및 반도33개소와 합쳐 '백관음 영장'이 형성되면서 지치부34개소는 3대 관음순례의 하나가 되었다. 그 후 대사원이나 막부의 후원을 받지 못한 지치부34개소는 수리비용을 충당하기 위해 지치부 각 사원과 에도의 대사사에서 본존을 공개하는 '개장'(開帳, 가이초)을 자주 개최하면서 많은 참배자들과 희사금을 모았다. 이리하여 에도시대에 이르러 지치부34개소 영장순례는 최성기를 맞이하게 된다. 그때 에도로부터 오는 참배자들의 편리를 위해 정림사는 제1번 찰소 자리를 에도와 통하는 길목의 가도 연변에 있는 사만부사(四萬部寺, 시마부지)에게 양보하여 오늘날처럼 제17번 찰소가 되었으며, 현재의 장소로 이전한 것은 17세기의 일이다(川﨑のぞみ, 2012:150). 이런 정림사가 〈그날〉의 방영 이후 오늘날 아

22 관동 지방을 가리키는 옛 지명. 사가미(相模), 무사시(武蔵), 가즈사(上総, 지바현 중부), 시모후사(下総, 지바현 북부 및 나리타시 북부), 아와(安房, 지바현 남부), 히타치(常陸), 가미쓰케(上野, 고즈케. 군마현), 시모쓰케(下野, 도치기현)의 관동 8개국을 반도 팔국이라 한다.

니메 성지로 알려지게 된 것이다.

〈그날〉에서 '초평화 버스터즈' 멤버 5명은 죽은 멘마의 일기장에서 그녀의 소원 중 하나가 '하나비'라는 사실을 알게 된다. 그들은 이 소원을 이루어주면 멘마가 성불할 것으로 믿고 모두가 아르바이트를 해 모은 돈으로 전문 장인에게 제작을 부탁하여 로켓하나비를 쏘아 올린다. 〈그날〉은 제7화(진짜 소원)에서 제10화(하나비)에 걸쳐 로켓하나비의 제작과정과 발사대 설치 및 발사 모습 등을 리얼하게 묘사한다. 작품 속에 나오는 이 로켓하나비는 사이타마현 지정 무형민속문화재인 지치부 무쿠(椋)신사의 류세이 마쓰리(龍勢祭) 때 발사하는 '류세이'를 실제 모델로 삼은 것이다. 여기서 '류세이'란 농민들이 만든 수제 로켓하나비를 가리키는데, 연기를 내뿜으며 종이비행기나 낙하산 등이 하늘에서 함께 떨어지기도 한다. 전국시대에 그 원형이 출현한 이래 긴 역사를 자랑하는 류세이 마쓰리는 현재 매년 10월 첫째 주 일요일에 개최되며 매년 약 10만여 명이 방문한다. 화약제조 자격을 가진 27개 유파가 약 30발씩 쏘아 올리는 류세이 마쓰리의 로켓하나비는 통칭 '농민로켓'이라고 불린다.

오늘날 류세이 마쓰리에서는 2011년부터 '초평화 버스터즈'라는 봉납자명으로 '아노하나[23] 류세이'가 봉납된다. '아노하나 류세이'는 '아노하나 팬 요시다 류세이 보존회'이라는 지치부 요시다 지역 팬 그룹의 모금으로 제작된다.[24] 이 보존회는 류세이의 제작, 발사준비, 고지, 자금 확보를 위한 '초평화 버스터즈의 류세이 모금' 수수, 부적(오마모리, 오후다)

23 〈그날〉의 일본어 약칭.

24 2017년 봉납된 '아노하나 류세이'의 경우 7~10월에 봉납금 모집이 행해져 1구좌 3백 엔 이상의 '城峰 코스'(선착 1900명)과 1구좌 2천엔 이상의 '류세이 응원단 코스'(선착 100명)가 있었다.

판매 등 다방면에 걸쳐 적극적인 지원을 행한다. 나아가 2013년에는 '류세이 서포터즈'라는 조직이 발족하여 류세이 마쓰리라는 지치부 요시다 지역의 가장 전통적인 문화를 팬 그룹의 주도로 발전시켜 나가고 있다.

이와 같은 류세이 마쓰리가 열리는 무구신사 외에 지치부의 총진수인 지치부신사의 대표적 제례인 '지치부 요마쓰리'(秩父夜祭) 또한 〈그날〉과 관계가 깊다. 그래서 지치부 요마쓰리의 포스터 및 지치부시의 주요 관광자원인 시바자쿠라(芝桜)의 PR포스터에 〈그날〉의 캐릭터가 들어간다. 또한 〈그날〉 팬들은 지치부 요마쓰리 때 개최되는 하나비 대회에 참가하는가 하면, 칠석마쓰리의 기획 및 단자쿠(短冊)[25] 장식에도 참여한다. 요컨대 〈그날〉은 팬들을 매개로 하여 봄(시바자쿠라), 여름(칠석마쓰리), 가을(류세이제), 겨울(지치부 요마쓰리) 등 사계에 걸쳐 지치부 지역문화에 깊이 관여되어 있다(岡本健, 2015b:142-143).

〈그날〉은 팬들뿐 아니라 지자체 및 지역주민 차원에서도 적극적으로 활용된다. 지치부시에서는 〈그날〉의 방영 종료 직후 곧바로 무대탐방 맵 배포(2011년 7월부터), 스탬플러리(2011년 8월), 대규모 이벤트 '아노하나 페스티벌'(ANOHANA FES. 20011년 9월) 등을 실시했다. 나아가 아니메 성지순례붐을 배경으로 지치부에서는 관광 유치에 총력을 기울여왔다. 특히 이케부쿠로와 지치부를 연결하는 세이부(西武)철도는 세이부 지치부역에 포스터로 도배를 하는 한편 한정 기념승차권 발매, 랩핑전차 운영, 스탬플러리형 이벤트 실시 등 적극적으로 PR활동을 전개했다. 또한 지치부시는 지치부 관광협회 및 상점연합회와 함께 '지치부 아니메 투어리즘

25 글씨를 쓰거나 물건에 매다는 데 쓰는 조붓한 종이. 신불에 대한 기원문을 적은 종이. 특히 칠석마쓰리 때 소원을 적어 나뭇가지 등에 매단 색색의 오리가미.

실행위원회'를 발족하여 시내 주요 거리의 가로등과 상점가에 아니메를 선전하는 포스터를 부착하고 '아노하나 순례맵'을 작성하여 배포했다(川崎のぞみ, 2012:152).

〈유키 유나는 용자다〉(2014)

일본신화를 중요한 테마로 설정하고 있는 기시 세이지(岸誠二) 감독의 〈유키 유나는 용자다〉(結城友奈は勇者である)는 시코쿠 특히 관온지시(観音寺市)가 주된 무대이다. 『고사기』 신화에 의하면 시코쿠는 아와지마와 더불어 일본열도가 시작된 곳이다. 줄거리는 혼슈가 멸망하고 시코쿠만이 신의 힘으로 수호되고 있다는 설정을 중심으로 전개된다. 때는 신세기(神世紀) 300년의 시코쿠. 주인공 유키 유나는 아침에 일어나 학교 가서 수업 듣고 특활부 활동을 하고 친구와 놀면서 지극히 평범한 일상을 보내는 2학년 여중생이다. 굳이 그녀의 특별한 점을 들자면 '용자부'(勇者部)라는 특활부에 소속되어 있다는 점이다. 용자부의 활동 내용은 유치원에서 인형극을 상연한다든지 유기 고양이 주인을 찾아주는 일 또는 해안가의 쓰레기를 줍는 등 다양하지만, 진짜 목적은 다른 데에 있다.

어느 날 갑자기 유나는 신수(神樹)가 만든 결계로 날려가 자신이 이 세계를 통치하는 조직으로부터 파견된 사자라는 점, 용자부는 그 조직의 지시에 의해 모집된 용자들의 집단이라는 점, 시코쿠 각지의 후보자 중에서 자신이 친구 3인과 함께 신수에 의해 선택되었다는 점, '바틱스'라 불리는 적이 신수에 도달하면 세계가 멸망한다는 점 등을 알게 된다. 그리하여 유나를 비롯한 4인이 신수와 인류를 지키기 위해 신수의 용자가 될 것을 결의하고 바틱스와 맞서 싸운다는 것이 이 작품의 스토리이다.

신화적인 비현실적인 이야기와 지극히 현실적인 일상의 대비가 두드러진 이 작품에는 등장인물들이 우동을 먹는 등의 일상적 장면이 종종 등장한다. 그래서 간온지시를 방문하는 팬들은 흔히 아니메에 나오는 우동가게에서 우동을 먹고 기념품으로 쪄서 말린 멸치(煮干し)를 구입하곤 한다. 2017년 캐릭터 성우의 토크쇼와 라이브로 진행된 이벤트가 관온지 중학교 체육관에서 개최되어 전국에서 약 1400명이 참가했다. 이처럼 아니메 성지에서 이벤트를 행하는 것은 다른 작품의 경우에서도 쉬이 찾아볼 수 있는 공통된 현상이다. 그것은 비현실적인 작품을 현실세계에서 재현하려는 시도이다. 이런 의미에서 〈유키 유나는 용자다〉는 아니메 성지순례가 일상생활(케)에서 벗어나 이상적인 작품세계에 가능한 한 접근하려는 팬들의 축제(하레)임을 잘 보여주는 작품이라 할 수 있다(荒又美陽ほか, 2017:120).

3. 일상과 비일상 사이의 간극

〈신세기 에반게리온〉(1995)

안노 히데아키(庵野秀明, 1960-현재) 감독이 1995년에서 1996년에 걸쳐 방영한 총 26화의 TV시리즈 〈신세기 에반게리온〉(Neon Genesis EVANGELION. 이하 〈에반게리온〉)은 오타쿠 감독이 만든 그야말로 오타쿠적인 애니메이션임에도 불구하고 이후 일본의 전후 애니메이션 역사에서 제2차 애니메이션붐을 촉발시킴과 동시에 이른바 '에바 신드롬'이라 칭해진 광범위한 사회적 반향을 일으킨 기념비적인 작품이다. 그 후 1997년 3월과 7월에 연속 개봉한 〈에반게리온: 죽음과 재생〉(Evangeligon: Death and Rebirth) 및 〈에반게리온〉(The End of Evangelion)을 비롯하여 근래까지도 극장판 시리즈[26]가 계속 이어지는 가운데 아니메 성지순례의 대상이 되어 지금도 인구에 회자되고 있다.

유명한 온천지인 가나가와현 하코네정(箱根町)을 무대로 삼아 외계에서 온 '사도'라 불리는 정체불명의 침략자에 맞서 '에바'라 불리는 거대 생체로봇을 타고 싸우는 어린 소년소녀들의 이야기를 묘사한 SF아니메 〈에반게리온〉은 종말론적 기획과 우주적인 스케일을 과시하면서도 특히 오타쿠의 심리적 측면을 잘 대변하는 캐릭터인 주인공 소년 신지를 통해 일본인의 아이덴티티 위기를 둘러싼 자의식 과잉을 곳곳에 표출한다(박규태, 2018:414-459).

특히 신극장판 4부작의 첫 번째 작품인 〈서〉(序, 2007년) 〈서〉에서는 TV시리즈와 마찬가지로 무대 배경인 하코네정의 풍경이 도처에 등장하며, 〈에반게리온〉 서사의 중심인 가공의 도시 '제3신도쿄시'가 하코네정의 센고쿠하라(仙石原)로 설정되어 나온다. 작품 속에서 이 제3신도쿄시의 지하공간은 '지오프론트'라 불리는데, 거기에는 에바를 총괄하는 특무기관 '네르프(NERV) 본부'가 있다. 이처럼 〈에반게리온〉 서사의 중심공간이 지하에 묻혀 있어 가시적으로 실감할 수 없는 가상공간으로 설정

---

26 〈Revival of Evangelion: Death(True)·Air·진심을 그대에게, 1998년 3월〉 외에 실사영화 〈에반게리온〉(2003년 5월)도 개봉되었다. 그 후 TV판 스토리를 대폭 리메이크한 4부작 신극장판이 기획되어 현재까지 〈서〉(序, 2007년), 〈파〉(破, 2009년), 〈큐〉(Q, 2012년) 등이 상영되었다. 네 번째 작품은 2020년에 개봉 예정이지만, 코로나19사태로 인해 지연될 지도 모르겠다.

되어 있음에도 불구하고 수많은 팬들이 센고쿠하라를 방문하여 성지화했다. 이와 더불어 하코네(箱根)신사도 성지순례의 장소로 많이 알려져 있다.

2009년 신극장판의 두 번째 작품 〈파〉(破) 개봉에 맞추어 하코네 관광협회가 영화제작사와 협력하여 '에반게리온 × 하코네정' 기획의 일환으로 '하코네 보완 맵'을 제작 배포했다. 여기서 '보완'이라는 말은 〈에반게리온〉 서사의 기본틀 중 하나인 '인류보완계획'에서 따온 것이다. 나아가 2010년 4월 23일에는 로송 하코네 센고쿠하라점이 새롭게 '로송 제3신도쿄시점'이라는 이름을 내걸고 관련 상품의 판매를 개시했다. 하지만 예상외로 자가용차들이 너무 많이 몰려들어 소음 등 문제로 원래 5월 중순까지의 일정을 4월 25일로 종료했다. 그 후 북점, 남점, 서점을 증설한 '로송 제3신도쿄시점'에는 신극장판에 등장하는 UCC 밀크커피, 과자류, 티슈, 피규어, 타올 등 콘텐츠 관련 상품과 장식품을 비치 판매하고 있다.

2011년에는 하코네정에서 '에반게리온 스탬플러리'가 실시되었으며 다음해인 2012년에는 '에반게리온 × 하코네정 × TOYOTA 전력 보완계획'이라는 기획의 일환으로 하코네정이라고 쓰인 'NERV공용차'가 등장하기도 했다. 또한 오다큐(小田急) 하코네고속버스의 '에반게리온 버스'가 도쿄와 하코네 사이를 운행 중이다. 동년 7월에는 하코네정 유모토(湯本)에 '에바야'(エヴァ屋)라는 기념품점이 개업하여 욕의(浴衣) 차림의 캐릭터 상품과 '네르프야키'[27]나 'LCL드링크'[28] 등을 지역 한정으로 판매하기

27 물에 갠 밀가루를 원형으로 구워서 두 장을 겹쳐 그 사이에 팥소를 넣은 일본과자.

28 LCL이란 작품 속에서 에바 파일럿의 조종석을 가득 채운 생명의 수액을 가리키는 말로, 파일럿에게 산소를 공급해 주며 정신오염과 신체충격 등을 막아주는 역할을 한다.

시작했다. 이처럼 하코네정에서는 전통문화로서의 온천'뿐만 아니라 관·산·민 공동으로 콘텐츠를 활용한 캠페인과 이벤트 및 상품개발을 실시해오고 있다.

〈쓰르라미 울 적에〉(2006)

〈쓰르라미 울 적에〉(ひぐらしのなく頃に)의 무대인 기후현 오노군(大野郡) 시라카와촌(白川村) 오기마치(荻町) 지역은 시라카와향(白川鄕)의 갓쇼즈쿠리(合掌造り) 집락으로 유명한 곳으로 1995년 〈시라카와향 및 고카야마의 갓쇼즈쿠리 집락〉(白川鄕·五箇山の合掌作り集落)이라는 타이틀로 등록된세계문화유산에 등재된 관광명소이다. 여기서 갓쇼즈쿠리란 일본의 주택건축양식 중 하나로 45도에서 60도 정도의 경사를 가진 삼각형 모양의 지붕이 특징적이다.

이 작품은 매년 6월에 열리는 '와타나가시 마쓰리'(綿流し祭り) 때마다 한 사람이 죽고 한 사람이 행방불명되는 연속 괴사사건에 호기심을 느껴 접근한 주인공을 둘러싸고 참극이 전개된다는 스토리이다. 이 참극의 무대가 바로 오기마치 지역을 중심으로 하는 시라카와향이다. 특히 오기마치 지역의 원경이 아니메 오프닝에서 상징적으로 묘사되고 있다.

현지 주민들은 참극이 묘사된 작품 내용에 대한 혐오감으로 인해 강하게 반발했다. 그래서 시라카와향 관광협회에서는 아니메 성지 선전은 별로 하지 않으며, 현지 기념품점에도 아니메 관련 상품은 거의 보이지 않는다. 그럼에도 다른 한편으로 캐릭터가 그려진 자동차(痛車)를 타고 와 지역 내 시라카와하치만(白川八幡)신사에 이타에마(痛絵馬)를 봉납하거나 코스프레를 연출하는 아니메 팬들을 수용하려는 태도도 존재한다. 8세기초에 창건된 시라카와하치만신사에 참배객들이 급증한 것은 〈쓰르라미 울 적에〉의 방영이 끝난 2007년부터였다. 다음 해인 2008년에는 여름방학을 이용하여 버스를 대절해서 온 수많은 대학생 팬들이 이 신사를 방문했다. 경내에는 이런 젊은 팬들이 봉납한 이타에마가 많이 걸려 있다.

이 작품은 '일본의 원풍경'으로 말해지는 지역의 풍경을 활용하는 한편, 그곳에 '참극의 마을'이라는 새로운 이미지를 부여했다(岡本健, 2015b:130)는 점에서, 또는 팬들이 관광명소가 아닌 작품 장면에 등장하는 하수도처리시설 장소를 주인공 자택의 모델로 차정하여 성지로서 방문한다(神田孝治, 2012:26)는 점에서 일상과 비일상의 미묘한 대조가 두드러진다.

〈간나기〉(2008)

미야기현 중부 시치가하마정(七ヶ浜町)이 무대인 〈간나기〉((かんなぎ)의 남자 주인공 미쿠리야 진(御厨仁)은 영감이 뛰어난 고교 1년생으로 학교 미술부에 속해 있다. 그는 미술대회에 출품하고자 버려진 신목(神木)의 일부로 정령상을 조각했다. 이 신목은 개발로 인해 폐쇄된 신사에 있던 나무이다. 그런데 진이 조각한 정령상으로부터 마을의 산토신(産土神, 우부스나가미)이라 자칭하는 소녀 나기가 나타난다. '나기'라는 이름은 신사의 무녀를 가리키는 명칭인 아니메 제목 '간나기'에서 따온 것이다. 그녀는 신목이 베어졌기 때문에 진이 사는 마을에 재액이 초래하는 '게가레'(穢れ, 부정)가 출현한다고 말한다. 〈간나기〉는 그런 게가레를 퇴치하려는 나기가 진의 집에서 지내면서 벌어지는 여러 가지 일상적, 비일상적

에피소드를 묘사하고 있다. 결말부에서 진은 나기에게 사랑을 고백한다.

이 아니메의 원작 만화가 다케나시 에리(武梨えり)는 시치가하마정 출신이다. 이런 연유로 야마모토 유타카(山本寛) 감독은 만화를 아니메화할 때 시치가하마 및 센다이시(仙台市) 각지의 풍경을 모델로 삼았다. 그 풍경 중 하나로 시치가하마정 하나부치하마(花渕浜) 지역의 진수신인 하나부시(鼻節)신사가 있다. 이 신사는 오래 된 전통을 자랑하는 식내사(式內社)이자 명신대사(名神大社)이지만, 지금은 신주가 부재하는 조그만 신사로 퇴락한 채 씨자총대회(氏子総代會)와 씨자청년회가 중심이 되어 매년 마쓰리를 거행한다. 869년 대지진 때 바다에 잠긴 오네묘진(大根明神)을 모시는 예제로서 매년 음력 6월 1일에 거행되는 오네묘진 마쓰리가 그것이다. 이 마쓰리는 커다란 전복을 공물로 바치고, 참배자들에게 전복내장 무침을 대접하므로 '아와비(전복) 마쓰리'라고도 불린다.

이와 같은 하나부시신사가 2008년경부터 〈간나기〉의 아니메 성지가 되면서 하쓰모우데 참배자가 종래의 5배로 늘었다. 그 후 2011년 동일본대진재로 인해 시치가하마정은 200호 이상이 전파되는 등 큰 피해를 입었다. 하지만 고지대에 위치한 하나부시신사는 쓰나미 피해를 입지 않았다. 그때 〈간나기〉 팬들이 지원물자를 배달하는 등 장기적으로 볼런티어 활동에 참여함으로써 마을 사람들에게 좋은 인상을 남겼다. 나아가 하나부시신사의 마쓰리에도 멤버로 참가할 만큼 마을 주민들과 친해진 아니메 팬들은 전국 각지의 아니메 이벤트에 참가하여 시치가하마정의 피해 상황을 알리는 등 지역경제 활성화에도 음으로 양으로 도움이 되었다.

〈걸즈 앤 판처〉(2012)와 〈함대 고레쿠숀〉(2015)

팬들 사이에서 '가르팡'이라는 약칭으로 불리는 〈걸즈 앤 판처〉(ガールズ&パンツァー)는 일상과 비일상의 대비를 극적인 방식으로 보여준다. 제목에 나오는 '판처'(Panzer)란 독일어로 전차(탱크)를 뜻하는 말이다. 다른 아니메 성지순례 작품들과는 달리 원작이 없는 오리지널 아니메 〈걸즈 앤 판처〉의 무대는 이바라키현 오아라이정(大洗町)이다. 미토시(水戸市)에 인접한 태평양 연안 마을인 오아라이정은 인구 약 1.7만 명으로 현내 시정촌 중 두 번째로 작은 마을인데도, 해수욕장과 수족관 및 쇼핑몰 등이 많은 인기를 끌어 현내 최다 연간 약 450만 명 정도의 관광객 수를 자랑했다. 그러다가 2011년 동일본대지진 때 최대 4.2미터의 쓰나미로 인해 큰 피해를 입은 후 방문객이 격감했으나, 〈걸즈 앤 판처〉로 인해 현재 2010년 대비 관광객 수의 80% 정도를 회복했다.

반다이비주얼 주식회사가 오아라이정을 로케지로 하는 〈걸즈 앤 판처〉 제작에 관해 지역 측에 타진한 것이 2011년 10월의 일이었다. 오아라이정을 무대로 삼은 이유 중에는 그곳이 동일본대지진의 피해지임에도 불구하고 잘 알려지지 않아서 작품 제작을 통해 오아라이정을 응원하고자 하는 취지도 있었다고 한다(加藤恵, 2017:55). 실제로 작품 내에는 '오아라이'라는 단어가 종종 등장한다. TV아니메는 2012년 10월에서 2013년 3월에 걸쳐 전12화가 방영되었다. 그 후 2015년에 완전 오리지널 극장판이 공개되었는데, 2018년 7월초 현재 누계 흥행수입 25.4억 엔에 누계 관람객수 147만 명을 돌파하는 대히트 작품이 되었다. 이는 심야시간대 TV아니메를 원작으로 하는 극장판으로서는 〈러브 라이브! The School Idol Movie〉(2015)에 이은 대흥행 기록이었다.

"전차를 사용한 무도인 '전차도'(戰車道)를 화도(花道, 꽃꽂이)나 다도와 함께 '야마토나데시코'(大和撫子)[29]의 취미로 상정한 세계"(大谷尙之ほか, 2018:101)를 묘사한 이 성장 이야기의 주인공은 니시즈미 미호(西住みほ)라는 여고생이다. 그녀는 전차도의 강호인 구마모토의 구로모리미네(黒森峰) 여학원에서 전차도를 익혔으나, 어떤 사건을 계기로 전차도에서 벗어나 전차도 수업이 없는 오아라이정의 현립 오아라이 여자학원으로 전학하게 되었다. 그러나 오아라이 여자학원은 학교의 존속을 위해 전차도 전국대회에 출장하게 되어 있어서 미호도 할 수 없이 전차도 수업을 선택하여 팀원들과 함께 강호인 구로모리미네 여학원과 대결한다는 스토리이다. 작중에서 전차는 어디까지나 예도와 스포츠 경기로 간주되며 따라서 전쟁 그 자체임에도 불구하고 사상자는 일체 없는 것으로 설정되어 있다.

작중에는 갑판 위에 도시가 있는 거대 선박인 '학원함' 선상의 오아라이 시가지를 전차들이 마구 달리며 포탄을 쏘는 장면이 반복적으로 등장한다. 이때의 오아라이는 지상에 위치하는 실제의 이바라키현 오아라이정과 가공의 함선 위에 설정된 도시의 두 측면을 내포한다. 이 가운데 실재하는 오아라이정이 작품 속에서 묘사된 시간 비율은 얼마 되지 않으며, 대부분의 무대는 주인공들이 다니는 가공적인 학원함 선상의 오아라이 여자학원을 중심으로 전개된다. 따라서 스토리 모방이 원천적으로 불가능할 수밖에 없다 그럼에도 아니메 팬들은 실재하는 오아라이정 내에서 스스로 작품 무대를 찾아내어 그곳을 성지화했다.

---

29 일본 여성의 아름다움을 나데시코라는 식물의 꽃에 비유하여, 그윽함과 고상함 그리고 내면의 강함을 함께 겸비한 여성을 의미하는 말.

이렇게 오아라이정이 성지화되면서 〈걸즈 앤 판처〉 관련 이벤트들이 다양한 방식으로 개최되었다. 그 중 대표적인 것으로 2012년 11월 하순에 개최된 '앙코제'(あんこう祭)를 들 수 있다. 이는 오아라이정의 명물인 앙코를 선전하기 위한 이벤트로 기획된 마쓰리로, 개최에 즈음하여 〈걸즈 앤 판처〉 랩핑열차와 랩핑버스를 운행하는 한편, 관련 상품을 개발 판매하고 성우의 토크쇼 등을 실시했다. 당시 내방자수는 지역 마쓰리 역대 최대인 6만여 명을 기록한 이래, 근래 앙코제 방문객은 당일에만 13만여 명에 달한다고 한다(大谷尙之ほか, 2018:116).

이에 고무된 지역 주민들은 2012년 8월에 '멋대로 가르팡 응원단'을, 그리고 동년 12월에는 '코소코소 작전본부'라는 볼런티어 조직을 결성하여 주인공 미호의 탄생일을 기념하는 이벤트라든가 작품 내용에 관한 퀴즈대회 등 각종 마쓰리와 이벤트를 지원하고 있다(加藤恵, 2017:45). 이밖에 오아라이정 상공회는 지역내 상점가에의 캐릭터 판넬 설치, 관련 상품 개발, 이벤트 개최, 제작사 반다이비주얼에 대한 소재의 사용허가 신청 등을 지원했으며, 상공회 청년부는 '코소코소 작전본부'에서 기획한 것을 제작 실행하는 등 역할분담이 이루어졌다.

작중에 나오는 도리이는 오아라이정에 실재하는 오아라이이소사키(大洗磯前)신사를 모델로 한 것인데, 이 신사는 〈걸즈 앤 판처〉뿐만 아니라 〈함대 고레쿠숀〉(艦隊これくしょん)의 성지로도 널리 알려져 있다. 〈걸즈 앤 판처〉의 경우는 도리이만 비출 뿐이고 이 신사의 배전과 본전이 등장하지 않는다. 즉 작품의 직접적인 무대가 아니므로 팬들이 이야기를 추체험하는 무대배경으로서 이 신사를 방문하는 것은 아니다. 원래 『연희식』에 나오는 명신대사(名神大社)이자 (구)국폐중사로 유서 깊은 이 신사는 오아라이정을 성지순례하는 〈걸즈 앤 판처〉 팬들이 이타에마 등을 봉납하기 위해 방문하게 된 곳이다.

하지만 〈함대 고레쿠숀〉의 경우는 사뭇 다르다. 이 작품의 팬들이 오아라이이소사키신사를 성지화하면서 신사의 다른 매력이 일본인들을 사로잡게 된 것이다. 패전전 일본 순양함 나카(那珂)의 함내 신사였던 이 신사의 경내에는 나카의 충혼비가 세워져 있다. (구)제국해군의 군함을 소녀 나카로 의인화한 〈함대 고레쿠숀〉의 많은 팬들은 매년 순양함 나카가 침몰한 2월 17일에 행해지는 충혼제에 참여한다. 그들이 봉납한 이타에마에는 종종 전사자를 추도하고 평화를 기원하는 내용이 적혀 있다. 〈걸즈 앤 판처〉든 〈함대 고레쿠숀〉이든 오아라이정 지역은 군대 관련 작품에 호의적인 편이다.

V. 아니메 성지와 신사

아니메 성지순례에서 성지나 순례라는 종교적 용어가 사용되지만 그것은 특정 종교와는 관계가 없다. 그렇다고 해서 성지라든가 순례라는 호칭을 비유적 혹은 유희적인 것으로 보아서는 안 된다. 앞서 살펴보았듯이, 아니메 성지순례는 종교적 순례와 겹치는 부분이 적지 않다. 그 중 하나로 먼저 아니메 성지와 신사의 관계에 대해 더 생각해 볼 필요가 있다. 이하에서는 아니메의 무대로서의 신사, 신사의 공공성과 일상성, 신사의 아지르성과 비일상성, 콘텐츠의 원천으로서의 신사, 허구와 현실을 매개하는 신사의 비일상성 등을 중심으로 양자의 밀접한 관계를 검토해 보자.

1. 아니메 성지와 신사의 관계

첫째, 신사는 종종 아니메의 무대로 등장하여 성지순례의 대상이 되곤 한다. 또한 작중에 신사가 묘사되지는 않지만, 무대가 된 지역의 신사에 그 작품 팬들이 모이는 경우도 적지 않다. 물론 모든 아니메 성지가 신사인 것은 아니다. 아니메 성지 중에는 가장 일상적이고 평범한 풍경들도 얼마든지 있다. 하지만 신사가 아니메 성지에서 빼놓을 수 없는 중요성을 가지는 것도 틀림없는 사실이다. 아니메 성지순례에서 팬들에게 신사는 귀중한 존재이다. 〈너의 이름은〉, 〈럭키☆스타〉, 〈간나기〉, 〈은여우〉, 〈여름색 기적〉(夏色キセキ), 〈산스쿠미〉(さんすくみ), 〈인연의 하늘〉(ヨスガノソラ), 〈러브 라이브!〉, 〈이나리, 콩콩, 사랑의 첫걸음〉 등과 같이 신사의 제신이나 신직 또는 무녀(미코)가 작품 속 캐릭터로 등장하는 경우도 많다. 이처럼 아니메의 무대로서 신사가 묘사되는 경우가 많기 때문에 아니메 성지순례가 널리 퍼지게 되었다고 볼 수도 있다. 전술했듯이 성지순례의 기원으로 말해지는 〈천지무용! 양황귀〉와 〈미소녀전사 세일러문〉에도 신사가 등장하는데, 그 신사의 모델이 된 실제 신사를 많은 순례자들이 방문하게 되었다. 성지순례라는 종교적 용어가 사용되기 시작한 것은 이 점에서 유래된 것일지도 모른다.

둘째, 신도 신앙과는 무관한 오타쿠 팬들이 해당 지역의 신사를 참배하여 에마를 봉납한다든가 코스프레를 하는 것은 아니메 성지순례자가 보여주는 일반적인 행동양식 중 하나이다. 이처럼 신사라는 종교적 공간에 비종교적인 아니메 팬들이 모이는 것을 가능케 한 것은 무엇보다도 신사가 가지는 공공성 때문이라는 견해가 많다(島田愛美ほか, 2012:87 ; 今井信治, 2012a:176-177 ; 佐藤善之, 2009:80). 신사의 공공성은 일본사회

와 역사에 있어 '공적인 것'(official), '모든 사람들에게 관련된 공통적인 것'(common), '누구에게나 열려져 있는 것'(open)이라는 세 가지 요소와 관계가 깊다(藤田大誠, 2008:208-209). 아니메 성지로서의 신사와 관련하여 중요한 의미를 가지는 것은 이 중 특히 두 번째와 세 번째 요소이다.

모든 사람들에게 공통되고 열려져 있다는 특성은 신사라는 공간의 일상성과 밀접하게 결부되어 있다. 실제로 집안에는 신사의 미니어추어라 할 만한 신단(神棚, 가미다나)이 놓여 있고 어릴 때부터 신사 마당에서 놀면서 커가며 '오미야마이리'(お宮参り)라든가 '시치고산마이리'(七五三参り) 등과 같은 일생의례나 '하쓰모우데'(初詣) 및 각종 마쓰리 때마다 신사를 참배하는 일본인들에게 신사라는 공간은 일상적인 생활문화와 직결된 친숙한 곳이다(박규태, 2005:3-5). 이렇게 매우 친근한 일상성을 수반하는 공공성으로 인해 신사라는 장소는 신도의 종교시설임에도 불구하고 누구나 자유롭게 출입하면서 사진촬영도 할 수 있어 사람들이 모이기 좋고 커뮤니티로 발달하기 쉬운 곳이 된다. 이와 같은 공공성의 속성이 신사가 아니메 성지로 발전하는 데에 큰 역할을 한 것으로 보인다.

셋째, 신사는 일상성을 수반하는 공공성뿐만 아니라 비일상적인 '아지르'성을 내포하는 공간이기도 하다. 여기서 아지르란 통치권력이 미치지 않는 곳 혹은 세속으로부터 절연된 성역이나 피난처를 가리키는 말이다. 문화인류학자 야마무라 다카요시에 따르면, 누구라도 받아들이는 신사의 공공성은 한편으로 신사가 아지르로서 면면히 기능해왔다는 증거가 된다. 아니메 성지의 대다수는 공통적으로 이런 아지르성을 가진다. 신사와 같은 종교적 성지뿐만이 아니라 통치권력으로부터 자치를 획득한 역사상의 상업도시 등도 아지르성을 가진다. 대저 대중문화란 아지르성을 가진 장소가 없으면 성립될 수 없다. 와시노미야신사를 비롯하여 전국의 아니메 성지가 된 신사의 사례들은 정보통신기술이 고도로 발달한 현대에도 신사라는 장소의 아지르성이 대중문화의 요람으로서 실로 중요한 역할을 한다는 것을 잘 보여준다.[30] 패전전 국가신도에 대한 부정적인 기억으로 인해 현대일본사회에서는 신사를 경원시하는 시선이 아직도 많이 남아 있다. 실은 국가신도란 신사가 가진 아지르성을 정반대 방향으로 전개시킨 것이다. 이에 비해 아니메 팬들로 대표되는 젊은 세대는 정치색에서 벗어나 일본문화의 순수한 본질을 행동으로 직감적으로 보여준다(山村高淑, 2013:181).

넷째, 신사는 신화 및 마쓰리와 더불어 아니메라는 대중문화 콘텐츠의 중요한 원천이라 할 수 있다. 일본 전국에 존재하는 12만 개소의 신사에서 모시는 제신은 대부분 『고사기』와 『일본서기』 신화에 나오는 신들이라는 점에서, 그리고 신사는 예로부터 오늘날에 이르기까지 각종

---

30 가령 〈치하야후루〉에서는 주인공 카르타 부원들이 카르타 대회에서의 승리를 기원하기 위해 오우미신궁(近江神宮)을 방문한다. 원래 오우미신궁 경내는 카르타 대회장이기도 하므로 〈치하야후루〉에서신사는 기원을 위한 장소 이상의 의미를 가진다. 또한 홋카이도 오비히로시(帯広市)의 오비히로신사는 〈은수저〉(銀の匙 Silver Spoon)라는 작품의 무대인데, 작중에는 한 등장인물이 이 신사에서 말 모양의 에마를 구입하는 장면이 나온다. 한편 좀비물로 분류되는 〈나는 영웅이다〉(アイアムヒーロー)에서는 특수한 형태로 신사가 등장한다. 좀비로부터 도망치기 위해 후지산에 오르려는 주인공들이 사람들로 북적거리는 신사를 찾아간다. 거기에는 좀비가 없을 거라고 여겨서이다. 〈귀를 기울이면〉(耳をすませば)에서는 스기무라라는 남자 고교생이 중학 3년생인 쓰키시마 시즈쿠(月島雫)에게 친구 일로 상담을 하고 뜻밖에 사랑을 고백하는 장면이 신사 경내를 무대로 등장한다. 〈꽃 피는 첫걸음〉에서도 주인공과 모친이 사람들의 눈을 피하기 위해 신사 경내에서 연애담을 나누는 장면이 나온다. 고교 탁구를 다룬 〈핑퐁〉은 주요 등장인물인 마이루와 페코가 대화하는 장면, 스마일과 페코의 소년시절에 대한 회상 장면, 탁구를 그만두었던 페코가 다시 복귀할 때 코치에게 신사 돌계단을 사용한 맹특훈을 받는 장면 등에 신사가 등장한다. 〈게게게의 기타로〉에서는 주인공인 기타로가 고양이소녀 요괴가 거처하는 신사를 찾아간다. 이때의 신사는 사람 눈을 피해 숨을 수 있는 장소, 세상과 격리된 곳, 이계에의 통로로 설정된다. 이상의 사례에서 엿볼 수 있듯이, 아지르성을 내포하는 신사가 아니메 속에서 종종 사적인 기원, 연애나 고민 상담을 하는 곳, 위협으로부터 피하는 장소, 특별훈련의 장소, 배움의 장, 아이들의 놀이터, 요괴의 거처 등으로 묘사되고 있다(岡本健, 2014b:30-31).

마쓰리를 주관하는 장소[31] 라는 점에서 콘텐츠의 원천으로서의 신사는 신화 및 마쓰리와 떼려야 뗄 수 없는 관계에 있다. 이처럼 신화 및 마쓰리와 밀접하게 연관된 신사는 기본적으로 신을 제사지내는 비일상적 공간이다. 신화는 비일상적인 신들의 이야기이며 마쓰리는 비일상적인 '하레'의 공간이기 때문이다.

많은 아니메 콘텐츠가 스토리, 등장인물, 설정, 세계관 등에 이와 같은 신사·신화·마쓰리를 차용하고 있다. 가령 〈미소녀전사 세일러문〉, 〈간나기〉, 〈은여우〉, 〈사사미상@감바라나이〉(ささみさん@がんばらない), 〈산스쿠미〉(さんすくみ), 〈이나리, 콩콩, 사랑의 첫걸음〉, 〈가미와타시〉(かみわたし) 등은 신화 속에 등장하는 신들, 신의 사자와 인간의 관계, 신사의 신직과 미코 등 신사문화를 묘사한 작품이다. 또한 〈불새〉(火の鳥), 〈볼펜 고사기』(ぼおるぺん古事記), 〈몽환전설 다카마가하라〉(夢幻伝説タカマガハラ), 〈소년음양사〉(少年陰陽師) 등 신화를 주된 원천으로 삼은 작품들이 적지 않다. 나아가 〈그날〉, 〈꽃 피는 첫걸음〉, 〈트루 티어즈〉, 〈테르마에 로마에〉[32] 등에서처럼 마쓰리가 중요한 요소로 묘사되는 경우도 많다.

끝으로 신사는 허구와 현실을 연결시켜주는 공간이기도 하다. 가령 2013년 4월 13일 나라현 요시노군 요시노정의 요시미즈(吉水)신사에서

---

31 일본은 365일 빼놓지 않고 어디선가 마쓰리가 열리는 '마쓰리의 왕국'이다. 그 마쓰리의 대부분은 해당 지역의 신사를 중심으로 거행된다.

32 야마자키 마리(ヤマザキマリ)의 만화를 원작으로 하는 TV아니메 〈테르마에 로마에〉(テルマエロマエ, 2012)에는 특이한 일본 마쓰리가 매우 인상적인 방식으로 묘사된다. 〈테르마에 로마에〉는 로마제국의 목욕탕 기술자 루시우스가 현대일본의 목욕탕에 타임슬립하여 소동을 일으키는 이야기이다. 이와테현 하나마키시 소재 곤세이(金勢)신사의 마쓰리 때에는 제신 곤세이신의 남근 모양을 한 신체(神體)를 온천물에 넣어 먼지를 털어내는 입욕 의례가 행해지는데, 루시우스의 타임슬립은 바로 이런 입욕의례 장면에서 이루어진다.

는 마작 전국대회에서의 우승을 목표로 삼는 여고생들의 이야기인 〈사키 : 아치가편〉(咲-Saki-阿知賀編, 2015)의 팬들이 모여 에마를 봉납하는 이벤트가 열렸다. 이 이벤트는 작품의 주인공이 소속된 아치가(阿知賀) 여자학원이 작중에서 결승전에 진출할 수 있었던 답례로 팬들이 주체가 되어 개최된 것이다. 궁사가 노리토를 진상하고 다마구시를 배례하는 등 허구적인 이야기를 현실 속에 의례로 재현하는 내내 팬들의 표정은 매우 진지했다. 허구적 존재와 현실이 근접하는 순간이다. 거기서 신사는 신과 인간을 이어주는 미디어임과 동시에 허구적 존재와 인간을 연결시켜 주는 매개물이기도 하다(岡本健, 2014b:33).

이상에서 우리는 일상성을 수반하는 신사의 공공성과 아울러 신에 대한 참배의 공간, 신화의 공간, 마쓰리의 공간, 아지르성을 내포하는 공간, 현실과 허구를 매개하는 공간으로서의 신사가 가지는 비일상성이 아니메 성지순례를 배양하고 촉진시키는 중요한 요인임을 확인할 수 있다.

2. 신사와 이타에마

신사의 풍경을 대표하는 것 중에 에마(絵馬)라는 것이 있다. 에마란 소원과 이름을 적어 신사에 봉납하거나 혹은 집에 가져가 부적처럼 걸어 놓는 산 모양의 작은 판대기를 가리킨다. 어느 신사에 가든 흔히 에마를 전시하는 게시판이 설치되어 있어서 손쉽게 볼 수 있는데, 사람들이 거기에 써넣은 문구들을 보면 주로 연애성취라든가 합격을 기원하기 위한 것이 가장 많다. 이런 에마의 기본적인 목적이 야나기타 구니오의 말대로 "신불에게 소원을 표현"(柳田國男, 1970:347)하는 데에 있음은 말할 나위 없다. 이와 관련하여 모리자키 가즈에(森崎和江)와 이안 리더(Ian Reader)는 낭만적이고 시적인 어조로 에마를 "신불에게 보내는 편지"(Reader, 1991; 森崎和江, 1979:82)라고 말한다. 여기에 한 가지 더 덧붙이자면 에마는 무엇보다 "일본인의 현세이익적인 종교적 원망(願望)을 신에게 전달하는 매체"(박규태, 2017:235)라 할 수 있다.

이타에마란 무엇인가

이처럼 에마는 본래 신과의 커뮤니케이션을 위한 신사의 장치 중 하나인데, 아니메 성지순례의 경우는 그것이 "아니메 캐릭터와 순례자 간의 커뮤니케이션을 위한 도구"(今井信治, 2009:107)가 되기도 한다. 이때의 에마는 인터넷상에서 흔히 이타에마(痛絵馬)라 불린다. 이타에마는 한마디로 아니메 캐릭터가 그려졌거나 혹은 아니메 작품 및 성지와 관련된 기원문이 적혀 있는 에마를 가리킨다. 일설에 의하면 이타에마에서의 '이타'는 '이탈리아'의 약칭으로, 아니메 캐릭터의 일러스트가 그려진 차를 이탈리아차에 빗대어 '이타구루마'(通車)라고 한 데에서 비롯되었다고도 한다(由谷裕哉ほか, 2014:91). 원래 전통적인 에마 중에는 그림을 그려 넣은 에마도 있었다. 이에 대해 야나기타 구니오는 신에게 어떤 소원을 강렬하게 전달하기를 원하여 언어뿐만 아니라 그림을 그린 것이라고 생각했다(柳田國男, 1970:348). 그렇다면 오늘날 성지순례 팬들이 아니메 캐릭터 그림을 그린 이타에마를 신사에 봉납하는 관행은 새롭게 생겨난 표현 행위라기보다는 전통적인 에마의 속성과 일맥상통하는 측면을 내포한다고 볼 수 있겠다.

혹자는 이타에마를 아니메에마라든가 오타쿠에마 혹은 모에에마

라고 부르기도 한다. 이 중 아니메에마라든가 오타쿠에마와 같은 별칭은 이해하기 쉽다. 이에 비해 모에에마는 약간의 보완 설명이 필요해 보인다. 여기서 '모에'(萌え)란 일본 만화나 아니메 또는 비디오게임 등의 캐릭터에 대한 사랑이나 호감과 관련된 표현이다.[33] 가령 어떤 캐릭터에 대한 호감이 싹트거나 사랑이 불타오를 때 팬들은 "○○○ 캐릭터 모에!"라고 표현한다(윤수현, 2018:324). 모에에마란 아니메 캐릭터에 대한 뜨거운 관심과 사랑에서 비롯된 별칭인 것이다. 이런 별칭으로 불릴 만큼 이타에마에는 특정 아니메 캐릭터가 행복하기를 바란다는 식으로 가상의 인물을 실재하는 사람을 대하듯이 인격화하여 표현하는 기원문이 많이 보인다.

이타에마에 적힌 기원문은 합격기원, 연애성취, 취업, 장사번창, 건강, 치병 등과 같은 전통적인 에마 기원문과는 상이한 새로운 유형의 기원문이 돋보인다. 예컨대 방금 언급했듯이 인격화시킨 가상의 캐릭터에 대한 사랑의 표현이나 기원이라든가 해당 아니메 성지의 번영과 영속을 바라는 내용이 많다. 그밖에 진재부흥이라든가 세계평화 또는 모든 이들의 행복을 기원하는 내용도 적지 않다. 가령 2011년 3·11동일본대지진 이후 〈걸즈 앤 판처〉의 성지 오아라이이소사키신사, 〈그날〉의 정림사,[34] 〈쓰르라기 울 적에〉의 시라카와하치만신사, 〈게이온!〉의 이마미야신사,

---

33 일본어로 '모에루'(萌える)는 '싹트다'를 뜻한다. 또한 같은 발음의 '모에루'(燃える)는 '불타다' 또는 '감정이나 정열이 솟아오르다'를 뜻하는 말이다.

34 지치부시 소재 정림사의 봉납 에마는 합격, 건강, 일, 연애성취 기원 등 통상의 기원 내용은 전체의 2할 정도이고, 나머지 8할은 〈그날〉과 관련된 아니메 에마이다. 정림사의 경우는 에마 그 자체가 아니메 작품의 캐릭터 상품이지만, 이타에마는 작품과의 연관성보다 지치부의 아름다움이라든가 계속 성지로서 이어지기를 기원하는 내용이 더 많다. 한편 정림사에는 이 작품이 기본적으로 여주인공 멘마를 둘러싼 죽음에 관한 이야기라는 맥락에서 사자공양의 에마가 발견되기도 한다(由谷裕哉ほか, 2014:114-117).

〈간나기〉의 하나부시신사 등 많은 사사에 진재부흥을 기원하는 이타에마가 봉납되어 있다(由谷裕哉ほか, 2014:119-122).

이타에마에 자주 등장하는 관용어나 그림문자도 기원내용 못지않게 새로운 면모를 보여준다. 가령 이타에마에는 인터넷 게시판 등에 많이 등장하는 '아스키 아트'(AA) 곧 문자기호의 배합으로 표현된 일러스트 관용어가 두드러진다. 나아가 이타에마에는 귀여운 그림문자도 자주 등장한다. 휴대전화의 메일 등에서 자주 사용되는 '하트마크' 등의 기호라든가 '스마일' 등의 얼굴문자와 마찬가지로 그림문자에도 "현실의 신체로부터 벗어난 아바타로서의 자신을 상징하는 가공적인 나"가 위탁되어 있다(鈴木謙介, 2007:68). 다시 말해 그림문자를 사용함으로써 자신을 이타에마에 투사하는 것이다.

아니메 성지순례자는 이타에마에 '기념'으로서 성지순례에 대한 감상을 적고, 관용어를 사용하여 동료 팬들과의 대화를 즐기면서 캐릭터 일러스트나 귀여운 그림문자를 사용한 기원을 행한다. 이렇게 보건대 이타에마는 이른바 '창작 에마'에 가까운 측면을 내포한 것이기도 하다. 여기서 창작 에마란 "기원을 목적으로 에마를 직접 신불에게 봉납하는 것이 아니라, 에마를 만드는 것 자체에 흥미를 가지고 만들어진 에마"(岩井宏實, 1974:103)를 가리킨다. 따라서 이타에마는 창작 에마가 그렇듯이 전통적인 에마 본래의 의의와는 거리가 멀어 보인다. 그럼에도 이타에마 또한 아니메 성지순례붐을 통해 현대의 민속으로서 에마의 역사 속에 자리매김될 가능성을 함축하고 있다(佐藤善之, 2010:121-123).

팬들 사이에서는 〈미소녀전사 세일러문〉의 배경인 히카와(氷川)신사가 이타에마의 발상지로 말해지기도 한다(由谷裕哉ほか, 2014:129). 하지만 이타에마가 언제 어디서 어떤 경위로 발생했는지는 분명치 않다. 추정

컨대, 원래는 성지순례의 기념으로서 일러스트를 그려 신사에 봉납한 에마가 다른 순례자들의 눈에 띠어 그것을 모방함에 따라 점차 커뮤니케이션 도구로서의 성격이 강화된 것으로 보인다(佐藤善之, 2009:82). 오늘날 이타에마 봉납이 많은 신사로는 대표적으로 〈럭키☆스타〉의 와시노미야신사를 비롯하여 〈러브 라이브!〉의 간다신사, 〈쓰르라미 울 적에〉의 시라카와하치만신사, 〈걸즈 앤 판처〉의 오아라이이소사키신사, 〈전국바사라〉의 미야기켄고코쿠(宮城縣護國)신사 등을 들 수 있다. 이 중 와시노미야신사와 미야기켄고코쿠신사의 경우에 대해 좀 더 부연하고 넘어가기로 하자.

와시노미야신사의 이타에마

가령 2008년 6월의 시점에서 와시노미야신사의 에마 게시판에 걸린 총 2922개의 에마를 전수 조사하여 분석한 이마이 노부하루의 연구(今井信治, 2009)에 따르면, 그 중 899개에 이르는 이타에마 가운데 일러스트가 그려진 것은 803개이고 〈럭키☆스타〉 캐릭터가 그려진 것이 623개로 가장 많다. 한편 에마의 기원내용 중 가장 많은 수를 차지한 것은 오타쿠와 관련된 것(1282개)이었고 이어서 합격(955개), 소원성취(439개), 직업(288개), 건강(259개), 연애(162개), 학업성취(151개)에 관한 기원이었다.

원래 와시노미야신사는 매년 11월 '도리노히'(酉の日)[35]의 마쓰리인

35 십이지 중 유(酉, 닭)에 해당하는 날. 한 해에 12개월이 있듯이 월별로도 각 십이지에 해당하는 날이 12일 주기로 반복된다고 여겨졌다.

'도리노이치'(酉の市)가 행해지는 일명 오토리(鷲)신사 중에서도 관동지역의 본사이므로 제신 아메노호히(天穗日命) 등은 장사번창에 영험이 있다고 알려져 있다. 따라서 학문과는 별 관계가 없는데도 합격기원이나 학업성취 기원이 많다. 또한 전술했듯이 신사에서의 에마 봉납은 원래 신에게 기원하는 종교적 행위이므로 마땅히 와시노미야신사의 제신을 향해 기원이 이루어져야 하는데, 오타쿠 관련 에마가 기원하는 대상은 아니메 캐릭터 또는 오타쿠 순례자들을 향해 있다. 가령 어떤 캐릭터의 이름을 적고 "○○(캐릭터 이름) 결혼해 줘요."라는 식이다. 이밖에 〈럭키☆스타〉 제목에서 유래한 별 모양의 에마가 눈에 띈다든가, 에마 게시판이 웹 게시판을 연상시키는 기술 내용과 형식을 보여준다는 점도 와시노미야신사의 전통과 상이한 문맥을 보여주는 이타에마의 특징이라 할 수 있다(今井信治, 2009:91-99).

미야기켄고코쿠신사의 이타에마

한편 2009년 3월 14일의 시점에서 〈전국바사라〉(戰國BASARA, 2009)[36]의 성지인 미야기켄고코쿠신사에 봉납된 에마 289개를 전수 조사한 사토 요시유키의 연구에 따르면, 에마의 기원 내용은 와시노미야신

36 전국시대를 모티브로 하는 액션 게임을 아니메화한 것. 센다이번의 초대 번주 다테 마사무네(伊達政宗)를 비롯하여 유명한 전국 무장을 모델로 한 캐릭터들이 다수 등장한다. 다테 마사무네는 도요토미 히데요시에게 항복했으나, 1600년 세키가하라 전투에서는 도쿠가와 이에야스 편에 가담했다. 1613년 가신 하세쿠라 쓰네나가(支倉常長, 임진왜란 때 종군)를 견구사절단으로서 프란시스코회 수사와 함께 로마에 파견한 일화는 유명하다. 하지만 파견 목적인 오쿠슈(奧州) 사교구(司教區) 창설과 통상교섭은 불발로 끝났다.

사의 경우와 마찬가지로 합격(76개), 소원성취(78개), 직업(64개)에 관한 기원이 가장 많고, 그 다음으로 가내안전(40개), 연애성취(36개), 건강(33개) 기원의 순이다. 이에 비해 59개에 달하는 이타에마의 대부분(9할 정도)에는 〈전국바사라〉의 성지답게 전국무장 관련 일러스트가 그려져 있었다. 이 신사에 2008년경부터 이타에마가 봉납되기 시작한 것도 신사가 진좌한 아오바(青葉) 성터가 작품의 주인공격인 전국 무장 다테 마사무네(伊達政宗, 1567-1636) 관련지이기 때문이다.

흥미롭게도 이 신사의 성지순례자는 여성들이 대부분을 차지한다. 이는 와시노미야신사의 순례자가 남성중심이라는 점과 대조되는 특징이다(佐藤善之, 2010:117-119). 나아가 야스쿠니신사처럼 전사자를 위령하는 지방의 호국신사가 전국 무장과 관련된 아니메 성지로 알려지게 된 것 자체도 여타의 아니메 성지와 대비되는 특이한 경우라 할 수 있다. 실은 〈전국바사라〉는 전국시대와 관련된 사적들을 방문하는 이른바 '전국사적순례'라 불리는 또 다른 형태의 현대적 순례 유형을 촉발시킨 작품이기도 하다. 사이타마현 교다시(行田市)와 후쿠오카현 야나가와시(柳川市)의 사례로 대표되는 전국 사적순례의 특징과 관련하여 먼저 현대일본의 '전국시대 붐'을 특징짓는 다음 세 가지 현상에 주목할 필요가 있다.

① 역사적 사실에 대한 허구의 우위성 : 젊은 역사팬들의 흥미를 끌어당기는 것은 역사소설과 역사게임이지 역사적 사실 그 자체가 아니다. 교다시의 경우 영화 〈のぼうの城〉, 야나가와시의 경우는 게임 〈전국무쌍〉 시리즈의 유행이 관광객수를 비약적으로 증가시킨 직접적 계기였다. 이것들은 모두 허구적 요소가 강한 작품이다.

② 역사적 인물에 대한 감정전이의 고양 : 역사 팬들에 대한 인터뷰 조

사 결과, 전국 사적순례를 행하는 사람들 사이에서는 자기류의 역사 이야기를 창조하는 경향이 현저하다. 특히 여행자 개인의 라이프스토리가 '역사'와 겹쳐진다. 역사적 인물과 자신을 동일시하는 팬들이 열심히 사적순례를 행한다.

③ 진정성을 둘러싼 싸움 : 이런 감정이입이 싸움을 야기한다. 전국 사적순례는 '아무도 알지 못하는 역사', '역사의 비화(祕話)', '자기류의 참된 역사 혹은 역사적 진실' 등을 추구하여 행해지므로 오히려 위사(僞史)가 만들어지기 쉽다. 전국 무장과 같은 역사적 인물에 대한 팬들의 공감이 '역사의 영유'를 둘러싼 문화적 알력의 격화를 초래할 위험이 상존한다.

아니메와 관련하여 '성지'라든가 '순례'라는 용어가 확립된 것은 전술했듯이 〈부탁해요 선생님〉이 방영된 2002년 이후부터이다. 이에 비해 전국 사적순례의 계기가 된 게임 〈전국무쌍〉은 2004년에 그리고 〈전국바사라〉는 2005년에 발매되었다. 나아가 나고야시에서 '오모테나시 무장대'가 결성되고 미디어에서 '역녀'(歷女)라는 신조어가 유행하게 된 것은 모두 2009년의 일이었고, 같은 해에 〈전국바사라〉의 아니메판이 나왔다. 팬 층의 성별과 연령에 있어 여성, 소아, 고령자보다는 독신 남성들이 아니메 성지순례자의 중심을 이룬다. 이에 비해 전국 사적순례는 대다수가 '역녀'라 불리는 여성들이다. 거기에 기혼자와 모친들도 적지 않게 포함되어 있다. 하지만 이런 차이와 더불어 아니메 성지순례와 전국 사적순례의 공통점에 대해서도 간과할 수 없다. 무엇보다 먼저 양자는 모두 지역활성화를 기대할 수 있는 현상이다. 또한 양자 모두 콘텐츠의 이야기성에 의해 유발되는 주류 투어리즘과는 달리, 게임이나 아니메 팬들

이 자기만의 스토리를 따라 순례한다는 공통점을 보여준다(由谷裕哉ほか, 2014:186-190).

캐릭터로서의 이타에마

이상과 같은 이타에마는 여러 미디어에서 종종 기이한 현상으로 비판받기도 한다. 그럼에도 이타에마는 아니메 성지순례에서 중요한 의미를 가진다. 거기에는 흔히 작품 캐릭터가 그려져 있다. 그런데 이때의 캐릭터는 단지 일러스트에만 한정되지 않는다. 캐릭터를 상징하는 이름이나 그림문자 혹은 세리프 등도 캐릭터와 등가적인 역할을 할 수 있다. 한마디로 이타에마는 성지에 있어 캐릭터로서의 역할을 담당한다. 순례자는 그런 '캐릭터성'에 의해 성지 안으로 들어감과 동시에 다른 순례자와 성지를 공유하는 것이 가능해진다. 그러니까 이타에마는 '성지에의 입구'인 셈이다(佐藤善之, 2010:116). 이타에마의 이와 같은 '캐릭터성'은 성지를 보다 특별한 장소로 만든다. 누구나 볼 수 있는 캐릭터로서의 이타에마는 관람자를 플레이어의 위치로 인도하며, 이와 동시에 관람자 자신도 캐릭터의 장 안에 들어가게 된다.

요컨대 아니메 성지가 된 신사에서의 이타에마는 팬들이 남긴 기념물이자 신에 대한 기원의 상징임과 동시에 캐릭터의 상징이기도 하다. 상상 저편에 있는 성지를 현실의 장과 중첩시키기 위해 봉납된 것이 바로 이타에마이다. 이런 이타에마에 의해 아니메 캐릭터와 그것을 보는 관람자 및 캐릭터의 장으로 끌어들여진 봉납자 사이에 일종의 커뮤니케이션 공간이 형성된다. 그 결과 아니메 성지순례자가 이타에마를 매개로 하여 어떤 '정신적 중심'을 지향하는 것이 가능해지는 것이다. 또한 이와 같은 이타에마를 통해 그것을 신사에 봉납한 오타쿠 팬은 타자와의 연결과 만남 혹은 유대를 기대하기도 한다. 이런 기대 또한 소외로 점철된 현대사회에 있어 하나의 새로운 기원 형태라 할 수 있다(佐藤善之, 2010:125-126).

3. 아니메 성지로서의 신사를 대표하는 사례들

2019년 현재 일본의 아니메 성지는 전국에 걸쳐 약 5천개소를 넘는다. 아니메 성지순례붐이 이어지는 한 이 숫자는 매년 계속 증가할 것이다. 그 중 대다수는 신사가 포함된 아니메 성지라고 추정된다. 앞서 기술했듯이 신사는 아니메 콘텐츠의 중요한 원천 중 하나이므로 작중에 신사가 의미 있는 무대장치로 등장하는 아니메가 적지 않다. 그런 경우는 물론이고 심지어 신사가 등장하지 않는 아니메라 하더라도 팬들은 해당 성지를 방문하면서 근방의 신사를 들러 이타에마를 봉납하는 경우가 많다. 아래 〈표17〉은 특히 작품 속에서 신사가 중요한 배경으로 등장함으로써 아니메 성지가 된 대표적인 사례들을 정리한 것이다.

표 17 아니메 성지 주요 신사(연도는 첫 방영개시 및 제1기 기준)

지역		신사명	아니메작품(상영연도)
사이타마현(埼玉県)	구키시(久喜市)	와시노미야(鷲宮)신사	럭키☆스타(らき☆すた, 2007)
	지치부시(秩父市)	지치부(秩父)신사	그날(あの日見た花の名前を僕達はまだ知らない, 2011)
	지치부시(秩父市)	무쿠(椋)신사	그날(2011)

돗토리현(鳥取県)	이와미정(岩美町)	아라스나(荒砂)신사	프리(Free!, 2013)
	이와미정(岩美町)	다지리(田後)신사	하이스피드(ハイ☆スピード!, 2015)
도쿄도(東京都)	치요다구(千代田区)	간다(神田)신사	러브 라이브(ラブライブ!, 2013)
	요쓰야(四ツ谷)	스가(須賀)신사	너의 이름은(君の名は, 2016)
	스기나미구(杉並区)	이구사하치만궁(井草八幡宮)	걸리시 넘버(ガーリッシュナンバー, 2016)
	미나토구(港区)	아타고(愛宕)신사	걸리시 넘버(2016)
	미나토구(港区)	히카와(氷川)신사	미소녀전사 세일러문(美少女戦士セーラームーン, 1992)
	다이토구(台東区)	아키바(秋葉)신사	슈타인즈 게이트(Steins;Gate, 2011)
	주오구(中央区)	스에히로(末廣)신사	노라가미(ノラガミ, 2014)
	가쓰시카구(葛飾区)	가토리(香取)신사	여기는 잘나가는 파출소(こちら葛飾区亀有公園前派出所, 1996)
	세타가야구(世田谷区)	히사토미이나리(久富稲荷)신사	은여우(ぎんぎつね, 2013)
	분쿄구(文京区)	네즈(根津)신사	은여우(2013)
	분쿄구(文京区)	유시마덴만궁(湯島天満宮)	노라가미(2014)
	신쥬쿠(新宿)	가이츄이나리(皆中稲荷)신사	구레나이(紅, 2008)
	다마시(多摩市)	야마(山)신사	일주일간 친구(一週間フレンズ, 2014)
	다마시(多摩市)	곤피라궁(金比羅宮)	귀를 기울이면(耳をすませば, 1995)
	무사시노시(武蔵野市)	기즈키대사(杵築大社)	인생상담 TV애니메이션(人生相談テレビアニメーション, 2014)
	미타카시(三鷹市)	이노가시라벤자이텐(井之頭弁才天)	시로바코(SIROBAKO, 2014)
	하치오지시(八王子市)	다가(多賀)신사	건어물 여동생! 우마루짱(干物妹!うまるちゃん, 2015)
	미즈호정(瑞穂町)	아즈사미텐(阿豆佐味天)신사	클라나드(CLANNAD, 2007)
	다치카와시(立川市)	스와(諏訪)신사	세인트 오니상(聖☆おにいさん, 2013)
	조후시(調布市)	시모이시하라하치만(下石原八幡)신사	게게게의 기타로(げげげの鬼太郎, 1968)

가나가와현(神奈川県)	요코스카시(横須賀市)	가노(叶)신사	다마유라(たまゆら, 2011)
	요코스카시(横須賀市)	네노(子之)신사	다마유라(2011)
	후지사와시(藤沢市) 에노시마(江の島)	에노시마(江島)신사	타리타리(TARI TARI, 2012)
	요코스카시(横須賀市)	스와다이 (諏訪大)신사	하이스쿨 플릿 (ハイスクール·フリート, 2016)
	후지사와시(藤沢市)	가타세스와 (片瀬諏訪)신사	핑퐁(ピンポン, 2014)
	가마쿠라시(鎌倉市)	에가라텐진사 (荏柄天神社)	하나야마타(ハナヤマタ, 2014)
	가마쿠라시(鎌倉市)	쓰루오카하치만궁 (鶴岡八幡宮)	침략! 오징어소녀(侵略!イカ娘, 2010) 우타~가타(うた∽かた, 2004)
	하코네정(箱根町)	하코네(箱根)신사	신세기에반게리온 (新世紀エヴァンゲリオン, 1995)
지바현(千葉県)	조시시(銚子市)	가와구치(川口)신사	아마가미(アマガミ, 2012)
	지바시(千葉市)	이나게센겐 (稲毛浅間)신사	역시 내 청춘 러브코미디는 잘못됐다 (やはり俺の青春ラブコメはまちがっている, 2013)
이시카와현(石川県)	가나자와시(金沢市)	유와쿠이나리 (湯涌稲荷)신사	꽃 피는 첫걸음(花咲くいろは, 2011)
	하쿠산시(白山市)	시라야마히메 (白山比咩)신사	치하야후루(ちはやふる, 2011)
나가노현(長野県)	고모로시(小諸市)	가이코(懐古)신사	그 여름에서 기다릴게 (あの夏で待ってる, 2012)
	나가노시(長野市)	도가쿠시(戸隠)신사	RDG 레드 데이터걸 (RDGレッドデータガール, 2013)
후쿠이현(福井県)	사카이시(坂井市)	하쿠산(白山)신사	글라스립(グラスリップ, 2014)
기후현(岐阜県)	오노군(大野郡)시라카와촌(白川村)	시라카와하치만 (白川八幡)신사	쓰르라미 울 적에 (ひぐらしのなく頃に, 2006)
	다카야마시(高山市)	히에(日枝)신사	빙과(氷菓, 2012)
	다카야마시(高山市)	히다이치노미야미나시 (飛騨一宮水無)신사	빙과(2012)

시즈오카현(静岡県)	시모다시(下田市)	시모다하치만(下田八幡)신사	여름색 기적(夏色キセキ, 2012)
	누마즈시(沼津市)	아와시마(淡島)신사	러브라이브 선샤인(ラブライブ!サンシャイン!!, 2016)
시가현(滋賀県)	오쓰시(大津市)	오우미신궁(近江神宮)	치하야후루(2011)
	오쓰시(大津市)	히노키야마(檜山)신사	중2병이라도 사랑이 하고 싶어!(中二病でも恋がしたい!, 2012)
교토부(京都府)	교토 기타구(北区)	이마미야(今宮)신사	게이온!(けいおん!, 2009)
	교토 후시미구(伏見区)	후시미이나리대사(伏見稲荷大社)	이나리, 콩콩, 사랑의 첫걸음(いなり, こんこん, 恋いろは, 2014)
	교토 히가시야마구(東山区)	야사카(八坂)신사	갈릴레이돈나(ガリレイドンナ, 2013)
	교토 사쿄구(左京区)	시모가모(下鴨)신사	유정천가족(有頂天家族, 2013)
	교토 사쿄구(左京区)	기후네(貴船)신사	소년음양사(少年陰陽師, 2006)
	우지시(宇治市)	우지(宇治)신사	울려라! 유포니엄(響け! ユーフォニアム, 2015)
효고현(兵庫県)	아마가사키시(尼崎市)	나나마쓰하치만(七松八幡)신사	닌자보이 란타로(忍たま乱太郎, 1993)
나라현(奈良県)	요시노산(吉野山)	요시미즈(吉水)신사	사키-Saki-아치가편(咲-Saki-阿知賀編, 2012)
	요시노군(吉野郡)	다마오키(玉置)신사	RDG 레드 데이터걸(2013)
와카야마현(和歌山県)	다나베시(田辺市)	구마노혼구대사(熊野本宮大社)	전국바사라(戦国BASARA, 2009)
시마네현(島根県)	이즈모시(出雲市)	이즈모대사(出雲大社)	이나리, 콩콩, 사랑의 첫걸음(2014) 오늘부터 신령님(神様はじめました, 2012) 가미츄!(かみちゅ!, 2005)
오카야마현(岡山県)	아사구치시(浅口市) 곤코정(金光町)	다로(太老)신사	천지무용!(天地無用!, 1995)
히로시마현(広島県)	미요시시(三次市)	다사이(太歳)신사	아침안개의 무녀(朝霧の巫女, 2002)
	오노미치시(尾道市)	미소데텐만궁(御袖天満宮)	가미츄(2005)
	오노미치시(尾道市)	우시토라(艮)신사	가미츄(2005)
	다케하라시(竹原市)	이소미야하치만(磯宮八幡)신사	다마유라(2011)

가가와현(香川県)	간온지시(観音寺市)	고토히키하치만궁(琴弾八幡宮)	유키 유나는 용자다(結城友奈は勇者である, 2014)
	다카마쓰시(高松市)	미노야마다이묘진(蓑山大明神)	우동나라의 황금색 털뭉치(うどんの国の金色毛鞠, 2016)
사가현(佐賀県)	가라쓰시(唐津市)	가라쓰(唐津)신사	유리!!! on ICE(ユーリ!!! on ICE, 2016)
미야기현(宮城県)	시치가하마정(七ヶ浜町)	하나부시(鼻節)신사	간나기(かんなぎ, 2008)
	센다이시(仙台市)	아오바(青葉)신사	일어나라 소녀들!(Wake Up, Girls!, 2014), 전국바사라(2009)
	센다이시(仙台市)	미야기켄고코쿠(宮城県護國)신사	전국바사라(2009)
	게센누마시(気仙沼市)	이스즈(五十鈴)신사	일어나라 소녀들!(2014)
도치기현(栃木県)	아시카가시(足利市)	가바사키하치만궁(樺崎八幡宮)	인연의 하늘(ヨスガノソラ, 2010)
이바라키현(茨城県)	히가시이바라키군(東茨城郡)	오아라이이소사키(大洗磯前)신사	걸즈 앤 판처(ガールズ&パンツァー, 2012)
이와테현(岩手県)	하나마키시(花巻市)	곤세이(金勢)신사	테르마에 로마에(テルマエ・ロマエ, 2012)
아오모리현(青森県)	히로사키시(弘前市)	신메이궁(神明宮)	하늘을 나는 마녀(ふらいんぐうぃっち, 2016)
홋카이도(北海道)	오비히로시(帯広市)	오비히로(帯廣)신사	은수저(銀の匙 Silver Spoon, 2014)

위 〈표17〉에서 사이타마현과 돗토리현의 아니메 성지를 가장 먼저 기재한 데에는 특별한 이유가 있다. 양자는 오늘날 일본에서 가장 대표적인 아니메 투어리즘 선진 지역이기 때문이다. 가령 본격적인 아니메 성지순례에 불을 붙인 〈럭키☆스타〉의 성지 사이타마현은 아니메 콘텐츠를 지역활성화 시책에 적극적으로 활용해 온 최전선에 해당한다. 통칭 '아니타마제'(アニ玉祭)라 불리는 '사이타마 아니메·망가 마쓰리'(アニメ·マンガ

まつり in 埼玉)[37] 와 '사이타마 아니메성지 스탬플러리'(埼玉アニメ聖地スタンプラリー)를 전형적인 사례로 들 수 있다(一社アニメツーリズム協會, 2018:209).

첫째, 사이타마현 관광과가 주관하는 아니메 축제인 아니타마제는 2013년 제1회를 개최한 이래 성우를 초빙하여 행하는 토크쇼와 라이브, 코스프레, 이타구루마 콘테스트 등 다채로운 기획과 함께 사이타마와 관련 있는[38] 다수의 아니메와 만화를 널리 소개한다든지 혹은 사이타마현의 한노(飯能), 지치부, 와시노미야, 가와고에 등 아니메와 관련 깊은 장소의 특산물도 소개하여 호평을 얻고 있다. 텔레비전 사이타마, 사이타마신문사, 제이콤, 문화방송 등 지역 미디어도 이 아니타마제에 다수 참가한다. 2017년 제5회 때는 아니메 투어리즘협회 회장 도미노 요시유키가 등단하여 태풍이 접근하는 악천후에도 불구하여 2백 명 이상의 청강자들이 '오미야(大宮) 소닉시티 시민홀'에 모였다.

이런 아니타마제와 연동된 이벤트인 '사이타마 아니메성지 스탬플러리'(연도에 따라 정식명칭이 다름)는 2014년에 처음 시작한 이래 매년 규모가 확대되고 있다. 이는 일정 기간에 한정된 이벤트로 사이타마현의 특정 지역을 무대로 한 아니메 성지를 찾아가 그곳에 놓여진 QR코드로 촬영해 스탬프를 받는 일종의 디지털 스탬프 랠리이다.[39] 가령 2018년에는 '사이타마 × 아니메 · 망가 횡단랠리'(埼玉 × アニメ横断ラリー)라는 타이틀하에 7월 22일에서 12월 21일까지 약 반년에 걸쳐 〈럭키☆스타〉(구키

37 공식 홈페이지는 http://anitamasai.jp/. 2019년 10월 14일 제7회 아니타마제가 개최되었다.

38 2017년부터는 타지역 아니메 성지의 작품도 함께 소개하고 있다.

39 여기서 랠리(rally)란 역이나 관광 명소 등에서 기념 스탬프를 일정 기간이나 일정 코스에서 모으는 것을 뜻하는 말이다.

시 와시노미야)를 비롯하여 〈그날 본 꽃의 이름을 우리는 아직 모른다〉(지치부시), 〈야마노스스메〉(한노시), 〈마음이 외치고 싶어해〉(지치부시·요코제정), 〈캡틴 쓰바사〉(キャプテン翼, 사이타마시), 〈달이 아름답다〉(月がきれい, 가와고시시), 〈크레용신짱〉(가스카베시)[40] 등의 7개 작품(7개 지역)을 대상으로 한 철도 스탬플러리가 실시되었다. 이 횡단랠리는 아니메 성지순례의 스마트폰 어플리케이션인 '무대 순배'(舞臺めぐり)[41] 와 연계하여 행해진다. 2019년 8월 현재 84개의 아니메가 등록되어 있는 이 어플리케이션은 지도를 통해 각자 가고 싶은 아니메 속 장소를 찾아갈 수 있도록 도와준다. 또한 그 장소에 자신이 들렀다는 사실을 체크인하면 해당 아니메 속 캐릭터의 이미지와 함께 인증사진 촬영도 가능하다.

둘째, 돗토리현의 경우도 '미즈키 시게루 기념관'(水木しげる記念館)[42] 및 '아오야마 고쇼 고향관'(青山剛昌ふるさと館)[43] 을 팬들의 거점으로 삼는 등, 아니메 콘텐츠 활용 사례에서 최선단을 달리고 있다. 2012년에는 만화 관련 사업을 다루는 부서인 '망가왕국 돗토리'를 설치했다. 이보다 훨씬 앞선 1993년에는 미즈키 시게루의 출신지인 사카이미나토시(境港市)가 만화 콘텐츠를 지역활성화에 활용하여 '마즈키 시게루 로드'를 설립하였으며, 같은 해에 기타로 랩핑전차를 운행하기 시작했다. 1996년에는 '제1회 세계요괴회의'를 개최하였고, 또한 호쿠에이정(北榮町) 출신인 만

40 가스카베시(春日部市)가 무대. 최신작은 아니지만 아직도 인지도가 높다.

41 홈페이지는 https://www.butaimeguri.com/

42 미즈키 시게루(1922-2015)는 일본 요괴만화의 제일인자이다. 대표작으로 〈게게게의 기타로〉(げげげの鬼太郎), 〈갓파 산페이〉(河童の三平), 〈악마군〉(惡魔くん) 등이 있다.

43 아오야마 고쇼(1963-현재)의 대표작으로는 〈명탐정 코난〉, 〈야이바〉(YAIBA) 등이 있다.

화가 아오야마 고쇼의 히트작 〈명탐정 코난〉의 일러스트를 사용한 디자인 티셔쓰를 제작 판매하기도 했다. 근래에는 해외에서의 사업도 활발하게 전개하고 있다. 가령 2017년에는 '돗토리현 관광교류국 만화왕국관방(官房)', '가도카와 콘텐츠 아카데미 주식회사'(KADOKAWA Contents Academy 株式會社), '일반사단법인 아니메투어리즘협회' 등이 연합하여 대만 타이페이 시내에서 정보발신 이벤트 '니하오! 망가왕국 돗토리 in 타이페이'를 실시한 바 있다. 돗토리현내의 공항 두 곳은 각각 '요나고돗토리공항'(米子鳥取空港, 요나고공항) '돗토리사큐코난공항'(鳥取沙丘コナン空港, 돗토리공항)이라는 애칭으로 불리고 있다(一社アニメツーリズム協會, 2018:209).[44]

후시미이나리대사와 〈이나리, 콩콩, 사랑의 첫걸음〉

일본에는 12만 개소 이상의 신사가 있다. 그 중 오늘날 대중적으로 가장 많은 사랑을 받고 또한 신사 숫자도 가장 많은 것이 이나리(稲荷)신사이다. 일본을 여행하다가 붉은 색의 도리이(鳥居) 혹은 여우상이 모셔져 있는 신사가 보이면, 그것은 어김없이 이나리신을 모신 신사라고 생각하면 된다. 이나리신은 원래 농경신이었는데, 근세 이후에는 특히 장사를 번창케 해 주는 상업의 신으로 그리고 더 나아가 어업의 신과 가정의 수호신 등으로 그 역할이 확장됨으로써 현재 이런 이나리신을 모시는 현세이익적인 신사가 일본 전국에서 가장 많은 숫자를 보이게 되었다.

그런 만큼 영화나 만화 및 아니메에도 이나리신사를 배경으로 하는

44 한국인 관광객들도 많이 이용하는 공항인데, 최근에는 한일관계의 악화로 인해 발걸음이 뜸해진 상태이다.

장면들이 많이 등장한다. 가령 〈은여우〉(ぎんぎつね)는 작은 이나리신사를 배경으로 인간과 신의 사자 간의 마음의 교류와 연대감을 묘사한 신사 판타지 아니메이다. 주인공 마코토는 신사의 신주 가독을 이어받을 제15대 상속자 소녀이다. 현재 신주는 아버지이지만, 이나리신의 사자인 여우 긴타로의 모습을 볼 수 있는 자는 마코토뿐이다. 긴타로는 미래를 보기도 하고 잃어버린 물건을 찾아내기도 하는 기이한 능력을 가지고 있지만, 그걸 좋은 일에 쓰려는 생각조차 없고 입도 거칠다. 하지만 마코토와는 기가 통해서 사이좋게 지낸다. 이나리신사를 중심으로 이들을 둘러싸고 벌어지는 이야기인 〈은여우〉의 무대는 도쿄 세타가야구(世田谷区)에 있는 히사토미이나리(久富稲荷)신사이다.

전국적으로 4만여 개소에 달하는 이나리신사의 총본산은 711년 가야=신라계 이주민 씨족인 하타씨(秦氏)에 의해 창건된 교토의 후시미이나리대사(伏見稲荷大社)인데, 이 신사를 무대 전면에 내세우면서 스토리 또한 신사의 제신을 주인공으로 삼은 것이 2014년에 방영된 TV아니메 〈이나리, 콩콩, 사랑의 첫걸음〉(いなり´こんこん´恋いろは)이다. 거기서 여주인공의 이름 후시미 이나리(伏見いなり)는 바로 후시미이나리대사에서 따온 것이다. 그 줄거리는 다음과 같다.

이나리신사 근방에 사는 여중생 후시미 이나리는 어느 날 이나리신의 사자인 어린 여우를 위험으로부터 구해준다. 이 사건을 계기로 주인공 소녀는 이나리신사의 주제신인 우카(宇迦)여신을 만나 다른 사람의 모습으로 변신할 수 있는 신통력을 수여받게 된다. 사소하고 일상적인 대인관계에 서투른 소녀는 이 신통력을 이용해서 여러 가지 갈등을 해결하려 하지만 결과는 오히려 문제를 더 증폭시킬 뿐이다. 한편 신통력을 소녀에게 나누어준 우카여신은 소녀가 신통력을 쓰면 쓸수록 에너지가 빠져나가 영원히 사라지고 말 운명이다. 그리하여 우카여신이 거의 사라지기 직전, 우여곡절 끝에 소녀가 우카여신에게 신통력을 돌려주고 그 후 우카여신과의 모든 기억을 상실한 소녀는 신들의 수호를 받으며 새롭게 일상을 살아간다.

이 작품에 등장하는 우카여신은 전국 이나리신사에서 모시는 오곡풍양의 식물신이자 농경신 또는 산업 번창의 신인 우카노미타마(宇迦之御魂神)를 가리킨다. 여기서 '우카'는 식물을 뜻하는 '우케'의 옛 형태로 곡령을 뜻하는 말이다. 이 우카노미타마는 통상 이나리신 혹은 친근하게 '오이나리상'으로 불린다. 흥미롭게도 〈이나리, 콩콩, 사랑의 첫걸음〉은 우카여신을 너무도 인간계를 사랑하고 인간과 함께 게임을 즐기는 게임 마니아로 설정하고 있다. 『고사기』에 나오는 고천원(高天原, 다카마노하라)의 신들도 게임과 아니메에 푹 빠져 있으며, 인간과 마찬가지로 권력다툼과 정략결혼과 질투와 사랑 같은 감정에 휘둘리며 산다. 신들의 세계도 인간의 세계와 크게 다르지 않다. 〈이나리, 콩콩, 사랑의 첫걸음〉은 제목 그대로 인간과 인간 나아가 신과 인간의 사랑 이야기이다. "나는 왜 여기에 있으면서/사랑하는 방법도 모르면서/구원받기만을 꿈꾸면서/살아 있는 걸까"라는 엔딩송 가사는 사랑이 곧 구원임을 시사한다. 그러면서도 이 작품은 신들의 세계와 인간의 세계 사이에는 본질적으로 넘을 수 없는 심연이 있음을 강조한다.

〈이나리, 콩콩, 사랑의 첫걸음〉은 실제 후시미이나리대사와 그 주변 풍경을 정밀하게 그리고 있다. 특히 후시미이나리대사의 대표적 상징이라 할 수 있는 센본도리이(千本鳥居)의 묘사는 아름답다 못해 환상적이다. 센본도리이란 후시미이나리대사의 경내에서 배후의 이나리산 정상에 이르기까지 즐비하게 늘어서 있는 약 1만여 개의 붉은 도리이들을 가리킨

다. 그것이 풍기는 매우 독특한 분위기는 일본인뿐만 아니라 외국인들에게도 인기 만점이다. 이 센본도리이가 늘어서 있는 이나리산 삼봉(稲荷山三ケ峰)은 이나리신앙의 가장 중요한 성지 중 하나이다. 작품 말미에서 신통력을 되돌려주어 우카여신을 구하려는 주인공 소녀가 이런 센본도리이를 지나 고천원으로 날아가는 장면은 압권이다.

작품 속의 신사와 실제 신사 사이의 갭

이와 같은 〈이나리, 콩콩, 사랑의 첫걸음〉의 후시미이나리대사를 비롯하여 상기 〈표17〉에서 제시된 대표적인 아니메 성지순례의 대상 신사들을 팬들이 방문할 때 그 의미는 일반인들이 해당 신사를 방문할 때의 그것과 반드시 동일한 것은 아니다. 오히려 양자의 의미는 매우 다르다. 가령 〈럭키☆스타〉의 성지 와시노미야신사가 주관하는 마쓰리 '하지제'의 경우를 돌이켜 보자. 미코시(가마)는 원래 신의 탈것이지만, 통상의 미코시와 달리 하지제에서 팬들이 메는 '럭키☆스타 미코시'에는 와시노미야신사 제신의 신체(神體)가 실려 있지 않다. 또한 '럭키☆스타 미코시'를 메고 외치는 함성도 "럭키☆스타, 럭키☆스타"라는 작품명이나 또는 캐릭터명이 사용된다. 나아가 일반적으로 일본 마쓰리 때의 관용구인 "왓쇼이, 왓쇼이" 대신 와시노미야와 발음이 비슷한 "왓시미야, 왓시미야"를 외친다(岡本健, 2014b:33-34).

이뿐만 아니라 신사에서의 에마 봉납은 원래 신에게 기원하는 종교적 행위이므로 마땅히 와시노미야신사의 제신인 아메노호히를 향해 기원이 이루어져야 하는데, 이타에마가 기원하는 대상은 아니메 캐릭터인 경우가 많다. 예컨대 〈럭키☆스타〉 캐릭터의 이름을 적고 "이즈미 고나타,

결혼해 줘요."라는 식이다. 나아가 팬들은 캐릭터의 생일을 축하하는 이벤트를 개최하고 심지어 지역 관청은 히이라기 가족 6인에게 특별주민등록표를 발부하기까지 한다. 이처럼 가상적인 아니메 캐릭터를 인격화하는 팬들의 심리적 경향은 한 신문기사에 게재된 10대 남성의 "이곳 와시노미야신사에 히이라기 자매가 살고 있군요. 무녀 차림의 여자아이와 만나고 싶네요."(石井研士, 2010:272)라는 발언에서도 잘 엿볼 수 있다. 이 〈럭키☆스타〉 팬은 아니메 작품 속에서 히이라기 자매의 거주지로 나오는 다카노미야신사에서 느끼는 리얼리티를 현실 속의 실제 와시노미야신사에 투사하고 있다.

이번에는 〈미소녀전사 세일러문〉의 성지인 도쿄 아자부쥬방의 히카와(氷川)신사를 상기해 보자. 소녀만화와 전투물이 믹스된 이 작품은 중학교 2학년생의 보통 여자아이인 쓰키노 우사기(月野うさぎ)가 세일러문으로 변신하여 다른 미소녀 전사들과 함께 악과 싸운다는 내용이다. 이런 세일러문 여전사중에 히노 레이(火野レイ)라는 여자아이가 있는데, 그녀는 작중에서 히카와(火川)신사의 무녀로 등장한다. 〈미소녀전사 세일러문〉 팬들에게 히카와((氷川)신사는 아자부쥬방 지역 씨신(氏神)을 모신 신사라기보다는 어디까지나 히노 레이가 사는 작품 속의 히카와(火川)신사로 다가선다. 그들은 세일러문 여전사와의 만남을 기원하면서 세일러문 캐릭터가 그려진 이타에마를 히카와신사 경내에 봉납한다. 지역 씨신으로서의 히카와신사와 〈미소녀전사 세일러문〉 팬들이 작품 속의 히카와(火川)신사로 여겨 참배하는 히카와신사는 외면상 동일한 신사임에도 불구하고 내면적 인식의 장에서는 양자 사이에 큰 갭이 존재한다. 이런 갭은 정보화사회에서 발생하기 쉬운 가상현실과 실제 현실 사이의 간극을 보여준다(石井研士, 2010:271).

〈러브 라이브!〉와 간다신사

한 가지 사례만 더 생각해 보자. 2013년에 TV 아니메가 방영된 〈러브 라이브!〉(ラブライブ!)의 주인공 고사카 호노카(高坂穂乃果)는 자신이 다니는 도쿄도 치요다구에 속한 국립 오토노키자카 학원(国立音ノ木坂学院)에 깊은 애정을 가진 16세의 여고 2년생이다. 입학생 부족으로 학교가 폐교될 위기에 처하자 그녀는 학교를 구하기로 결심하고 '스쿨 아이돌'이 되어 학교의 지명도를 높이면 입학생들을 많이 유치할 수 있을 거라고 기대한다. 그리하여 단짝 친구 및 선배와 후배들을 모아 '뮤즈'라는 밴드 그룹을 결성하여, 폐교를 막기 위해 많은 역경과 어려움에도 굴하지 않고 학교를 홍보한다는 내용으로 이야기가 전개된다.

작중에 나오는 이 스쿨 아이돌 그룹 '뮤즈'의 멤버 중에 도조 노조미(東條希)라는 여학생이 있는데, 그녀가 일명 간다묘진(神田明神)으로 불리는 도쿄 시내의 간다(神田)신사 경내를 청소하는 장면이 여러 차례 작중에 등장하면서 간다신사는 일약 아니메의 성지가 되었다. 2017년 간다신사 도리이 옆에 아니메 카페인 '묘진(明神)카페'가 개점되어 또 하나의 성지가 될 정도로 간다신사는 아니메 성지로서 놀랄 만한 유명세를 타게 되었다.

그러나 간다신사는 아니메 성지가 되기 이전부터 일본 3대 마쓰리 중 하나로 꼽히는 도쿄 간다 마쓰리를 주관하는 신사로 전국적인 높은 지명도를 자랑하고 있었다. 간다신사가 아니메의 성지로 널리 알려지게 되자, 간다 마쓰리 위원회에서는 이런 현상을 적극 수용하여 2015년 간다 마쓰리 400주년을 기념하여 〈러브 라이브!〉와의 합동행사를 기획하여 관련 이벤트를 진행하기도 했다. 작품 속에서 간다 마쓰리가 직접 노출되지 않음에도 불구하고 간다 마쓰리와 〈러브 라이브!〉를 결부시킨 것이다. 하여간 이로 인해 간다신사는 아키하바라 일대와 더불어 아니메 팬들의 중요한 성지가 되었다.

여기서 간다 마쓰리를 주관하는 전통적인 간다신사와 아니메 성지로서의 간다신사 사이에 큰 갭이 존재한다는 사실에 주목하지 않으면 안 된다. 이 점을 이해하기 위해서는 간다신사의 역사를 알아야 한다(박규태, 2017:374-383). 에도(江戸, 도쿄)의 산토신(産土神)으로서 730년에 창건된 간다신사는 원래 오테마치(大手町) 자리에 있었는데, 1606년 스루가다이(駿河台)로 그리고 1616년 다시 현재 위치인 치요다구 소토간다(外神田)에 옮겨진 후 에도의 총진수(總鎭守)로서 두터운 숭경을 받았다. 제신은 오나무치(大己貴命), 스쿠나비코나(少彦名命), 다이라노마사카도(平將門)이다.

이 중 마사카도는 모계가 백제계인 제50대 간무(桓武)천황의 7대손으로 헤이안시대 중기 관동지방의 호족이었는데, 교토의 스자쿠(朱雀)천황에 대적하여 모반을 일으켰다가 토벌되어 940년에 죽었다. 사후 마사카도의 목은 교토로 보내져 시치죠가와라(七条河原)에 효수되었다. 그런데 생전에 마사카도에게는 관동에 두고 온 기쿄(桔梗)라는 애인이 있었는데, 사흘 후 그녀를 향해 목이 날아가 무사시국(武蔵国) 도시마군(豊島郡) 시바자키촌(柴崎村), 즉 현재의 도쿄 오테마치(大手町) 지역에 떨어졌다고 한다. 그곳 사람들은 두려움에 떨면서 그 목을 묻어 수총(首塚, 구비즈카)을 만들었다. 여기서 수총이란 전쟁에서 토벌당한 비운의 무장이나 포로 혹은 참수당한 자의 목을 공양하기 위한 무덤을 가리키는데, 그 배경에는 원령(怨靈)신앙이 깔려 있다.

오늘날 마사카도의 수총은 일본 금융가의 중추인 오테마치 고층빌

딩가 사이에 위치하고 있다. 에도시대에 그곳(시바자키촌)은 바닷가여서 자주 홍수나 해일의 피해를 입었는데, 사람들은 그 재해가 모두 마사카도의 뒷탈(다타리)이라고 여겨 그 지역의 수호신사인 아와(安房)신사에 마사카도의 몸통을 모셔 제사지냈다. 그 후 1309년 홍수와 전염병이 돌자 승려 신교(鎭教)가 뒷탈을 진정시키기 위해 그곳에 절을 건립하여 시바자키도장(柴崎道場)이라 명명했다. 이것이 현재 아사쿠사((浅草)에 있는 일륜사(日輪寺, 니치린지)이다. 나아가 신교는 수총 옆에 마사카도의 몸통을 모신 아와신사를 가다(神田)신사라고 개명했는데, 여기서 유래된 것이 '간다'라는 지명 및 간다신사이다. 이때 '가다'라는 말은 마사카도의 '가라다'(身) 즉 몸통을 뜻하는 말이다. 그러니까 현재의 '간다'라는 지명은 마사카도의 '가라다'에서 비롯된 것이다. 에도시대에 시바자키촌이 대명(大名)의 부지가 되면서, 막부 초기의 종교담당 참모였던 고승 덴카이(天海)에 의해 간다신사는 수총만 남겨둔 채 현재 위치로 이전되었다. 그럼으로써 다시 마사카도의 몸통과 목이 분리된 셈이다.

현재 도쿄에는 마사카도를 모시는 신사가 많이 있는데, 거기서는 각각 마사카도의 신체 일부를 신으로 모시고 있다. 가령 방금 언급한 수총은 머리, 간다신사는 몸통, 치요다구 구단시타(九段下)의 쓰쿠도(築土)신사는 목통, 다이토구 도리고에(鳥越)의 도리고에(鳥越)신사는 손, 신주쿠 쓰쿠도하치만정(築土八幡町)의 쓰쿠도하치만(築土八幡)신사는 발, 기타신주쿠(北新宿)의 요로이(鎧)신사는 갑옷, 주오구(中央區) 니혼바시가부토정(日本橋兜町)의 가부토(兜)신사는 투구를 각각 신격화하여 제사대상으로 삼고 있다.

요컨대 마사카도는 원래 간다신사의 주제신이었는데, 1874년 메이지천황 참배 이래 제신에서 배제되었다가 1984년 5월 14일 간다신사에서 마사카도를 맞이하기 위한 진좌제가 거행되면서 근 100년 만에 다시 간다신사의 주제신이 되어 지금에 이르고 있다. 오늘날 도쿄 사람들은 2년에 한 번씩 9월12일에서 15일에 걸쳐 성대한 간다 마쓰리를 통해 마사카도를 위무하고 있다. 지금도 간다 마쓰리의 신여 행렬은 반드시 수총을 지나간다. 수총에는 매년 9월 22일마다 대기업 간부들이 찾아 위령제를 거행하기도 한다. 간다 마쓰리뿐만 아니라 수총과 간다신사 및 쓰쿠도신사 등은 오늘날 이른바 '파워스폿'으로 각광받으면서 사람들의 기억 속에 끊임없이 재생되고 있다. 이처럼 마사카도와 관련된 원령신앙을 밑그림으로 깔고 있는 간다신사가 이번에는 〈러브 라이브!〉 이후 아니메의 성지로 거듭나고 있는 것이다. 에도의 총수호신에서 시작된 간다신사가 마사카도와 관련된 원령신앙을 거쳐 아니메의 성지로 탈바꿈하기까지의 노정은 비약적인 불연속성으로 점철되어 있다.

어쨌든 아니메 작품 속의 신사와 그 무대가 된 실제 신사 사이에 존재하는 간극과 이타에마라든가 캐릭터의 인격화 등을 통해 그 간극을 메우려는 팬들의 심리적 경향은 단지 아니메 성지로서의 신사에만 국한된 것이 아니라 아니메 자체 및 아니메 성지순례에 내포된 핵심적인 서브컬처적 특성과 관계가 깊다. 가상현실에 대한 오타쿠적 감수성이 그것이다.

가상현실에 대한 오타쿠적 감수성

본 장의 서두에서 아니메 성지순례의 핵심 주체는 오타쿠임을 언급한 바 있는데, 오타쿠란 개인 취미를 가장 중시하는 사람들이다. 2000년을 경계로 한 인터넷 및 아이폰의 폭발적 보급과 그 강력한 정보 발신력에 힘입어 오타쿠들의 개인적 기호(嗜好)성이 널리 확산되었다. 이들은 아니메 작품세계나 SNS 커뮤티니와 같은 가상공간과 아니메 성지라는 현실공간을 오가면서 취미성이 농후한 독자적인 유희방식을 창안해 냈다. 이것이 아니메 성지순례의 기본적 특징이다. 그런 관광행위는 개인적인 취미나 감각 혹은 감성에 의거하므로 종래의 여행상품에 의거한 관광형태를 좋아하지 않는다. 그보다는 개인행동을 중시하고 그 결과 개인과 개인의 커뮤니케이션을 중시하는 성향을 보인다.

이와 같은 오타쿠가 아니메 성지순례붐을 통해 사회현상의 전면에 부각되는 것은 일본문화의 맹점 교정을 촉진한다는 점에서 긍정적인 신호라 할 수 있다. 왜냐하면 그것은 개인을 억압해온 종래의 '무사(無私)의 마코토(誠)' 문화에 대한 반발을 시사하기 때문이다. 여기서 '마코토'란 "주어진 상황에서 순수하게 나를 버리고 자신을 자타 합일의 관계에 귀일시키면서 주어진 역할과 의무에 전력을 다하는 주관적 심성"(相良亨, 1989:195-196)을 가리키는 일본문화론적 개념이다. 이에 비해 아니메 성지순례의 주체로서의 오타쿠는 '사(私)를 중시하는 마코토'가 무엇인지를 보여준다. 그렇게 개인을 중시하는 마코토의 윤리는 공감을 통한 타자와의 커뮤니케이션에 의해 확보될 수 있다.

일본 아니메는 리얼리티 추구와 함께 '감정이입'의 프로세스를 중시한다. 아니메이터와 감독을 포함한 제작자들은 현실(리얼)이 아니라 실재감(리얼리티)를 전달하고 싶어 한다. 그들은 가공의 캐릭터가 팬들에 의해 '정말로 존재한다'고 믿어지기를 바라며 아니메 체험이 더 많은 사람들에게 공유되기를 원한다(一社アニメツーリズム協會, 2018:9). 마찬가지로 아니메 성지순례자의 심리적 특징 중 하나로 '공감성'을 들 수 있다. 공감이란 불가시적인 것이지만, 가상현실의 가시화 및 자기만의 성을 빠져나와 타

자와의 교류를 가능케 하는 중개자로 기능한다. 그것을 일단 오타쿠적 공감 또는 가상현실적 공감이라고 부르기로 하자. '모노노아와레(物哀) 공동성'[45] 이라 칭할 만한 일본 특유의 집단적 공감문화는 이와 같은 오타쿠적 공감 능력을 배양하는 데에 유리한 토양임에 분명하다.

이런 관점에서 오타쿠를 재정의해 본다면 "실제 현실과 가상현실 사이에 삼투막이 형성되어 두 가지 현실의 상호침투가 용이한 사람들"이라고 말할 수 있겠다. 이때의 상호침투를 활성화시켜주는 효소가 바로 공감이다. 요컨대 오타쿠가 흥미로운 대상을 발견하여 집중적으로 소비하고 이타에마를 창작하거나 타자와의 교류를 모색하는 활동의 배경에는 공감이라는 감정이 크게 작용한다. 가령 오타쿠들이 와시노미야신사에 모여드는 것은 그 배경에 아니메 작품의 이야기성과 캐릭터성에 대한 강한 공감이 깔려 있다. 또한 오타쿠들이 '럭키☆스타 미코시'를 비롯한 각종 이벤트에 적극적으로 참여하는 것도 그 배경에는 타자와의 연대를 통해 자신이 체험한 이야기성과 캐릭터성을 공유함으로써 인정받고 싶어 하는 공감 심리가 깔려 있다. 근래의 아니메 작품들이 실재하는 현실의 장소를 정밀하게 재현하여 무대 배경으로 사용하는 것도 이런 공감을 최대한 이끌어내고자 하는 연출일 것이다(牧和生, 2011:113-114).

아즈마 히로키는 『동물화하는 포스트모던: 오타쿠의 관점에서 본 일본사회』에서 아니메 오타쿠의 '데이터베이스 소비'를 언급한다. 여기서

45 모노노아와레란 사물이나 사람에 대한 절절하고 깊은 느낌과 공감을 뜻하는 일본인 특유의 미적 감수성을 가리키며, 모노노아와레 공동성이란 그런 모노노아와레가 일본이라는 울타리 안에서만 작동하는 매우 특수한 집단감정으로서 문화와 사회시스템 전반에 공통감각화된 상태를 뜻한다(박규태, 2009b:166-176).

데이터베이스 소비란 오타쿠가 아니메의 이야기성이나 세계관 또는 설정이나 캐릭터를 소비하는 대신 주로 아니메 캐릭터를 속성 즉 오타쿠가 선호하는 요소로 분해하여 그 개개의 구성요소 자체를 소비하는 것을 가리킨다. 다시 말해 아즈마에 따르면 오타쿠라 불리는 사람들은 작품의 이야기보다도 데이터베이스에 주목한다는 것이다. 한마디로 데이터베이스 소비란 "오타쿠계 문화 전체의 데이터베이스 소비"의 양상을 지칭하는 말이다(東浩紀, 2001:76-78). 하지만 아니메 성지순례에서 실제로 확인되는 캐릭터 소비는 아즈마가 주장하는 것처럼 이야기성을 배제하거나 부정하기보다는 오히려 이야기성이 캐릭터로 수렴되는 경향을 보여준다. 사실 이야기성 자체가 전적으로 부재한다면 아니메도 아니메 성지순례도 애초부터 가능치 않을 것이다.

어쨌든 캐릭터 소비는 캐릭터에 대한 공감과 아울러 '모에'라는 감정을 수반한다. 오타쿠들이 즐겨 쓰는 '모에'라는 말은 "2차원의 캐릭터 혹은 속성에 대해 연애 감정을 품는 것"을 뜻한다. 즉 오타쿠는 2차원의 캐릭터를 특별한 인격적 존재로 받아들인다. 요컨대 오타쿠적인 공감이 계기가 되어 모에라는 감정이 생겨나며, 그런 모에가 아니메 성지순례의 원천이 된다(牧和生, 2011:116-118). '아니메에마'로서의 이타에마가 '모에에마' 또는 '오타쿠에마'라 불리기도 하는 것은 이 때문일 것이다.

이타에마에 묘사된 일러스트를 통해 우리는 아니메 캐릭터와 별도로 '또 하나의 캐릭터'를 말할 수 있다. 팬들이 신사에 이타에마를 봉납하는 행위는 '아니메 캐릭터를 현실 속으로 끌어오는 행위'이다. 이렇게 해서 현실로 끌어들여진 캐릭터는 아니메를 관람할 때처럼 특정한 상상력에 의지하지 않고도 누구나 '실제로' 볼 수 있게 된다. 그 결과 누구든 용이하게 상상 속에 존재하는 성지를 '실감'한다. 마루야마 마사오

(1998:113-115)가 『일본의 사상』에서 지적한 일본인의 '실감신앙'을 이타에마 현상에서도 엿볼 수 있는 것이다. 이리하여 성지에 봉납된 이타에마는 하나의 가시적인 상징이 되고, 그것이 다시 오타쿠 세계 바깥의 타자에 대해 '성지의 캐릭터'로 작동하게 된다. 이로써 해당 아니메 작품을 보지 않았거나 아니메에 별 흥미가 없는 사람들에까지 캐릭터 소비가 확장되어 간다.

'또 하나의 캐릭터'는 여기서 끝나지 않는다. 앞에서도 언급했듯이 오타쿠 순례자는 여타의 종교적 순례자와 마찬가지로 어떤 '정신적 중심'을 추구한다. 그런데 종교적 순례의 경우와는 달리 캐릭터를 소비하는 오타쿠 순례자는 캐릭터와 동일하게 '보여지는 측'에 놓이게 된다. 라캉의 개념을 빌자면 이때 오타쿠는 주체가 대상을 바라보는 '시선'(eye)이 아닌, 주체가 대상에 의해 보여지는 '응시'(gaze)의 차원으로 들어가는 것이다. 그럼으로써 오타쿠는 2차원의 세계 즉 캐릭터가 있는 상상의 세계로 재진입하게 된다.

이런 과정을 매개하는 것이 바로 이타에마이다. 즉 오타쿠 팬은 캐릭터로서의 이타에마를 신사 경내에 걸어놓는 자신의 모습이 이타에마 속의 캐릭터에게 '보여짐'으로써 비로소 성지의 중심에 들어갈 수 있는 것이다. 현실 안으로 캐릭터를 끌어들이려는 오타쿠 순례자가 이타에마를 봉납할 때 그는 일면 메타 이야기적 위치에 서서 초월적 시점을 확보한 듯이 보인다. 하지만 실은 이타에마 봉납은 전술했듯이 시선이 응시로 전환됨으로써 오타쿠 순례자 자신이 캐릭터화된다는 것을 시사하는 행위이다. 가상현실에 대한 오타쿠적 감수성이 추구하는 방향성은 시선이 아니라 응시이기 때문이다.

앞에서는 가상현실이라는 말을 규정하지 않은 채 단순히 실제 현실과의 대비 관점에서 사용했지만, 이제 "가상현실이란 과연 무엇인가?"를 다시 묻지 않으면 안 된다. 일반적으로 가상현실(virtual reality)이란 컴퓨터 등을 사용하여 실제와 유사하지만 실제가 아닌 어떤 특정한 상황이나 혹은 그 기술 자체를 의미하는 말로 쓰인다. 이에 비해 "가상현실에 대한 오타쿠적 감수성"에서 가상현실은 현실공간과 가상공간 또는 허구공간과 정보공간의 상호작용에 의해 생겨나는 '또 하나의 현실'을 가리킨다.

관광인류학의 관점에서 투어리즘의 현대적 의의에 관해 논한 "관광혁명과 21세기 : 아니메 성지순례형 지역살리기에서 보는 투어리즘의 현대적 의의와 가능성"이라는 글에서 야마무라 다카요시는 '꿈이 없는 현실공간'과 '꿈을 꿀 수 있는 가상공간'의 상보적 관계에 주목한다. '희망이 없는 현실공간'과 '꿈을 꿀 수는 있지만 온기가 없는 가상공간' 사이에서 살고 있는 현대일본의 오타쿠적 젊은이들은 가상공간에 부재하는 온기를 현실공간에서 보완하여 삶의 균형을 유지하거나 삶을 실감하고 싶어 한다. 이것이야말로 아니메 성지순례의 중요한 의미라는 것이다(山村高淑, 2009:20).

이때의 '가상공간'은 다시 '허구공간'과 '정보공간'으로 나누어 생각해 볼 수 있다. 이렇게 볼 때 아니메와 같은 콘텐츠 투어리즘의 공간은 현실공간, 허구공간, 정보공간의 세 차원으로 구성된 것이라고 말할 수 있다. 영화, 만화, 아니메, 게임 등의 콘텐츠를 체험한다는 것은 정신적인 비일상공간 즉 콘텐츠 내 이야기와 캐릭터의 세계라는 허구공간으로의 이동을 뜻한다. 이에 대해 인터넷상의 교류는 의사 현실공간인 정보공간으로의 정신적 이동을 수반한다. 아니메 성지순례는 이와 같은 현실공간, 허구공간, 정보공간 사이를 횡단하는 여행인 것이다. 오타쿠 팬은 아니메 관람단계에서 특히 캐릭터에 대한 공감과 모에를 통해 허구공간을 체험하며, 이윽고 성지순례를 통해 현실공간으로 이동한다. 그리고 그 각 단계에서 정보공간을 넘나들며 타자와의 상호작용을 통해 오타쿠적 공감의 세계를 공유한다(岡本健, 2015b:51).

이렇게 해서 생성되는 것이 바로 오타쿠적 가상현실이다. 거기서는 콘텐츠와 현실이 서로 반향한다. 가령 성지에 가면 캐릭터는 없지만 오타쿠는 가상현실에 대한 감수성을 통해 "캐릭터가 맛보았을 현실의 공기감과 임장감(臨場感)을 공유"(一社アニメツーリズム協會, 2018:8)할 수 있다. 그렇지만 이때 오타쿠 순례자들이 현실과 가상을 혼동하는 것은 아니다. 그들은 어디까지나 상상이나 인터넷 속에만 존재하는 가상공간을 어떡해서든 현실에서 살짝 엿보려 할 뿐이다. 상식적인 관점에서 보자면 작품 무대를 방문하는 것을 성지순례라고 부르는 데에 위화감을 느낄 지도 모른다. 그러나 작품의 이야기성과 캐릭터성을 중심으로 오타쿠들 사이에 형성된 공감과 모에의 세계에서는 그 작품이 일종의 성성을 띠게 되고 무대가 된 실제 장소가 성지로 간주될 수도 있는 것이다. 이와 같은 가상현실의 일상화라는 맥락에서 오타쿠란 어쩌면 빅터 터너가 말한 '리미널리티'를 사는 자, 혹은 '리미널리티'를 삶의 양식으로 변용시키는 자가 아닐까 라는 생각이 든다.

도호쿠오헨로
: 다크투어리즘과 순례

현대적 순례의 뉴웨이브 중 하나로 아우슈비츠 수용소 같은 "비극의 현장을 돌아보는 여행"(井出明, 2018:221)인 이른바 '다크투어리즘'(dark tourism)을 들 수 있다. 일본의 경우 오래 전부터 다크투어리즘을 대표하는 곳으로 히로시마 원폭돔과 나가사키 원폭평화기념관을 꼽을 수 있겠다. 이에 더하여 1995년 한신대지진과 2011년 3·11동일본대지진 관련지도 다크투어리즘의 대상지로서 많은 관심을 모으고 있다. 본서 제1장에서 언급한 홍법대사 구카이의 묘소가 있는 와카야마현 고야산(高野山)의 오쿠노인(奥の院)에는 한신대지진 위령비와 동일본대지진 위령비가 서로 마주보며 서 있다. 이 외에도 한신대지진 이후 전국 각지에 재난 기념비가 세워졌고 그곳을 순회하며 위령하는 '진재 모뉴멘트 교류네트워크'가 형성되었다. 이들은 주로 피해자 가족이나 친지들로 구성되었으며, 종교의 틀을 넘어선 공동체로 발전하고 있다(大山邦興編, 2002a:6).

한편 동일본대지진 이후 피해가 극심했던 지역인 후쿠시마현(福島県), 미야기현(宮城県), 이와테현(岩手県), 아오모리현(青森県)의 유지들이

'일반사단법인 도호쿠오헨로 프로젝트'를 결성하여 희생자들을 위령하고 진혼하기 위한 각종 사업을 추진해왔다. 그 중 가장 핵심적인 것은 시코쿠헨로 88개소 영장처럼 순례지를 선정하여 각 순례지를 잇는 위령과 진혼의 루트를 만들자는 사업이다. 이리하여 2015년 62개소의 순례지가 발표되었고 그 후 1개소가 더 추가되어 현재 총 63개소의 '도호쿠오헨로'(東北お遍路)라는 다크투어리즘의 순례지가 조성되었다.

아래 〈표18〉과 같이 63개소의 순례지로 구성된 도호쿠오헨로의 홈페이지[1]는 도호쿠오헨로를 '마음의 길'이라고 소개하면서 천 년 후에까지도 계속 이어질 이야기를 찾아내어 '마음의 길의 이야기'로 널리 발신하는 데에 있다고 그 취지를 밝힌다. 이와 아울러 민족과 종교를 넘어서 많은 사람들이 순례지를 찾아주기를 기대하면서, 피해지들이 협력하여 천 년 후에도 경제적·문화적으로 자립 발전할 수 있는 부흥에 일조하기 위한 여러 가지 활동 내용을 피력하고 있다.

표 18 도호쿠오헨로 63개소 순례지[2]

	번호	지역	헨로 순례지	비고
아오모리현 (青森県)	1	하치노헤시(八戸市)	가부시마(蕪嶋)신사	쓰나미가 도리이를 덮친 곳
	2	하시카미정(階上町)	오자(大蛇)초등학교	쓰나미 위령비 2개[3]

1 http://tohoku-ohenro.jp/

2 도호쿠오헨로 홈페이지 및 (金澤昭雄, 2017)에 의거하여 작성한 것임.

3 하나는 쇼와시대 쓰나미 재해 때의 가이쇼(海嘯)기념비이고 또 하나는 여기서 수백 미터 떨어진 곳에 세워진 동일본대진재 쓰나미 비석이다. 쇼와의 쓰나미 이래 해당 지역에서는 "쓰나미 때는 고지대의 선로까지 도망치라"는 말이 생겼다. 그 덕분에 한 사람의 희생자도 없었다.

이와테현(岩手県)	3	히로노정(洋野町)	쓰나미 위령비	가나야마(金山)신사의 방재조직의 활약으로 희생자 무
	4	구지시(久慈市)	케른·진혼의 종과 빛(ケルン·鎮魂の鐘と光)	동일본대지진 모뉴멘트
	5	노다촌(野田村)	아타고(愛宕)신사 대도리이(大鳥居)· 단풍나무	도리이 앞에서 쓰나미가 멈춘 곳. 그 옆의 단풍나무를 표지로 삼아 피신
	6	후다이촌(普代村)	후다이수문(普代水門)	15.5m의 수문 덕에 무사
	7	다노하타촌(田野畑村)	쓰쿠에하마(机浜) 가옥군	마을 재흥의 상징
	8	다노하타촌	보복사(宝福寺, 호후쿠지)	희생지 흙을 넣어 만든 지장
	9	다노하타촌	가르보나드시마노코시역(カルボナート島越驛)	역 홈이 지상 7m. 쓰나미 피난처
	10	이와이즈미정(岩泉町)	오모토(小本)초등학교	기적의 130단 피난계단
	11	미야코시(宮古市)	진재 메모리얼파크 나카노하마(中の浜)	쓰나미가 덮친 '나카노하마 캠프장'을 공원화
	12	야마다정(山田町)	오구라산(御藏山)	종을 매단 산 모양의 진혼·추도·재흥의 모뉴멘트
	13	가마이시시(釜石市)	우노스마이(鵜住居) 메모리얼파크	많은 희생자가 나온 곳을 현재 공원으로 조성중
	14	가마이시시	사설 코스모스공원	공장 외벽의 '희망의 벽화'
	15	오후나토시(大船渡市)	쓰나미기억석(津波記憶石)	쓰나미에 밀려온 거석
	16	오후나토시	세 그루의 거목	쓰나미를 견딘 나무들
	17	리쿠젠타카타시(陸前高田市)	기적의 소나무 (부흥기념공원 내)	7만여 그루의 소나무 중 쓰나미를 견딘 유일한 소나무
미야기현(宮城県)	18	게센누마시(気仙沼市)	무라사키(紫)신사	쓰나미 피난처
	19	게센누마시	하야마(早馬)신사	쓰나미 피난처
	20	게센누마시	오자키대명신(尾崎大明神)	쓰나미 피난처
	21	게센누마시	길안내지장(みちびき地藏)	쓰나미 전설이 담긴 지장
	22	게센누마시	지복사(地福寺, 지후쿠지)· 이와이곶(岩井崎)	쓰나미를 견딘 '용의 소나무'·지복사·히데노야마 라이고로(秀ノ山雷五郎)[4]상

4 1808-1862. 센다번(仙台藩, 게센누마시) 출신의 제9대 요코즈나(横綱).

미야기현(宮城県)	23	미나미산리쿠정(南三陸町)	가미노야마하치만궁(上山八幡宮)·(구)미나미산리쿠정 방재대책청사	쓰나미가 이 신사의 도리이 앞에서 멈춤
	24	이시노마키시(石巻市)	이시노마키 하리스토스 정교회	2층까지 침수되었으나 유실되지는 않아 복원 예정
	25	이시노마키시	보서사(普誓寺, 후세이지)	수해로부터의 수호 사원
	26	이시노마키시	히요리야마(日和山)공원	재해시 대피소
	27	이시노마키시	가도노와키정(門脇町) 수호 지장	서광사(西光寺, 사이코지) 내
	28	이시노마키시	미야기현 게이초사절선(慶長使節船) 뮤지엄	쓰나미를 견뎌낸 역사적인 사절선 모형
	29	이시노마키시	구구나리하마하쿠산(十八成浜白山)신사	지역의 수호신사. 쓰나미에 파괴된 도리이를 재건
	30	마쓰시마정(松島町)	서암사(瑞巖寺, 즈이간지) 관란정(觀瀾亭, 간란테이)	쓰나미를 견뎌낸 선사. 관란정은 쓰나미 피난처
	31	히가시마쓰시마시(東松島市)	대지진(869년) 천년석비·관음사(觀音寺, 간농지)	쓰나미 피난처[5]
	32	시치가하마정(七ヶ浜町)	동성사(同性寺, 도쇼지)	쓰나미 피난처
	33	다가조시(多賀城市)	스에노마쓰산(末の山)석비 보국사(宝國寺, 호코쿠지)	쓰나미가 이 석비 앞에서 멈춤[6]
	34	센다이시(仙台市)	가모(蒲生) 간석지	재흥의 상징
	35	센다이시	나미와케(浪分)신사	쓰나미 퇴치의 신사
	36	나토리시(名取市)	유리아게(閖上)어항·히유리야마(日和山)	바다 상황을 감시하기 위해 만든 인공산
	37	나토리시·이와누마시	센다이(仙台)공항	쓰나미로 약 3미터 침수
	38	이와누마시~이시마키시	데이잔(貞山)운하	진재 때 이 운하가 쓰나미의 위력을 감소시켰다고 여겨짐

5 예로부터 쓰나미가 오면 이 석비 위쪽으로 도망치라는 말이 있었다. 진재 때 이 말대로 해서 모두 무사했다고 한다.

6 '백인일수'(百人一首)에 나오는 와카가 새겨진 이 석비는 869년의 대지진과 쓰나미를 노래한 것이라는 전승이 있다.

미야기현(宮城県)	39	이와누마시(岩沼市)	천년희망의 언덕(千年希望の丘)	쓰나미로부터의 수호를 염원하여 진재 잔해를 섞은 흙으로 만든 15개의 언덕
	40	와타리정(亘理町)	와타리온천 도리노카이(鳥の海)	7m의 쓰나미를 견딘 온천장으로 재흥의 상징이 됨
	41	야마모토정(山元町)	도하나 자모관세음(戶花慈母観世音)	진혼을 위해 도하나산(戶花山)에 세운 관음상
	42	야마모토정	(구)나카하마(中浜) 초등학교와 천년탑	교직원과 아동들이 학교 옥상 창고로 대피하여 무사
	43	야마모토정	이소사키야마(磯崎山)공원	쓰나미 피난처
후쿠시마현(福島県)	44	신치정(新地町)	용창사(龍昌寺, 류쇼지)	유실된 묘석과 유골을 수거하여 납골 후 관음상 건립
	45	신치정	안바쓰노(安波津野)신사	풍어와 해상안전의 수호신사
	46	신치정	오도하마(大戶浜) 관음당	쓰나미 피난처
	47	소마시(相馬市)	쓰노미쓰(津)신사	쓰나미 피난처
	48	소마시	마쓰가와 포구(松川浦)	다수의 희생자가 나온 곳
	49	소마시	장명사(長命寺, 초메이지)	쓰나미 피난처
	50	소마시	이나리(稲荷)신사	도리이 앞에서 쓰나미 멈춤
	51	미나미소마시(南相馬市)	야마다(山田)신사	진재를 견딘 곳
	52	미나미소마시	미토(御刀)신사	고마이누(狛犬)가 쓰나미에 쓸려 이웃집 마당에 진좌
	53	미나미소마시	기타카이바마(北萱浜)신사	진재를 견딘 곳
	54	미나미소마시	소마오다카(相馬小高)신사	지역 정신문화의 중심지
	55	오쿠마정(大熊町)[7]	후쿠시마 제1원전	방사능 오염의 진원지
	56	오쿠마정	구마가와(熊川) 해수욕장	제1원전에서 3킬로미터 지점
	57	나라하정(楢葉町)[8]	덴진미사키(天神岬)공원	쓰나미 방재대책 전망대
	58	히로노정(広野町)	슈교인(修行院)	주직 혼자서 피해 복구 중
	59	이와키시(いわき市)	이나리(稲荷)신사	진재를 견딘 곳

7 도쿄전력 후쿠시마 제1원전의 1호기부터 4호기가 들어서 있다.

8 도쿄전력 후쿠시마 제2원전의 4호기가 들어서 있다.

후쿠시마현(福島県)	60	이와키시	도잔린(道山林)	쓰나미 피해를 경감시킨 에도 시대에 조성된 방재숲
	61	이와키시	시오야사키(塩屋埼) 등대·우스이소(薄磯)해수욕장·도요마(豊間)해수욕장	미소라 히바리의 노래로 유명한 등대. 쓰나미로 붕괴되었으나 재건 중
	62	이와키시	아쿠아마린파크 수족관	물고기 9할이 죽었으나 진재 4개월 만에 영업 재개
	63	이와키시	나코소(勿来) 기억의 광장	타임캡슐 등 재해의 기억 전승을 위해 방재숲 조성 중

성지순례라는 전통적인 종교시스템을 이용하여 특정 장소와 관련된 이야기와 기억을 전달하고 사회적으로 공유하려는 시도인 도호쿠오헨로는 위 〈표18〉에서 보듯이 신사와 사원 등의 종교시설이 가장 많다. 즉 신사(도리이 포함) 16개소, 사원(지장상, 관음상 등 포함) 14개소, 정교회 1개소 등 합 31개소로 전체의 절반 정도를 차지한다. 신사와 사원은 대개 높은 고지대의 지반이 탄탄한 곳에 세워지는 경향이 있으므로 다수가 쓰나미 피난처로 기능할 수 있었기 때문일 것이다.

그 다음이 위령비, 진혼탑, 석비, 인공산 등의 각종 모뉴멘트(10개소)와 기념공원(6개소) 순이며, 기타 학교, 원자력발전소, 공항, 기차역, 운하, 수문, 뮤지엄, 등대, 간석지 등의 공공시설 및 해수욕장, 온천장, 포구, 수족관, 방재숲과 특정 나무, 가옥군, 역사적 인물의 동상 등 종교와 무관한 곳도 많다. 전체적으로 도호쿠오헨로의 순례지는 진재 피해를 면한 곳이나 사람들의 피난처가 된 곳, 부흥의 상징이 된 곳, 피해가 심했던 곳이 주종을 이루며, 55번 후쿠시마 제1원전과 그 근방의 해수욕장을 제외하자면 모두 위령·진혼·부흥의 상징이라 할 수 있다.

이상과 같은 도호쿠오헨로에 대해 다크투어리즘이란 말은 이미지가 안 좋으니 '부흥투어리즘' 또는 '희망투어리즘'이라고 해야 한다는 의견도 있다(井出明, 2018:218). 다크투어리즘은 관광학, 문화연구, 인류학, 경영학, 정보학, 지역학, 커뮤니케이션론 등 다양한 분야에서 연구되고 있지만, 각 분야마다 정의가 조금씩 달라 아직도 공통된 합의를 도출하지 못하고 있다(Renker, 2017:3). 물론 다크투어리즘이란 어디까지나 방문자나 연구자 입장에서 본 용어이고, 피해지역 주민들의 입장에서는 부흥투어리즘이나 희망투어리즘이란 말이 더 적합할지 모르겠다.

그러나 다크투어리즘 연구자 이데 아키라에 따르면, 도호쿠오헨로의 순례지는 부흥투어리즘과 겹치기는 해도 다루는 정보에 큰 차이가 있다. 다시 말해 양자가 겹치는 부분은 장소적인 위치정보에 관한 것이며, 개념적인 공통항은 놀랄 만큼 적다. 한마디로 다크투어리즘의 역할은 부흥과 직접적으로 결부되지 않는다는 것이다(井出明, 2018:219-222). 일본은 히로시마와 나가사키를 다크투어리즘의 명소로 만듦으로써 자신이 희생자라는 점을 부각시키는 데 노력했다. 마찬가지로 만일 도호쿠오헨로를 다크투어리즘의 명소로 만듦으로써 재해지역의 부흥을 부각시키려 한다면 히로시마와 나가사키의 사례와 동일한 '피해의 신화'를 초래할 것이다.

몇 년 전 일본정부는 2020년 도쿄올림픽을 계기로 후쿠시마 재해지역을 다크투어리즘의 명소로 만들겠다고 발표했다. 그러나 이에 앞서 원전의 위험성에 대한 절박한 인식 및 해결책 제시가 먼저일 것이다. 후쿠시마 제1원전의 방사능 유출 문제는 지금도 해결이 요원한 상태이다. 거의 체르노빌급 사고임에도 불구하고 일본정부는 3·11동일본대지진 재해부흥을 앞세워 실상을 은폐하고 여론을 호도하는 데에만 몰두하고 있다. 이는 '도호쿠오헨로 프로젝트'를 기획하고 진행시켜 온 재해 지역민들이 원하는 것이 아니다. 도호쿠오헨로는 다크투어리즘의 명소로서가 아니라 "사자와 생자를 매개하는 다크투어리즘"(Walter, 2009:39-55)이라는 점에서 그 의의를 찾아야 할 것이다. 이것이야말로 재난의 기억과 이야기성을 강조하는 '도호쿠오헨로 프로젝트'[9]의 결성 취지 및 순례지 선정기준[10]에 부합하는 것이다.

어쨌든 다크투어리즘과 부흥투어리즘을 둘러싼 도호쿠오헨로의 위상은 애매하다. 이는 여러 가지 의미에서 서문에서 언급한 터너의 '리미널리티'를 상기시킨다. 리미널리티는 애매성 즉 이것도 저것도 아닌 상태뿐만 아니라 '이방인성'과 '구조 내의 열등성'이라는 특징을 가지고 있다(빅터 터너, 2018:299-300). 여기서 이방인성이란 영구적 혹은 선천적으로 특정 사회체계의 구조적 패턴에서 벗어난 상태 또는 상황적, 일시적, 자발적으로 해당 체계내의 지위와 역할로부터 분리된 상태를 가리킨다. 가령 샤먼, 점쟁이, 영매, 사제, 수도승, 히피, 부랑자, 집시 등은 이방인의 전형이다. 후쿠시마 제1원전 근방에 살던 주민들은 일본사회 내에서 영원

9　이 프로젝트는 다음 세 가지를 목적으로 내세웠다. 첫째, 동일본대지진으로 피해를 입은 아오노리현, 이와테현, 미야기현, 후쿠시마현의 연안부에 희생자를 위령하고 진혼하기 위한 '순례지'를 선정하여, 각 순례지를 잇는 '헨로길'을 만든다. 둘째, 그 '헨로길'을 순례함으로써 희생자에게 기도를 바침과 아울러 진재의 기억과 피해지의 이야기를 미래 세대에게 전한다. 셋째, 많은 사람들이 순례함으로써 큰 피해를 입은 진재지의 활성화와 자립발전을 촉진하여 도호쿠지방의 부흥을 지원한다(金澤昭雄, 2017:8).

10　순례지 선정기준은 다음 5가지 중 ①을 필수사항으로 하고 나머지 중 두 항목 이상의 요건을 충족할 것이 요청되었다. ①동일본대지진뿐만 아니라 과거의 역사를 포함하여 천 년 넘게 남기고 싶은 이야기성이 있을 것. ②진재 유적지로 남을 가능성이 있는 곳. ③해당 지역에서의 인지도가 높은 곳. ④진재 직후 피난처로서 사람들의 목숨을 구한 곳. ⑤진혼의 거점. http://tohoku-ohenro.jp/ 참조.

한 이방인이 되었다. 실은 도호쿠오헨로의 순례자도 이방인이다.[11] 게다가 도호쿠 지방 자체가 역사적으로 고대에는 오랑캐들(이방인)이 사는 곳으로 여겨져 정벌의 대상이었고, 현대에는 고령화와 과소화 지역을 대표하는 곳이자 3·11동일본대지진 이후에는 방사능 오염지역이 되어 일본 사회라는 견고한 구조 내의 열등성을 대표하는 곳이 되었다. 이런 맥락에서 도호쿠오헨로는 '일본 순례문화의 리미널리티'라고 불릴 만하다. 거기서 일본의 자기폐쇄적 사회구조에 균열을 초래할 만한 커뮤니타스가 생겨날지는 더 지켜볼 일이다.

11 순례자에 해당하는 영어 '필그림'(pilgrim)의 어원 '페레그리누스'(peregrinus)는 이방인을 가리키는 말이다.

맺음말

순례문화를 통해 본 일본문화의 특징

시코쿠헨로에서 도호쿠오헨로까지 현대일본의 순례문화를 '순례'하는 본서의 기획을 마치면서 마지막으로 언급하고 싶은 것은 일본문화의 특징에 관한 이야기이다. 앞에서 다룬 시코쿠헨로, 구마노고도, 나가사키 성지, 나오시마, 파워스폿, 아니메 성지순례 등은 모두 하나의 유행이라는 공통점을 보여준다. 일본인들은 정말 유행과 붐을 많이 탄다. 야마모토 시치헤이(山本七平)라는 유명한 논객은 그런 일본인의 두드러진 성향을 '공기'(空氣)라는 문화코드로 설명한다. 쉽게 말해 분위기나 무드를 뜻하는 공기가 "모든 것을 제어하고 통제하는 강력한 규범이 되어 사람들의 입을 막고야 마는 현상, 그것은 예나 지금이나 다름이 없다."(야마모토 시치헤이, 2018:28)는 것이다. 하나의 유행이 끝나면 또 다른 붐이 끊임없이 뒤를 잇는다. 현대일본사회에서 새롭게 등장한 여러 순례붐들도 그렇게 유행처럼 지나갈 것이다. 이때 중요한 것은 수많은 유행들을 끊임없이 재생산하는 일본사회와 문화의 '구조'를 묻는 작업이다. 현대일본의 다양한 순례붐을 충분히 이해하려면 "순례가 행해지는 사회와 문화의

구조를 고려해야 한다."(빅터 터너, 2018:270)

여기서 '구조'란 빅터 터너적 의미에서 쓴 용어이다. 일본사회와 문화는 기본적으로 매우 견고하고 조밀한 구조에 토대하고 있다. 평상시에는 이런 구조 위에 리미널리티(liminality)와 커뮤니타스(communitas)를 포괄하는 반구조적인 양태가 동시에 존재한다. 다시 말해 커뮤니타스와 사회구조가 어느 정도 균형을 유지한다는 말이다. 그러나 위기의 때에는 그 균형에 현저한 균열이 생긴다. 현대 일본인들은 1995년의 옴사건 및 같은 해 이보다 몇 달 앞서 일어난 한신대지진과 2011년의 동일본대지진과 같은 엄청난 자연재해, 그리고 고령화와 과소화의 급속한 진전 및 잃어버린 20년으로 표상되는 경제 문제에서 많은 부분 기인한 총체적 위기의식을 느끼고 있다. 1990년대 이래 갈수록 노골화되는 정치적 우경화 현상도 그런 위기의식을 배경으로 하고 있다. 그러한 위기의식 속에서 구조와 커뮤니타스 간의 균형에 치명적인 균열이 생기면서 리미널리티의 부정적이고 파괴적인 측면들이 사회 표면으로 튀어나오고 있는 것이다. 앞에서 다룬 새로운 형태의 순례붐들은 그런 균열을 봉합하고 치유하려는 자기보호 메커니즘의 표출이라는 측면을 내포한다는 것이 본서의 진단이다.

구조, 반구조, 리미널리티, 커뮤니타스 등의 개념에 입각한 터너의 순례론이 일본사회와 문화의 본질적 특징과 여러 장면에서 겹쳐진다는 사실은 이와 같은 진단의 근거를 보여준다. 가령 터너는 "사회구조의 기본단위는 살과 피를 가진 개인이 아니라 지위와 역할에 있다. 사회구조에 있어 개인은 그의 지위 혹은 그가 수행하는 역할 속에 있다. 그는 유일무이한 개인이 아니라 페르소나로서 존재한다."(빅터 터너, 2018:305)고 말하는데, 이런 지적은 전술한 '공기'를 비롯하여 개인보다 일본이라는 집단에 절대적인 우선권을 부여하는 장(場)의 윤리, 모성원리, 다테(縱)사회, 다테마에(建前)와 혼네(本音), 화(和)의 원리, 역(役)의 원리, 간인(間人)주의, 세켄(世間), 기리(義理) 등의 일본문화코드(박규태, 2018:83-117)와 잘 부합된다.

종교학자 장석만은 터너의 리미널리티 개념을 통상의 분류체계 바깥에 존재하는 상태 즉 '이것도 저것도 아닌' 혹은 '둘 다'인 상태로 이해하면서, 그것을 메리 더글러스의 분류체계 담론과 연결시킨다. 더글러스에 따르면 더러움이란 "제자리에서 벗어난 것"을 뜻한다. 그러니까 더러움 자체는 없다. 더러움이란 하나의 상징적 범주체계가 설정되면서 등장하는 상대적인 것이기 때문이다. 더러움이 있으려면 미리 정해놓은 자리나 분류체계가 있어야 한다는 것이다(빅터 터너, 2018:7-8). 루스 베네딕트는 잘 알려진 『국화와 칼』에서 일본 사회시스템의 가장 핵심적인 특징을 "각자 알맞은 자리를 취하기"(루스 베네딕트, 2008:제3장)라는 말로 요약함으로써, 견고한 사회구조를 유지하기 위해 리미널리티를 억제해온 일본문화의 요체를 매우 성공적으로 제시한다.

리미널리티의 가장 핵심적인 특징은 애매성과 경계 불확정성이다. 오에 겐자부로(大江健三郎)의 노벨문학상 수상 기념강연 표제인 "애매한 일본과 나"가 상징적으로 지시하듯이, 일본어 어법, 일본문화, 일본인의 정신성과 사회관계는 많은 경우 애매함으로 포장되어 있다. 나아가 많은 일본인들은 "일본사상사에서 흔히 엿볼 수 있는 상대주의적 발상 혹은 상반된 사유 방식의 공존, 금욕적 초월성을 내세우는 종교에까지 깊이 침투해 있는 현세적 욕망의 과장, 한편으로는 그런 과잉 욕망과 다른 한편으로는 철저히 자기를 부정하는 몰아(沒我)적 절제 사이의 경계 불확정성"(박규태, 2018:9)을 살고 있다고 여겨진다.

일본의 신화와 의례에서도 반구조나 리미널리티 개념에 부합되는 측면을 엿볼 수 있다. 전이 단계에는 근친상간 같은 부자연스럽고 반문화적이고 반구조적인 사건이 매우 빈번하게 등장하며, 의례와 신화에서는 종종 리미널리티가 무덤이나 자궁으로 상징된다(빅터 터너, 2018:327 및 331). 마찬가지로 이자나기와 이자나미 신화 및 아마테라스와 스사노오 신화에는 근친상간적 모티브가 많이 나오며, 특히 아마노이와토 신화라든가 '히토아나'(人穴)라 불리는 오래된 후지산의 동굴 신앙 또는 일본 사찰에서 빈번히 행해지는 '태내 순례'의 관행 등은 리미널리티의 특성을 잘 보여준다. 나아가 이세 순례에서의 '쇼진오토시'[1]는 "전이 단계에서는 종종 성관계가 금지되며 그 후에는 성적 방종이 허용되기도 한다."(빅터 터너, 2018:316)는 터너 순례론의 일면을 보여주는 전형적인 사례라 할 수 있다. 이뿐만이 아니다. 순례가 축제나 방대한 시장체계와 연관성을 가진다는 점, 따라서 순례 성지 근처에는 늘 대규모 시장과 흥겨운 축제가 벌어진다는 점을 지적한 터너(2018:237-238)의 말대로 구마노, 사이코쿠, 이세 등을 비롯한 일본의 순례 성지는 마쓰리의 장임과 동시에 역사적으로 도시, 시장, 도로 체계의 성장에 중요한 역할을 한 것이 사실이다.[2]

또한 마루야마 마사오가 『일본의 사상』에서 지적한 "무구조의 전통"(마루야마 마사오, 1998:62-68)에서 '무구조'는 터너가 말한 커뮤니타스와 일부분 겹쳐진다. 터너는 "순례는 양에 대한 음, 지역적 특수주의에

---

1 쇼진오토시란 순례의 정진(精進, 쇼진)을 마친 다음 환락가에서 그 정진을 털어냄(오토시)으로써 다시 일상으로 복귀하는 습속을 가리킨다.

2 심지어 터너는 프로테스탄티즘 윤리가 자본주의의 전제조건이었다면, 순례의 윤리는 자본주의가 국가적, 국제적 체계가 될 수 있게 한 교통 통신망의 창조에 기여했다고까지 주장한다(빅터 터너, 2018:291).

대한 세계시민주의, 구조에 대한 커뮤니타스의 성격을 띤다."(빅터 터너, 2018:230)고 했다. 그러나 일본인의 정신성은 역사적, 사상적, 문화적으로 늘 세계시민주의보다는 지역적 특수주의에 경도되어 왔다. 세계시민주의나 보편성의 추구가 없는 것은 아니지만 악화가 양화를 구축한다는 말처럼 결국은 일본중심주의가 주류의 자리를 차지한 것이 특히 근세 모토오리 노리나가의 국학 이후 일본 역사의 큰 흐름이었다.

커뮤니타스와 일본문화와의 더 의미 있는 연관성은 '나카이마'(中今)라는 일본의 전통적인 신도적(神道的) 시간관에서 찾아볼 수 있다. 시간관과 관련하여 터너는 커뮤니타스를 "언제나 시간을 초월한 상태", "시간 속에 있으면서 시간을 벗어난 시간", "구조적인 시간관이 더 이상 적용하지 않는 상태", 즉 "영원한 현재"로 간주한다(빅터 터너, 2018:306). '세켄' 속에서 살아가는 일본인의 행동원리 중 하나로 '공통된 시간의식'을 들 수 있다. 커뮤니타스적인 "영원한 현재"를 뜻하는 '나카이마'가 바로 그것이다. 그것은 '지금, 여기'의 현재를 절대화하여 찬미한다는 점에서 지극히 일본적인 시간관념이라 할 수 있다. 이런 '나카이마'를 신도적으로 해석하면 '바로 지금 현재 속의 신대(神代)'를 뜻하는 말이 된다. 그러니까 "신화적 시간이 지금 여기에 있으며, 지금 또한 신화적 시간 안에 있다."는 것이다(박규태, 2018:96-97).

'나카이마'라는 신화적 시간관은 매우 낭만적이다. 하지만 모든 낭만주의 사조가 그렇듯이 거기에는 항상 현실을 비틀어버리는 파괴적인 위험성도 함께 도사리고 있다. 세계종교사를 보면 위기의 때에 종종 커뮤니타스가 드러난다. 세계종교사에서 발견되는 수많은 종파와 분리운동은 언제나 구조에 맞서 커뮤니타스적 가치를 강조하며 구조에 매몰된 기성종교나 교단을 비판했다. 그 중 대규모 커뮤니타스는 공개적이거나 비밀스럽게 군사조직을 운영하기도 했다. 말하자면 구조를 몰아내려고 구조를 끊임없이 유지 강화한 것이다(빅터 터너, 2018:340-342). 국가시스템을 방불케 하는 행정조직과 군사조직을 갖춘 옴진리교 교단에 의한 1995년의 옴사건(박규태, 2015:제2장)은 이런 커뮤니타스의 전형적인 일본판 사례라 할 수 있다.

이상에서 터너의 순례론과 일본문화의 접점 사례들을 몇 가지 생각해 보았다. 그 중 일본문화의 애매성과 경계불확정성 또는 무구조의 전통이라든가 옴사건의 사례는 현대일본의 순례문화가 가지는 의의를 다소 위축시키는 듯한 느낌이다. 하지만 순례붐이 일본문화의 긍정적인 신호들을 일깨워주는 측면도 적지 않다. 서문에서 지적했듯이, 순례는 "커뮤니타스를 경험할 수 있는 기회"이자 "치유와 재생의 근원이기도 한 커뮤니타스의 신성한 근원을 향한 여정"이기 때문이다.

사이코쿠 순례와 시코쿠헨로에서 칠복신 순례와 구마노고도에 이르기까지 끊임없이 신들이 생겨나거나 사라져버리기도 하는 일본 열도에는 어디든 성지가 넘쳐난다. 거기서는 어떤 장소든 성지가 될 수 있다. 따라서 "이세신궁을 참배하였네/어떤 신, 어떤 마쓰리가 행해지는지는 모르겠지만/그 감사함에 그저 눈물 흘릴 뿐"(『西行法師歌集』)이라는 사이교(西行, 1118-1190) 법사의 노래에서 엿볼 수 있듯이, 중요한 것은 신불(神佛)에 대한 종교적 지식이나 교양이 아니라 성지를 필요로 하는 감성 그 자체이다. 일본인에게 순례란 많은 부분 관광과 겹쳐지지만, 그런 신불을 길가에서 발견하는 감성이 발현되는 과정을 의미하기도 한다. 그 감성은 결코 일상생활과 격리된 어떤 것이 아니다(上野誠, 2016:50-53). 설령 관광이나 여행의 옷을 입고 재현된다 하더라도, 일본의 뿌리 깊은 순례문화는 여전히 일상 속의 더러움(ケガレ)이 마쓰리(ハレ)를 통해 정화된 생명력

(ケ)으로 재생될 수 있다는 감성적 파토스가 논리(로고스)보다 더 일차적인 현실을 구성하는 일본인의 정신세계와 맥을 같이 하고 있다. 그것은 많은 가능성을 내포한 순례의 상상력임에 분명하다.

사회구조와 커뮤니타스의 관계는 사회마다 다르며, 한 사회 내에서도 사회 변동 과정에서 달라진다(Turner, 1973:217). 앞에서도 언급했듯이, 커뮤니타스는 두 개의 얼굴을 가지고 있다. 예컨대 커뮤니타스가 '은총'이 아니라 '힘'이 되면 전체주의로 변모한다. 거기서는 전체를 위해 부분이 종속된다. 그러나 커뮤니타스가 상대적으로 더 포용적인 구조적 경계 안에서 작동하면, 구조 체계 내의 집단과 개인의 다양성을 포용하고 분열을 극복하는 수단이 되기도 한다(빅터 터너, 2018:267). 과거 제국주의적 파시즘의 지옥을 경험한 일본인들이 우경화의 쓰나미 앞에서 어떤 커뮤니타스를 꿈꿀지는 그들의 선택에 달려 있다. 순례를 비롯한 일본인의 종교를 이해하는 작업은 한일 간의 참된 만남을 위한 초석이 될 수 있다. 종교는 가장 깊은 내면세계에 속한 문화영역이기 때문이다. 정치나 경제만이 전부가 아니다. 하지만 일본인들의 풍부한 순례의 리미널리티적 상상력이 정치적 상상력에까지 이어지기를 바라는 것은 아직 이른 기대일까?

저자 후기

본서는 『일본재발견 : 일본인의 성지를 걷다』(모시는사람들, 2020)의 후속편이라 할 수 있다. 전편에서 필자는 규슈 다카치호와 후지산(일본신화 관련 성지), 이세신궁과 이즈모대사(일본신도의 2대 성지), 히에이산과 고야산(일본불교의 2대 성지), 가고시마·히라도·야마구치·오이타·다케다(일본기독교 전래기의 성지) 등 일본인의 전통적인 성지를 중심으로 일본문화의 겉과 속을 들여다보고자 했다. 이에 비해 본서에서는 현대일본의 순례문화에 있어 성지의 변용과 그 새로운 의미에 초점을 맞추고 있다. 양서 모두 십 수 년에 걸친 필자의 현지답사를 토대로 쓴 것이다.

일본인의 성지와 순례문화에 관심을 가지게 된 것은 비단 종교학도로서의 시선 때문만은 아니다. 일본 연구자로 살아온 지난 시간들을 돌이켜보건대, 필자의 응시는 항상 '모순'이라는 놈을 향해 있었던 것 같다. 모순을 모순으로 인식하여 그것과 싸우기보다는 그 모순과 함께 공존하려는 듯한, 모순에 대한 이런 일본인의 독특한 감각은 늘 필자 안의 알 수 없는 분노를 자극하는 어떤 것이었다. 그런데 희한한 것은 그것이 종종 알 수 없는 공명을 동반한다는 점이다. 나도 시간의 여울 속에서 내 안에 무수히 돋아있는 모순의 가시들과 공존하는 길을 모색하게 되었기 때문일까? 어쨌거나 일본인과 일본문화의 심층적 이해에 '모순'이 하나의 키워드임은 틀림없어 보인다.

많은 이들이 포스트-코로나 시대는 그 이전과 근본적으로 다른 세상이 될 거라고 예측한다. 관광뿐만 아니라 종교도 예외가 아니며, 코로나19 이후 일본인의 성지와 순례문화 또한 새로운 변화와 진화의 양상을 보여줄 것이다. 본서의 집필은 코로나19 사태가 벌어지기 훨씬 전에 이루어진 것이었지만 지금 뒤돌아보니 스피리추얼리티, 리미널리티, 커뮤니타스 등의 매개 개념들은 어딘가 모르게 포스트-코로나 시대와 어울릴 것만 같은 느낌이 든다. 무정형의 스피리추얼리티든 보이지 않는 경계로서의 리미널리티든 불확정적인 유대를 수반하는 커뮤니타스든 코로나 바이러스와 마찬가지로 비가시성을 공유하기 때문일까?

코로나19로 인해 생태계의 복원이 관찰된다는 이른바 '코로나의 역설'은 분명 거대한 모순의 역설이다. 거기서 우리는 인간이 멈추어 서면 자연이 숨을 쉬기 시작한다는 '진실'을 배우고 있다. 그럼에도 인간은 결코 멈추지 않음으로써 인간이야말로 모순 그 자체라는 '사실'을 입증하려 들지도 모르겠다. 아내와 함께 걷고 또 걸었던 일본의 길들은 언제나 내게 멈추어 서라고 말해주는 것 같았다. 이 점에서 모든 길은 하나가 아닐까 싶다. 하지만 일상으로 복귀하는 순간 나는 늘 또 다시 질주하기 시작한다. 물론 질주의 끝이 있을 거라는 예감과 함께 말이다. 아무튼 삶이 하나의 순례길이 되기를 기대하면서, 끝으로 본서의 일부는 아래와 같이 기존 지면에 발표한 글을 수정 보완한 것임을 밝힌다.

제1장 “일본인과 순례 : 시코쿠헨로를 따라서”, 『종교문화비평』9호, 한국종교문화연구소, 2006.

제2장 “순례와 일본인 : 구마노고도를 중심으로”, 『일본비평』18, 서울대학교 일본연구소, 2018.

제4장 “현대일본의 성지순례 : 아트의 성지 나오시마를 중심으로”, 『종교문화비평』35호, 한국종교문화연구소, 2019.

리미널리티의 시간 속에서 힘겹게 새로운 커뮤니타스를

그림 그리는 아내와 함께 하얀이를 기억하며

2020년 5월 11일

박규태

참고문헌

국내 문헌

경민선(2009), 『일생에 한번은 순례여행을 떠나라』, 21세기북스.

권숙인(1997), "근세 일본에서의 대중관광의 발달과 종교 : 이세마이리를 중심으로", 『지역연구』6(1).

김건희(2015), "안도 타다오 종교공간에서 정체성 표현특성 연구", 『기초조형학연구』16/1.

김남희(2011), 『일본의 걷고 싶은 길2』, 미래인.

김민수(2011), "무능현실 전능예술의 역설 : 오타쿠 문화와 무라카미 다카시로 본 일본", 『일본비평』5, 서울대학교 일본연구소.

김상근(2010), 『프란치스코 하비에르』, 홍성사.

김중순(2013), "야쿠트의 현대화된 전통혼례에 관한 상징인류학적 이해: 빅터 터너의 커뮤니타스를 중심으로", 『동북아문화연구』35, 동북아시아문화학회.

노성환(2017), "일본 시코쿠 순례 속의 한국문화", 대한일어일문학회, 『일어일문학』74.

루스 베네딕트(2008), 『국화와 칼』, 박규태 옮김, 문예출판사.

마루야마 마사오(1998), 『일본의 사상』, 김석근 옮김, 한길사.

멀치아 엘리아데(1983), 『성과 속』, 이동하 옮김, 학민사.

멀치아 엘리아데(1991), 『상징, 신성, 예술』, 박규태 옮김, 서광사.

박규태(2001), 『아마테라스에서 모노노케히메까지 : 종교로 읽는 일본인의 마음』, 책세상.
박규태(2005), 『일본의 신사』, 살림.
박규태(2009a), "교토와 도래인: 하타씨(秦氏)와 신사(神社)를 중심으로", 『한국학논집』45, 한양대학교 한국학연구소.
박규태(2009b), "모노노아와레 · 일본문화론 · 애니메이션", 『일본사상』17, 한국일본사상사학회.
박규태(2015), 『포스트-옴시대 일본사회의 향방과 '스피리추얼리티'』, 한양대학교출판부.
박규태(2017), 『일본 신사(神社)의 역사와 신앙』, 역락.
박규태(2018), 『일본정신분석 : 라캉과 함께 문화코드로 읽는 이미지의 제국』, 이학사.
박규태(2019), "'모노'의 사상가 이우환과 근대 비판", 『일본사상』37, 한국일본사상사학회.
박규태(2020), 『일본재발견 : 일본인의 성지를 걷다』, 모시는사람들.
박정배(2011), 『나가사키 교회군 순례기』, 돋울새김.
변찬복(2013), "시코쿠 도보여행의 존재론적 해석 : 김남희와 경민선의 여행에세이를 대상으로", 『일본근대학연구』42.
빅터 터너(2018), 『인간사회와 상징행위: 사회적 드라마, 구조, 커뮤니타스』, 강대훈 옮김, 황소걸음.
손장원(2016), "인천 신사국팔십팔영장 연구", 『인천학연구』24.
송현동(2019), "성지순례의 관광사적 의미 고찰", 『종교문화연구』32, 한신대학교 종교와문화연구소.
송현동 · 김경한(2011), "한국 종교관광의 특성과 과제", 『종교연구』65, 한국종교학회.
신광철(2019), "성지순례 개념의 확장성에 대한 연구", 『종교문화연구』32, 한신대학교 종교와문화연구소.
신현승(2010), "동아시아 근대사상의 내셔널리즘과 트랜스내셔널리즘", 아연 워킹페이퍼 시리즈 No.18, 고려대학교 아세아문제연구소.
아마 도시마로(2000), 『일본인은 왜 종교가 없다고 말하는가』, 정형 옮김, 예문서원.
안도 타다오(2004), 『연전연패』, 우동선 옮김, 까치.
안양규(2000), "불교의 성지순례와 그 종교적 의의", 『종교문화연구』2, 한신인문학연구소.

鴨長明편(2002), 『일본 중세 불교설화 : 발심집』, 류희승 옮김, 불광출판사.
야마모토 시치헤이(2018), 『공기의 연구』, 박용민 옮김, 헤이북스.
에밀 뒤르켐(1992), 『종교생활의 원초적 형태』, 노치준 외 옮김, 민영사.
엔도 슈사쿠(2016), 『침묵의 소리』, 김승철 옮김, 동연.
우혜란(2008), "동시대의 '순례'와 '성지'에 대한 고찰", 『종교학연구』27, 서울대학교 종교학연구회.
원영상(2008), "일본불교의 영장과 성지순례문화 연구", 『종교연구』52.
유재길 · 윤의향(2014), "나오시마 프로젝트의 공간과 디스플레이 연구 : 지추미술관 공간디자인과 디스플레이를 중심으로", 《한국공예논총》17/4.
윤수현(2018), "문화적 경험을 극대화하기 위한 관광유형으로서 '콘텐츠 투어리즘'의 가능성과 활성화 방향에 관한 연구", 동서대학교 일본연구센터, 『차세대 인문사회연구』14.
윤의향(2018), "이우환미술관의 장소특정성과 공간디자인 연구 : 일본 나오시마 프로젝트 중에서", 『조형디자인연구』21/2.
윤정수(2015), 『낭만 레트로 일본 애니여행』, 리스컴.
이가진(1998), "'동양적' '신비적'이란 평가를 경계하라", 『사회평론/길』, 1998.2.
이경화(2015), "일제강점기 목포 유달산의 홍법대사상과 88영장", 『동북아역사논총』47.
이광래(2005), 『일본사상사연구: 습합 · 반습합 · 역습합의 일본사상』, 경인문화사.
이우환(1994), 『시간의 여울』, 서인태 옮김, 디자인하우스.
이우환(2002), 『여백의 예술』, 김춘미 옮김, 현대문학.
이우환(2011), 『만남을 찾아서 : 현대미술의 시작』, 김혜신 옮김, 학고재.
이은경(2012), "일본 '시코쿠헨로'의 유래와 변천과정 연구", 『일어일문학연구』81(2).
이지성(2010), 『노다메 군의 재패니메이션 성지순례』, 어울마당.
임순록(2013), "한 · 일 종교관광의 전개와 최근 동향 : 불교와 종교관광을 중심으로", 『일본근대학연구』39.
전용성 외(2010), 『나오시마 삼인삼색』, 웅진리빙하우스.
정수희 · 이병민(2015), "영상콘텐츠를 통한 창조적 장소이미지 구축과정에 대한 연구 : 일본 아니메 성지순례 사례를 중심으로", 『문화역사지리』27/1.
정수희 · 이병민(2016), "지역의 문화자산으로서 문화콘텐츠와 문화콘텐츠관광 연구 : 일본 콘텐츠 투어리즘 사례를 중심으로", 한양대학교 관광연구소,

『관광연구논총』28/4.
정희정(2011), 『나오시마 디자인여행』, 안그라픽스.
조규헌(2017), "아니메 투어리즘에 의한 지역문화콘텐츠의 가능성 : 사이타마현의 사례를 중심으로", 『한림일본학』31.
조너선 스미스(2009), 『자리 잡기: 의례 내의 이론을 찾아서』, 방원일 옮김, 이학사.
차현호(2017), 『나오시마에 대체 뭐가 있는데요? : 어느 건축가의 예술 섬 순례기』, 아트북스.
최상희(2016), 『시코쿠를 걷는 여자』, 도서출판 푸른향기.
현승건(2008), 『나가사키의 십자가』, 예영커뮤니케이션.
호리에 노리치카(2018), "파워스폿 체험의 현상학", 『일본비평』18, 서울대학교 일본연구소.
후쿠타케 소이치로·안도 타다오 외(2013), 『예술의 섬 나오시마』, 박누리 옮김, 마로니에북스.

국외문헌

『古事記』(日本思想大系, 岩波書店, 1982)
『日本書紀』上(日本古典文學大系, 岩波書店, 1967)
『續日本後紀』(新正增補 國史大系, 吉川弘文館, 1983)
『風土記』(日本古典文學大系, 岩波書店, 1958)
『三教指歸 · 性靈集』(日本古典文學大系, 岩波書店, 1965)
『今昔物語集』4(日本古典文學全集, 小學館, 1987, 제15판)
『梁塵秘抄』(日本古典文學全集, 小學館, 1976)
『吾妻鏡』3((新正增補 國史大系, 吉川弘文館, 1968)
秋元雄史(2018), 『直島誕生』, Discover.
明川忠夫(2016), "キリスト教傳來 : 南蠻文化と地名", 糸井通浩ほか編, 『地名が語る京都の歴史』, 東京堂出版.
青柳周一(2015), "寺社参詣と「寺社の名所化」: 中世後期から近世へ", 島薗進ほか編, 『勧進 · 参詣 · 祝祭』(シリーズ日本人と宗教 제4권), 春秋社.
淺川泰宏(2007), "四国遍路の今日的展開 : 二極化する巡禮實踐", 『宗教研究』80.
東浩紀(2001), 『動物化するポストモダン : オタクから見た日本社会 』, 講談社現代新書.
東美晴(2014), "ポストモダンツーリズムにおけるイメージの生産 : パワースポットをめぐる言説の分析を手掛かりとして”,『流通経済大学社会学部論叢』24(2).
荒又美陽ほか(2017), “アニメ聖地巡禮と地域性：「地域振興」の視点を超えて”,『東洋大學社會學部紀要』55(1).
イアン・リーダー(2005), “現代世界における巡禮の興隆”, 國際宗教研究所編,『現代宗教2005』.
石井研士(2010), “アニメと巫女と神社”, 石井研士編 ,『神道はどこへいくか』, ぺりかん社.
一社アニメツーリズム協會(2018),『アニメツーリズム白書2018 速報版』.
石森秀三(1993), “ネオ・ノマドの時代”, 石森秀三ほか編,『「新しい旅」のはじまり』, PHP研究所.
井出明ほか(2015),『DARK tourism JAPAN Vol.1』, 大洋図書.
井出明(2018),『ダークツーリズム』, 幻冬舍新書.
伊藤雅之(2003),『現代社會とスピリチュアリティ』, 溪水社.
今井信治(2009), “アニメ「聖地巡礼」実践者の行動に見る伝統的巡礼と観光活動の架橋可能性”, 北海道大學觀光學高等研究所センタ,『メディアコンテンツとツーリズム』CATS叢書1.
今井信治(2012a), “ファンが日常を「聖化」する：絵馬に懸けられた願い”, 山中弘編,『宗教とツーリズム』, 世界思想社.
今井信治(2012b), “鷲宮神社：世界に発信されるアニメの聖地”, 星野英紀ほか編,『聖地巡禮ツーリズム』, 弘文堂.
岩井宏實(1974),『絵馬』, 法政大學出版局.
上田明日香(2011), “アニメ聖地巡礼の地理学：「けいおん！」を事例に”,『コンテンツツーリズム研究』創刊準備号.
上田弓子(2014), “現代日本におけるスピリチュアリティについての一考察”,『教養デザイン研究論集』6.
上野誠, “日本人の聖地觀”,『宗教と現代がわかる本』, 平凡社, 2016.
内田九州男(2006), “再論: 四国遍路と作法の変遷”,『四国遍路と世界の巡礼 公開シンポジウムプロシーディングズ』, 2006년 2월.
江原啓之(2003),『スピリチュアル・サンクチュアリ：江原啓之神紀行』, マガジンハウス.
遠藤英樹(2014), “伝統の創造”,『観光學ガイドブック』, ナカニシヤ出版.
遠藤薫(2007),『間メディア社會と〈世論〉形成』, 東京電機大學出版局.
遠藤周作(2006),『遠藤周作と歩く「長崎巡礼」』, 新潮社.
大石玄(2011), “アニメ「舞台探訪」成立史：いわゆる「聖地巡礼」の起源について”,『釧路工業高等専門学校紀要第』45.

大谷尚之ほか(2018),『コンテンツが拓く地域の可能性』, 同文舘出版.
大澤眞幸(2008),『不可能性の時代』, 岩波書店.
木村勝彦(2012), "宗教ツーリズムにおける眞正性と倫理の問題", 山中弘 編,『宗教とツーリズム』, 世界思想社.
大山邦興編(2002a),『古寺をゆく 四国八十八ヶ所Ⅰ』, 小學館.
大山邦興編(2002b),『古寺をゆく 四国八十八ヶ所Ⅱ』, 小學館.
岡本健(2008), "アニメ聖地巡禮とは何か?", 鷲宮商工會編,『メディアコンテンツと次世代ツーリズム』.
岡本健(2009), "アニメ聖地巡禮の誕生と展開", 北海道大學観光學高等研究所センター文化資源マネジメント研究チーム編,『メディアコンテンツとツーリズム』CATS叢書1.
岡本健(2010a), "アミメ聖地巡禮の特徵と研究動向", 北海道大学観光学高等研究センター・鷲宮町商工会,『研究会発表論考集(第二部)』.
岡本健(2010b), "コンテンツ・インデュースト・ツーリズム",『コンテンツ文化史研究』3.
岡本健(2013),『n次創作觀光・アニメ聖地巡禮・コンテンツツーリズム・觀光社會學の可能性』, NPO法人北海道 冒險藝術出版.
岡本健(2014a), "コンテンツと神社・神話の関係性：観光資源としての物語・地域・文化",『コンテンツツーリズム論叢』5.
岡本健(2014b), "コンテンツと神社・神話の關係性：觀光資源としての物語・地域・文化",『コンテンツツーリズム論叢』5.
岡本健(2015a), "メディアコンテンツと觀光, 都市, コミュニティ：情報社会のサードプレイスとしてのアニメ聖地", 奈良県立大学研究会,『地域創造學研究』25(2).
岡本健(2015b),『コンテンツツーリズム研究』, 福村出版.
岡本亮輔(2012a), "聖なる觀光地：宗教ツーリズム論からみたパワースポット",『宗教研究』85(4)
岡本亮輔(2012b), "今戸神社：戀愛の聖地の表象戰略", 星野英紀ほか編,『聖地巡禮ツーリズム』, 弘文堂.
岡本亮輔(2012c), "信仰なき巡禮者", 山中弘編,『宗教とツーリズム』, 世界思想社.
岡本亮輔(2015a),『聖地巡禮』, 中公新書.
岡本亮輔(2015b), "非日常化する伝統宗教と我々の宗教心の行方：スピリチュアル′パワースポットとメディア",『中央公論』2015년 5월호.
岡本亮輔(2017), "自己實現する熊野参詣者: 現代化される文化資源",『觀光創造學へのチャレンジ』, 北海道大學觀光學高等研究センター叢書11.
岡本亮輔ほか(2012), "明治神宮・清正井：パワースポットのつくられ方", 星野英紀ほか編,『聖地巡禮ツーリズム』, 弘文堂.
折口信夫(1965), "新神道の顕現", 『神道史研究』13, 神道史學會.
柿坂神酒之祐(1986), 『天河―スーパー・サイキック・スポット』, 扶桑社.
柿崎俊道(2005), 『聖地巡禮 : アニメ・マンガ12ヶ所めぐり』, キルタイムコミュニケーション.
笠原正夫(2004), "近世の熊野参詣と西國巡禮", 『鈴鹿國際大學紀要 CAMPANA』11.
笠原良(2011), "ベネッセアートサイト直島の活動の軌跡とその意義 : 現代アート活動による地域活性化の一例", 『財政と公共政策』50.
樫尾直樹(2008), "江原啓之と日本の靈性の未来", 『宗教と現代がわかる本 2008』, 平凡社.
樫尾直樹(2010), 『スピリチュアリティ革命: 現代靈性文化と開かれた宗教の可能性』, 春秋社.
片岡彌吉(1967), 『かくれキリシタン』, NHKbooks.
加藤隆久監修(2008), 『熊野大神』, 戎光祥出版.
加藤恵(2017), "三者関与アニメ聖地巡礼は地域に何をもたらすか", 学習院大学大学院政治学研究科, 『政治學論集』30.
門田岳久(2013), 『巡禮ツーリズムの民族誌』, 森話社.
金谷俊一郎(2015), 『全國・最强ご利益パワースポット巡り』, 宝島社.
金澤昭雄(2017), 『「東北お遍路」巡禮地めぐり』, 東京法規出版.
兼城糸絵(2013), "震災復興とアニメ聖地巡礼者たち", 日本文化人類学会第47回研究大会.
鎌田東二(1999), 『聖地への旅 : 精神地理學事始』, 青弓社.
鎌田東二(2007), "「靈」あるいは「靈性」の宗教思想史", 鎌田東二編著, 『思想の身體 靈の巻』, 春秋社.
鎌田東二ほか(1994), 『天河曼茶羅 : 超宗教への水路』, 春秋社.
亀井肇編(1986), 『現代用語の基礎知識 1986』, 自由國民社.
川崎のぞみ(2012), "秩父三十四カ所 定林寺", 星野英紀ほか編, 『聖地巡禮ツーリズム』, 弘文堂.
神田孝治(2012), "白川郷へのアニメ聖地巡礼と現地の反応", 『観光學』7.
喜久本朝正(1994), 『四国歩き遍路の記』, 新風書房.
清田益章(1991), 『発見! パワースポット』, 太田出版.
權又根(1988), 『古代日本文化と朝鮮渡來人』, 雄山閣.
久保田展弘(1985), 『山岳靈場巡禮』, 新潮選書.
久保田展弘(2004), 『日本の聖地 : 日本宗教とは何か』, 講談社學術文庫.
栗田英彦(2007), "四国遍路の展開における講集団の関わり", 『東北宗教学』3.
小寺敦之(2011), "「パワースポット」とは何か", 東洋英和女學院大學, 『人文・社會科學論集』29.
五野井隆史(1990), 『日本キリスト教史』, 吉川弘文館.

小林淳宏(1990),『定年からは同行二人：四国歩き遍路に何を見た』, PHP研究所.

五来重(1989),『遊行と巡禮』, 角川書店.

五來重(2004),『熊野詣』, 講談社學術文庫.

近藤祐介(2015), “熊野参詣の衰退とその背景”,『人文』14.

近藤喜博(1971),『四国遍路』, 桜楓社

堀江宗正(2010), “スピリチュアリティとそのアンチ: 江原番組の受容をめぐって”, 石井研士,『バラエティ化する宗教』, 青弓社.

堀江宗正(2017), “パワースポットの作り方: ニューエイジ的スピリチュアリティから神道的スピリチュアリティへ”, https://www.academia.edu/.

相良亨(1989),『日本の思想』, ぺりかん.

佐藤久光(2006),『遍路と巡禮の民俗』, 人文書院.

佐藤孝子(2002),『四国遍路を歩く』, 日本新書.

佐藤善之(2009), “いかにして神社は聖地となったか：公共性と非日常性が生み出す聖地の発展”, 北海道大學觀光學高等研究所センタ,『メディアコンテンツとツーリズム』CATS叢書1.

佐藤善之(2010), “オタク絵馬とは何か：宮城縣護國神社の絵馬調査結果とその分析”, 北海道大学観光学高等研究センター・鷲宮町商工会,『次世代まちおこしとツーリズム：鷲宮町・幸手市に見る商店街振興の未来』CATS 叢書4.

司馬遼太郎, 1994,『空海の風景』(上), 中公文庫.

島薗進(1996a),『精神世界のゆくえ: 現代世界と新靈性運動』, 東京堂出版.

島薗進(1996b), “新靈性運動・ニューエイジ・精神世界”,『新宗教時代⑤』, 大藏出版.

島薗進(2007),『スピリチュアリティの興隆: 新靈性文化とその周邊』, 岩波書店.

島田裕巳(2013),『なぜ八幡神社が日本でいちばん多いのか』, 幻冬舎新書.

島田愛美他(2012), “アニメ聖地巡礼の可能性：鷲宮における「場の意味」の多様化”,『コンテンツツーリズム論叢』1. 86-94.

白川琢磨(2007), “神佛習合と多配列クラス”,『宗教研究』353.

白木利幸(2000), “宥辯真念と四国遍路”,『日本研究』21, 国際日本文化研究センター.

白木利幸(2001), “四国遍路の歴史”, 大法輪閣編集部編,『空海密教と四国遍路：マンダラの風光』, 大法輪閣

白木利幸ほか(2001),『四國遍路の研究』, 國際日本文化研究センター.

眞念(2015),『四國徧禮道指南』, 稲田道彦 譯注, 講談社學術文庫.

眞野俊和(1982),『旅の中の宗教：巡禮の民俗誌』, 日本放送出版會.

眞野俊和(1996a), “巡禮の行者：その宗教的達成”,『巡禮の構造と地方巡禮』(『講座 日本の巡

禮』제3권)
眞野俊和(1996b), “四国八十八ヶ所”, 『日本靈地·巡禮總覽』, 新人物往來社.
ジョン·ブリーン(2015), 『神都物語 : 伊勢神宮の近現代史』, 吉川弘文館.
菅直子(2010), “パワースポットとしての神社”, 石井研士編, 『神道はどこへいくか』, ぺりかん社.
鈴木景二(2007), “庶民の熊野詣の諸問題”, 『密教文化』218.
鈴木謙介(2007), 『ウェブ社會の思想 : ‘遍在する私’をどう生きるか』, 日本放送出版協會.
周藤真也(2016), “アニメ「聖地巡禮」と「観光のまなざし」”, 『早稲田社會科學總合研究』16(2).
関根久夫(2010), 『埼玉の日本 : 風土記』, 幹書房.
関三雄(2011), “遍路認識論あるいは健全なる巡礼精神 : 汎=反遍路のあり方をめぐるいくつかの問題”, 『山陽論叢』18.
辻善之助(1969), 『日本佛教史』1, 岩波書店.
津堅信之(2014), 『日本のアニメは何がすごいのか』, 祥伝社.
寺内浩(2004), “平安時代の四国遍路 : 辺路修行をめぐって”, 『愛媛大学法文學部論集 人文學科編』17.
東京街歩き委員會(2002), 『東京七福神めぐり』, NHK出版.
問芝志保(2012), “武州御岳山 : 修驗の山からパワースポットへ”, 星野英紀ほか編, 『聖地巡禮ツーリズム』, 弘文堂.
德田佳世他編(2013), 『地中ハンドブック』, 地中美術館.
長畑實(2010), “現代アートを活用した地域の再生·創造に関する研究 : 直島アートプロジェクトを事例として”, 『大學教育』7, 山口大學.
張楠他(2013), “アート·ツーリズムにもとづく発展の可能性と課題 : 直島の事例から”, 『環境科學研究』8, 広島大學大學院 總合科學研究科.
直島インサイトガイド制作委員會(2013), 『直島インサイトガイド』, 講談社.
西川龍也他(2012), “ジェームズ·タレルの二つの部屋”, 『福山市立女子短期大學紀要』9.
根井淨(2008), 『補陀落渡海史』, 法藏館.
能登路雅子(1990), 『ディズニーランドという聖地』, 岩波書店.
橋本裕之(2006), “まつり : 創られる旅”, 小口孝司編, 『觀光社會學』, 北大路書房.
蓮沼門三(1926), 『道の国日本の完成 さ々ぐる魂』, 修養團.
久米雅雄(2008), “大阪キリシタン聖具類と信仰の世界”, 『大阪の祈り : さまざまな美と形』, 大阪歴史博物館.
藤田庄市(2005), 『熊野, 修驗の道を往く』, 淡交社.
藤田大誠(2008), “近現代の神道と諸問題”, 三橋健編, 『神社と神道がわかるQ&A』, 大法輪閣.

藤山哲人(2006),『萌える聖地アキバリターンズ秋葉原マニアックス2006』, 毎日コミュニケーション.
星野英紀(2001),『四国遍路の宗教學的研究：その構造と近現代の展望』, 法藏館.
星野英紀ほか編(2012),『聖地巡禮ツーリズム』, 弘文堂.
牧和生(2011), "共感をきっかけとする文化創造",『青山社會科學紀要』40(1).
町田宗鳳(1995), "原初の聖地・熊野",『佛教』32, 法藏館.
松井圭介(2008), "創り出される聖地巡禮", 菊地俊夫編,『觀光を学ぶ』, 二宮書店.
松田毅一監譯(1988),『十六・十七世紀イエズス會日本報告集』第1期第3卷, 同朋舍出版.
水谷昌義(2013), "四国遍路の変容から見る現代の巡礼の方向性",『東京經大學會誌』278.
宮崎賢太郎(1967),『カクレキリシタン』, 長崎新聞新書.
森卓也(1966),『アニメーション入門』, 美術出版社.
森裕亮(2017), "訪日旅行とアニメ聖地巡礼",『北九州市立大学国際論集』15.
森崎和江(1979), "神への私信", 岩井宏實編,『絵馬秘史』, NHKブックス.
八木谷涼子編(2004),『日本の教會をたずねてⅡ』, 平凡社.
柳田國男(1969), "人を神に祀る風習",『定本柳田國男集』10, 筑摩書房[1926].
柳田國男(1970), "板絵沿革",『定本柳田國男集』27, 筑摩書房[1941].
柳谷武夫譯(1965),『日本史』2, 平凡社.
山折哲雄(1996), "巡禮の構造", 眞野俊和編,『巡禮の構造と地方巡禮』(『講座 日本の巡禮』제 3권), 雄山閣.
大和友大朗(2015), "雑誌記事における明治神宮・清正井のパワースポット化の過程",『國學院雜誌』116(11).
山中弘(2012), "開說 作られる聖地・蘇る聖地：現代聖地の理解を目指して", 星野英紀ほか編,『聖地巡禮ツーリズム』, 弘文堂.
山中弘編(2012),『宗教とツーリズム』, 世界思想社.
山村高淑(2009), "觀光革命と21世紀：アニメ聖地巡禮型まちづくりに見るツーリズムの現代的意義と可能性", 北海道大學觀光學高等研究所センタ,『メディアコンテンツとツーリズム』CATS叢書1.
山村高淑(2013), "大衆文化の揺籃としての神社を考える",『環境會議』39.
山本博文(2009),『殉教：日本人は何を信仰したか』, 光文社新書.
結城了悟 監修(2004),『日本二十六聖人記念館』, 日本二十六聖人記念館(第5版).
由谷裕哉ほか(2014),『サブカルチャー聖地巡禮：アニメ聖地と戰國史蹟』, 岩田書院.
由谷裕哉(2016a), "宗教的聖地とアニメ聖地",『宗教研究』89卷 別冊.
由谷裕哉(2016b), "アニメ聖地が聖地であり続けること",『三田社會學』21.

頼富本宏, 2002,『空海と密教』, PHP新書.
渡辺照宏(1969), "最澄・空海の思想",『最澄・空海集』(日本の思想1), 筑摩書房.
Cohen, E.(1979), "A phenomenology of tourist experiences", *Sociology* 13/2.
Cohen, E.(1992), "Pilgrimage Centers: Concentric and Excentric", *Annals of Tourism Research 19.*
Collins-Kreiner, N.(2000), "Researching pilgrimage: continuity and transformations", *Annals of Tourism Research 37/2.*
Eliade, M.(1959), *The sacred and the profane: the nature of religion*, New York: A Harvest Book.
Eliade, M., ed.(1987), *The Encyclopedia of Religion, vol.11*, New York: Macmillan.
Jirásek, Ivo(2014), "Pilgrimage-tourism continuum once again: matrix of sacred, spiritual and profane connectedness to authenticity", *Journal of Martial Arts Anthropology 14/4.*
Marine-Roig, Estela(2015), "Religious Tourism versus Secular Pilgrimage: The Basilica of La Sagrada Família", *International Journal of Religious Tourism and Pilgrimage 3/1.*
McCurry, Justin(2016), "G7 in Japan : Concern over World Leader's Tour of Nationalistic Shrine", *Guardian*, 25 May 2016.
Moerman, Max(2005), *Localizing Paradise: Kumano Pilgrimage and the Religious Landscape of Premodern Japan*, Cambridge & London: Harvard University Press.
Norichika, Horie(2017), "The Making of Power Spots: From New Age Spirituality to Shinto Spirituality," in Jørn Borup and Marianne Qvortrup Fibiger (eds.), *Eastspirit: Transnational Spirituality and Religious Circulation in East and West*, Brill.
Reader, Ian(1991), "Letters to the Gods: The Form and Meaning of Ema", *Japanese Journal of Religious Studies 18/1.*
Reader, Ian(2005), *Making Pilgrimages: Meaning and Practice in Shikoku*, Honolulu: University of Hawai'i Press.
Renker, Rubin(2017), "Dark Tourism and Fukushima", Bachelor Theses, Leiden University
Rountree, K.(2002), "Goddess pilgrims as tourists: inscribing the body through

sacred travel", *Sociology for Religion 63/4*.

Seaton, Philip et. al.(2017), *Contents Tourism in Japan: Pilgrimages to "Sacred Sites" of Popular Culture*, New York: Cambria Press.

Singh, S.(2005), "Secular pilgrimages and sacred tourism in the Indian Himalayas", *GeoJournal 64*.

Susumu, Shimazono(1999), "'New Age Movement' or 'New Spirituality Movements and Culture'?", *Social Compass 46/2*.

Turner, Victor W.(1969), *The Ritual Process*, London: Routledge & Kegan Paul.

Turner, Victor W.(1973), "The Center Out There: Pilgrim's Goal", *History of Religions 12/3*, University of Chicago Press.

Turner, V. and Edith Turner(1978), *Image and Pilgrimage in Christian Culture*, New York : Columbia University Press.

Vandemoortele, Johanna A.(2014), "Tourism as Modern Pilgrimage", Master Theses, University of Massachusetts.

van Gennep, A.(1960), *The Rites of Passage*, Chicago: The University of Chicago Press.

Walter, T.(2009), "Dark tourism : Mediating between the dead and the living", in Sharpley, R. and Stone. P.R.(ed.), *The Darker Side Of Travel: The Theory And Practice Of Dark Tourism*, Bristol: Channel View.

Wolfe, Steve(2010), "Portrait of a Pilgrimage: The 88-Temples of Shikoku", 『國際文化研究』14.

찾아보기

【일반】

ㅇ

【사사·교회·인명】

박규태 서울대학교 독어독문학과를 졸업했다. 동 대학원 종교학과에서 문학석사 학위를 받았고, 일본 도쿄대학 대학원 종교학과에서 문학박사 학위를 받았다. 현재 한양대학교 일본학과 교수로 재직 중이다. 주요 저서로 『일본 재발견: 일본인의 성지를 걷다』, 『일본정신분석』(2018 한국출판문화산업진흥원 우수출판콘텐츠 제작지원사업 선정작 및 2019 종교문화비평학회 학술상 수상작), 『일본 신사(神社)의 역사와 신앙』(2018 세종도서 학술부문 우수도서), 『포스트-옴 시대 일본 사회의 향방과 '스피리추얼리티': 옴 사건·일본교·네오-내셔널리즘』(2016 대한민국학술원 선정 우수학술도서), 『일본 정신의 풍경』, 『상대와 절대로서의 일본』, 『아마테라스에서 모노노노케히메까지』, 『일본의 신사』, 『애니메이션으로 보는 일본』 등이 있고, 주요 역서로 『일본문화사』, 『국화와 칼』, 『황금가지』, 『세계종교사상사 3』, 『일본 신도사』, 『신도, 일본 태생의 종교 시스템』, 『현대 일본 종교문화의 이해』 등이 있다.

현대 일본의 순례 문화
: 시코쿠헨로에서 도호쿠오헨로까지

펴낸날 2020년 6월 30일 초판 1쇄
지은이 박규태 · **펴낸이** 김우승
펴낸곳 한양대학교출판부 · **출판등록** 제4-7호(1972.2.29)
주소 서울 성동구 왕십리로 222 · **전화** 02.2220.1432-4 · **팩스** 02.2220.1435
홈페이지 press.hanyang.ac.kr · **이메일** presshy@hanyang.ac.kr
편집·본문디자인 김민지 · **표지** 안광일 · **인쇄** 네오프린텍

ISBN 978.89.7218.686.1 (93300)